진흥회
한자자격시험
한 권으로 끝내기

3급

시대에듀

Always with you

사람의 인연은 길에서 우연하게 만나거나 함께 살아가는 것만을 의미하지는 않습니다.
책을 펴내는 출판사와 그 책을 읽는 독자의 만남도 소중한 인연입니다.
시대에듀는 항상 독자의 마음을 헤아리기 위해 노력하고 있습니다. 늘 독자와 함께하겠습니다.

2026 진흥회 한자자격시험 3급 한 권으로 끝내기

자격증 · 공무원 · 금융/보험 · 면허증 · 언어/외국어 · 검정고시/독학사 · 기업체/취업
이 시대의 모든 합격! 시대에듀에서 합격하세요!
www.youtube.com ➡ 시대에듀 ➡ 구독

PREFACE

아직도 급수 시험을 주관하는 유명 단체에서조차 어떻게 하면 한자를 쉽고 재미있게 익혀서 자유자재로 사용하게 할까는 연구하지 않고, 자기 단체에서 옛 방식 그대로 만든 책으로 무조건 외기만 하면 급수 시험에 합격할 수 있다고 광고하고 있는 현실이 안타깝기만 합니다.

이제 한자를 무조건 외는 시대는 지났습니다. 급수 시험을 주관하는 단체를 비롯하여 한자 교육을 생각하는 분들 모두 보다 쉽고 재미있는 학습법을 개발·보급하여 우리 국민을 세상의 중심이 된 한자 문화권의 주역으로 우뚝 서게 해야 합니다.

제가 주장하는 한자 학습법은 한자가 비교적 어원이 분명하고 공통 부분으로 된 글자가 많은 점을 이용하여 ① 실감 나는 생생한 어원으로, ② 동시에 같은 어원(공통 부분)으로 글자들을 익히면서, ③ 그 글자가 쓰인 단어들까지 생각해 보는 '한자 3박자 연상 학습법' 입니다.

이해가 바탕이 된 분명한 한자 실력으로 정확하고 풍부한 어휘력을 향상시켜 3급 한자 자격시험은 물론 자유로운 언어활동을 하게 하자는 것이지요.

이 책은 제가 개발한 '한자 3박자 연상 학습법'으로 한자 분명히 이해하며 익히기, 각 글자가 쓰인 대표적인 단어와 한자성어 익히기, 확인문제와 해설이 있는 기출문제 등 한자자격시험 8급에서 3급까지 해당하는 내용을 한 권에 담아 혼자서 공부해도 한 번에 3급을 준비할 수 있도록 하였습니다.

이 책에 나오는 글자 풀이 하나, 단어나 한자성어 풀이 하나마다 생각 없이 이루어진 것은 하나도 없으며 모두 사고력과 창의력, 응용력을 동원하여 분명히 이해하면서 익히도록 만들었습니다.

이 책으로 한자를 익히면 급수 시험에 합격하거나 한자 몇 자 익히는 차원을 넘어 어떤 한자를 보아도 자신 있게 분석해 보고 뜻을 생각해 볼 수 있는 안목이 길러지며, 이해가 바탕이 된 한자 실력으로 정확하고 풍부한 어휘력을 향상시켜 자유로운 언어생활은 물론, 한자의 어원에 담긴 번뜩이는 아이디어를 익혀 무슨 일을 하더라도 그 분야의 전문가가 되실 것입니다.

아무쪼록 여러분의 한자 학습에 큰 도움이 되었으면 좋겠습니다.

박원길, 박정서 올림

INTRODUCE
한자교육진흥회 한자자격시험

한자자격시험은?

주관 : (사)한자교육진흥회
시행 : 한국한자실력평가원
❶ 공인 민간자격 : 사범, 1급, 2급, 3급
❷ 등록(비공인) 민간자격 : 준3급, 4급, 준4급, 5급, 준5급, 6급, 7급, 8급

급수	평가 한자수			문항수 및 출제기준						
	계	선정한자	교과서 실용한자어	문항수	주관식비율	주관식 문항수	한자 쓰기	객관식 문항수	문항별 배점	만점(점)
사범	5,000자	5,000자	고전 및 한시	200	75% 이상	150	25	50	2	400
1급	3,500자	3,500자	500단어	150	65% 이상	100	25	50	2	300
2급	2,300자	2,300자	500단어	100	70% 이상	70	25	30	2	200
3급	1,800자	1,300자	500자 (436단어)	100	70% 이상	70	20	30	2	200
준3급	1,350자	1,000자	350자 (305단어)	100	70% 이상	70	20	30	1	100
4급	900자	700자	200자 (156단어)	100	70% 이상	70	20	30	1	100
준4급	700자	500자	200자 (139단어)	100	70% 이상	70	20	30	1	100
5급	450자	300자	150자 (117단어)	100	70%이상	70	20	30	1	100
준5급	250자	150자	100자 (62단어)	100	70% 이상	70	20	30	1	100
6급	170자	70자	100자 (62단어)	80	60% 이상	50	10	30	1.25	100
7급	120자	50자	70자 (43단어)	50	40% 이상	20	–	30	2	100
8급	50자	30자	20자 (13단어)	50	40% 이상	20	–	30	2	100

우대사항

❶ 자격기본법 제27조에 의거 국가자격 취득자와 동등한 대우 및 혜택을 받습니다.
❷ 경제5단체, 신입사원 채용 때 국가공인 한자자격시험 응시를 권고(3급 응시요건, 3급 이상 가산점)하고 있습니다.
❸ 2005학년도 대학수학능력시험부터 '漢文'이 선택과목으로 채택되었습니다.
❹ (사)한자교육진흥회가 주관하는 국가공인 자격 취득 시 일부 정부기관, 일부 기업, 일부 대학에서 혜택을 받을 수 있습니다(자세한 사항은 한자교육진흥회 홈페이지 참고).

합격기준		출제 유형/비율(%)										
	시험 시간	급수별 선정한자					교과서/실용한자어					합계
득점(%)		훈음	독음	쓰기	기타	소계	독음	용어 뜻	쓰기	기타	소계	
80% 이상	120분	25	35	25	15	100	–	–	–	–	–	100
70% 이상	80분	15	15	20	15	65	10	10	5	10	35	100
70% 이상	60분	15	15	20	15	65	10	10	5	10	35	100
70% 이상	60분	15	15	20	15	65	15	10	0	10	35	100
70% 이상	60분	15	15	20	15	65	15	10	0	10	35	100
70% 이상	60분	15	15	20	15	65	15	10	0	10	35	100
70% 이상	60분	15	15	20	15	65	15	10	0	10	35	100
70% 이상	60분	15	15	20	15	65	15	10	0	10	35	100
70% 이상	60분	15	15	20	15	65	15	10	0	10	35	100
70% 이상	60분	20	20	10	15	65	15	10	0	10	35	100
70% 이상	60분	25	25	–	15	65	15	10	0	10	35	100
70% 이상	60분	25	25	–	15	65	15	10	0	10	35	100

STRUCTURES
책의 구성 & 학습법

책의 구성

본 교재는 3급 선정한자 1,800자를 공통점이 있는 한자들끼리 묶어 총 300개의 그룹으로 나눈 뒤(001번~300번) '한자 3박자 연상 학습법'에 따라 공부할 수 있도록 구성하였습니다.

047 생성성성산[生性姓星産] - 生으로 된 한자 **①**

生
7급 / 총5획 / 부수 生

사람(𠂉)이 흙(土)에 나서 사니
날 생, 살 생, 사람을 부를 때 쓰는 접사 생 **②**

🔊 𠂉[사람 인(人)의 변형], 土(흙 토)
生日(생일), 更生(갱생), 生動感(생동감), 學生(학생)

性
5급 / 총8획 / 부수 忄

마음(忄)에 나면서(生)부터 생긴 성품이고 바탕이니 **성품 성, 바탕 성**
또 바탕이 다른 남녀의 성별이니 **성별 성**

🔊 성품(性品) - 사람의 성질이나 됨됨이.
🔊 忄(마음 심 변), 品(물건 품, 등급 품, 품위 품)
個性(개성), **性質**(성질), **本性**(본성), **異性**(이성) **④**

姓 **③**
준5급 / 총8획 / 부수 女

여자(女)가 자식을 낳아(生) 다른 사람과 구별하기 위하여 붙인 성씨니 **성씨 성**
또 나라의 여러 성씨들이 모인 백성이니 **백성 성**

🔊 女(여자 녀)
姓名(성명), 同姓同本(동성동본), 異姓(이성), 百姓(백성)

星
준4급 / 총9획 / 부수 日

해(日)처럼 빛나는(生) 별이니 **별 성**

🔊 日(해 일, 날 일)
星霜(성상), 星行夜歸(성행야귀)

産
준4급 / 총11획 / 부수 生

머리(亠)를 받치고(丷) 바위(厂)에 의지하여 새끼를 낳으니(生) **낳을 산**
또 아이를 낳듯이 물건을 생산하니 **생산할 산**

🔊 亠(머리 부분 두), 厂(굴 바위 엄, 언덕 엄)
産苦(산고), 産母(산모), 出産(출산), 産業(산업)

❶ 제목: 공통 부분으로 된 한자, 연결 고리로 된 한자, 비슷하여 혼동되는 한자 등 서로 관련된 한자들을 모아 묶은 그룹의 제목입니다.

❷ 어원 풀이: 어원을 철저히 분석하여 원래의 어원에 충실하면서도 가장 쉽게 이해되도록 간단명료하게 풀었습니다. 이 어원을 그대로만 외지 마시고 참고하여 더 나은 어원도 생각해 보며 한자를 익히면 보다 분명하게 익혀집니다.

❸ 기준 한자: 같은 제목으로 묶인 한자들 중 제일 먼저 나오는 한자는 아래 한자들의 기준이 되는 글자입니다. 어떻게 관련된 글자들이며, 이 기준자의 왼쪽, 오른쪽, 위, 아래 순으로 무엇이 붙어서, 어떤 뜻의 글자가 되었는지 생각하면서 익히세요.

❹ 활용 어휘: 일상생활이나 교과서에서 자주 사용되는 어휘, 한자자격시험에 자주 출제되는 어휘들을 뽑아 수록하였습니다.

3박자 연상 학습법에 따른 학습법

▶ 1박자 학습
첫 번째로 나온 한자는 아래에 나온 한자들의 기준이 되는 '기준 한자'이며, 1박자 학습 시에는 기준 한자부터 오른쪽에 설명되어 있는 생생한 어원과 함께 익힙니다. (또한 선정 급수/총획/부수 등이 표시되어 있으니 이 또한 참고하며 익히세요.)

生
7급 / 총5획 / 부수 生

사람(⺊)이 흙(土)에 나서 사니
날 생, 살 생, 사람을 부를 때 쓰는 접사 생

🔊 ⺊[사람 인(人)의 변형], 土(흙 토)
生日(생일), 更生(갱생), 生動感(생동감), 學生(학생)

▶ 2박자 학습
기준 한자를 중심으로 연결 고리로 된 다른 한자들(첫 번째 한자 아래에 나온 한자들)을 오른쪽의 생생한 어원과 함께 자연스럽게 연상하며 익힙니다.

性
5급 / 총8획 / 부수 忄

마음(忄)에 나면서(生)부터 생긴 성품이고 바탕이니 **성품 성, 바탕 성**
또 바탕이 다른 남녀의 성별이니 **성별 성**

🔊 성품(性品) - 사람의 성질이나 됨됨이.
🔊 忄(마음 심 변), 品(물건 품, 등급 품, 품위 품)
個性(개성), 性質(성질), 本性(본성), 異性(이성)

姓
준5급 / 총8획 / 부수 女

여자(女)가 자식을 낳아(生) 다른 사람과 구별하기 위하여 붙인 성씨니 **성씨 성**
또 나라의 여러 성씨들이 모인 백성이니 **백성 성**

🔊 女(여자 녀)
姓名(성명), 同姓同本(동성동본), 異姓(이성), 百姓(백성)

星
준4급 / 총9획 / 부수 日

해(日)처럼 빛나는(生) 별이니 **별 성**

🔊 日(해 일, 날 일)
星霜(성상), 星行夜歸(성행야귀)

産
준4급 / 총11획 / 부수 生

머리(亠)를 받치고(丷) 바위(厂)에 의지하여 새끼를 낳으니(生) **낳을 산**
또 아이를 낳듯이 물건을 생산하니 **생산할 산**

🔊 亠(머리 부분 두), 厂(굴 바위 엄, 언덕 엄)
産苦(산고), 産母(산모), 出産(출산), 産業(산업)

◀ 3박자 학습
어원을 중심으로 한자들을 자연스럽게 연상하며 익히는 것과 함께, 일상생활과 교과서, 그리고 시험에 자주 출제되는 어휘들을 익히도록 합니다.

INFORMATION
3박자 연상 학습법

어려운 한자, 이렇게 정복하세요.

❶ 어원(語源)으로 풀어 보기

한자에는 비교적 분명한 어원이 있는데, 어원을 모른 채 글자와 뜻만을 억지로 익히니 잘 익혀지지 않고 어렵기만 하지요. 한자의 어원을 생각하는 방법은 아주 간단합니다. 글자를 보았을 때 부수나 독립된 글자로 나눠지지 않으면 그 글자만으로 왜 이런 모양에 이런 뜻의 글자가 나왔는지 생각해 보고, 부수나 독립된 글자로 나눠지면 나눠진 글자들의 뜻을 합쳐 보면 되거든요. 그래도 어원이 생각나지 않을 때는 상상력을 동원하여 나눠진 글자의 앞뒤나 가운데에 말을 넣어 보면 되고요.

> 고고고고(古姑枯苦) – 오랠 고, 옛 고(古)로 된 한자
> 많은(十) 사람의 입에 오르내린 말(口)은 이미 오래된 옛날이야기니 **오랠 고, 옛 고(古)**
> 여자(女)가 오래(古)되면 시어미나 할미니 **시어미 고, 할미 고(姑)**
> 나무(木)도 오래(古)되면 마르고 죽으니 **마를 고, 죽을 고(枯)**
> 풀(艹), 즉 나물도 오래(古)되면 쇠어서 쓰니 **쓸 고(苦)**
> 또 맛이 쓰면 먹기에 괴로우니 **괴로울 고(苦)**

❷ 공통 부분으로 익히기

한자에는 여러 한자가 합쳐져 만들어진 한자가 많고, 부수 말고도 많은 한자에 공통 부분이 있으니 이 공통 부분에 여러 부수를 붙여 보는 방법도 유익합니다.

> 망망망망맹(亡忘忙妄盲) – 망할 망(亡)으로 된 한자
> 머리(亠)를 감추어야(ㄴ) 할 정도로 망하여 달아나니 **망할 망, 달아날 망(亡)**
> 또 망하여 죽으니 **죽을 망(亡)**
> 망한(亡) 마음(心)처럼 잊으니 **잊을 망(忘)**
> 마음(忄)이 망할(亡) 정도로 바쁘니 **바쁠 망(忙)**
> 정신이 망한(亡) 여자(女)처럼 망령되니 **망령될 망(妄)**
> 망한(亡) 눈(目)처럼 눈먼 시각장애인이니 **눈멀 맹, 시각장애인 맹(盲)**

이 글자들을 찾으려면 잊을 망(忘)과 바쁠 망(忙)은 마음 심(心)부에서, 망령될 망(妄)은 여자 녀(女)부에서, 장님 맹(盲)은 눈 목(目)부에서 찾아야 하고, 서로 연관 없이 따로따로 익혀야 하니 어렵고 비효율적이지요.
그러나 부수가 아니더라도 여러 글자의 공통인 망할 망(亡)을 고정해 놓고, 망한 마음(心)처럼 잊으니 잊을 망(忘), 마음(忄)이 망할 정도로 바쁘니 바쁠 망(忙), 정신이 망한(亡) 여자(女)처럼 망령되니 망령될 망(妄), 망한(亡) 눈(目)처럼 눈먼 시각장애인이니 눈멀 맹, 시각장애인 맹(盲)의 방식으로 이해하면 한 번에 여러 글자를 쉽고도 재미있게 익힐 수 있지요.

❸ 연결 고리로 익히기
한자에는 앞 글자에 조금씩만 붙이면 새로운 뜻의 한자가 계속 만들어져 여러 한자를 하나의 연결 고리로 꿸 수 있는 경우가 많습니다.

> 도인인인(刀刃忍認)
> 옛날 칼을 본떠서 **칼 도(刀)**
> 칼 도(刀)의 날(丿) 부분을 강조하려고 점(丶)을 찍어서 **칼날 인(刃)**
> 칼날(刃)로 심장(心)을 위협하는 것 같은 상황도 참으니 **참을 인(忍)**
> 남의 말(言)을 참고(忍) 들어 알고 인정하니 **알 인, 인정할 인(認)**

칼 모양을 본떠서 칼 도(刀), 칼 도(刀)에 점 주(丶)면 칼날 인(刃), 칼날 인(刃)에 마음 심(心)이면 참을 인(忍), 참을 인(忍)에 말씀 언(言)이면 인정할 인(認)이 되지요.

❹ 비슷한 한자 어원으로 구별하기
한자에는 비슷한 한자가 많아서 혼동되는 경우가 많은데 이때에도 어원으로 구분하면 쉽고도 분명하게 구분되어 오래도록 잊히지 않습니다.

> 1. 분분(粉紛)
>   쌀(米) 같은 곡식을 나눈(分) 가루니 **가루 분(粉)**
>   실(糸)을 나누어(分) 놓은 듯 헝클어져 어지러우니 **어지러울 분(紛)**
>
> 2. 여노서노(如奴恕怒)
>   여자(女)의 말(口)은 대부분 부모나 남편의 말과 같으니 **같을 여(如)**
>   여자(女)의 손(又)처럼 힘들게 일하는 종이니 **종 노(奴)**
>   예전과 같은(如) 마음(心)으로 용서하니 **용서할 서(恕)**
>   일이 힘든 종(奴)의 마음(心)처럼 성내니 **성낼 노(怒)**

❺ 그림으로 생각해 보기
글자가 부수나 독립된 글자로 나눠지지 않으면 이 글자는 무엇을 본떠서 만들었는지 생각해 보세요. 본뜬 물건이 있으면 상형(象形)이고, 본뜬 물건이 없고 보이지 않는 무슨 일을 추상하여 만들었으면 지사(指事)로 된 글자지요.
[한자를 만드는 원리인 육서(六書)는 뒤에 나오는 한자의 기초 참고]

> 1. 상형(象形)으로 된 한자
>   가지 달린 나무를 본떠서 **나무 목(木)**
>   높고 낮은 산봉우리를 본떠서 **산 산(山)**
>
> 2. 지사(指事)로 된 한자
>   일정한 기준(一)보다 위로 오르니 **위 상, 오를 상(上)**
>   일정한 기준(一)보다 아래로 내리니 **아래 하, 내릴 하(下)**

INFORMATION
3박자 연상 학습법

❻ 한 글자에 여러 뜻이 있으면 그 이유를 생각해서 익히기

한자도 처음 만들어질 때는 한 글자에 하나의 뜻이었지만 생각이 커지고 문화가 발달할수록 더 많은 글자가 필요하게 되었어요. 그럴 때마다 새로운 글자를 만든다면 너무 복잡해지니 이미 있던 글자에 다른 뜻을 붙여 쓰게 되었지요. 그러나 아무렇게나 붙여 쓰는 것이 아니고 그런 뜻이 붙게 된 이유가 분명히 있으니 무조건 외는 것보다는 "이 글자는 왜 이런 뜻으로도 쓰일까"를 생각하여 "아~하! 그래서 이 글자에 이런 뜻이 붙었구나!"를 스스로 터득하면서 익히면 훨씬 효과적이지요.

앞 ❶에 나왔던 쓸 고, 괴로울 고(苦)의 경우도 '쓸 고'면 쓸 고지 어찌 '괴로울 고'의 뜻도 될까? 조금만 생각해도 '맛이 쓰면 먹기에 괴로우니 괴로울 고(苦)'가 되었음을 금방 알게 되지요.

❼ 글자마다 반드시 예(例)까지 알아두기

글자를 익히면 반드시 그 글자가 쓰인 예(例)까지, 자주 쓰이는 낱말이나 고사성어 중에서 적절한 예(例)를 골라 익히는 습관을 들이세요. 그러면 "어? 이 글자가 이런 말에도 쓰이네!" 하면서 그 글자를 더 분명히 알 수 있을 뿐더러 그 글자가 쓰인 단어들까지도 정확히 알 수 있으니, 정확하고 풍부한 어휘력(語彙力)을 기를 수 있는 지름길이죠.

단어 풀이도 무조건 의역으로 된 사전식으로 알지 마시고, 먼저 아는 글자를 이용하여 직역(直譯)해 보고 다음에 의역(意譯)해 보는 습관을 들이세요. 그래야 한자 실력도 쑥쑥 늘어나고 단어의 뜻도 분명히 알 수 있거든요.

3박자 연상 학습법

이상 일곱 가지 방법을 종합하여 '3박자 연상 학습법(LAM : Learning for Associative Memories)'을 만들었습니다. '3박자 연상 학습법'이란 어렵고 복잡한 글자를 무조건 통째로 익히지 않고 부수나 독립된 글자로 나누어 ① 머리에 쏙쏙 들어오는 생생한 어원으로, ② 동시에 비슷한 글자들도 익히면서, ③ 그 글자가 쓰인 단어들까지 생각해 보는 방법이지요.

이렇게 외워진 글자를 좀 더 체계적으로 오래 기억하기 위해서 ① 제목을 중심 삼아 외고, ② 그 제목을 보면서 각 글자들은 어떤 공통점과 차이점으로 이루어진 글자들인지 구조와 어원으로 떠올려 보고, ③ 각 글자들이 쓰인 단어들은 무엇인지 생각해 보세요.

그래서 어떤 글자를 보면 그 글자와 관련된 글자들로 이루어진 제목이 떠오르고, 그 제목에서 각 글자들의 어원과 단어들까지 떠올릴 수 있다면 이미 그 글자는 완전히 익히신 것입니다.

기대되는 효과

이런 방식으로 한자를 익히면 복잡하고 어려운 한자에 대하여 자신감을 넘어 큰 재미를 느낄 것이며, '한자 3박자 연상 학습법'이 저절로 익혀져 한자 몇 자 아는 데 그치지 않고 어떤 한자를 보아도 자신 있게 분석해 보고 뜻을 생각해 볼 수 있는 안목도 생길 거예요.

또 일상생활에서 만나는 어려운 단어의 뜻을 막연히 껍데기로만 알지 않고 분명하게 아는 습관이 길러져서, 정확하고 풍부한 어휘력(語彙力)이 길러질 것이고, 정확하고 풍부한 어휘력을 바탕으로 자신(自信) 있는 언어생활(言語生活), 나아가 자신(自信) 있는 사회생활(社會生活)을 하게 될 것이며, 더 나아가 중국어나 일본어도 70% 이상 익힌 셈이 될 것입니다.

빅데이터 필수암기 합격한자 450

9개년 기출 완벽 분석

시대에듀

Guide

합격의 공식 Formula of pass | 시대에듀 www.sdedu.co.kr

이 책의 활용 방법

이 책의 구성
'빈출 한자의 훈·음'을 수록하여, 날마다 학습한 한자들을 직접 써 보고 확인할 수 있도록 구성하였습니다.

필수암기 합격한자 450
필수암기 합격한자는 본문에 '빈출' 표시가 들어간 한자입니다. 수험생의 합격률을 향상시키기 위하여 시험 출제가 많이 되는 한자 450자를 따로 수록했습니다. 다른 한자도 중요하지만, 이 450자는 반드시 암기해 두세요.

이 책의 공부법
1. 본문에서 공부한 한자의 훈·음을 보고 해당 한자를 직접 써 보세요.
2. 직접 써 본 한자의 훈·음과 함께 빈출 어휘를 학습해 보세요.

DAY 01

1		또 차 구차할 차	重且大(중차대), 且置(차치), 苟且(구차)
2		밝을 명 성 명	明白(명백), 明快(명쾌), 鮮明(선명), 說明(설명)
3		맹세할 맹	盟約(맹약), 同盟(동맹), 血盟(혈맹)
4		빛날 창	昌昌(창창), 昌大(창대), 昌盛(창성), 繁昌(번창)
5		짤 조	組立(조립), 組成(조성), 組織(조직), 勞組(노조)
6		세금 조 세낼 조	租貢(조공), 租稅(조세), 租借(조차)
7		마땅할 의	宜當(의당), 時宜(시의), 便宜(편의)
8		조사할 사	監査(감사), 檢査(검사), 審査(심사), 調査(조사)
9		옮길 이	移記(이기), 移動(이동), 移轉(이전), 推移(추이)
10		새길 명	銘記(명기), 銘心(명심), 感銘(감명), 座右銘(좌우명)
11		길 로	路邊(노변), 路線(노선), 路資(노자), 道路(도로)
12		간략할 략 빼앗을 략	略圖(약도), 略式(약식), 省略(생략), 侵略(침략)
13		격식 격 헤아릴 격	格言(격언), 格調(격조), 格物致知(격물치지)
14		떨어질 락	落心(낙심), 落葉(낙엽), 村落(촌락), 脫落(탈락)
15		제사 사	祭祀(제사)
16		헤엄칠 영	背泳(배영), 水泳(수영), 平泳(평영)
17		넉넉할 유	裕福(유복), 裕餘(유여), 富裕(부유)
18		욕심 욕	慾心(욕심), 慾望(욕망), 意慾(의욕), 貪慾(탐욕)

19		불꽃 염 염증 염	炎凉(염량), 炎天(염천), 暴炎(폭염), 炎症(염증)
20		맑을 담 깨끗할 담	淡水(담수), 淡淡(담담), 淡白(담백)
21		수고할 로 일할 로	勞苦(노고), 過勞(과로), 徒勞無功(도로무공)
22		경영할 영	營利(영리), 營業(영업), 營爲(영위), 國營(국영)
23		또 역	亦是(역시), 全亦(전역), 此亦(차역)

DAY 02

24		쉴 휴	休耕(휴경), 休息(휴식), 休戰(휴전), 連休(연휴)
25		지킬 보 보호할 보	保健(보건), 保守(보수), 保證(보증), 保險(보험), 保護(보호)
26		삼 마 마약 마	麻織(마직), 麻布(마포), 大麻草(대마초)
27		그루 주 주식 주	株價(주가), 有望株(유망주)
28		차 차 차 다	綠茶(녹차), 葉茶(엽차), 花茶(화차)
29		깨달을 오	悟道(오도), 覺悟(각오)
30		잔 배	乾杯(건배), 苦杯(고배), 祝杯(축배)
31		끌 소 삭일 소	消火(소화), 消化(소화), 消費(소비), 消極的(소극적)
32		재주 기	技術(기술), 特技(특기), 競技(경기)
33		높을 탁 탁자 탁	卓見(탁견), 卓子(탁자), 卓球(탁구)

34		시어미 고 잠깐 고	姑婦(고부), 姑母(고모), 姑息之計(고식지계)
35		쓸 고 괴로울 고	苦悶(고민), 苦杯(고배), 苦笑(고소), 苦樂(고락), 同苦同樂(동고동락)
36		곧을 직 바를 직	直線(직선), 直接(직접), 正直(정직)
37		값 치	價値(가치), 加重値(가중치), 平均値(평균치)
38		임금 황	皇國(황국), 皇宮(황궁)
39		잘 숙 별자리 수	宿食(숙식), 宿願(숙원), 宿題(숙제), 星宿(성수)
40		샘 천	甘泉(감천), 冷泉(냉천), 溫泉(온천), 源泉(원천)
41		언덕 원 근원 원	原價(원가), 原告(원고), 原油(원유), 原因(원인)
42		어조사 우	于今(우금), 于先(우선)

DAY 03

43		책 펴낼 간	刊行(간행), 日刊(일간), 創刊(창간)
44		언덕 안	沿岸(연안), 彼岸(피안) ↔ 此岸(차안), 海岸線(해안선)
45		평할 평	評價(평가), 論評(논평), 批評(비평), 品評(품평)
46		부를 호	呼名(호명), 呼出(호출), 歡呼(환호)
47		물건 건 사건 건	物件(물건), 件數(건수), 事件(사건), 案件(안건)
48		알릴 고 뵙고 청할 곡	告白(고백), 報告(보고), 申告(신고), 出必告(출필곡)
49		지을 조	造作(조작), 造化(조화), 造花(조화), 創造(창조)

50		도울 찬 찬성할 찬	贊助(찬조), 協贊(협찬), 贊成(찬성), 贊反(찬반)
51		숯 탄 석탄 탄	炭價(탄가), 無煙炭(무연탄), 石炭(석탄)
52		넓힐 척 박을 탁	開拓(개척), 干拓(간척), 拓植(척식), 拓本(탁본)
53		집 궁 궁궐 궁	宮中(궁중), 古宮(고궁), 王宮(왕궁)
54		채찍 책 꾀 책	計策(계책), 對策(대책), 妙策(묘책), 政策(정책)
55		저물 혼	昏亂(혼란), *混亂(혼란), 黃昏(황혼)
56		밑 저	底力(저력), 底意(저의), 海底(해저)
57		거스를 저 막을 저	抵當(저당), 抵抗(저항)
58		잠잘 면	冬眠(동면), 睡眠(수면), 休眠(휴면), 不眠症(불면증)
59		눈 안	眼鏡(안경), 眼科(안과), 眼光(안광), 着眼(착안)
60		물갈래 파	派兵(파병) 派生(파생), 黨派(당파), 政派(정파)
61		맺을 결	結果(결과), 結論(결론), 結者解之(결자해지), 結婚(결혼)
62		물가 애 끝 애	涯岸(애안), 涯際(애제), 生涯(생애), 天涯(천애)
63		화목할 목 성 목	和睦(화목), 不睦(불목), 親睦(친목)

DAY 04

64		익을 숙 익숙할 숙	熟考(숙고), 熟達(숙달), 熟讀(숙독), 熟眠(숙면), 熟成(숙성)
65		놈 자 것 자	强者(강자), 讀者(독자), 仁者無敵(인자무적)
66		더울 서	暑傷(서상), 處暑(처서), 避暑(피서)
67		모든 제 여러 제	諸國(제국), 諸君(제군), 諸般(제반), 諸賢(제현)
68		기둥 주	石柱(석주), 電柱(전주), 支柱(지주), 電信柱(전신주)
69		흴 소 바탕 소	素服(소복), 素質(소질), 平素(평소), 要素(요소), 素朴(소박)
70		독 독	毒感(독감), 毒舌(독설), 毒藥(독약), 至毒(지독)
71		빚 채	債權(채권), 債務(채무), 負債(부채), 私債(사채)
72		칠 토 토론할 토	討伐(토벌), 聲討(성토), 討論(토론), 檢討(검토)
73		목숨 수	壽命(수명), 減壽(감수), 天壽(천수), 長壽(장수)
74		줄 부 부탁할 부	結付(결부), 交付(교부), 發付(발부)
75		관청 부 창고 부	政府(정부), 司法府(사법부), 府庫(부고)
76		대접할 대 기다릴 대	期待(기대), 待接(대접), 待遇(대우), 待期(대기)
77		곤궁할 궁 다할 궁	窮地(궁지), 困窮(곤궁), 窮理(궁리), 無窮花(무궁화)
78		우편 우	郵送(우송), 郵便(우편), 郵票(우표)

79		아낄 석 가엾을 석	惜時如金(석시여금), 惜別(석별), 哀惜(애석)
80		서적 적 문서 적	書籍(서적), 國籍(국적), 除籍(제적), 戶籍(호적)

DAY 05

81		줄 공 이바지할 공	供給(공급), 供出(공출), 提供(제공), 供與(공여)
82		공손할 공	恭敬(공경), 恭待(공대), 恭賀新年(공하신년)
83		항구 항	港口(항구), 港都(항도), 歸港(귀항), 出港(출항)
84		삼갈 근	謹身(근신), 謹嚴(근엄), 謹弔(근조) 謹賀(근하)
85		부지런할 근 일 근	勤儉(근검), 勤勉(근면), 轉勤(전근), 退勤(퇴근)
86		어려울 난 비난할 난	難解(난해), 苦難(고난), 非難(비난)
87		여러 서 첩의 아들 서	庶務(서무), 庶民(서민), 庶出(서출)
88		법도 도 헤아릴 탁	制度(제도), 強度(강도), 度地(탁지), 濃度(농도)
89		경계할 계	戒律(계율), 警戒(경계), 一罰百戒(일벌백계)
90		형틀 계 기계 계	機械(기계), 械器(계기), 器械(기계)
91		가슴 흉	胸部(흉부), 胸像(흉상), 胸心(흉심), 胸中(흉중)
92		사귈 교	交際(교제), 交代(교대), 交易(교역), 交替(교체)
93		본받을 효	效則(효칙), 效果(효과), 發效(발효), 有效(유효)

94		깨달을 각	覺書(각서), 視聽覺(시청각), 自覺(자각)
95		줄 여 더불 여	與件(여건), 與民同樂(여민동락), 與黨(여당) ↔ 野黨(야당)
96		점칠 점 점령할 점	占術(점술), 占領(점령), 獨占(독점), 寡占(과점)
97		가게 점	飯店(반점), 商店(상점), 書店(서점), 酒店(주점), 店鋪(점포)
98		바랄 기 꾀할 기	企待(기대), 企圖(기도), 企業(기업), 企劃(기획)
99		건널 섭	涉歷(섭력), 涉外(섭외), 干涉(간섭), 交涉(교섭)
100		끌 연 늘일 연	延期(연기), 延命(연명), 延長(연장), 外延(외연)
101		조정 정 관청 정	宮廷(궁정), 退廷(퇴정), 開廷(개정), 法廷(법정)

DAY 06

102		바를 정	正義(정의), 正直(정직), 正確(정확)
103		가지런할 정	整理(정리), 整備(정비), 端整(단정), 調整(조정)
104		증세 증	症狀(증상), 症勢(증세), 渴症(갈증), 痛症(통증)
105		끌 제 내놓을 제	提高(제고), 提示(제시), 提出(제출), 提供(제공), 提携(제휴)
106		주춧돌 초 기초 초	礎石(초석), 基礎(기초), 柱礎(주초), 礎稿(초고)
107		늘어놓을 진 묵을 진	陳述(진술), 陳列(진열), 開陳(개진)
108		줄 진 진 칠 진	陣地(진지), 敵陣(적진), 退陣(퇴진), 布陣(포진)
109		연꽃 련	蓮根(연근), 蓮池(연지), 白蓮(백련), 紅蓮(홍련)

110		휘두를 휘 지휘할 휘	發揮(발휘), 指揮(지휘), 揮發(휘발)
111		빌 공 하늘 공	空白(공백), 空想(공상), 航空(항공)
112		갑자기 돌 부딪칠 돌	突發(돌발), 突出(돌출), 煙突(연돌), 衝突(충돌)
113		반드시 필	必讀(필독), 必須(필수), 必勝(필승), 必要(필요)
114		어른 장 존칭 장 길이 장	丈夫(장부), 氣高萬丈(기고만장)
115		터럭 발	短髮(단발), 白髮(백발), 理髮(이발), 長髮(장발)
116		속일 사	詐欺(사기), 詐取(사취), 詐稱(사칭)

DAY 07

117		합할 합	合同(합동), 都合(도합), 合格(합격), 合理(합리)
118		탑 탑	塔身(탑신), 佛塔(불탑), 石塔(석탑)
119		험할 험	險難(험난), 險惡(험악), 保險(보험), 冒險(모험)
120		시험할 험	經驗(경험), 受驗(수험), 體驗(체험)
121		능할 극 이길 극	克明(극명), 克己(극기), 克己復禮(극기복례)
122		짝 필 단위 필	配匹(배필), 匹夫(필부)
123		깊을 심	深刻(심각), 深度(심도), 深思熟考(심사숙고)
124		멜 담 맡을 담	擔當(담당), 擔保(담보), 負擔(부담), 分擔(분담)
125		갓 관	金冠(금관), 無冠(무관), 王冠(왕관)

126		달랠 세 말씀 설 기쁠 열	遊說(유세), 說得(설득), 說明(설명), 巷說(항설)
127		날카로울 예	銳利(예리), 銳敏(예민), 新銳(신예), 精銳(정예)
128		벗을 탈	脫線(탈선), 脫盡(탈진), 脫出(탈출), 離脫(이탈), 逸脫(일탈)
129		숨을 일 뛰어날 일 편안할 일	逸話(일화), 逸品(일품), 逸味(일미), 安逸(안일)
130		면할 면	免稅(면세), 免除(면제), 免職(면직)
131		뛰어날 걸 호걸 걸	傑作(걸작), 傑出(걸출)
132		춤출 무	舞天(무천), 歌舞(가무), 亂舞(난무)
133		없을 막 말 막 가장 막	莫論(막론), 莫逆(막역), 莫强(막강), 莫重(막중)
134		본뜰 모 법 모 모호할 모	模範(모범), 模樣(모양), 規模(규모), *模糊(모호)
135		모을 모	募集(모집), 募金(모금), 公募(공모), 應募(응모)
136		사모할 모	思慕(사모), 愛慕(애모), 戀慕(연모), 追慕(추모)
137		맵시 자	姿色(자색), 姿勢(자세), 姿態(자태), 雄姿(웅자)
138		재물 자 신분 자	資金(자금), 資本(자본), 資産(자산), 資格(자격)
139		열흘 순	旬刊(순간), 旬報(순보), 上旬(상순), 七旬(칠순)
140		목마를 갈	渴望(갈망), 渴症(갈증), 解渴(해갈)
141		안을 포	抱卵(포란), 抱負(포부), 宿抱(숙포), 旅抱(여포)

142		세포 포	細胞(세포), 胞子(포자), 同胞(동포)
143		구차할 구 진실로 구	苟免(구면), 苟命圖生(구명도생), 苟安(구안)
144		끝 극 다할 극	極端(극단), 南極(남극), 至極(지극), 極盡(극진)

DAY 08

145		쉬울 이 바꿀 역	安易(안이), 易地思之(역지사지), 交易(교역), 貿易(무역)
146		볕 양 드러날 양	陽刻(양각), 陽地(양지), 陰德陽報(음덕양보)
147		날릴 양 떨칠 양	立身揚名(입신양명), 高揚(고양)
148		편안할 안 성 안	安寧(안녕), 安否(안부), 坐不安席(좌불안석)
149		잔치 연	宴會(연회), 祝賀宴(축하연)
150		종 노	奴名(노명), 老奴(노노), 賣國奴(매국노)
151		용서할 서	容恕(용서), 恕罪(서죄), 忠恕(충서)
152		간사할 간 간음할 간	强姦(강간)
153		평온할 타 온당할 타	妥結(타결), 妥當(타당), 妥協(타협)
154		첩 첩	妾室(첩실), 妾出(첩출), 小妾(소첩), 妻妾(처첩)
155		민첩할 민	敏感(민감), 英敏(영민), 銳敏(예민)
156		번성할 번	繁盛(번성), 繁榮(번영), 繁昌(번창)
157		매화 매	梅花(매화), 梅實(매실), 梅實茶(매실차), 雪中梅(설중매)

158		뉘우칠 회	悔改(회개), 悔悟(회오), 尤悔(우회), 後悔(후회)
159		마칠 료	滿了(만료), 修了(수료), 完了(완료), 終了(종료)
160		두터울 후	厚待(후대), 厚德(후덕), 厚意(후의), 重厚(중후)
161		구멍 공 공자 공	十九孔炭(십구공탄), 孔孟(공맹)
162		맏 맹 맹자 맹	孟冬(맹동), 孟夏(맹하), 孔孟(공맹), 孟母三遷(맹모삼천)
163		이미 이 따름 이	已往(이왕), 已往之事(이왕지사)
164		고칠 개	改良(개량), 改善(개선), 改正(개정), 改革(개혁)
165		살찔 비 거름 비	肥大(비대), 肥滿(비만), 肥料(비료)
166		끊을 절	絶交(절교), 絶命(절명), 絶項(절정)
167		법 범 본보기 범	敎範(교범), 規範(규범), 模範(모범)
168		원망할 원	怨望(원망), 怨聲(원성), 怨恨(원한)
169		알릴 보 갚을 보 신문 보	報告(보고), 速報(속보), 報答(보답)
170		하여금 령 명령할 령 착할 령 아름다울 령 계절 령	假令(가령), 命令(명령), 待令(대령), 指令(지령)
171		고개 령 재 령	嶺南(영남), 嶺東(영동), 分水嶺(분수령)
172		무역할 무 바꿀 무	貿易(무역), 密貿易(밀무역), 貿穀(무곡)

DAY 09

173		바로잡을 정	訂正(정정), 改訂(개정), 修訂(수정)
174		내 하 강 하	河川(하천), 氷河(빙하), 運河(운하)
175		어찌 하 무엇 하	何等(하등), 何時(하시), 何處(하처), 誰何(수하)
176		기이할 기	奇異(기이), 奇特(기특), 好奇心(호기심), 奇數(기수)
177		붙어살 기 부칠 기	寄生(기생), 寄宿舍(기숙사), 寄稿(기고)
178		해 세 세월 세 나이 세	歲暮(세모), 歲拜(세배), 年年歲歲(연년세세), 萬歲(만세)
179		다 함 성 함	咸告(함고), 咸悅(함열), 咸平(함평), 咸興差使(함흥차사)
180		줄어들 감 덜 감	減少(감소), 減免(감면), 減速(감속), 加減乘除(가감승제)
181		울 읍	泣請(읍청), 感泣(감읍), 悲泣(비읍)
182		넓을 보 보통 보	普及(보급), 普通(보통), 普遍性(보편성) ↔ 特殊性(특수성)
183		족보 보 악보 보	族譜(족보), 系譜(계보), 年譜(연보), 樂譜(악보)
184		용 룡 성 용	龍門(용문), 飛龍(비룡), 臥龍(와룡), 魚變成龍(어변성룡)
185		막을 장	障壁(장벽), 障害(장해), 保障(보장)
186		거울 경	鏡臺(경대), 銅鏡(동경), 眼鏡(안경), 破鏡(파경)
187		말 잘할 변	辯護(변호), 達辯(달변), 答辯(답변), 雄辯(웅변)
188		벽 벽	壁報(벽보), 壁紙(벽지), 壁畫(벽화), 絶壁(절벽)
189		피할 피	避難(피난), 避亂(피란), 避暑(피서), 逃避(도피), 回避(회피)

190		둥글 환 알 환	丸石(환석), 丸藥(환약), 彈丸(탄환)
191		잡을 집 집행할 집	執權(집권), 執念(집념), 執着(집착), 固執(고집)
192		역 역	驛舍(역사), 驛前(역전), 終着驛(종착역)
193		가릴 택	擇一(택일), 擇日(택일), 選擇(선택), 採擇(채택)
194		펼 연 설명할 연	演技(연기), 演說(연설), 演題(연제)
195		낄 개	介意(개의), 介入(개입), 一介(일개), 紹介(소개)
196		밥통 위	胃炎(위염), 胃腸(위장), 胃痛(위통)
197		이치 리 다스릴 리	理論(이론), 合理(합리), 管理(관리), 處理(처리)
198		양식 량	糧食(양식), 糧穀(양곡), 糧政(양정), 軍糧米(군량미)

DAY 10

199		어리석을 우	愚直(우직), 愚問愚答(우문우답), 愚問賢答(우문현답)
200		일만 만	萬能(만능), 萬物(만물), 萬福(만복), 萬歲(만세)
201		건널 제 구제할 제	濟度(제도), 救濟(구제), 救世濟民(구세제민)
202		화목할 화 화할 화	和睦(화목), 和音(화음), 和解(화해), 調和(조화)
203		차례 질	秩序(질서), 無秩序(무질서)
204		배 리	梨花(이화), 烏飛梨落(오비이락)
205		마실 흡	吸力(흡력), 吸收(흡수), 吸煙(흡연), 吸着(흡착)

206		조목 과 과목 과	眼科(안과), 轉科(전과), 科目(과목), 科擧(과거)
207		상서로울 상	發祥地(발상지), 不祥事(불상사), 吉祥(길상)
208		모양 양	樣式(양식), 各樣各色(각양각색), 多樣(다양)
209		착할 선 좋을 선	善良(선량), 改善(개선), 善戰(선전), 善防(선방)
210		붙을 착	着陸(착륙), 着眼(착안), 接着(접착), 定着(정착)
211		다를 차 어긋날 차	差別(차별), 差異(차이), 格差(격차), 誤差(오차)
212		굶주릴 아	餓倒(아도), 餓死(아사), 餓殺(아살), 寒餓(한아)
213		의논할 의	議決(의결), 會議(회의), 謀議(모의), 不可思議(불가사의)
214		거동 의	儀禮(의례), 儀式(의식), 儀典(의전)
215		버릴 사	喜捨(희사), 四捨五入(사사오입), 取捨選擇(취사선택)
216		곤할 곤	困難(곤난 → 곤란), 困境(곤경), 貧困(빈곤), 疲困(피곤)
217		가둘 수 죄인 수	囚衣(수의), 死刑囚(사형수), 良心囚(양심수), 罪囚(죄수)
218		아전 리 관리 리	吏房(이방), 官吏(관리), 淸白吏(청백리)

DAY 11

219		굳을 경	硬度(경도), 硬直(경직), 硬化(경화), 强硬(강경)
220		잡을 조 다룰 조	操心(조심), 志操(지조), 操業(조업)
221		제단 단 단상 단	壇上(단상), 講壇(강단), 敎壇(교단), 論壇(논단), 登壇(등단)

222		얻을 득	得道(득도), 得點(득점), 自業自得(자업자득)
223		항상 항	恒久(항구), 恒茶飯事(항다반사), 恒溫(항온), 恒用(항용)
224		펼 선 베풀 선	宣告(선고), 宣敎(선교), 宣言(선언), 宣傳(선전)
225		하늘 건 마를 건	乾坤(건곤), 乾達(건달), 乾杯(건배), 乾電池(건전지)
226		조수 조	滿潮(만조) ↔ 干潮(간조), 潮流(조류)
227		쉴 식 숨쉴 식	休息(휴식), 自强不息(자강불식), 歎息(탄식), 子息(자식)
228		끝 변 가 변	邊境(변경), 邊方(변방), 周邊(주변), 海邊(해변)
229		부끄러울 치	恥部(치부), 恥事(치사), 恥辱(치욕), 國恥(국치)
230		잇달을 련 이을 련	聯立(연립), 聯想(연상), 聯合(연합), 關聯(관련)
231		직업 직 직장 직	職場(직장), 求職(구직), 天職(천직), 賤職(천직)
232		짤 직	織工(직공), 織物(직물), 組織(조직)
233		갖출 구 기구 구	具備(구비), 具現(구현), 家具(가구), 工具(공구)
234		헤아릴 측	測量(측량), 測定(측정), 計測(계측), 觀測(관측)
235		덜 손 잃을 손	損益(손익), 損害(손해), 破損(파손), 損失(손실)
236		질 부	負債(부채), 勝負(승부), 自負心(자부심), 抱負(포부)
237		도둑 적	盜賊(도적), 逆賊(역적), 海賊(해적)

238		꿸 관	貫通(관통), 始終一貫(시종일관), 尺貫法(척관법)
239		버릇 관	慣性(관성), 慣習(관습), 慣行(관행), 習慣(습관)
240		얼굴 안	顔面(안면), 紅顔(홍안), 厚顔無恥(후안무치)
241		이마 액 액수 액	額面(액면), 總額(총액), 額子(액자), 額字(액자)
242		기울 경	傾聽(경청), 傾向(경향), 左傾(좌경)

DAY 12

243		심할 심	甚難(심난), 甚至於(심지어), 極甚(극심)
244		속일 기	欺心(기심), 詐欺(사기), 自欺(자기)
245		배 주	舟遊(주유), 一葉片舟(일엽편주), 刻舟求劍(각주구검)
246		구리 동	銅鏡(동경), 銅賞(동상), 銅像(동상), 銅錢(동전)
247		들일 납 바칠 납	納付(납부), 納稅(납세), 未納(미납), 返納(반납), 完納(완납)
248		갚을 상 보답할 상	償債(상채), 無償(무상), 補償(보상), 有償(유상)
249		비칠 영	映畵(영화), 反映(반영), *反影(반영), 放映(방영)
250		이지러질 결 빠질 결	缺禮(결례), 缺席(결석), 缺如(결여), 補缺(보결)
251		밤 률	生栗(생률), 栗谷(율곡)
252		해부할 해 풀 해	解渴(해갈), 解決(해결), 結者解之(결자해지)
253		기울 보 보충할 보	補强(보강), 補缺(보결), 補償(보상), 補充(보충)

254		잡을 포	捕手(포수), 捕卒(포졸), 生捕(생포)
255		물가 포	浦口(포구), 浦村(포촌), 浦落(포락), 南浦(남포)
256		넓을 박	博士(박사), 博識(박식), 博愛(박애)
257		엷을 박	薄待(박대), 薄命(박명), 薄弱(박약), 淺薄(천박)
258		통할 통	通告(통고), 通達(통달), 窮卽通(궁즉통)
259		아플 통	痛感(통감), 痛症(통증), 齒痛(치통)
260		바퀴 륜	車輪(차륜), 五輪(오륜), 輪番(윤번)
261		쌓을 축 지을 축	築造(축조), 改築(개축), 建築(건축)
262		겨룰 항 대항할 항	抗拒(항거), 抗告(항고), 抗議(항의), 反抗(반항)
263		배 항 건널 항	航路(항로), 航空(항공), 航海(항해), 歸航(귀항)
264		물 따라갈 연 따를 연	沿道(연도), 沿邊(연변), 沿岸(연안), 沿海(연해)
265		납 연	無鉛(무연), 鉛筆(연필), 色鉛筆(색연필), 黑鉛(흑연)
266		배 선	船歌(선가), 船團(선단), 船上(선상), 乘船(승선)

DAY 13

267		옮길 반 일반 반	一般(일반), 全般(전반), 諸般(제반), 彼此一般(피차일반)
268		곡식 곡	穀食(곡식), 穀氣(곡기), 穀物(곡물), 雜穀(잡곡)
269		부릴 역	苦役(고역), 兒役(아역), 用役(용역), 役割(역할)
270		던질 투 버릴 투	投稿(투고), 投手(투수), 投入(투입), 全力投球(전력투구)

271		이슬 로 드러날 로	寒露(한로), 露出(노출), 吐露(토로), 暴露(폭로)
272		흐를 류 번져나갈 류	流失(유실), 流浪(유랑), 流行(유행)
273		나물 소 채소 소	蔬飯(소반), 蔬食(소식), 蔬店(소점), 菜蔬(채소)
274		순행할 순 돌 순	巡警(순경), 巡訪(순방), 巡視(순시)
275		뇌 뇌	腦炎(뇌염), 頭腦(두뇌), 洗腦(세뇌), 首腦(수뇌)
276		가벼울 경	輕減(경감), 輕傷(경상), 輕視(경시), 輕重(경중)
277		보낼 수 나를 수	輸送(수송), 輸血(수혈), 輸出入(수출입), 禁輸(금수)
278		돼지 돈	豚舍(돈사), 豚肉(돈육), 養豚(양돈), 種豚(종돈)
279		형상 상	銅像(동상), 佛像(불상), 受像機(수상기), 自像(자화상)
280		인연 연	緣故(연고), 緣分(연분), 緣由(연유), 結緣(결연)
281		기록할 록	錄音(녹음), 錄畵(녹화), 記錄(기록)
282		잊을 망	健忘症(건망증), 勿忘草(물망초), 不忘(불망)
283		눈멀 맹 시각장애인 맹 무지할 맹	盲人(맹인), 文盲(문맹), 色盲(색맹)

DAY 14

284		돼지 해	亥時(해시), 亥月(해월)
285		새길 각 시각 각	刻骨難忘(각골난망), 木刻(목각), 時時刻刻(시시각각), 時刻(시각)
286		높을 고 성 고	高價(고가), 고결(高潔), 提高(제고), 最高(최고)

287		볏짚 고 원고 고	稿料(고료), 玉稿(옥고), 遺稿(유고), 投稿(투고)
288		누릴 향	享年(향년), 享樂(향락), 享有(향유)
289		형통할 형	亨運(형운), 萬事亨通(만사형통), 元亨利貞(원형이정)
290		정자 정	亭子(정자), 亭閣(정각), 八角亭(팔각정)
291		서늘할 량	納凉(납량), 炎凉世態(염량세태), 淸凉(청량), 寒凉(한량)
292		나아갈 취 이룰 취	就業(취업), 就任(취임), 成就(성취), 日就月將(일취월장)
293		찰 대 띠 대	帶同(대동), 連帶(연대), 一帶(일대)
294		허파 폐	肺病(폐병), 肺炎(폐염 → 폐렴)
295		쫓을 추 따를 추	追加(추가), 追更(추경), 追從(추종), 追擊(추격)
296		거스를 역 배반할 역	逆境(역경), 逆戰(역전), 逆行(역행), 拒逆(거역)
297		슬플 애	哀歡(애환), 喜怒哀樂(희로애락)
298		형벌 형	刑期(형기), 刑罰(형벌), 刑法(형법), 減刑(감형)
299		흙 양 땅 양	土壤(토양), 天壤之差(천양지차)
300		얽을 구	構想(구상), 構成(구성), 構圖(구도), 虛構性(허구성)
301		익힐 강 강의할 강	講論(강론), 講師(강사), 講習(강습), 講義(강의), 講演(강연)

DAY 15

302		부를 초	招來(초래), 招請(초청), 自招(자초)
303		뛰어넘을 초	超過(초과), 超然(초연), 超人(초인)
304		비칠 조	照度(조도), 照明(조명), 照準(조준), 觀照(관조)
305		해칠 해 방해할 해	害惡(해악), 害蟲(해충), 公害(공해), 妨害(방해)
306		법 헌	憲法(헌법), 憲章(헌장), 合憲(합헌)
307		맺을 계 부족 이름 글	契機(계기), 契約(계약), 假契約(가계약)
308		주먹 권	拳鬪(권투), 赤手空拳(적수공권)
309		도울 협	協同(협동), 協助(협조), 妥協(타협), 農協(농협)
310		꾸밀 가 시렁 가	架空(가공), 架橋(가교), 架設(가설), 書架(서가)
311		축하할 하	賀客(하객), 賀禮(하례), 慶賀(경하), 謹賀(근하)
312		방해할 방	妨害(방해), 無妨(무방)
313		꽃다울 방	芳甘(방감), 芳年(방년), 芳香(방향), 流芳百世(유방백세)
314		격할 격 부딪칠 격	激突(격돌), 激烈(격렬), 自激之心(자격지심)
315		어조사 어 탄식할 오	於中間(어중간), 於此彼(어차피), 於乎(오호)
316		손가락 지 가리킬 지	指壓(지압), 指南(지남), 指導(지도), 指示(지시)
317		누를 진 진압할 진	鎭靜(진정), 鎭火(진화), 重鎭(중진)
318		모양 태 태도 태	動態(동태), 世態(세태), 態度(태도), 姿態(자태)

319		고리 환 두를 환	環境(환경), 環太平洋(환태평양), 花環(화환)
320		죽을 사	死境(사경), 死亡(사망), 決死(결사), 生死(생사)
321		나란할 비 견줄 비	比較(비교), 比例(비례), 比重(비중), 對比(대비)
322		비평할 비	批正(비정), 批判(비판)
323		다 개	皆骨山(개골산), 皆勤(개근), 皆兵(개병), 擧皆(거개)
324		섬돌 계 계급 계	階層(계층), 層階(층계), 段階(단계), 階級(계급)
325		섞을 혼	混同(혼동), 混食(혼식), 混用(혼용)
326		사슴 록	鹿角(녹각)
327		이 차	此際(차제), 此後(차후), 於此彼(어차피), 彼此(피차)
328		탈 승 대 승	乘車(승차), 萬乘之國(만승지국), 加減乘除(가감승제)
329		무리 배	輩出(배출), 先輩(선배) ↔ 後輩(후배), 不良輩(불량배)

DAY 16

330		범 호	虎死留皮(호사유피), 虎皮(호피), 白虎(백호)
331		빌 허 헛될 허	虛空(허공), 虛妄(허망), 虛費(허비), 虛事(허사)
332		곳 처 살 처	處所(처소), 處世(처세), 處方(처방), 處置(처치)
333		생각할 려 염려할 려	念慮(염려), 考慮(고려), 思慮(사려), 憂慮(우려)

334		관청 서 서명할 서	署長(서장), 官署(관서), 署名(서명), 連署(연서)
335		둘 치	放置(방치), 備置(비치), 位置(위치)
336		벌일 라 비단 라	羅列(나열), 新羅(신라), 全羅(전라)
337		벌할 벌	罰金(벌금), 罰則(벌칙), 一罰百戒(일벌백계), 處罰(처벌)
338		도둑 도 훔칠 도	盜用(도용), 盜聽(도청), 強盜(강도)
339		싸울 투	鬪技(투기), 鬪病(투병), 鬪志(투지), 健鬪(건투)
340		쏠 발 일어날 발	發動(발동), 發射(발사), 發效(발효)
341		증명할 증 증거 증	證明(증명), 證言(증언), 認證(인증), 確證(확증)
342		욕될 욕 욕 욕	榮辱(영욕), 恥辱(치욕), 辱說(욕설)
343		벌릴 장 베풀 장	張力(장력), 張皇(장황), 主張(주장), 出張(출장)
344		참을 내 견딜 내	耐久性(내구성), 耐性(내성), 耐忍(내인), 忍耐(인내)
345		기와 와 질그릇 와	瓦屋(와옥), 瓦解(와해)
346		떨어질 거 거리 거	距離(거리), 長距離(장거리), 近距離(근거리)
347		임할 림	臨終(임종), 降臨(강림), 君臨(군림)
348		굳을 견 강할 견	堅固(견고), 堅實(견실), 堅持(견지), 堅強(견강)
349		어질 현	賢明(현명), 賢淑(현숙), 賢母良妻(현모양처)

DAY 17

350		바칠 공	貢納(공납), 貢物(공물), 朝貢(조공)
351		칠 공 닦을 공	攻略(공략), 侵攻(침공), 專攻(전공)
352		용감할 감 감히 감	勇敢(용감), 敢行(감행), 果敢(과감), 敢不生心(감불생심)
353		엄할 엄 성 엄	嚴格(엄격), 嚴選(엄선), 嚴守(엄수)
354		닦을 쇄 인쇄할 쇄	刷掃(쇄소), 刷新(쇄신), 印刷(인쇄)
355		겨를 가 한가할 가	病暇(병가), 餘暇(여가), 休暇(휴가), 閑暇(한가)
356		책 편	短篇(단편), 玉篇(옥편), 全篇(전편), 千篇一律(천편일률)
357		곳집 창	倉庫(창고), 倉卒間(창졸간)
358		들을 문	見聞(견문), 所聞(소문), 聞一知十(문일지십), 前代未聞(전대미문)
359		한가할 한	閑暇(한가), 閑中忙(한중망)
360		가장 최	最强(최강), 最高(최고), 最古(최고), 最善(최선)
361		거꾸로 반 돌이킬 반	反對(반대), 反省(반성), 反抗(반항), 贊反(찬반)
362		돌이킬 반 돌아올 반	返納(반납), 返送(반송), 返品(반품), 去者必返(거자필반)
363		널빤지 판	板書(판서), 板子(판자), 看板(간판), 黑板(흑판)
364		인쇄할 판 판목 판	版權(판권), 版畵(판화), 木版(목판), 出版(출판)
365		팔 판 장사할 판	販路(판로), 共販(공판), 自販機(자판기)
366		감독할 독	督納(독납), 監督(감독), 總督(총독)

367		입을 피 당할 피	被服(피복), 被告(피고), 被害(피해)
368		피곤할 피	疲困(피곤), 疲勞(피로), 疲勞感(피로감)
369		깨뜨릴 파 다할 파	破損(파손), 讀破(독파), 走破(주파)
370		급할 급	急求(급구), 急性(급성), 急速(급속), 急行(급행)
371		다할 진	極盡(극진), 賣盡(매진), 未盡(미진), 脫盡(탈진)
372		일 사 섬길 사	事故(사고), 事理(사리), 農事(농사), 事大(사대)
373		겸할 겸	兼備(겸비), 兼業(겸업), 兼任(겸임), 兼職(겸직)
374		쓸 서 글 서	書記(서기), 書堂(서당), 良書(양서)
375		그림 화 그을 획	畵家(화가), 畵室(화실)
376		그을 획 계획할 획	劃一(획일), 區劃(구획), 計劃(계획), 企劃(기획), 劃順(획순)

DAY 18

377		쓸 소	掃除(소제), 掃蕩(소탕), 一掃(일소), 淸掃(청소)
378		침노할 침	侵攻(침공), 侵略(침략), 侵犯(침범), 侵害(침해)
379		잠길 침 적실 침	浸水(침수), 酒浸(주침)
380		지킬 위	衛兵(위병), 衛生(위생), 防衛(방위), 守衛(수위)
381		재주 술 기술 술	術法(술법), 術策(술책), 技術(기술), 奇術(기술)
382		말할 술 지을 술	論述(논술), 口述(구술), 陳述(진술), 著述(저술)

383		외로울 고 부모 없을 고	孤獨(고독), 孤兒(고아)
384		다툴 쟁	爭取(쟁취), 競爭(경쟁), 論爭(논쟁), 戰爭(전쟁)
385		깨끗할 정	淨潔(정결), 淨化(정화), 淸淨(청정)
386		도울 원 당길 원	援軍(원군), 援助(원조), 援用(원용)
387		따뜻할 난	暖氣(난기), 暖帶(난대), 暖流(난류), 暖陽(난양)
388		어지러울 란	亂動(난동), 昏亂(혼란), 混亂(혼란), 亂世(난세)
389		일컬을 칭	稱頌(칭송), 稱號(칭호), 尊稱(존칭)
390		버섯 균 세균 균	無菌(무균), 殺菌(살균), 細菌(세균)
391		송사할 송	使無訟(사무송), 爭訟(쟁송), 自責內訟(자책내송)
392		칭송할 송	頌歌(송가), 頌德(송덕), 稱頌(칭송)
393		나눌 분 단위 분	兩分(양분), 一分(일분), 分錢(푼전), 身分(신분), 分別(분별)
394		가루 분	粉末(분말), 粉食(분식), 粉筆(분필), 花粉(화분)
395		어지러울 분	紛亂(분란), 紛爭(분쟁), 內紛(내분)
396		보배 진	珍貴(진귀), 珍風景(진풍경)
397		조카 질	姪女(질녀), 堂姪(당질), 叔姪(숙질)
398		넘어질 도 거꾸로 도	倒産(도산), 倒置(도치), 卒倒(졸도), 打倒(타도)
399		집 옥	屋上(옥상), 屋上加屋(옥상가옥), 洋屋(양옥)
400		어릴 유	幼兒(유아), 長幼有序(장유유서)
401		울릴 향	反響(반향), 音響(음향), 交響曲(교향곡)

DAY 19

402		베틀 기 기계 기	斷機之戒(단기지계), 機械(기계), 機會(기회), 契機(계기)
403		경기 기	畿湖(기호)
404		끊을 단 결단할 단	斷念(단념), 斷食(단식), 決斷(결단), 勇斷(용단)
405		악기 줄 현	絃歌(현가), 絃樂器(현악기), 管絃樂(관현악)
406		찾을 색 동아줄 삭	索道(삭도), 索引(색인), 索出(색출), 檢索(검색), 索莫(삭막)
407		사모할 련	戀慕(연모), 戀人(연인), 戀情(연정), 悲戀(비련)
408		맬 계 묶을 계	因果關係(인과관계), 係員(계원), 係長(계장)
409		빌 기	祈求(기구), 祈願(기원), 祈雨祭(기우제)
410		밝을 철	哲學(철학), 明哲(명철), 明哲保身(명철보신), 賢哲(현철)
411		가까울 근 비슷할 근	遠近(원근), 接近(접근), 最近(최근), 親近(친근)
412		조문할 조	弔文(조문), 弔詞・弔辭(조사), 謹弔(근조)
413		떨칠 불	先拂(선불), 完拂(완불), 支拂(지불)
414		넓을 홍 클 홍	弘敎(홍교), 弘報(홍보), 弘益人間(홍익인간), 弘大(홍대)
415		지혜 지	智略(지략), 奇智(기지), 銳智(예지), 衆智(중지)
416		기후 후 염탐할 후	氣候(기후), 候鳥(후조), 候補(후보)
417		의심할 의	疑問(의문), 疑心(의심), 半信半疑(반신반의), 質疑(질의)
418		돈 전	錢穀(전곡), 銅錢(동전), 紙錢(지전), 本錢(본전)
419		잔인할 잔 나머지 잔	骨肉相殘(골육상잔), 殘金(잔금), 敗殘兵(패잔병)

#		훈음	예시
420		밟을 천 행할 천	踐歷(천력), 實踐(실천)
421		얕을 천	淺薄(천박), 深淺(심천)
422		탄알 탄 튕길 탄	彈孔(탄공), 彈丸(탄환), 彈力(탄력)
423		심을 재 기를 재	盆栽(분재), 植栽(식재)

DAY 20

#		훈음	예시
424		모양 상 문서 장	症狀(증상), 形狀(형상), 答狀(답장), 案內狀(안내장)
425		꾸밀 장	裝備(장비), 裝置(장치), 變裝(변장), 包裝(포장)
426		한가할 유 멀 유	悠悠自適(유유자적), 悠久(유구), 悠遠(유원)
427		가지 조 조목 조	條目(조목), 條件(조건), 條約(조약)
428		연고 고 옛 고	故鄕(고향), 故意(고의) ↔ 過失(과실), 故事(고사)
429		뛰어날 준	俊傑(준걸), 峻德(준덕), 俊秀(준수), 俊才(준재)
430		근심할 우	憂慮(우려), 憂愁(우수), 憂患(우환)
431		우수할 우 머뭇거릴 우 배우 우	優秀(우수), 優柔不斷(우유부단), 女優(여우)
432		올 래	來日(내일), 去來(거래), 往來(왕래), 傳來(전래)
433		배 복	腹部(복부), 腹案(복안), 腹痛(복통), 空腹(공복)
434		겹칠 복	複利(복리), 複寫(복사), 複線(복선), 複數(복수), 複雜(복잡)
435		신 리 밟을 리	履行(이행), 履歷書(이력서)

436		봉우리 봉	雪峰(설봉), 連峰(연봉), 雲峰(운봉), 最高峰(최고봉)
437		모두 총 모을 총 거느릴 총	總計(총계), 總論(총론), 總督(총독)
438		귀 밝을 총 총명할 총	聰氣(총기), 聰明(총명)
439		갈 지 ~의 지 이 지	之東之西(지동지서), 師弟之間(사제지간)
440		땅 지	地表(지표), 驚天動地(경천동지), 易地思之(역지사지)
441		못 지 성 지	乾電池(건전지), 電池(전지), 貯水池(저수지), 天池(천지)
442		벼리 유 끈 유	維持(유지), 進退維谷(진퇴유곡)
443		밀 추 밀 퇴	推算(추산), 推仰(추앙), 推定(추정), 推進(추진)
444		굳을 확 확실할 확	確固不動(확고부동), 確實(확실), 確答(확답), 正確(정확)
445		섞일 잡	雜穀(잡곡), 雜技(잡기), 雜多(잡다), 雜務(잡무)
446		헤어질 리	離別(이별), 離散(이산), 會者定離(회자정리)
447		권세 권 성 권	權勢(권세), 權座(권좌), 債權(채권)
448		기뻐할 환	歡談(환담), 歡迎(환영) ↔ 歡送(환송), 哀歡(애환)
449		씻을 탁 빨 탁	濯足(탁족), 洗濯(세탁)
450		기운 기 대기 기	氣力(기력), 感氣(감기), 氣象(기상)

MEMO — I wish you you the best of luck!

자격증 / 공무원 / 취업까지 BEST 온라인 강의 제공 www.SDEDU.co.kr

STUDY PLAN
20일 완성 학습 플래너

진흥회 한자자격시험 3급 단기 완성이 가능할까요? **네! 가능합니다.**

시대에듀의 '진흥회 한자자격시험 3급 한 권으로 끝내기'로 준비한다면 단기간에 고득점을 받을 수 있습니다.

☑ 달성 개수를 채워가며 학습해 봅시다.

날짜	달성	학습 범위	날짜	달성	학습 범위
Day 01	☐	한자의 기초 이론	Day 11	☐	Day 10 복습
	☐	Day 01		☐	Day 11+교과서 한자어(요통~입자)
Day 02	☐	Day 01 복습	Day 12	☐	Day 11 복습
	☐	Day 02+교과서 한자어(가축~과장)		☐	Day 12+교과서 한자어(자괴~지방)
Day 03	☐	Day 02 복습	Day 13	☐	Day 12 복습
	☐	Day 03+교과서 한자어(과점~근린)		☐	Day 13+교과서 한자어(지옥~추문)
Day 04	☐	Day 03 복습	Day 14	☐	Day 13 복습
	☐	Day 04+교과서 한자어(근육~누전)		☐	Day 14+교과서 한자어(추세~파종)
Day 05	☐	Day 04 복습	Day 15	☐	Day 14 복습
	☐	Day 05+교과서 한자어(다한증~면역)		☐	Day 15+교과서 한자어(패권~홀연)
Day 06	☐	Day 05 복습	Day 16	☐	Day 15 복습
	☐	Day 06+교과서 한자어(면직~배우)		☐	Day 16+교과서 한자어(홍수~희소)
Day 07	☐	Day 06 복습	Day 17	☐	Day 16 복습
	☐	Day 07+교과서 한자어(배척~비속어)		☐	Day 17+교과서 한자어(각골난망~선병자의)
Day 08	☐	Day 07 복습	Day 18	☐	Day 17 복습
	☐	Day 08+교과서 한자어(비유~서행)		☐	Day 18+교과서 한자어(설상가상~절세가인)
Day 09	☐	Day 08 복습	Day 19	☐	Day 18 복습
	☐	Day 09+교과서 한자어(선박~심의)		☐	Day 19+교과서 한자어(정문일침~희로애락)
Day 10	☐	Day 09 복습	Day 20	☐	Day 19 복습
	☐	Day 10+교과서 한자어(악마~요절)		☐	Day 20+기출문제

CONTENTS
이 책의 목차

제1편　한자의 기초 이론
제1장　한자의 기초 ··· 3
제2장　부수 익히기 ··· 7

제2편　한자 익히기
3급 선정한자 [DAY 01 ~ DAY 20] ··· 17

제3편　교과서 한자어 · 한자성어
제1장　교과서 한자어 ·· 253
제2장　한자성어 ·· 277

제4편　최신 기출문제 5회분
최신 기출문제 5회분 ·· 289
정답 및 해설 ·· 309

부록　한자 찾아보기
한자 찾아보기 ·· 343

제1편
한자의 기초 이론

제1장　　한자의 기초
제2장　　부수 익히기

 한자의 기초

1. 육서(六書)

한자는 육서(六書)라는 원리로 만들어졌어요. 그래서 이 육서만 제대로 이해하면 아무리 복잡한 한자라도 쉽게 익힐 수 있습니다.

(1) 상형(象形) *象(코끼리 상, 모양 상, 본뜰 상), 形(모습 형)

눈에 보이는 구체적인 사물의 모양(形)을 본떠서(象) 만든 그림과 같은 한자.

예 山 (높고 낮은 산봉우리를 본떠서 **산 산**)

(2) 지사(指事) *指(가리킬 지), 事(일 사, 섬길 사)

눈에 안 보이는 개념이나 일(事)을 점이나 선으로 나타낸(指) 부호와 같은 한자.

예 上 (일정한 기준(一)보다 위로 오르니 **위 상, 오를 상**)

(3) 회의(會意) *會(모일 회), 意(뜻 의)

이미 만들어진 둘 이상의 한자가 뜻(意)으로 모여(會) 만들어진 한자, 즉 뜻만 모은 한자.

예 日 + 月 = 明 (해와 달이 같이 있는 듯 밝으니 **밝을 명**)
　女 + 子 = 好 (여자에게 자식이 있으면 좋으니 **좋을 호**)

(4) 형성(形聲) *形(모습 형), 聲(소리 성)

이미 만들어진 둘 이상의 한자가 일부는 뜻(形)의 역할로, 일부는 음(聲)의 역할로 결합하여 만들어진 한자, 즉 뜻과 음으로 이루어진 한자.

예 言 + 靑 = 請 [형부(形部)인 말씀 언(言)은 뜻을, 성부(聲部)인 푸를 청(靑)은 음을 나타내어 '**청할 청(請)**'이라는 한자가 나옴] *部(나눌 부, 거느릴 부)

> **TIP**
>
> 1. 형성(形聲)에서 뜻을 담당하는 부분을 형부(形部), 음을 담당하는 부분을 성부(聲部)라고 하는데 실제 한자를 분석해 보면 성부(聲部)가 음만 담당하는 것이 아니라 뜻도 담당하고 있음을 알 수 있지요. 위에서 예로 든 청할 청(請)도 '말(言)을 푸르게(靑), 즉 희망 있게 청하니 청할 청(請)'으로 풀어지네요.
>
> 2. 그러면 會意와 形聲은 어떻게 구분할까?
>   합해서 새로 만들어진 한자의 독음이 합해진 한자들의 어느 한쪽과 같으면 형성(形聲), 같지 않으면 회의(會意)로 구분하세요.

(5) 전주(轉注) *轉(구를 전), 注(물댈 주, 쏟을 주)

이미 있는 한자의 뜻을 유추, 확대하여 다른 뜻으로 굴리고(轉) 끌어내어(注) 쓰는 한자. 하나의 글자에 여러 뜻이 있는 것은 모두 전주(轉注) 때문입니다.

예 樂 (원래 '**풍류 악**'이었으나 풍류는 누구나 즐기니 '**즐길 락**', 풍류는 누구나 좋아하니 '**좋아할 요**'로 의미가 확장됨)

(6) **가차(假借)** *假(거짓 가, 임시 가), 借(빌릴 차)

본래의 뜻과는 상관없이 비슷한 음의 한자를 임시로(假) 빌려(借) 외래어를 표기하는 한자. 가차에는 아시아(亞細亞), 러시아(俄羅斯)처럼 비슷한 음의 한자를 빌려다 표현하는 경우와, 미국(美國), 영국(英國)처럼 새로 이름 지어 부르는 경우가 있지요.

> **정리**
>
> **상형(象形)·지사(指事)**는 맨 처음에 만들어져 더 이상 쪼갤 수 없는 기본자로, 象形은 눈에 보이는 것을 본떠서 만든 한자, 指事는 눈에 안 보이는 것을 지시하여 만든 한자고, **회의(會意)·형성(形聲)**은 이미 만들어진 한자를 둘 이상 합하여 새로운 뜻의 한자를 만든 합성자로, 會意는 뜻으로, 形聲은 뜻과 음으로 합쳐진 한자며(실제로는 형성자도 뜻으로 합쳐서 만듦), **전주(轉注)·가차(假借)**는 이미 있는 한자를 다른 용도로 사용하는 운용자로, 轉注는 하나의 한자를 여러 뜻으로, 假借는 음만 빌려 외래어를 표기하는 경우를 말하지요.

> **한자를 익힐 때는**
>
> 한자를 부수나 독립되어 쓰이는 한자로 나눠서 나눠지지 않으면 상형(象形)이나 지사(指事)로 된 한자니, 무엇을 본떠서 만들었는지 생각하여 본뜬 물건이 나오면 象形이고, 본뜬 물건이 나오지 않으면 무엇을 지시하여 만든 指事로 알면 되고, 부수나 독립되어 쓰이는 한자로 나눠지면 회의(會意)와 형성(形聲)으로 된 한자니, 나눠서 그 뜻을 합쳐보면 그 한자의 뜻을 알 수 있고, 하나의 한자가 여러 뜻으로 쓰이는 전주(轉注)도 아무렇게나 붙여 쓰는 것이 아니고 그런 뜻이 붙게 된 이유가 분명히 있으니 무조건 외는 시간에 '어찌 이 한자에 이런 뜻도 있을까?'를 생각하면 그 이유가 생각나고 이렇게 이유를 생각하여 한자를 익히면 절대 잊히지 않지요. 그리고 뜻과는 상관없이 음만 빌려 외래어를 표시했으면 가차(假借)고요.

2. 부수의 명칭

부수는 한자를 만드는 기본 한자들로, 그 부수가 붙어서 만들어진 한자의 뜻을 짐작하게 하고, 자전에서 모르는 한자를 찾을 때 길잡이 역할도 합니다. 부수의 명칭은 놓이는 위치에 따라 다음 일곱 가지로 구분되니 명칭만은 알아두세요.

(1) **머리·두(頭)** : 한자의 머리 부분에 위치한 부수. *頭(머리 두)

　　[머리]　亠(머리 부분 두) → 交(사귈 교), 亦(또 역)
　　　　　　艹[풀 초(草)가 부수로 쓰일 때의 모양으로 '초 두'라 부름] → 花(꽃 화)

(2) **발** : 한자의 발 부분에 위치한 부수.

　　[발]　儿[사람 인(人)이 발로 쓰일 때의 모양으로 '사람 인 발'이라 부름] → 元(으뜸 원)
　　　　　灬[불 화(火)가 발로 쓰일 때의 모양으로 '불 화 발'이라 부름] → 無(없을 무)

(3) **에운담** : 한자를 에워싸고 있는 부수.

　　[에운담]　囗(에운담) → 囚(죄인 수), 固(굳을 고)
　　* 門(문 문), 行(다닐 행)도 에운담 형태이지만 이 한자는 부수로 뿐만 아니라 홀로 독립하여 쓰이는 제부수로 봄.

(4) **변(邊)** : 한자의 왼쪽 부분에 위치한 부수. *邊(가 변)

　　[변]　亻[사람 인(人)이 변으로 쓰일 때의 모양으로 '사람 인 변'이라 부름] → 仙(신선 선)
　　　　　扌[손 수(手)가 변으로 쓰일 때의 모양으로 '손 수 변'이라 부름] → 打(칠 타)

(5) **방(傍)** : 한자의 오른쪽 부분에 위치한 부수. *傍(곁 방)

| 방 | 刂[칼 도(刀)가 방으로 쓰일 때의 모양으로 '칼 도 방'이라 부름] → 刊(책 펴낼 간)
阝[고을 읍(邑)이 방으로 쓰일 때의 모양으로 '고을 읍 방'이라 부름] → 郡(고을 군)

(6) **엄(掩)** : 한자의 위와 왼쪽을 가리고 있는 부수. *掩(가릴 엄)

| 엄 | 广(집 엄) → 床(평상 상), 庭(뜰 정), 座(좌석 좌)
厂(굴 바위 엄) → 厚(두터울 후), 原(근원 원)

(7) **받침** : 한자의 왼쪽과 밑을 받치고 있는 부수.

| 받침 | 辶('갈 착, 뛸 착'으로 '책받침'이라고도 함) → 道(길 도, 도리 도, 말할 도)
廴('길게 걸을 인'으로 '민책받침'이라고도 함) → 建(세울 건), 延(끌 연)

> **TIP**
>
> **제부수**
> 부수로만 쓰이는 한자(부수자)들과 달리 '木(나무 목), 馬(말 마), 鳥(새 조)'처럼 부수로도 쓰이고 홀로 독립하여 쓰이기도 하는 한자들을 이르는 말.

> **정리**
>
> 부수가 한자의 머리 부분에 붙으면 **머리·두**, 발 부분에 붙으면 **발**, 에워싸고 있으면 **에운담**, 왼쪽에 붙으면 **변**, 오른쪽에 붙으면 **방**('좌변우방'으로 외세요), 위와 왼쪽을 가리면 **엄**, 왼쪽과 아래를 받치면 **받침**, 부수로도 쓰이고 독립되어 쓰이기도 하면 **제부수**로 아세요.

3. 한자의 필순

(1) **기본 순서**

① 왼쪽부터 오른쪽으로 쓴다.
  예 川(丿 丿 川), 外(' 夕 夕 列 外)

② 위에서 아래로 쓴다.
  예 三(一 二 三), 言(` 一 二 三 亖 言 言)

(2) **응용 순서**

① 가로획과 세로획이 교차될 때는 가로획을 먼저 쓴다.
  예 十(一 十), 土(一 十 土)

② 좌·우 대칭을 이루는 한자는 가운데를 먼저 쓰고 좌·우의 순서로 쓴다.
  예 小(亅 亅 小), 水(亅 亅 水 水)

③ 에운담과 안으로 된 한자는 에운담부터 쓴다.
  예 同(丨 冂 冂 同 同 同), 用(丿 冂 冂 月 用), 固(丨 冂 冂 門 門 周 固 固)

④ 가운데를 꿰뚫는 획은 맨 나중에 쓴다.
  예 中(丨 冂 口 中), 平(一 厂 厂 兀 平), 事(一 一 戸 戸 亘 亘 亖 事)

⑤ 허리를 끊는 획은 맨 나중에 쓴다.
  예 子(フ 了 子), 女(乀 女 女)

⑥ 삐침과 파임이 만날 때는 삐침을 먼저 쓴다.
  예 人(丿 人), 文(丶 亠 ナ 文), 交(丶 亠 亠 六 交 交)

⑦ 오른쪽 위의 점은 맨 나중에 찍는다.
  예 犬(一 ナ 大 犬), 代(丿 亻 亻 代 代), 成(丿 厂 厂 厈 成 成 成)

⑧ 뒤에서 아래로 에워싼 획은 먼저 쓴다.
  예 刀(丁 刀), 力(丁 力)

⑨ 받침으로 쓰이는 한자는 다음 두 가지로 구분한다.
  ㉠ 달릴 주(走)나 면할 면(免)은 먼저 쓴다.
    예 起(一 十 土 キ キ 非 走 起 起 起), 勉(丿 ク 亇 冎 占 免 免 勉 勉)

  ㉡ 뛸 착, 갈 착(辶)이나 길게 걸을 인(廴)은 맨 나중에 쓴다.
    예 近(一 厂 斤 斤 斤 沂 近 近), 廷(一 二 千 壬 壬 廷 廷)

부수 익히기

부수는 214자가 있는데 〈한자 익히기〉에서 필요할 때마다 익히기로 하고 여기서는 많이 쓰이는 부수 위주로, 하나의 한자가 여러 모양으로 쓰이는 경우와 비슷하여 혼동되는 부수를 하나의 항목에 넣어 알기 쉽게 풀어봅니다.

1. 인인인(人 亻 儿)

(1) 다리 벌리고 서있는 사람의 모양을 본떠서 **사람 인(人)**

(2) 사람 인(人)이 한자의 변으로 쓰일 때의 모양으로 **사람 인 변(亻)**

(3) 사람 인(人)이 한자의 발로 쓰일 때의 모양으로 **사람 인 발(儿)**
또 사람이 무릎 꿇고 절하는 모양에서 겸손하고 어진 마음을 지녔다고 생각하여 **어진 사람 인(儿)**

> **부수자를 독음으로 자전에서 찾을 때**
>
> 부수는 원 한자 그대로, 또는 다른 모양으로 변하여 사용되고, 명칭도 앞에서 설명한 대로 '머리·변·발' 등을 붙여 말하니 독음으로 자전에서 찾을 때 부수 명이 원래 한자의 독음과 다르면 원래 한자의 독음으로 찾아야 합니다.
> 여기서 '사람 인 변'과 '사람 인 발'은 부수 명이므로 자전에서 찾으려면 원래 한자의 '사람 인(人)'의 독음 '인'에서 찾아야 하기 때문에 제목을 '인인인(人 亻 儿)'으로 붙였어요. 뒤에 나오는 제목도 다 이러한 형식입니다.

2. 심심심(心 忄 㣺)

(1) 마음이 가슴에 있다고 생각하여 사람의 심장을 본떠서 **마음 심(心)**
또 심장이 있는 몸의 중심이니 **중심 심(心)**

(2) 마음 심(心)이 한자의 변으로 쓰일 때의 모양으로 **마음 심 변(忄)**

(3) 마음 심(心)이 한자의 발로 쓰일 때의 모양으로 **마음 심 발(㣺)**
🔊 마음 심(心) 그대로 발로 쓰일 때도 있어요.

3. 도도비비(刀 刂 匕 比)

(1) 옛날 칼을 본떠서 **칼 도(刀)**

(2) 칼 도(刀)가 한자의 방으로 쓰일 때의 모양으로 **칼 도 방(刂)**

(3) 비수를 본떠서 **비수 비(匕)**
또 비수처럼 입에 찔러 먹는 숟가락이니 **숟가락 비(匕)**
🔊 비수(匕首) - 짧고 날카로운 칼.

(4) 두 사람이 나란히 앉은 모양을 본떠서 **나란할 비(比)**
또 나란히 놓고 견주니 **견줄 비(比)**

4. 수빙수수빙(水氷水氵冫)

(1) 잠겨있는 물에 물결이 이는 모양을 본떠서 **물 수(水)**

(2) 한 덩어리(丶)로 물(水)이 얼어붙은 얼음이니 **얼음 빙(氷)**

(3) 물 수(水)가 한자의 발로 쓰일 때의 모양으로 **물 수 발(水)**

(4) 물 수(水)가 한자의 변으로 쓰일 때의 모양으로, 점이 셋이니 **삼 수 변(氵)**

(5) 얼음 빙(氷)이 한자의 변으로 쓰일 때의 모양으로, 점이 둘이니 **이 수 변(冫)**
🔊 물(氵)이 얼면 한 덩어리인데 두 점으로 쓴 것은 한자의 균형을 잡기 위해서지요.

5. 화화주(火灬丶)

(1) 불이 활활 타는 모양을 본떠서 **불 화(火)**

(2) 불 화(火)가 한자의 발로 쓰일 때의 모양으로 **불 화 발(灬)**

(3) 점의 모양을 본떠서 **점 주(丶)**
또 불이 타면서 튀는 불똥의 모양으로도 봐서 **불똥 주(丶)**

6. 엄엄녁(厂 广 疒)

(1) 언덕에 바위가 튀어 나와 그 밑이 굴처럼 생긴 굴 바위 모양을 본떠서 **굴 바위 엄, 언덕 엄(厂)**

(2) 굴 바위 엄, 언덕 엄(厂) 위에 점(丶)을 찍어, 언덕이나 바위를 지붕 삼아 지은 바위 집 모양을 나타내어 **집 엄(广)**

(3) 머리 부분(亠)을 나무 조각(爿)에 기대야 할 정도로 병드니 **병들 녁(疒)**
🔊 丬[나무 조각 장(爿)의 약자], 亠(머리 부분 두)

7. 척인착삼(彳廴辶彡)

(1) 사거리를 본떠서 만든 다닐 행(行)의 왼쪽 부분으로 **조금 걸을 척(彳)**

(2) 구불구불한 길을 다리를 끌며 길게 걷는다는 데서 조금 걸을 척(彳)의 내리그은 획을 더 늘여서 **길게 걸을 인(廴)**

(3) 길게 걸을 인(廴)에 점(丶)을 찍어 가거나 뛴다는 뜻을 나타내어 **갈 착, 뛸 착(辶, = 辶)**
🔊 '책받침'이라고도 부르는데, 원래는 '쉬엄쉬엄 갈 착(辵)'이 부수로 쓰일 때의 모양이니 '착 받침'을 잘못 부르는 말이지요.
🔊 위에 점이 둘이면 아래를 한 번 구부리고, 위에 점이 하나면 아래를 두 번 구부립니다.

(4) 머리털이 가지런히 나있는 모양을 본떠서 **터럭 삼(彡)**

8. 철(초)초초입공[屮 艸 艹 卄 廾]

(1) 풀의 싹이 돋아 나오는 모양을 본떠서 **싹 날 철, 풀 초(屮)**

(2) 풀은 하나만 나지 않고 여러 개가 같이 나니 싹 날 철, 풀 초(屮) 두 개를 이어서 **풀 초(艸)**
　🔊 지금은 한자로는 '풀 초(草)'로, 부수로는 변형된 모양의 '초 두(艹)'로 씁니다.

(3) 풀 초(艸, = 草)가 부수로 쓰일 때의 모양으로, 주로 한자의 머리에 쓰이므로 머리 두(頭)를 붙여 **초 두(艹)**

(4) 열 십(十) 둘을 합쳐서 **스물 입(卄, = 廾)**
　🔊 아래를 막아 써도 같은 뜻입니다.

(5) 두 손으로 받쳐 든 모양을 본떠서 **받쳐 들 공(廾)**

9. 곤궐별을을(| 亅 丿 乙 乚)

(1) 위에서 아래를 뚫는 모양을 본떠서 **뚫을 곤(|)**

(2) 구부러진 갈고리 모양을 본떠서 **갈고리 궐(亅)**

(3) 우측 위에서 좌측 아래로 삐친 모양을 본떠서 **삐침 별(丿)**

(4) 목과 가슴 사이가 굽은 새 모양을 본떠서 **새 을, 굽을 을(乙)**

(5) 새 을(乙)의 변형된 모양으로 **새 을, 굽을 을(乚)**
　🔊 갈고리 궐(亅)과 새 을(乙)의 변형인 을(乚)은 갈고리의 구부러진 방향으로 구분하세요.

10. 감경방혜[凵 冂 匚 匸(ㄴ)]

(1) 입을 벌리고 있는 모양, 또는 빈 그릇을 본떠서 **입 벌릴 감, 그릇 감(凵)**

(2) 멀리 떨어져 있는 성의 모양을 본떠서 **멀 경, 성 경(冂)**
　🔊 좌우 두 획은 문의 기둥이고 가로획은 빗장을 그린 것이지요.

(3) 네모난 상자나 모난 그릇의 모양을 본떠서 **상자 방(匚)**

(4) 뚜껑을 덮어 감춘다는 데서 뚜껑을 덮은 상자 모양을 본떠서 **감출 혜, 덮을 혜(匸, = ㄴ)**
　🔊 상자 방(匚)은 모나게 쓴 한자고, 감출 혜, 덮을 혜(匸, = ㄴ)는 모나지 않은 것으로 구분하세요.

11. 사요사현(厶 幺 糸 玄)

(1) 사사로이 팔로 나에게 끌어당기는 모양에서 **사사 사, 나 사(厶)**

(2) 갓 태어난 아기 모양을 본떠서 **작을 요, 어릴 요(幺)**
　🔊 실 사(糸)의 일부분이니 작다는 데서 '작을 요(幺)'라고도 합니다.

(3) 실을 감아놓은 실타래 모양에서 **실 사, 실사 변(糸)**

(4) 머리(亠) 아래 작은(幺) 것이 검고 오묘하니 **검을 현, 오묘할 현(玄)**

12. 부부읍읍(阜 阝 邑 阝)

(1) 흙이 쌓여 있는 언덕을 본떠서 **언덕 부(阜)**

(2) 언덕 부(阜)가 한자의 변으로 쓰일 때의 모양으로 **언덕 부 변(阝)**

(3) 일정한 경계(囗)의 땅(巴 : 뱀 파, 땅 이름 파)에 사람이 사는 고을이니 **고을 읍(邑)**

(4) 고을 읍(邑)이 한자의 방으로 쓰일 때의 모양으로 **고을 읍 방(阝)**

🔊 阝는 한자의 어느 쪽에 쓰이느냐에 따라 그 뜻과 명칭이 달라집니다.
阝가 한자의 왼쪽에 쓰이면 언덕 부(阜)가 부수로 쓰인 경우로 '언덕 부 변',
오른쪽에 쓰이면 고을 읍(邑)이 부수로 쓰인 경우로 '고을 읍 방'이라 부르지요.

13. 촌수견(寸 扌 犭)

(1) 손목에서 맥박이 뛰는 곳까지를 가리켜서 **마디 촌(寸)**
또 마디마디 자세히 살피는 법도니 **법도 촌(寸)**

(2) 손 수, 재주 수, 재주 있는 사람 수(手)가 한자의 변으로 쓰일 때의 모양으로 **손 수 변(扌)**

(3) 개 견(犬)이 부수로 쓰일 때의 모양으로 **큰 개 견(犭)**
또 여러 짐승을 나타낼 때도 쓰이는 부수니 **개 사슴 록 변(犭)**

14. 패견(현)혈수[貝 見 頁 首]

(1) 조개를 본떠서 **조개 패(貝)**
또 인쇄술이 발달하기 전에는 조개껍질을 돈 같은 재물로 썼으니,
돈과 재물을 뜻하는 부수로도 쓰여 **재물 패(貝)**

(2) 눈(目)으로 사람(儿)이 보거나 뵈니 **볼 견, 뵐 현(見)**

(3) 머리(一)에서 이마(丿)와 눈(目)이 있는 얼굴 아래 목(八)까지의 모양을 본떠서 **머리 혈(頁)**

(4) 머리털(䒑) 아래 이마(丿)와 눈(目)이 있는 머리니 **머리 수(首)**
또 머리처럼 위에 있는 우두머리니 **우두머리 수(首)**

15. 시시의의(示 礻 衣 衤)

(1) 하늘 땅(二)에 작은(小) 기미가 보이니 **보일 시(示)**
또 이렇게 기미를 보이는 신이니 **신 시(示)**

🔊 부수로 쓰이면 신, 제사 등과 신이 내려주는 인간의 길흉화복 등을 의미합니다.

(2) 보일 시, 신 시(示)가 한자의 변으로 쓰일 때의 모양으로 **보일 시 변(礻)**

(3) 동정과 옷고름이 있는 저고리를 본떠서 **옷 의(衣)**

(4) 옷 의(衣)가 한자의 변으로 쓰일 때의 모양으로 **옷 의 변**(衤)
　🔊 보일 시 변(礻)과 옷 의 변(衤)은 비슷하지만 전혀 다른 뜻이니 잘 구분하세요.

16. 시호호로(尸 戶 虍 耂)

(1) 사람이 누워 있는 모양을 본떠서 **주검 시, 몸 시**(尸)
　🔊 사람이나 집과 관련된 한자에 쓰입니다.

(2) 한 짝으로 된 문을 본떠서 **문 호**(戶)
　또 옛날 집들은 대부분 문이 한 짝씩 달린 집이었으니 **집 호**(戶)
　🔊 두 짝으로 된 문은 '문 문(門)'

(3) 입을 크게 벌리고 서 있는 범 모양을 본떠서 **범 호 엄**(虍)

(4) 늙을 로(老)가 부수로 쓰일 때의 모양으로, 흙(土)에 지팡이(丿)를 짚으며 걸어야 할 정도로 늙으니 **늙을 로 엄**(耂)
　🔊 老 : 흙(土 : 흙 토)에 지팡이(丿)를 비수(匕 : 비수 비, 숟가락 비)처럼 꽂으며 걸어야 할 정도로 늙으니 '늙을 로'

17. 두면멱혈(亠 宀 冖 穴)

(1) 옛날 갓을 쓸 때 상투를 튼 머리 모양을 본떠서 **머리 부분 두**(亠)

(2) 지붕으로 덮여 있는 집을 본떠서 **집 면**(宀)

(3) 보자기로 덮은 모양을 본떠서 **덮을 멱**(冖)

(4) 오래된 집(宀)에 나누어진(八) 구멍이니 **구멍 혈**(穴)
　또 구멍이 길게 파인 굴이니 **굴 혈**(穴)

18. 장편알(사)[爿 片 歹(歺)]

(1) 나무를 세로로 나눈 왼쪽 조각을 본떠서 **나무 조각 장**(爿)

(2) 나무를 세로로 나눈 오른쪽 조각을 본떠서 **조각 편**(片)

(3) 사람이 죽어 뼈만 앙상하게 남은 모양을 본떠서 **뼈 앙상할 알, 죽을 사 변**(歹, = 歺)

19. 궤수(几 殳)

(1) 안석이나 책상의 모양을 본떠서 **안석 궤, 책상 궤**(几)
　🔊 안석 – 앉을 때 몸을 기대는 도구.

(2) 안석(几) 같은 것을 손(又)에 들고 치니 **칠 수**(殳)
　또 들고 치는 창이나 몽둥이니 **창 수, 몽둥이 수**(殳)

20. 지복쇠(치)[支 攴(攵) 夂]

(1) 많은(十) 것을 손(又)으로 잡아 다루고 가르니 **다룰 지, 가를 지(支)**
🔊 十(열 십, 많을 십), 又(오른손 우, 또 우)

(2) 점(卜 : 점 복)칠 때 오른손(又)에 회초리를 들고 툭툭 치니 **칠 복(攴)**
🔊 이리(ノ) 저리(一) 엇갈리게(乂) 친다는 데서 '칠 복(攵)'과 같이 쓰입니다.

(3) 두 정강이(ク)를 뒤에서 밀며 천천히 걷는 모양을 본떠서 **천천히 걸을 쇠, 뒤져 올 치(夂)**
🔊 칠 복(攴, = 攵)은 4획, 천천히 걸을 쇠, 뒤져 올 치(夂)는 3획입니다.

21. 예부효발(乂 父 爻 癶)

(1) 이리저리 베어 다스리는 모양이 어지니 **벨 예, 다스릴 예, 어질 예(乂)**

(2) 사람이 알아야 할 것을 조목조목 나누어(八) 어질게(乂) 가르치는 아비니 **아비 부(父)**
🔊 (八 : 여덟 팔, 나눌 팔)

(3) 서로 교차하여 사귐을 뜻하여 **사귈 효(爻)**
또 사귀며 좋은 점을 본받으니 **본받을 효(爻)**

(4) 발을 좌우로 벌리고 걸어가는 모양을 본떠서 **걸을 발, 등질 발(癶)**

22. 목망명혈[目 网(罒, 㓁) 皿 血]

(1) 둥글고 눈동자 있는 눈을 본떠서 **눈 목(目)**

(2) 양쪽 기둥에 그물을 얽어 맨 모양을 본떠서 **그물 망(网, = 罒, 㓁)**

(3) 받침 있는 그릇을 본떠서 **그릇 명(皿)**

(4) 고사지낼 때 희생된 짐승의 피(ノ)를 그릇(皿)에 담아 놓은 모양에서 **피 혈(血)**

23. 익과(弋 戈)

(1) 주살을 본떠서 **주살 익(弋)**
🔊 주살 - 줄을 매어 쏘는 화살. 원래 '줄살'에서 ㄹ이 빠져 이루어진 말.

(2) 몸체가 구부러지고 손잡이 있는 창을 본떠서 **창 과(戈)**

24. 자구(自 臼)

(1) (얼굴이 자기를 대표하니 얼굴에서 잘 드러나는) 이마(′)와 눈(目)을 본떠서 **자기 자(自)**
또 자기 일은 스스로 해야 하니 **스스로 자(自)**
또 모든 것은 자기로부터 비롯되니 **부터 자(自)**

(2) 곡물을 찧을 때 사용하는 절구를 본떠서 **절구 구(臼)**

25. 천천(川 巛)

(1) 물이 굽이굽이 흐르는 내를 본떠서 **내 천(川)**

(2) 내 천(川)이 부수로 쓰일 때의 모양으로 개미허리 같다하여 **개미허리 천(巛)**

26. 시치(豕 豸)

(1) 일(一)은 등이고 나머지는 머리와 다리와 꼬리로, 서 있는 돼지 모양을 본떠서 **돼지 시(豕)**

(2) 사나운 짐승이 먹이를 잡기 위해 몸을 웅크리고 있는 모양을 본떠서 **사나운 짐승 치(豸)**
또 지렁이 같은 발 없는 벌레의 총칭으로 **발 없는 벌레 치(豸)**

27. 유아력(격)[内 兩 鬲]

(1) 성(冂)처럼 사사로이(厶) 남긴 발자국을 본떠서 **발자국 유(内)**
🔊 冂(멀 경, 성 경), 厶(사사 사, 나 사)

(2) 뚜껑(丌)을 덮으니(冂) **덮을 아(兩)**
🔊 丌(뚜껑의 모양), 冂('멀 경, 성 경'이지만 여기서는 덮은 모양으로 봄)

(3) 하나(一)의 구멍(口)이 성(冂)처럼 패이고(八) 아래를 막은(丁) 솥의 모양에서 **솥 력, 막을 격(鬲)**
🔊 口(입 구, 구멍 구, 말할 구), 八(여덟 팔, 나눌 팔)

往者不可諫, 來者猶可追.
"지나간 일은 되돌릴 수 없으나,
다가올 일은 결정할 수 있다."
– ≪논어≫, 〈미자(微子)〉 –

제2편
한자 익히기

3급 선정한자[DAY 01 ~ DAY 20]

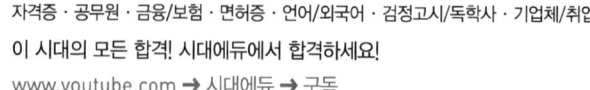

DAY 01   001~015

001   일이삼사오[一二三四五] - 숫자

一
8급 / 총1획 / 부수 一

나무토막 하나를 옆으로 놓은 모양에서 **한 일**

一念(일념), 同一(동일), 聞一知十(문일지십)

二
8급 / 총2획 / 부수 二

나무토막 두 개를 옆으로 놓은 모양에서 **두 이**

二輪車(이륜차), 一人二役(일인이역)

三
8급 / 총3획 / 부수 一

나무토막 세 개를 옆으로 놓은 모양에서 **석 삼**

吾鼻三尺(오비삼척), 作心三日(작심삼일)

四
8급 / 총5획 / 부수 囗

에워싼(囗) 부분을 사방으로 **나누어(八) 넉 사**

🔊 囗[에운담, 나라 국(國)의 약자], 八(여덟 팔, 나눌 팔)

四季(사계), 四骨(사골), 四寸(사촌)

五
8급 / 총4획 / 부수 二

열(十)을 둘(二)로 **나눈(丨) 다섯**이니 **다섯 오**

🔊 十(열 십, 많을 십), 丨('뚫을 곤'이지만 여기서는 나눔으로 봄)

五感(오감), 五穀(오곡), 五輪(오륜), 五大洋(오대양)

002   륙칠팔구십[六七八九十] - 숫자

六
8급 / 총4획 / 부수 八

머리(亠)를 중심으로 **나눠지는(八)** 방향이 동서남북상하의 여섯이니 **여섯 륙**

🔊 亠('머리 부분 두'이지만 여기서는 하늘로 봄), 八(여덟 팔, 나눌 팔)

六旬(육순), 死六臣(사육신)

8급 / 총2획 / 부수 一

하늘(一)의 북두칠성(乚) 모양을 본떠서 **일곱 칠**

七夕(칠석), 七旬(칠순), 七月(칠월)

8급 / 총2획 / 부수 八

두 손을 네 손가락씩 위로 편 모양에서 **여덟 팔**
또 양쪽으로 잡아당겨 나누는 모양으로도 보아 **나눌 팔**

八角亭(팔각정), 八達(팔달), 十中八九(십중팔구)

8급 / 총2획 / 부수 乙

열 십(十)의 가로줄을 구부려 하나가 모자란 아홉이라는 데서 **아홉 구**
또 아홉은 한 자리 숫자 중에서 제일 크고 많으니 **클 구, 많을 구**

十九孔炭(십구공탄), 九牛一毛(구우일모)

8급 / 총2획 / 부수 十

일(一)에 하나(丨)를 그어 한 묶음인 열을 나타내어 **열 십**
또 전체를 열로 보아 열이니 많다는 데서 **많을 십**

十戒(십계), 十進法(십진법), 聞一知十(문일지십)

003 일왈 목차월[日曰 目且月] - 日, 目과 비슷한 한자

8급 / 총4획 / 부수 日

해의 둥근 모양과 가운데 흑점을 본떠서 **해 일**
또 해가 뜨고 짐으로 구분하는 날이니 **날 일**

🔊 종이가 없던 옛날에는 바위나 나무, 뼈 등 딱딱한 것에 한자를 새겼기 때문에 둥글게 새기기가 어려워 둥근 것을 본떠서 만든 한자도 네모랍니다.

日光(일광), 日記(일기), 今日(금일), 明日(명일)

준3급 / 총4획 / 부수 曰

입(口)에서 소리(一)가 나옴을 본떠서 **가로 왈, 말할 왈**

🔊 가로다 - '말하다'를 예스럽게 이르는 말.
🔊 세로로 길면 해 일, 날 일(日), 가로로 길면 가로 왈(曰) - 해처럼 둥근 것은 어디로 길쭉해도 되지만 입은 가로로 길쭉하기 때문에 이렇게 만들었지요.

曰可曰否(왈가왈부), 曰是曰非(왈시왈비)

7급 / 총5획 / 부수 目

둥글고 눈동자 있는 눈을 본떠서 **눈 목**
또 눈으로 보니 **볼 목**
또 눈으로 잘 볼 수 있게 만든 항목이니 **항목 목**

🔊 항목(項目) - 하나의 일을 구성하고 있는 낱낱의 부분이나 갈래. *項(목 항)

目前(목전), 注目(주목), 目錄(목록), 條目(조목)

且

준3급 / 총5획 / 부수 一

그릇(一)에 음식을 또 또 쌓아올린 모양을 본떠서 **또 차**
또 또 구해야 할 정도로 구차하니 **구차할 차**

🔊 一('한 일'이지만 여기서는 그릇으로 봄)
重且大(중차대), 且置(차치), 苟且(구차)

DAY 01

月

8급 / 총4획 / 부수 月

초승달을 본떠서 **달 월**
또 고기 육(肉)이 부수로 쓰일 때의 모양으로 **육 달 월**

🔊 달은 둥글 때보다 이지러진 모양으로 더 많이 보이니 초승달의 모양을 본떠서 '달 월(月)'이지요. 또 고기 육(肉)이 한자의 왼쪽에 붙는 부수인 변으로 쓰일 때의 모양으로 '달 월'과 구분하여 '육 달 월'이라 부릅니다.

月刊(월간), 月給(월급), 半月(반월), 明月(명월)

004 붕 명맹 창창[朋 明盟 昌唱] – 朋과 明, 昌으로 된 한자

朋

준3급 / 총8획 / 부수 月

몸(月)과 몸(月)이 비슷한 벗들의 무리니 **벗 붕, 무리 붕**

朋結(붕결), 朋友(붕우), 朋輩(붕배), 朋黨(붕당)

明

5급 / 총8획 / 부수 日

해(日)와 달(月)이 같이 있는 듯 밝으니 **밝을 명, 성 명**

🔊 日(해 일, 날 일), 月(달 월, 육 달 월)
明白(명백), 明快(명쾌), 鮮明(선명), 說明(설명)

盟

3급 / 총13획 / 부수 皿

분명히(明) 그릇(皿)에 물 떠놓고 맹세하니 **맹세할 맹**

🔊 皿(그릇 명), 옛날에는 그릇에 물을 떠놓고 맹세했다지요.
盟約(맹약), 同盟(동맹), 血盟(혈맹)

昌

준3급 / 총8획 / 부수 日

해(日)처럼 밝게 분명히 말하면(曰) 빛나고 창성하니 **빛날 창, 창성할 창**

🔊 태도가 분명한 사람이 빛나고 좋지요.
🔊 창성(昌盛)하다 – 기세가 크게 일어나 잘 뻗어 나가다.
昌昌(창창), 昌大(창대), 昌盛(창성), 繁昌(번창)

唱

4급 / 총11획 / 부수 口

입(口)으로 빛나게(昌) 부르니 **노래 부를 창**

🔊 口(입 구, 구멍 구, 말할 구)
唱歌(창가), 名唱(명창), 齊唱(제창), 合唱(합창)

005 조조조 의사[組祖租 宜査] - 且로 된 한자

組
3급 / 총11획 / 부수 糸

실(糸)을 겹치고 또(且) 겹쳐 짜니 **짤 조**

🔊 糸(실 사, 실 사 변), 且(또 차, 구차할 차)
組立(조립), 組成(조성), 組織(조직), 勞組(노조)

祖
준5급 / 총10획 / 부수 示

보면(示) 또(且) 절해야 하는 할아버지니 **할아버지 조**
또 할아버지 위로 대대의 조상이니 **조상 조**

🔊 示(보일 시, 신 시)
祖父(조부), 曾祖父(증조부), 祖孫(조손), 元祖(원조)

租
3급 / 총10획 / 부수 禾

벼(禾)로 또(且) 세금을 내니 **세금 조, 세낼 조**

🔊 禾(벼 화), 옛날에는 세금을 벼로 냈지요.
한자가 만들어진 시대에는 주로 농사를 지었기에 농사와 관련된 한자가 많습니다.
租貢(조공), 租稅(조세), 租借(조차)

宜
3급 / 총8획 / 부수 宀

집(宀)처럼 또(且)한 생활하기에 마땅하니 **마땅할 의**

🔊 宀 : 지붕을 본떠서 만든 부수자로 '집 면'
宜當(의당), 時宜(시의), 便宜(편의)

査
준3급 / 총9획 / 부수 木

나무(木)까지 또(且) 조사하니 **조사할 사**

🔊 木(나무 목)
監査(감사), 檢査(검사), 審査(심사), 調査(조사)

006 석 다이 명명[夕 多移 名銘] - 夕과 多, 名으로 된 한자

夕
6급 / 총3획 / 부수 夕

초승달(月) 일부가 구름에 가려져 있음을 본떠서 **저녁 석**

🔊 어두워지는 저녁에 보이는 것은 초승달뿐이니 초승달의 일부가 구름에 가려 있음을 본떠서 '저녁 석(夕)'을 만든 것이죠.
夕刊(석간), 夕陽(석양), 朝不慮夕(조불려석), 朝夕(조석)

多
5급 / 총6획 / 부수 夕

(세월이 빨라) 저녁(夕)과 저녁(夕)이 거듭되어 많으니 **많을 다**

多讀(다독), 多多益善(다다익선), 多福(다복), 多數(다수)

移
4급 / 총11획 / 부수 禾

못자리의 **벼(禾)**가 **많이(多)** 자라면 옮겨 심듯 옮기니 **옮길 이**

🔊 禾(벼 화), 벼는 일단 못자리에 씨앗을 뿌렸다가 어느 정도 자라면 본 논에 옮겨 심지요.
移記(이기), 移動(이동), 移轉(이전), 推移(추이)

名
6급 / 총6획 / 부수 口

저녁(夕)에 보이지 않아 **입(口)**으로 부르는 이름이니 **이름 명**
또 이름이 알려지도록 이름나니 **이름날 명**

🔊 口(입 구, 구멍 구, 말할 구), 이름은 원래 눈에 보이지 않는 어두운 저녁에 소리 내어 부르는 말이었답니다.
改名(개명), 姓名(성명), 名家(명가), 名品(명품)

銘
3급 / 총14획 / 부수 金

쇠(金)에 **이름(名)**을 새기니 **새길 명**

🔊 金(쇠 금, 금 금, 돈 금, 성 김)
銘記(명기), 銘心(명심), 感銘(감명), 座右銘(좌우명)

007 각로략격 객락[各路略格 客落] - 各으로 된 한자

各
5급 / 총6획 / 부수 口

(이름이 각각 다르니) **이름 명(名)**을 변형시켜 **각각 각**

各各(각각), 各人各色(각인각색), 各種(각종)

路
5급 / 총13획 / 부수

발(⻊)로 **각각(各)** 걸어 다니는 길이니 **길 로**

🔊 ⻊[발 족, 넉넉할 족(足)의 변형]
路邊(노변), 路線(노선), 路資(노자), 道路(도로)

略
준3급 / 총11획 / 부수 田

밭(田)의 경계를 **각각(各)**의 발걸음으로 간략히 정하여 빼앗으니
간략할 략, 빼앗을 략

🔊 田(밭 전), 길이를 재는 자가 귀하던 옛날에는 발걸음으로 간략히 정하거나 빼앗기도 했다는 데서 생긴 한자.
略圖(약도), 略式(약식), 省略(생략), 侵略(침략)

格
준3급 / 총10획 / 부수 木

나무(木)로 **각각(各)**의 물건을 만드는 격식이니 **격식 격**
또 격식에 맞게 헤아리니 **헤아릴 격**

🔊 격식(格式) - 격에 맞는 일정한 방식.
🔊 木(나무 목), 式(법 식, 의식 식)
格言(격언), 格調(격조), 格物致知(격물치지)

客
준4급 / 총9획 / 부수 宀

집(宀)에 온 각각(各) 다른 손님이니 **손님 객**

🔊 宀(집 면)

客觀(객관), 客室(객실), 客地(객지), 觀客(관객)

落

준4급 / 총13획 / 부수 ⺾

풀(⺾)에 맺힌 물(氵)방울이 각각(各) 떨어지니 **떨어질 락**
또 떨어져 여기저기 형성된 마을이니 **마을 락**

🔊 ⺾(초 두)

落心(낙심), 落葉(낙엽), 村落(촌락), 脫落(탈락)

---

008 춘봉태[春奉泰] - 츷로 된 한자

春
5급 / 총9획 / 부수 日

하늘 땅(二)에 점점 크게(大) 해(日)가 느껴지는 봄이니 **봄 춘**

🔊 二('두 이'이지만 여기서는 하늘과 땅의 모양), 봄에는 해가 북쪽으로 올라오기 시작하여 더욱 크게 느껴지지요.

春景(춘경), 春耕(춘경), 春困(춘곤), 靑春(청춘)

奉
준4급 / 총8획 / 부수 大

하늘 땅(二) 같이 큰(大) 분을 많이(キ) 받드니 **받들 봉, 성 봉**

🔊 キ[일천 천, 많을 천(千)의 변형]

奉命(봉명), 奉仕(봉사), 奉養(봉양), 奉行(봉행)

泰
준3급 / 총10획 / 부수 氺

하늘 땅(二) 같이 큰(大) 물(氺)줄기를 이용하면 살기가 크게 편안하니 **클 태, 편안할 태**

🔊 氺(물 수 발)

泰然(태연), 太平·泰平(태평), 國泰民安(국태민안)

009 시사사 종숭 [示社祀 宗崇] - 示, 宗으로 된 한자

示
5급 / 총5획 / 부수 示

하늘 땅(二)에 작은(小) 기미가 보이니 **보일 시**
또 하늘 땅(二)의 작은(小) 것까지 본다는 신이니 **신 시**

🔊 한자의 변으로 쓰일 때는 '보일 시, 신 시 변(礻)'이니, 옷 의(衣)가 부수로 쓰일 때의 모양인 '옷 의 변(衤)'과 혼동하지 마세요.

示範(시범), 明示(명시) ↔ 暗示(암시), 示威(시위)

社
준3급 / 총8획 / 부수 示

신(示) 중에 토지(土)를 주관하는 토지신이니 **토지신 사**
또 토지신께 제사 지낼 때처럼 모두 모이니 **모일 사**

社交(사교), 社屋(사옥), 社會(사회), 會社(회사)

祀 (단축)
3급 / 총8획 / 부수 示

신(示)께 사시(巳時)에 올리는 제사니 **제사 사**

🔊 사시(巳時) - 오전 9시부터 11시까지 2시간. 대부분의 큰 제사는 사시에 올립니다.

祭祀(제사) - 신령이나 죽은 사람의 넋에게 음식을 바치면서 추모하는 일. *祭(제사 제, 축제 제)

宗
준3급 / 총8획 / 부수 宀

집(宀) 중에서 조상의 신(示)을 모시는 종가니 **종가 종**
또 종가는 그 집안의 으뜸이며 마루니 **으뜸 종, 마루 종**

🔊 宀(집 면), 종가(宗家) - 한 문중에서 맏이로만 이어 온 큰집.
🔊 마루 - 일의 근원. 근본.

宗敎(종교), 宗廟(종묘), 宗孫(종손), 世宗(세종)

崇
준3급 / 총11획 / 부수 山

산(山)처럼 종갓(宗)집을 높이며 공경하니 **높일 숭, 공경할 숭**

🔊 山(산 산)

崇儉(숭검), 崇高(숭고), 崇拜(숭배), 崇尙(숭상)

DAY 01

010 제제찰[祭際察] - 祭로 된 한자

祭
4급 / 총11획 / 부수 示

고기(⺼)를 손(又)으로 신(示)께 올리는 제사니 **제사 제**
또 제사처럼 많은 사람이 모여 즐기는 축제니 **축제 제**

🔊 ⺼[달 월, 육 달 월(月)의 변형], 又[오른손 우, 또 우(又)의 변형], 示(보일 시, 신 시)
祭祀(제사), 祭物(제물), 祝祭(축제), 祭典(제전)

際
준3급 / 총14획 / 부수 阝

언덕(阝)에서 제사(祭) 지낼 즈음이니 **즈음 제**
또 시간이나 장소의 어떤 즈음인 때나 경계니 **때 제, 경계 제**
또 좋을 때는 모두 모여 즐겁게 사귀니 **사귈 제**

🔊 阝(언덕 부 변), 시제(時祭) - 음력 10월에 5대 이상의 조상 무덤에 가족들이 모여 지내는 제사.
此際(차제), 交際(교제) ↔ 絶交(절교), 國際(국제)

察
4급 / 총14획 / 부수 宀

집(宀)에서 제사(祭)를 살피니 **살필 찰**

🔊 宀(집 면)
檢察(검찰), 警察(경찰), 考察(고찰), 觀察(관찰)

011 산선출[山仙出] - 山으로 된 한자

山
8급 / 총3획 / 부수 山

높고 낮은 산봉우리를 본떠서 **산 산**

山林(산림), 江山(강산), 登山(등산)

仙
준4급 / 총5획 / 부수 亻

사람(亻)이 산(山)처럼 높은 것에만 신경 쓰고 살면 신선이니 **신선 선**

🔊 신선(神仙) - 도(道)를 닦아서 현실의 인간 세계를 떠나 자연과 벗하며 산다는 상상의 사람.
🔊 亻(사람 인 변), 神(귀신 신, 신비할 신)
仙境(선경), 仙女(선녀), 仙藥(선약)

出
7급 / 총5획 / 부수 凵

(높은 데서 보면) 산(山) 아래로 또 산(山)이 솟아나고 나가니 **날 출, 나갈 출**

出家(출가), 出發(출발), 出世(출세), 家出(가출)

012 수빙 영영[水氷 永泳] - 水, 永으로 된 한자

水
8급 / 총4획 / 부수 水

잠겨있는 물에 물결이 이는 모양을 본떠서 **물 수**

🔊 한자의 변으로 쓰일 때는 점이 셋이니 '삼 수 변(氵)'
한자의 발로 쓰일 때는 '물 수 발(氺)'로 형태가 바뀝니다.

水路(수로), 冷水(냉수) ↔ 溫水(온수), 食水(식수)

氷
준4급 / 총5획 / 부수 水

한 덩어리(丶)로 물(水)이 얼어붙은 얼음이니 **얼음 빙**

🔊 한자의 변으로 쓰일 때는 점이 둘이니 '이 수 변(冫)'이라 부릅니다.

氷山(빙산), 氷水(빙수), 解氷(해빙)

永
5급 / 총5획 / 부수 水

높은 산 한 방울(丶)의 물(水)이 길고 오래 흘러 강과 바다를 이루니 **길 영, 오랠 영**

🔊 점 주, 불똥 주(丶)를 한 덩어리로 얼어붙음을 강조하기 위해서 처음 쓰는 물 수(水)의 왼쪽에 붙이면 '얼음 빙(氷)', 물이 솟아나는 높을 산을 나타내기 위하여 위에 붙이면 '길 영, 오랠 영(永)'으로 구분하세요.

永眠(영면), 永續(영속), 永遠(영원), 永住權(영주권), 氷炭之間(빙탄지간)

泳
3급 / 총8획 / 부수 氵

물(氵)에 오래(永) 있으려고 헤엄치니 **헤엄칠 영**

[참] 溺(물에 빠질 닉) - 2급

背泳(배영), 水泳(수영), 平泳(평영)

013 곡속유욕용 욕욕[谷俗裕浴容 欲慾] - 谷, 欲으로 된 한자

谷
4급 / 총7획 / 부수 谷

양쪽으로 **벌어지고(八) 벌어져(八) 구멍(口)**처럼 패인 골짜기니 **골짜기 곡**

🔊 八(여덟 팔, 나눌 팔), 口(입 구, 구멍 구, 말할 구)

溪谷(계곡), 進退維谷(진퇴유곡)

俗
4급 / 총9획 / 부수 亻

사람(亻)이 **골짜기(谷)**에 살면서 이룬 풍속이니 **풍속 속**

또 **사람(亻)**이 **골짜기(谷)**처럼 낮은 것에만 신경 쓰면 저속하니 **저속할 속**

또 저속한 사람들이 사는 속세니 **속세 속**

🔊 亻(사람 인 변)

低俗(저속), 俗世(속세), 民俗(민속), 美風良俗(미풍양속)

裕

3급 / 총12획 / 부수 衤

옷(衤)이 **골짜기(谷)**처럼 커서 넉넉하니 **넉넉할 유**

🔊 衤(옷 의 변)

裕福(유복), 裕餘(유여), 富裕(부유)

浴
4급 / 총10획 / 부수 氵

물(氵) 흐르는 **골짜기(谷)**에서 목욕하니 **목욕할 욕**

浴客(욕객), 浴室(욕실), 海水浴(해수욕)

容
4급 / 총10획 / 부수 宀

집(宀)안일로 **골짜기(谷)**처럼 주름진 얼굴이니 **얼굴 용**

또 **집(宀)**에서처럼 마음씀이 **골짜기(谷)**처럼 깊어 무엇이나 받아들이고 용서하니 **받아들일 용, 용서할 용**

🔊 宀(집 면)

容認(용인), 許容(허용), 容恕(용서)

欲
준3급 / 총11획 / 부수 欠

골짜기(谷)처럼 크게 **하품(欠)**하며 잠자기를 바라니 **바랄 욕**

🔊 欠(하품 흠, 모자랄 흠)

欲求(욕구), 欲求不滿(욕구불만), 欲速不達(욕속부달)

慾

3급 / 총15획 / 부수 心

바라는(欲) 마음(心)이 욕심이니 **욕심 욕**

🔊 心(마음 심, 중심 심)

慾心(욕심), 慾望(욕망), 意慾(의욕), 貪慾(탐욕)

014 화 염담담 영로영[火 炎談淡 榮勞營] - 火와 炎, 𤇾으로 된 한자

火
8급 / 총4획 / 부수 火

타오르는 불을 본떠서 **불 화**

🔊 4획이니 한자의 발로 쓰일 때도 네 점을 찍어서 '불 화 발(灬)'입니다.
火力(화력), 火災(화재), 發火(발화), 放火(방화)

炎

준3급 / 총8획 / 부수 火

불(火)과 불(火)이 타오르는 불꽃처럼 더우니 **불꽃 염, 더울 염**
또 덥게 열나면서 아픈 염증이니 **염증 염**

炎凉(염량), 炎天(염천), 暴炎(폭염), 炎症(염증)

談
준4급 / 총15획 / 부수 言

말(言) 중 따뜻한(炎) 마음으로 하는 말씀이니 **말씀 담**

🔊 言(말씀 언)
談笑(담소), 談合(담합), 美談(미담), 情談(정담)

淡

3급 / 총11획 / 부수 氵

물(氵)을 덥게(炎) 끓여 소독하면 맑고 깨끗하니 **맑을 담, 깨끗할 담**

淡水(담수), 淡淡(담담), 淡白(담백)

榮
4급 / 총14획 / 부수 木

불(火)과 불(火)에 덮인(冖) 듯 나무(木)에 꽃이 피어 성하니 **성할 영**
또 성하여 누리는 영화니 **영화 영**

🔊 冖(덮을 멱), 木(나무 목)
榮光(영광), 榮達(영달), 繁榮(번영), 榮華(영화) *映畫(영화)

勞

준4급 / 총12획 / 부수 力

불(火)과 불(火)에 덮인(冖) 것 같은 어려운 상황에서도 힘(力)써 수고하며 일하니
수고할 로, 일할 로

🔊 力(힘 력)
勞苦(노고), 過勞(과로), 徒勞無功(도로무공)

營

준3급 / 총17획 / 부수 火

불(火)과 불(火)에 덮인(冖) 듯 열성으로 음률(呂)을 다스리고 일을 경영하니
다스릴 영, 경영할 영

🔊 呂(등뼈 려, 음률 려), 음률 - 음악. 음악의 곡조.
營利(영리), 營業(영업), 營爲(영위), 國營(국영)

015 역 적 [亦 赤] – 亦과 赤

亦
준3급 / 총6획 / 부수 亠

머리(亠)가 불(小)처럼 뜨겁게 또 고민하니 **또 역**

🔊 亠(머리 부분 두), 小[불 화(火)의 변형]
亦是(역시), 全亦(전역), 此亦(차역)

赤
준4급 / 총7획 / 부수 赤

흙(土)이 불(小)타듯이 붉으니 **붉을 적**
또 붉게 발가벗으니 **발가벗을 적**

🔊 土(흙 토), 小[불 화(火)의 변형]
赤色(적색), 赤字(적자) ↔ 黑字(흑자), 赤子之心(적자지심)

TIP

〈한자의 어원을 생각하는 것은 매우 의미 있는 일〉
수천 년 전에 어떻게 이런 진리를 담아 한자를 만들었는지, 또 나타내고자 하는 대상이나 뜻을 어쩌면 이렇게 간단명료하게 표현했는지 한자는 볼수록 신기하기만 합니다.

예를 들어
- 하나(一)에 그쳐(止) 열중해야 바르니 바를 정(正)
- 하나(ノ)에만 매달린 마음(心)으로 반드시 이루니 반드시 필(必)
- (최선을 다하지 않고) 다음(亞)을 생각하는 마음(心)이 악하니 악할 악(惡)
  또 악은 모두 미워하니 미워할 오(惡)

저는 한자의 어원에서 이런 진리를 깨칠 때마다 그 감동으로 잠을 못 이룰 때도 있고, 한자의 어원에서 이런 감동을 느끼지 못하면 아직 그 한자의 어원을 깨치지 못한 것으로 여기고 계속 생각합니다.

그러니 한자의 어원을 생각하는 것은 단순히 한자를 익히는 차원이 아니라 세상의 진리와 번뜩이는 아이디어를 익혀 우리의 일이나 생활에 100배, 1,000배 활용할 수 있는 매우 의미 있는 일을 하는 셈입니다.

DAY 01 확인문제

01~10 다음 漢字의 훈(뜻)과 음(소리)을 쓰세요.

01. 盟 (   )   06. 泰 (   )
02. 朋 (   )   07. 祀 (   )
03. 昌 (   )   08. 泳 (   )
04. 組 (   )   09. 裕 (   )
05. 査 (   )   10. 欲 (   )

11~16 다음 훈음에 맞는 漢字를 〈보기〉에서 찾아 쓰세요.

〈보기〉	容 宗 格 炎 宜 略 社 際 浴 淡 勞

11. 격식 격 (   )   14. 마루 종 (   )
12. 모일 사 (   )   15. 때 제 (   )
13. 간략할 략 (   )   16. 마땅할 의 (   )

17~18 다음 문장 중 漢字로 표기된 단어의 독음을 쓰세요.

17. 오늘은 營業을 쉽니다.   (   )
18. 貪慾에 눈이 멀면 안 된다.   (   )

19~20 다음 문장 중 (   )안의 단어를 漢字로 쓰시오.

19. 네가 좋다면 나도 (역시) 좋다.   (   )
20. 농촌체험을 통하여 농부의 (노고)를 어느 정도 알게 되었다. (   )

정답

01. 맹세할 맹   02. 벗 붕   03. 창성할 창   04. 짤 조   05. 조사할 사
06. 클 태   07. 제사 사 08. 헤엄칠 영   09. 넉넉할 유 10. 바랄 욕
11. 格   12. 社   13. 略   14. 宗   15. 際
16. 宜   17. 영업   18. 탐욕   19. 亦是   20. 勞苦

DAY 02　016~030

016　목휴본상 상상[木休本床 相想] – 木, 相으로 된 한자

木
8급 / 총4획 / 부수 木

가지 달린 나무를 본떠서 **나무 목**

木刻(목각), 木器(목기), 木材(목재), 伐木(벌목)

休
준5급 / 총6획 / 부수 亻

사람(亻)이 나무(木) 옆에서 쉬니 **쉴 휴**

- 体[몸 체(體)의 약자]
- 나무는 산소와 피톤치드(phytoncide)가 많이 나와 건강에 좋다니, 나무 옆에서 쉬면 녹색 샤워를 한 셈이네요.
- ㋱ – 한자 형태가 유사한 한자

休耕(휴경), 休息(휴식), 休戰(휴전), 連休(연휴)

本
준5급 / 총5획 / 부수 木

나무 목(木)의 아래, 즉 뿌리 부분에 일(一)을 그어
나무에서는 뿌리가 제일 중요한 근본임을 나타내어 **뿌리 본, 근본 본**
또 근본을 적어 놓은 책이니 **책 본**

根本(근본), 本論(본론), 本性(본성)

床
준3급 / 총7획 / 부수 广

집(广)에서 나무(木)로 받쳐 만든 평상이나 책상이니 **평상 상, 책상 상**

- 广(집 엄), 평상(平床) – 나무로 만든 침상의 하나. *平(평평할 평, 평화 평)

病床(병상), 溫床(온상), 冊床(책상)

相
준4급 / 총9획 / 부수 目

나무(木)처럼 마주 서서 서로의 모양을 보니(目) **서로 상, 모양 상, 볼 상**
또 임금과 서로 자주 소통하던 재상이니 **재상 상**

- 재상(宰相) – 임금을 돕고 모든 관원을 지휘하고 감독하는 이품 이상의 벼슬.
- 目(눈 목, 볼 목, 항목 목), 宰(주재할 재, 재상 재)

相扶相助(상부상조), 眞相(진상), 觀相(관상), 首相(수상)

想
4급 / 총13획 / 부수 心

서로(相) 마음(心)으로 생각하니 **생각할 상**

- 心(마음 심, 중심 심)

想念(상념), 想像(상상), 構想(구상), 發想(발상)

017　보 과과[保 果課] - 保와 果로 된 한자

保
4급 / 총9획 / 부수 亻

(말로 화를 입는 경우가 많아) **사람(亻)**은 **입(口)**을 말 없는 **나무(木)**처럼 지키고 보호하니 **지킬 보, 보호할 보**

🔊 亻(사람 인 변), 口(입 구, 구멍 구, 말할 구)

保健(보건), 保守(보수), 保證(보증), 保險(보험), 保護(보호)

果
5급 / 총8획 / 부수 木

과실(田)이 **나무(木)** 위에 열린 모양을 본떠서 **과실 과**
또 과실은 그 나무를 알 수 있는 결과니 **결과 과**

🔊 田('밭 전'이지만 여기서는 과실의 모양으로 봄)

果實(과실), 靑果(청과), 結果(결과), 成果(성과)

課
준4급 / 총15획 / 부수 言

말(言)을 들은 **결과(果)**로 세금을 매기고 부과하니 **매길 과, 부과할 과**
또 **말(言)**로 연구한 **결과(果)**를 적어 공부하니 **공부할 과**

🔊 言(말씀 언)

課稅(과세), 課外(과외), 課題(과제), 放課(방과)

018　림금 마[林禁 麻] - 林으로 된 한자와 麻

林
준5급 / 총8획 / 부수 木

나무(木)와 **나무(木)**가 우거진 수풀이니 **수풀 림, 성 임**

林野(임야), 林産物(임산물), 密林(밀림), 山林(산림)

禁
4급 / 총13획 / 부수 示

수풀(林)은 **보기(示)**만 할 뿐 함부로 베지 못하도록 금하니 **금할 금, 성 금**

🔊 示(보일 시, 신 시)

禁食(금식), 禁止(금지), 嚴禁(엄금)

麻
3급 / 총11획 / 부수 麻

집(广) 주위에 **수풀(林)**처럼 빽빽이 기르는 삼이니 **삼 마**
또 삼에 있는 성분의 마약이니 **마약 마**

🔊 삼(麻)은 인삼(人蔘)이나 산삼(山蔘)과 달리 베를 짜는 식물의 한 종류. 껍질을 벗겨 가공하여 삼베를 짜지만 잎은 마약성분이 있는 대마초(大麻草)로, 재배하려면 허가를 받아 집 인근에 심어야 하니 한자에 집 엄(广)이 들어가고, 곁가지가 나지 않도록 수풀처럼 빽빽이 기르니 수풀 림(林)이 들어가지요.

🔊 广(집 엄), 林[수풀 림(林)의 변형], 蔘(인삼 삼), 草(풀 초)

麻織(마직), 麻布(마포), 大麻草(대마초)

019 말 미미매 주주 [末 未味妹 朱株] - 末과 未, 朱로 된 한자

末
준5급 / 총5획 / 부수 木

나무(木)에서 긴 가지(一) 끝이니 **끝 말**

末期(말기), 末端(말단), 結末(결말), 本末(본말)

未
준4급 / 총5획 / 부수 木

나무(木)에서 짧은 가지(一)니 아직 자라지 않았다는 데서
아닐 미, 아직 ~ 않을 미, 여덟째 지지 미

- 未는 아닐 불·부(不)나 아닐 막(莫)처럼 완전부정사로 해석해서는 안 되고 가능성을 두어 '아직 ~ 아니다'로 해석해야 합니다.
- 나무 목(木) 위에 한 일(一)을 길게 그어 긴 가지 끝을 나타내면 '끝 말(末)', 짧게 그어 아직 자라지 않았음을 나타내면 '아닐 미, 아직 ~ 않을 미, 여덟째 지지 미(未)'로 알아 두세요.

未開(미개), 未歸(미귀), 未知(미지)

味
준4급 / 총8획 / 부수 口

입(口)으로 아니(未) 삼키고 보는 맛이니 **맛 미**

- 口(입 구, 구멍 구, 말할 구)

味覺(미각), 加味(가미), 甘味(감미), 別味(별미)

妹
준4급 / 총8획 / 부수 女

여자(女) 중 나보다 나이를 아니(未) 먹은 누이니 **누이 매**

- 女(여자 녀)

妹夫(매부), 妹弟(매제), 男妹(남매), 姉妹(자매)

朱
4급 / 총6획 / 부수 木

작아(丿) 아직 자라지 않은(未) 어린싹처럼 붉으니 **붉을 주, 성 주**

- 나무나 풀의 어린싹처럼 대부분 붉지요.
- 丿[삐침 별(丿)의 변형이지만 여기서는 작은 모양]

朱記(주기), 朱紅(주홍), 印朱(인주), 近朱者赤(근주자적)

株
3급 / 총10획 / 부수 木

나무(木)의 붉은(朱) 뿌리 부분만 남은 그루터기니 **그루터기 주**
또 그루터기 같은 뿌리로 나무를 세는 그루니 **그루 주**
또 나무를 세듯이 자본을 세는 주식이니 **주식 주**

株價(주가), 有望株(유망주)

020 여여제 차(다)[余餘除 茶] - 余으로 된 한자와 茶

余
준3급 / 총7획 / 부수 人

(다 가고) 사람(人) 한(一) 명만 나무(木) 위에 남아있는 나니 **나 여, 성 여**
또 남을 여(餘)의 속자로도 쓰여 **남을 여**

🔊 人(사람 인), 木[나무 목(木)의 변형]
余等(여등), 余輩(여배), 余月(여월)

餘
준4급 / 총16획 / 부수 飠

먹고(飠) 남으니(余) **남을 여**

🔊 飠(밥 식, 먹을 식 변) - 밥 식, 먹을 식(食)이 한자의 변으로 쓰일 때의 모양.
餘暇(여가), 餘力(여력), 餘裕(여유)

除
4급 / 총10획 / 부수 阝

언덕(阝)에 남은(余) 적을 덜거나 제거하니 **덜 제, 제거할 제**
또 덜듯이 나누는 나눗셈이니 **나눗셈 제**

🔊 제거(除去) - 없애거나 사라지게 함.
🔊 阝(언덕 부 변), 去(갈 거, 제거할 거)
除去(제거), 除外(제외), 免除(면제), 加減乘除(가감승제)

茶

3급 / 총10획 / 부수 艹

풀(艹)처럼 사람(人)이 나뭇(木)잎을 끓여 마시는 차니 **차 차, 차 다**

🔊 艹(초 두)
綠茶(녹차), 葉茶(엽차), 花茶(화차)

021 오오 지송 반판[吾悟 只送 半判] - 吾, 只, 半으로 된 한자

吾
준3급 / 총7획 / 부수 口

다섯(五) 손가락, 즉 손으로 자신을 가리키며 말하는(口) 나니 **나 오**

🔊 口(입 구, 구멍 구, 말할 구)
吾等(오등), 吾鼻三尺(오비삼척)

悟

준3급 / 총10획 / 부수 忄

마음(忄)에 나(吾)를 깨달으니 **깨달을 오**

🔊 忄: 마음 심(心)이 한자의 왼편에 붙는 부수인 변으로 쓰일 때의 모양으로 '마음 심 변'
悟道(오도), 覺悟(각오)

只

준3급 / 총5획 / 부수 口

입(口)으로 다만 팔자(八) 타령만 하니 **다만 지**

兄(형 형, 어른 형) - 제목번호 094

八(여덟 팔, 나눌 팔), 팔자(八字) - 사람의 한 평생의 운수. 사주팔자에서 유래한 말로, 사람이 태어난 해와 달과 날과 시간을 간지(干支)로 나타내면 여덟 글자가 되는데, 이 속에 일생의 운명이 정해져 있다고 봄.

只今(지금), 但只(단지)

送

준4급 / 총10획 / 부수 辶

나누어(八) 하늘(天) 아래 어디로 가게(辶) 보내니 **보낼 송**

天(하늘 천), 辶(뛸 착, 갈 착)

送金(송금), 送別(송별), 送舊迎新(송구영신)

半

5급 / 총5획 / 부수 十

나누어(八) 둘(二)로 가른(丨) 반이니 **반 반**

二(두 이), 丨('뚫을 곤'이지만 여기서는 가르는 모양으로 봄)

半開(반개), 半月(반월), 過半(과반)

判

4급 / 총7획 / 부수 刂

반(半)을 칼(刂)로 자르듯이 딱 잘라 판단하니 **판단할 판**

刂(칼 도 방) - 칼 도(刀)가 한자의 오른쪽에 붙는 부수인 방으로 쓰일 때의 모양.

判決(판결), 判例(판례), 談判(담판), 批判(비판)

---

022 소소 불(부)배부(비)[小消 不杯否] - 小, 不로 된 한자

小

8급 / 총3획 / 부수 小

하나(亅)를 나누면(八) 작으니 **작을 소**

大(큰 대)

亅('갈고리 궐'이지만 여기서는 하나로 봄), 八(여덟 팔, 나눌 팔)

小數(소수), 小心(소심), 積小成大(적소성대), 最小(최소)

消

6급 / 총10획 / 부수 氵

물(氵)로 작아지게(肖) 끄거나 삭이면 사라지니 **끌 소, 삭일 소, 사라질 소**
또 열정을 삭이고 물러서니 **물러설 소**

급외자 肖 - 작은(小) 몸(月)이니 '작을 소'
또 작아도(小) 몸(月)은 부모를 닮으니 '닮을 초' - 2급

氵(삼 수 변)

消火(소화), 消化(소화), 消費(소비), 消極的(소극적)

不
준5급 / 총4획 / 부수 一

하나(一)의 작은(小) 잘못도 해서는 아니 되니 **아닐 불, 아닐 부**

🔊 아닐 불·부(不)는 'ㄷ, ㅈ'으로 시작하는 말 앞에서는 '부'로 발음됩니다.
不潔(불결), 不滿(불만), 不當(부당), 不正(부정)

杯

준3급 / 총8획 / 부수 木

나무(木)로 만든 그릇이 아닌(不) 잔이니 **잔 배**

📖 盃 - 일반 그릇이 아닌(不) 그릇(皿)의 잔이니 '잔 배'
🔊 木(나무 목), 皿(그릇 명)
乾杯(건배), 苦杯(고배), 祝杯(축배)

DAY 02

否
4급 / 총7획 / 부수 口

아니(不)라고 말하니(口) **아닐 부**
또 아니 되게 막히니 **막힐 비**

🔊 口(입 구, 구멍 구, 말할 구)
否定(부정), 可否(가부), 安否(안부), *否塞(비색)

---

023   소 묘성(생)[少 妙省] - 少로 된 한자

少

7급 / 총4획 / 부수 小

작은(小) 것이 또 떨어져 나가(丿) 적으니 **적을 소**
또 나이가 적으면 젊으니 **젊을 소**

📖 多(많을 다), 老(늙을 로)
少量(소량), 減少(감소), 少年(소년)

妙
4급 / 총7획 / 부수 女

여자(女)가 젊으면(少) 묘하고도 예쁘니 **묘할 묘, 예쁠 묘**

🔊 女(여자 녀)
妙技(묘기), 妙案(묘안), 絶妙(절묘)

省
5급 / 총9획 / 부수 目

적은(少) 것까지도 눈(目)여겨 살피니 **살필 성**
또 사물을 적게(少) 줄여서 보니(目) **줄일 생**

🔊 目(눈 목, 볼 목, 항목 목)
省墓(성묘), 反省(반성), 自省(자성), 省略(생략)

024 계침 지지기[計針 支枝技] - 十, 支로 된 한자

計
5급 / 총9획 / 부수 言

말(言)로 많이(十) 세며 꾀하니 **셀 계, 꾀할 계**

- 言(말씀 언), 十(열 십, 많을 십)
- 計算(계산), 計數(계수), 設計(설계), 凶計(흉계)

針
4급 / 총10획 / 부수 金

쇠(金)를 많이(十) 갈아서 만든 바늘이니 **바늘 침**

- 鍼 - 쇠(金)를 다(咸) 갈아서 만든 바늘이니 '바늘 침'
- 金(쇠 금, 금 금, 돈 금, 성 김), 咸(다 함)
- 針葉樹(침엽수), 時針(시침)

支
준4급 / 총4획 / 부수 支

많은(十) 것을 손(又)으로 지탱하고 다루고 가르니 **지탱할 지, 다룰 지, 가를 지**
또 갈라 지출하니 **지출할 지**

- 攴(칠 복, = 攵) - 제목번호 288의 주석
- 又(오른손 우, 또 우), 지출(支出) - 어떤 목적을 위하여 돈을 지급하는 일.
- 支店(지점), 支障(지장), 收支(수지)

枝
준3급 / 총8획 / 부수 木

나무(木)줄기에서 갈라져(支) 나온 가지니 **가지 지**

- 木(나무 목)
- 枝葉(지엽) ↔ 根本(근본), 金枝玉葉(금지옥엽)

技
준4급 / 총7획 / 부수 扌

손(扌)으로 무엇을 다루는(支) 재주니 **재주 기**

- 扌(손 수 변)
- 技術(기술), 特技(특기), 競技(경기)

025 조초탁[早草卓] - 早로 된 한자

早
준4급 / 총6획 / 부수 日

해(日)가 지평선(一)에 떠오르는(丨) 아침 일찍이니 **일찍 조**

- 旱(가물 한) - 2급
- 日(해 일, 날 일), 一('한 일'이지만 여기서는 지평선으로 봄), 丨('뚫을 곤'이지만 여기서는 떠오르는 모양으로 봄)
- 早期(조기), 早老(조로), 早退(조퇴), 早婚(조혼)

草
준5급 / 총10획 / 부수 ⺾

(대부분의) 풀(⺾)은 이른(早) 봄부터 돋아나는 풀이니 **풀 초**

🔊 부수로 쓰일 때는 ⺾의 형태로 대부분 한자의 머리에 쓰이므로 머리 두(頭)를 붙여 '초 두'라 부르지요.
草家(초가), 草木(초목), 山川草木(산천초목)

卓
준3급 / 총8획 / 부수 十

점(卜)치듯 미리 생각하여 일찍(早)부터 일하면 높고 뛰어나니 **높을 탁, 뛰어날 탁**

또 높게 만든 탁자니 **탁자 탁, 성 탁**

🔊 卜(점 복)
卓見(탁견), 卓子(탁자), 卓球(탁구)

---

026 고고호 고개 고약[古姑湖 固個 苦若] – 古, 固으로 된 한자와 苦若

古
준5급 / 총5획 / 부수 口

많은(十) 사람의 입에 오르내린 말(口)은 이미 오래된 옛날이야기니 **오랠 고, 옛 고**

🔊 十(열 십, 많을 십), 口(입 구, 구멍 구, 말할 구)
古物(고물), 古墳(고분), 中古品(중고품), 東西古今(동서고금)

姑

3급 / 총8획 / 부수 女

여자(女)가 오래(古)되면 시어머니 할머니니 **시어미 고, 할미 고**

또 (세월이 빨라) 할미가 되는 것은 잠깐이니 **잠깐 고**

🔊 女(여자 녀)
姑婦(고부), 姑母(고모), 姑息之計(고식지계)

湖
준4급 / 총12획 / 부수 氵

물(氵)이 오랜(古) 세월(月) 고여 있는 호수니 **호수 호**

🔊 氵(삼 수 변), 月(달 월, 육 달 월)
湖水(호수), 江湖(강호), 江湖煙波(강호연파)

固
준4급 / 총8획 / 부수 囗

에워싸(囗) 오래(古) 두면 굳으니 **굳을 고**

또 굳은 듯 진실로 변치 않으니 **진실로 고**

🔊 囗[에운담, 나라 국(國)의 약자]
固體(고체), 固守(고수), 堅固(견고), 固所願(고소원)

個
준4급 / 총10획 / 부수 亻

사람(亻) 성격이 **굳어져(固)** 개인행동을 하는 낱낱이니 **낱 개**

🔊 亻(사람 인 변)

個別(개별), 個性(개성), 個人(개인), 別個(별개)

苦
5급 / 총9획 / 부수 ⺾

풀(⺾) 같은 나물도 **오래(古)** 자라면 쇠어서 쓰니 **쓸 고**

또 맛이 쓰면 먹기에 괴로우니 **괴로울 고**

🔊 ⺾(초 두), 쇠다 – 채소가 너무 자라서 줄기나 잎이 뻣뻣하고 억세게 되다.

苦悶(고민), 苦杯(고배), 苦笑(고소), 苦樂(고락), 同苦同樂(동고동락)

若
4급 / 총9획 / 부수 ⺾

풀(⺾)이 만약 들쑥날쑥하다면 자주 쓰는 **오른(右)**손으로 잘라 같게 하니
만약 약, 같을 약, 반야 야

🔊 반야(般若) – 대승 불교에서, 만물의 참다운 실상을 깨닫고 불법을 꿰뚫는 지혜.
🔊 右(오른쪽 우), 般(옮길 반, 일반 반)

萬若(만약), 明若觀火(명약관화)

---

027 직식치 덕청[直植値 德聽] – 直, 悳로 된 한자

直
5급 / 총8획 / 부수 目

많이(十) 눈(目)으로 **감춰진(乚)** 부분까지 살펴도 곧고 바르니 **곧을 직, 바를 직**

🔊 十(열 십, 많을 십), 目(눈 목, 볼 목, 항목 목), 乚(감출 혜, 덮을 혜, = 匸)

直線(직선), 直接(직접), 正直(정직)

植
준5급 / 총12획 / 부수 木

나무(木)를 **곧게(直)** 세워 심으니 **심을 식**

🔊 木(나무 목)

植木(식목), 植物(식물), 密植(밀식), 移植(이식)

値
3급 / 총10획 / 부수 亻

사람(亻)이 **바르게(直)** 평가하여 매긴 값이니 **값 치**

🔊 亻(사람 인 변)

價値(가치), 加重値(가중치), 平均値(평균치)

德

준4급 / 총15획 / 부수 彳

행실(彳)이 덕스러우니(悳) **덕 덕**
또 덕이 있으면 쓰임이 크니 **클 덕**

급외자 悳 - 바르게(直) 마음(心)을 쓰면 그게 바로 덕이니 '덕 덕' - 배정 외
- 悳[덕 덕(悳)의 변형] - 罒('그물 망'이지만 여기서는 눈 목(目)을 눕혀 놓은 모양으로 봄.)
- 덕 덕(悳)에 행동을 강조하는 조금 걸을 척(彳)을 붙여 덕 덕, 클 덕(德)이 된 것이지요.
    *덕(德) - 공정하고 남을 넓게 이해하고 받아들이는 마음이나 행동.

德談(덕담), 恩德(은덕), 背恩忘德(배은망덕), 德用(덕용)

聽

4급 / 총22획 / 부수 耳

귀(耳)로 왕(王)처럼 덕스러운(悳) 소리만 들으니 **들을 청**

- 耳(귀 이), 王(임금 왕, 으뜸 왕, 구슬 옥 변), 悳[덕 덕(悳)의 변형]

聽覺(청각), 聽力(청력), 聽衆(청중), 視聽(시청)

DAY 02

---

028 백황 백숙(수)[白皇 百宿] - 白, 百으로 된 한자

白

8급 / 총5획 / 부수 白

빛나는(丿) 해(日)처럼 희고 밝으니 **흰 백, 밝을 백**
또 흰색처럼 깨끗하게 분명히 아뢰니 **깨끗할 백, 아뢸 백, 성 백**

- 日(해 일, 날 일), 아뢰다 - 말씀드려 알리다.

白色(백색), 明白(명백), 潔白(결백), 告白(고백)

皇

준3급 / 총9획 / 부수 白

밝은(白) 지혜로 왕(王)들을 거느리는 황제니 **황제 황**

- 황제(皇帝) - 왕이나 제후를 거느리고 나라를 통치하는 임금을 왕이나 제후와 구별하여 이르는 말.
- 王(임금 왕, 으뜸 왕, 구슬 옥 변), 帝(제왕 제)

皇國(황국), 皇宮(황궁)

百

7급 / 총6획 / 부수 白

하나(一)부터 시작하여 소리치는(白) 단위는 일백이니 **일백 백**
또 일백이면 많으니 **많을 백**

- 물건을 셀 때 속으로 세다가도 큰 단위에서는 소리침을 생각하고 만든 한자.

一當百(일당백), 百姓(백성), 百貨店(백화점)

宿

준4급 / 총11획 / 부수 宀

집(宀)에 사람(亻)이 많이(百) 묵으며 자니 **잘 숙**
또 자는 것처럼 오래 머물러 있는 별자리니 **오랠 숙, 별자리 수**

- 宀(집 면), 亻(사람 인 변)

宿食(숙식), 宿願(숙원), 宿題(숙제), 星宿(성수)

029 천선 원원원[泉線 原源願] - 泉, 原으로 된 한자

泉
준3급 / 총9획 / 부수 水

하얗도록(白) 맑은 물(水)이 나오는 샘이니 **샘 천**

🔊 水(물 수)

甘泉(감천), 冷泉(냉천), 溫泉(온천), 源泉(원천)

線
5급 / 총15획 / 부수 糸

실(糸)이 샘(泉)의 물줄기처럼 길게 이어지는 줄이니 **줄 선**

🔊 糸(실 사, 실 사 변)

線路(선로), 直線(직선) ↔ 曲線(곡선), 脫線(탈선)

原
5급 / 총10획 / 부수 厂

바위(厂) 밑 샘(泉)이 있는 언덕이니 **언덕 원**
또 바위(厂) 밑 샘(泉)이 물줄기의 근원이니 **근원 원**

🔊 厂(굴 바위 엄, 언덕 엄), 泉[샘 천(泉)의 변형]

原價(원가), 原告(원고), 原油(원유), 原因(원인)

源
준3급 / 총13획 / 부수 氵

물(氵)이 솟아나는 근원(原)이니 **근원 원**

🔊 근원(根源·根原) - ㉠ 물줄기가 나오기 시작하는 곳. ㉡ 사물이 비롯되는 근본이나 원인.
🔊 氵(삼 수 변), 根(뿌리 근)

起源(기원), 語源(어원)

願
준4급 / 총19획 / 부수 頁

근원(原)적으로 머리(頁)는 잘되기를 원하니 **원할 원**

🔊 頁(머리 혈)

祈願(기원), 所願(소원), 念願(염원), 祝願(축원)

030 천우간 오우[千于干 午牛] - 千, 午와 비슷한 한자

千
7급 / 총3획 / 부수 十

사람(亻)들이 가로(一)로 죽 늘어선 모양에서 **일천 천, 많을 천, 성 천**

🔊 亻(사람 인 변), 一('한 일'이지만 여기서는 가로로 봄)

千里眼(천리안), 千不當萬不當(천부당만부당)

于
준3급 / 총3획 / 부수 二

입술(二)에서 입김이 나오는 모양(亅)을 본떠서 **어조사 우**

🔊 二('두 이'이지만 여기서는 입술의 모양), 어조사(語助辭) - '말을 도와주는 말로, 뜻 없이 다른 말의 기운만 도와주는 말. *語(말씀 어), 助(도울 조), 辭(말씀 사, 글 사, 물러날 사)

于今(우금), 于先(우선)

干
4급 / 총3획 / 부수 干

손잡이 있는 방패를 본떠서 **방패 간**
또 방패로 무엇을 범하면 얼마간 정도 마르니 **범할 간, 얼마 간, 마를 간**

干涉(간섭), 若干(약간), 干潮(간조)

午
준5급 / 총4획 / 부수 十

방패 간(干) 위에 **삐침 별(丿)**을 그어서
(전쟁터에서 말이 아주 중요한 동물임을 나타내어) **말 오**
또 말은 일곱째 지지니 시간으로 한낮을 가리켜서 **일곱째 지지 오, 낮 오**

🔊 12지지인 「자축인묘진사오미신유술해」의 처음인 자시(子時)는 밤 11시부터 새벽 1시까지니 두 시간씩 7번째는 낮 11시부터 오후 1시까지로 오시(午時)지요.
🔊 한자에서는 삐침 별(丿)이나 점 주(丶)로 무엇을 강조합니다.

午前(오전), 午後(오후), 正午(정오)

DAY 02

牛
준5급 / 총4획 / 부수 牛

뿔 있는 소를 본떠서 **소 우**

牛馬車(우마차), 牛乳(우유), 韓牛(한우)

TIP

〈한자의 어원을 생각하는 것은 아주 쉬워요.〉
한자를 보아서 부수나 독립된 한자들로 쪼개지지 않으면 그 한자만으로 왜 이런 모양에 이런 뜻의 한자가 나왔는지 생각해 보고, 부수나 독립된 한자들로 쪼개지면 그 쪼개진 한자들의 뜻을 합쳐 보면 되거든요.

그래도 어원이 생각나지 않을 때는 상상력을 동원하여 나눠진 한자의 앞뒤나 가운데에 말을 넣어 생각해 보면 되고요.

한자에서 가장 많은 비중을 차지하고 있는 부수나 독립된 한자로 쪼개지는 한자들은 x + y = z 같은 형식이 기본이고, x, y, z의 뜻은 이미 알고 있는 상황이니 어째서 이런 구조로 z라는 한자와 뜻을 나타냈는가만 생각하면 어원이 됩니다.

DAY 02 확인문제

01~10 다음 漢字의 훈(뜻)과 음(소리)을 쓰세요.

01. 于 (   )   06. 判 (   )
02. 禁 (   )   07. 湖 (   )
03. 枝 (   )   08. 値 (   )
04. 悟 (   )   09. 宿 (   )
05. 只 (   )   10. 願 (   )

11~16 다음 훈음에 맞는 漢字를 〈보기〉에서 찾아 쓰세요.

〈보기〉	于 早 姑 枯 卓 送 床 株 技 皇 宿

11. 그루터기 주 (   )   14. 시어머니 고 (   )
12. 평상 상   (   )   15. 보낼 송   (   )
13. 탁자 탁   (   )   16. 재주 기   (   )

17~18 다음 문장 중 漢字로 표기된 단어의 독음을 쓰세요.

17. 이 상품의 가격은 세금을 **除外**한 금액입니다. (   )
18. 우리는 변함없는 우정을 위해 **祝杯**를 들었다. (   )

19~20 다음 문장 중 (   )안의 단어를 漢字로 쓰시오.

19. 아침 해가 수평선 위에서 (**주홍**)의 화염을 뿜는다. (   )
20. 자리에 앉아 말없이 (**엽차**)만 마셨다.   (   )

정답

01. 어조사 우   02. 금할 금   03. 가지 지   04. 깨달을 오   05. 다만 지
06. 판단할 판   07. 호수 호   08. 값 치   09. 잘 숙   10. 원할 원
11. 株   12. 床   13. 卓   14. 姑   15. 送
16. 技   17. 제외   18. 축배   19. 朱紅   20. 葉茶

DAY 03

031~045

031 허년 택(댁)[許年 宅] - 午로 된 한자와 宅

許
준4급 / 총11획 / 부수 言

남의 **말(言)**을 듣고 **대낮(午)**처럼 분명히 허락하니 **허락할 허, 성 허**

🔊 言(말씀 언), 午(말 오, 일곱째 지지 오, 낮 오)
許可(허가), 許容(허용), 免許(면허)

年
6급 / 총6획 / 부수 干

낮(午)이 **숨은(ㄴ)** 듯 가고오고 하여 해가 바뀌고 나이를 먹으니 **해 년, 나이 년**

🔊 ㄴ[감출 혜, 덮을 혜(ㄴ, = 匚)의 변형]
送年(송년), 年歲(연세), 靑年(청년)

宅
준4급 / 총6획 / 부수 宀

지붕(宀) 아래 **의탁하여(乇)** 사는 집이니 **집 택, 집 댁**

급외자 乇 - [천(千) 번이나 굽실거리며 부탁하고 의탁한다는 데서] 일천 천(千)을 굽혀서 '부탁할 탁, 의탁할 탁' - 배정 외
🔊 宀(집 면), '댁'은 남의 집을 높여 이르는 말.
宅配(택배), 宅地(택지), 自宅(자택)

032 간안남 평평 호호[刊岸南 平評 乎呼] - 干, 平, 乎로 된 한자

刊
3급 / 총5획 / 부수 刂

(옛날에는) **방패(干)** 같은 널빤지에 **칼(刂)**로 새겨 책을 펴냈으니 **책 펴낼 간**

🔊 干(방패 간, 범할 간, 얼마 간, 마를 간), 刂(칼 도 방), 활자가 없던 시대에는 널빤지에 칼로 한자를 새겨 책을 펴냈지요.
刊行(간행), 日刊(일간), 創刊(창간)

岸
3급 / 총8획 / 부수 山

산(山)의 **바위(厂)**가 **방패(干)**처럼 깎인 언덕이니 **언덕 안**

🔊 山(산 산), 厂(굴 바위 엄, 언덕 엄)
沿岸(연안), 彼岸(피안) ↔ 此岸(차안), 海岸線(해안선)

南
6급 / 총9획 / 부수 十

많은(十) 성(冂)마다 양쪽(丷)으로 열리는 방패(干) 같은 문이 있는 남쪽이니
남쪽 남, 성 남

🔊 冂(멀 경, 성 경), 대부분의 성은 남쪽을 향하여 짓고 남쪽에 방패처럼 넓은 문이 있지요.
南國(남국), 南半球(남반구), 南方(남방), 南向(남향)

平
준5급 / 총5획 / 부수 干

방패(干)의 나누어진(八) 면처럼 평평하니 **평평할 평**
또 평평하여 아무 일 없는 평화니 **평화 평**

🔊 八(여덟 팔, 나눌 팔)
平均(평균), 平等(평등), 平和(평화), 和平(화평)

評
3급 / 총12획 / 부수 言

말(言)로 공평하게(平) 평하니 **평할 평**

🔊 言(말씀 언), 평(評)하다 – 좋고 나쁨이나 잘되고 못됨, 옳고 그름 따위를 분석하여 논하는 일.
評價(평가), 論評(논평), 批評(비평), 品評(품평)

乎
준3급 / 총5획 / 부수 丿

(평평하지 않도록) 평평할 평(平) 위에 변화를 주어서 **어조사 호**

🔊 어조사(語助辭) – '말을 도와주는 말'로, 뜻 없이 다른 말의 기운만 도와주는 말.
*語(말씀 어), 助(도울 조), 辭(말씀 사, 글 사, 물러날 사)
斷乎(단호), 不亦說乎(불역열호)

呼
4급 / 총8획 / 부수 口

입(口)으로 호(乎)하고 입김이 나도록 부르니 **부를 호**

🔊 口(입 구, 구멍 구, 말할 구)
呼名(호명), 呼出(호출), 歡呼(환호)

---

033 건 고(곡)조 선세찬[件 告造 先洗贊] - 件과 告, 先으로 된 한자

件
준3급 / 총6획 / 부수 亻

사람(亻)이 소(牛) 같은 재산을 팔아 사는 물건이니 **물건 건**
또 사람(亻)이 소(牛)에 받친 사건이니 **사건 건**

🔊 옛날 농경 시대에는 소로 논밭을 갈고 짐을 날랐으니 소가 중요한 물건이었지요.
物件(물건), 件數(건수), 事件(사건), 案件(안건)

告
준4급 / 총7획 / 부수 口

소(牛)고기를 차려 놓고 입(口)으로 알리고 뵙고 청하니 **알릴 고, 뵙고 청할 곡**

🔊 ㅗ[소 우(牛)의 변형], 口(입 구, 구멍 구, 말할 구)
告白(고백), 報告(보고), 申告(신고), 出必告(출필곡)

造
4급 / 총11획 / 부수 辶

계획을 알리고(告) 가서(辶) 지으니 **지을 조**

🔊 辶(뛸 착, 갈 착)
造作(조작), 造化(조화), 造花(조화), 創造(창조)

先
준5급 / 총6획 / 부수 儿

(소를 몰 때) 소(⺧)는 사람(儿) 앞에 서서 먼저 가니 **먼저 선**

🔊 ⺧[소 우(牛)의 변형], 儿(사람 인 발, 어진사람 인), 소를 몰 때는 소를 앞에 세우지요.
先輩(선배) ↔ 後輩(후배), 先拂(선불), 先見之明(선견지명)

洗
준4급 / 총9획 / 부수 氵

물(氵)로 먼저(先) 씻으니 **씻을 세**

洗練(세련), 洗禮(세례), 洗手(세수), 洗濯(세탁)

贊
3급 / 총19획 / 부수 貝

먼저(先) 먼저(先) 재물(貝)로 돕고 찬성하니 **도울 찬, 찬성할 찬**

🔊 貝(조개 패, 재물 패)
贊助(찬조), 協贊(협찬), 贊成(찬성), 贊反(찬반)

DAY 03

034　재존 유우좌 탄 [在存 有右左 炭] - 亻, 𠂇으로 된 한자

在
5급 / 총6획 / 부수 土

한(一) 사람(亻)에게 땅(土)이 있으니 **있을 재**

🔊 土('흙 토'지만 여기서는 땅으로 봄)
在庫(재고), 在室(재실), 在中(재중), 在學(재학)

存
준4급 / 총6획 / 부수 子

한(一) 사람(亻)에게 아들(子)이 있으니 **있을 존**

🔊 子(아들 자, 첫째 지지 자, 자네 자, 접미사 자)
存立(존립), 存續(존속), 共存(공존), 生存(생존)

有
준5급 / 총6획 / 부수 月

많이(𠂇) 고기(月)를 가지고 있으니 **가질 유, 있을 유**

🔊 𠂇['열 십, 많을 십(十)'의 변형], 月(달 월, 육 달 월)
所有(소유), 有罪(유죄), 有口無言(유구무언)

右
준5급 / 총5획 / 부수 口

자주(ナ) 써서 말(口)에 잘 움직이는 오른쪽이니 **오른쪽 우**

유 石(돌 석), 古(오랠 고, 옛 고)

🔊 ナ['열 십, 많을 십(十)'의 변형], 요즘은 어느 손이나 잘 써야 하지만 옛날에는 오른손만을 썼고, 습관이 되어서 오른손이 편하니 대부분의 일을 오른손으로 하지요.

右往左往(우왕좌왕), 座右銘(좌우명), 左之右之(좌지우지)

左
준5급 / 총5획 / 부수 工

(목수는 왼손에 자를 들고 오른손에 연필이나 연장을 듦을 생각하여)
많이(ナ) 자(工)를 쥐는 왼쪽이니 **왼쪽 좌**
또 왼쪽은 낮은 자리도 뜻하여 **낮은 자리 좌**

🔊 工(자를 본떠서 만든 한자로 '장인 공, 만들 공, 연장 공'이지만 여기서는 본떠 만든 '자'로 봄)

左傾(좌경), 左手(좌수)

炭
준3급 / 총9획 / 부수 火

산(山)에 묻혀있는 재(灰) 같은 숯이나 석탄이니 **숯 탄, 석탄 탄**

급외자 灰 – 많이(ナ) 불(火) 타고 남은 재니 '재 회' – 2급

🔊 山(산 산), 灰[재 회(灰)의 변형], 火(불 화)

炭價(탄가), 無煙炭(무연탄), 石炭(석탄)

---

035 석연척(탁)[石研拓] – 石으로 된 한자

石
7급 / 총5획 / 부수 石

언덕(厂) 밑에 있는 돌(口)을 본떠서 **돌 석, 성 석**

🔊 厂[굴 바위 엄, 언덕 엄(厂)의 변형], 口('입 구, 구멍 구, 말할 구'지만 여기서는 돌로 봄)

石器(석기), 石造(석조), 木石(목석), 化石(화석)

研
4급 / 총11획 / 부수 石

돌(石)을 평평하게(幵) 가니 **갈 연**
또 갈고 닦듯이 연구하니 **연구할 연**

🔊 幵 : 방패(干)와 방패(干)를 이으면 평평하니 '평평할 견' *干(방패 간, 범할 간, 얼마 간, 마를 간)

研究(연구), 研究室(연구실), 研修(연수)

拓
3급 / 총8획 / 부수 扌

손(扌)으로 돌(石)을 치워 땅을 넓히니 **넓힐 척**
또 손(扌)으로 돌(石)에 새겨진 글씨를 눌러서 박으니 **박을 탁**

開拓(개척), 干拓(간척), 拓植(척식), 拓本(탁본)

036 우주궁자[宇宙宮字] - 宀으로 된 한자

宇
준3급 / 총6획 / 부수 宀

지붕(宀)과 들보와 기둥(于)이 있는 집 모양을 본떠서 **집 우**

또 집처럼 만물이 살아가는 우주니 **우주 우**

급외자 冖 - 보자기로 덮은 모양을 본떠서 '덮을 멱' - 부수자
　　　　 宀 - 지붕으로 덮여 있는 집을 본떠서 '집 면' - 부수자
🔊 于('어조사 우'이지만 여기서는 들보와 기둥의 모양으로 봄), 들보 - 기둥과 기둥 사이를 잇는 나무.
🔊 우주(宇宙) - 온 세계를 둘러싸고 있는 공간.
宇內(우내), 宇宙觀(우주관)

宙
준3급 / 총8획 / 부수 宀

지붕(宀)부터 말미암아(由) 지어진 집이니 **집 주**

또 집처럼 여러 공간을 가진 하늘도 뜻하여 **하늘 주**

🔊 由(말미암을 유)
宇宙(우주), 宇宙船(우주선), 宇宙基地(우주기지)

宮

준3급 / 총10획 / 부수 宀

집(宀) 여러 칸이 등뼈(呂)처럼 이어진 집이나 궁궐이니 **집 궁, 궁궐 궁**

🔊 宀(집 면, 천자가 거처하는 황궁은 9,999칸, 임금이 거처하는 궁궐은 999칸, 대부의 집은 99칸까지 지었답니다.
宮中(궁중), 古宮(고궁), 王宮(왕궁)

字
준5급 / 총6획 / 부수 子

집(宀)에서 자식(子)이 배우고 익히는 글자니 **글자 자**

🔊 子(아들 자, 첫째 지지 자, 자네 자, 접미사 자)
字源(자원), 十字架(십자가), 識字憂患(식자우환)

037 속속 책[束速 策] - 束으로 된 한자와 策

束
준3급 / 총7획 / 부수 木

나무(木)를 묶으니(口) **묶을 속**

🔊 口('입 구, 구멍 구, 말할 구'이지만 여기서는 묶어 놓은 모양으로 봄)
結束(결속), 拘束(구속), 團束(단속), 約束(약속)

速
5급 / 총11획 / 부수 辶

(신발 끈을) 묶고(束) 뛰면(辶) 빠르니 **빠를 속**

🔊 辶(뛸 착, 갈 착)
速度(속도), 速報(속보), 高速(고속), 急速(급속)

策
3급 / 총12획 / 부수 ⺮

대(⺮)로 만든 가시(朿)처럼 아픈 채찍이니 **채찍 책**
또 채찍질할 때 다치지 않게 신경 써야 하는 꾀니 **꾀 책**

급외자 朿 - 나무(木)에 덮인(冖) 듯 붙어있는 가시니 '가시 자' - 배정 외
🔊 ⺮[대 죽(竹)이 부수로 쓰일 때의 모양]

計策(계책), 對策(대책), 妙策(묘책), 政策(정책)

---

038 씨지 혼혼[氏紙 昏婚] - 氏, 昏으로 된 한자

氏
준4급 / 총4획 / 부수 氏

(사람의 씨족은 나무뿌리 뻗어가듯 번지니)
나무뿌리가 지상으로 나온 모양을 본떠서 **성 씨, 뿌리 씨**
또 사람을 높여 부르는 조사로도 쓰여 **사람을 높여 부르는 조사 씨**

氏族(씨족), 姓氏(성씨), 創氏改名(창씨개명)

紙
준4급 / 총10획 / 부수 糸

(나무의 섬유질) 실(糸)이 나무뿌리(氏)처럼 엉겨서 만들어지는 종이니 **종이 지**

🔊 糸(실 사, 실 사 변)
紙錢(지전), 壁紙(벽지), 韓紙(한지)

昏
3급 / 총8획 / 부수 日

나무뿌리(氏) 아래로 해(日)가 지며 저무니 **저물 혼**

🔊 日(해 일, 날 일)
昏亂(혼란), *混亂(혼란), 黃昏(황혼)

婚
4급 / 총11획 / 부수 女

여자(女)와 저문(昏) 저녁에 결혼했으니 **결혼할 혼**

🔊 女(여자 녀), 옛날에는 주로 저녁에 결혼했지요.
婚期(혼기), 婚姻(혼인), 請婚(청혼), 約婚(약혼)

---

039 저저저[低底抵] - 氐로 된 한자

低
준4급 / 총7획 / 부수 亻

사람(亻)이 밑(氐)에 있어 낮으니 **낮을 저**

급외자 氐 - 나무뿌리(氏)는 밑(一)이 근본이니 '밑 저, 근본 저' - 사범
低價(저가), 低俗(저속), 高低長短(고저장단)

底
3급 / 총8획 / 부수 广

집(广)의 밑(氐)부분이니 **밑 저**

🔊 广(집 엄), 낮을 저(低)는 주로 높낮이가 낮다는 말이고, 밑 저(底)는 눈에 보이지 않는 밑부분을 가리킵니다.
底力(저력), 底意(저의), 海底(해저)

抵
3급 / 총8획 / 부수 扌

손(扌)으로 밑(氐)바닥까지 거슬러 막으니 **거스를 저, 막을 저**
또 막음에 당하니 **당할 저**

🔊 扌(손 수 변) – 손 수, 재주 수, 재주 있는 사람 수(手)가 한자의 왼쪽에 붙는 부수인 변으로 쓰일 때의 모양.
抵當(저당), 抵抗(저항)

---

040 민면 안파[民眠 眼派] – 民으로 된 한자와 眼派

DAY 03

民
준5급 / 총5획 / 부수 氏

모인(冖) 여러 씨(氏)족들로 이루어진 백성이니 **백성 민**

🔊 冖('덮을 멱'으로 여기서는 모여 있는 모양), 氏(성 씨, 뿌리 씨)
民間(민간), 民官(민관), 民俗(민속), 以民爲天(이민위천)

眠
준3급 / 총10획 / 부수 目

눈(目) 감고 백성(民)들은 잠자니 **잠잘 면**

🔊 目(눈 목, 볼 목, 항목 목)
冬眠(동면), 睡眠(수면), 休眠(휴면), 不眠症(불면증)

眼
4급 / 총11획 / 부수 目

눈(目)동자를 멈추고(艮) 바라보는 눈이니 **눈 안**

🔊 艮(멈출 간, 어긋날 간)
眼鏡(안경), 眼科(안과), 眼光(안광), 着眼(착안)

派
3급 / 총9획 / 부수 氵

물(氵)이 언덕(厂)으로 뻗은 나무뿌리(氏)처럼 갈라져 흐르는 물갈래니 **물갈래 파**
또 물갈래처럼 나눠지는 파벌이니 **파벌 파**

🔊 氵(삼 수 변), 厂(굴 바위 엄, 언덕 엄), 氏[성 씨, 뿌리 씨(氏)의 변형]
派兵(파병) 派生(파생), 黨派(당파), 政派(정파)

041 사사 지지[士仕 志誌] - 士, 志로 된 한자

士
준5급 / 총3획 / 부수 士

열(十)까지 하나(一)를 배우면 아는 선비니 **선비 사**
또 선비처럼 뛰어난 사람이니 **군사 사**, 칭호나 직업 이름에 붙이는 말 **사**

🔊 선비 – 학식이 있고 예절바르며 의리와 원칙을 지키고 고결한 인품을 지닌 사람을 이르는 말.
士農工商(사농공상), 軍士(군사), 壯士(장사)

仕
준4급 / 총5획 / 부수 亻

사람(亻)이 선비(士)처럼 벼슬하여 백성을 섬기니 **벼슬할 사, 섬길 사**

仕路(사로), 給仕(급사), 奉仕(봉사)

志
준4급 / 총7획 / 부수 心

선비(士)의 마음(心)에 있는 뜻이니 **뜻 지**

🔊 心(마음 심, 중심 심), 뜻 지(志)는 이상을 향한 높은 뜻이고, 뜻 의(意)는 말이나 글 속에 들어 있는 의미를 말합니다.
志操(지조), 意志(의지), 初志一貫(초지일관)

誌
3급 / 총14획 / 부수 言

말(言)이나 뜻(志)을 기록하여 만든 책이니 **기록할 지, 책 지**

🔊 言(말씀 언)
誌略(지략), 日誌(일지), 校誌(교지), 雜誌(잡지)

042 길결수희[吉結樹喜] - 吉로 된 한자

吉
준4급 / 총6획 / 부수 口

선비(士)처럼 말하면(口) 길하고 상서로우니 **길할 길, 상서로울 길, 성 길**

🔊 길하다 – 운이 좋거나 일이 상서롭다.
🔊 상서(祥瑞)롭다 – 복되고 좋은 일이 있을 듯하다.
🔊 士(선비 사), 口(입 구, 구멍 구, 말할 구), 祥(상서로울 상), 瑞(상서로울 서)
吉運(길운), 吉日(길일), 吉兆(길조), 吉凶(길흉)

結

준4급 / 총12획 / 부수 糸

실(糸)로 좋게(吉) 맺으니 **맺을 결**

🔊 糸(실 사, 실 사 변)
結果(결과), 結論(결론), 結者解之(결자해지), 結婚(결혼)

樹
5급 / 총16획 / 부수 木

나무(木)로 좋게(吉) 받쳐(冖) 법도(寸)에 맞게 세우니 **세울 수**
또 세워 심는 나무니 **나무 수**

🔊 木(나무 목), 寸(마디 촌, 법도 촌)
樹立(수립), 樹木(수목), 街路樹(가로수), 有實樹(유실수)

喜
준3급 / 총12획 / 부수 口

좋은(吉) 음식을 받쳐 들고(ㅛ)를 입(口)으로 먹으면 기쁘니 **기쁠 희**

🔊 ㅛ[받쳐 들 공(廾)의 변형]

喜悲(희비), 喜捨(희사), 喜悅(희열), 歡喜(환희)

---

043 토토 좌좌[土吐 坐座] - 土, 坐로 된 한자

土
8급 / 총3획 / 부수 土

많이(十) 땅(一)에 있는 흙이니 **흙 토**

🔊 열까지 안다는 데서 열 십, 많을 십(十)을 크게 쓰면 선비 사, 군사 사, 칭호나 직업 이름에 붙이는 말 사(士), 넓은 땅을 나타내기 위하여 아래(一)를 넓게 쓰면 흙 토(土)로 구분하세요.

土俗(토속), 土地(토지), 土質(토질)

吐
3급 / 총6획 / 부수 口

입(口)을 땅(土)에 대고 토하니 **토할 토**

🔊 口(입 구, 구멍 구, 말할 구)

吐納(토납), 吐露(토로), 實吐(실토)

坐
4급 / 총7획 / 부수 土

두 사람(人人)이 흙(土) 위에 앉으니 **앉을 좌**

🔊 人(사람 인)

坐像(좌상), 坐定(좌정), 對坐(대좌), 坐不安席(좌불안석)

座
3급 / 총10획 / 부수 广

집(广)의 앉는(坐) 자리나 위치니 **자리 좌, 위치 좌**

🔊 广(집 엄)

座談(좌담), 座席(좌석), 權座(권좌), 座右銘(좌우명)

---

044 가가 애[佳街 涯] - 圭로 된 한자

佳
4급 / 총8획 / 부수 亻

사람(亻)이 서옥(圭)처럼 아름다우니 **아름다울 가**

住(살 주) - 제목번호 051

급외자 圭 - (천자가 제후를 봉할 때 주는 신표로) 영토를 뜻하는 흙 토(土)를 두 번 반복하여
  '홀 규, 영토 규'
  또 홀을 만드는 서옥이니 '서옥 규' - 2급

佳境(가경), 佳約(가약), 佳人(가인), 佳作(가작)

街
4급 / 총12획 / 부수 行

다닐(行) 수 있게 흙을 돋워(圭) 만든 거리니 **거리 가**

- 行(다닐 행, 행할 행, 항렬 항), 圭['홀 규, 영토 규, 서옥 규'지만 흙 토(土)를 반복했으니 여기서는 흙을 돋운 모양으로 봄]

街道(가도), 街路燈(가로등), 街販(가판), 商街(상가)

涯
3급 / 총11획 / 부수 氵

물(氵)과 맞닿은 언덕(厓) 같은 물가니 **물가 애**
또 물가는 땅의 끝이니 **끝 애**

급외자 厓 - 굴 바위(厂) 있는 땅(圭)은 언덕이니 '언덕 애' - 1급
- 厂(굴 바위 엄, 언덕 엄)

涯岸(애안), 涯際(애제), 生涯(생애), 天涯(천애)

---

045 륙목[陸睦] - 坴으로 된 한자

陸
4급 / 총11획 / 부수 阝

언덕(阝)과 언덕(坴)이 높고 낮게 이어진 뭍이니 **뭍 륙, 성 육**

급외자 坴 - 흙(土)에 사람(儿)이 또 흙(土)을 쌓아 만든 언덕이니 '언덕 륙' - 배정 외
- 阝(언덕 부 변), 儿(어진사람 인, 사람 인 발), 뭍 - 지구의 표면에서 바다를 뺀 나머지 부분.

陸地(육지), 大陸(대륙), 離陸(이륙), 着陸(착륙)

睦
3급 / 총13획 / 부수 目

눈(目)을 언덕(坴)처럼 높이 뜨고 대하며 화목하니 **화목할 목, 성 목**

- 目(눈 목, 볼 목, 항목 목), 싫으면 눈을 아래로 뜨거나 작게 뜨지만 기쁘거나 좋으면 눈을 빛내며 크게 뜨고 높이 우러러 보지요.

和睦(화목), 不睦(불목), 親睦(친목)

TIP

〈둥근 것을 본떠 만든 글자가 어찌 네모일까요?〉
한자가 만들어지던 시절에는 종이나 좋은 필기도구가 없어서, 짐승의 뼈나 나무, 바위 같은 딱딱한 곳에 딱딱한 도구로 글자를 새겼기에, 둥글게 새기기가 네모로 새기기보다 어려웠기 때문이지요.

그래서 한자에 둥근 글자는 없고 해 일(日), 눈 목(目)처럼 둥근 것을 본떠서 만든 글자도 네모랍니다.

〈하나의 한자에 둘 이상의 뜻이 있으면〉
해의 둥근 모양과 가운데 흑점을 본떠서 만든 '해 일(日)'에 어찌 '날 일'의 뜻도 있을까요?
생각해 보면 해가 뜨고 짐으로 구분되는 날이니 '날 일'이 되었음을 금방 알게 되지요.

이처럼 하나의 한자에 둘 이상의 뜻이 있으면 반드시 그럴 이유가 있으니, 무조건 외는 시간에 왜 그럴까를 생각해 보세요. 생각해서 익히면 분명하게 익혀지고 오래도록 잊히지 않습니다.

DAY 03 확인문제

01~10 다음 漢字의 훈(뜻)과 음(소리)을 쓰세요.

01. 許 (   )   06. 拓 (   )
02. 刊 (   )   07. 策 (   )
03. 評 (   )   08. 昏 (   )
04. 乎 (   )   09. 炭 (   )
05. 贊 (   )   10. 岸 (   )

11~16 다음 훈음에 맞는 漢字를 〈보기〉에서 찾아 쓰세요.

〈보기〉	件　底　抵　派　誌　志　座　坐　結　眠　眼

11. 잠잘 면 (   )   14. 거스를 저 (   )
12. 사건 건 (   )   15. 기록할 지 (   )
13. 밑 저 (   )   16. 자리 좌 (   )

17~18 다음 문장 중 漢字로 표기된 단어의 독음을 쓰세요.

17. 黨派와 문벌을 가리지 않고 인재를 등용하다.　(   )
18. 열심히 일하여 국가와 사회에 奉仕한다.　(   )

19~20 다음 문장 중 (　)안의 단어를 漢字로 쓰시오.

19. 합격자 발표장은 그야말로 (희비)가 엇갈린다.　(   )
20. 우리는 위인들의 (생애)를 통해 교훈을 얻는다.　(   )

정답

01. 허락할 허　　02. 책 펴낼 간　　03. 평할 평　　04. 어조사 호　　05. 도울 찬
06. 넓힐 척　　07. 꾀 책　　08. 저물 혼　　09. 숯 탄　　10. 언덕 안
11. 眠　　12. 件　　13. 底　　14. 抵　　15. 誌
16. 座　　17. 당파　　18. 봉사　　19. 喜悲　　20. 生涯

53

046~060

046 예열세 숙[藝熱勢 熟] – 埶로 된 한자와 熟

藝
4급 / 총19획 / 부수 ++

초목(++)을 심고(埶) 이용하는 방법을 말하는(云) 재주와 기술이니
재주 예, 기술 예

급외자 埶 – 흙(土)을 파고 사람이(儿) 흙(土)에다 둥근(丸) 씨앗을 심으니 '심을 예' – 배정 외
云(말할 운), 土(흙 토), 儿(어진사람 인, 사람 인 발), 丸(둥글 환, 알 환)
藝術(예술), **技藝**(기예), **書藝**(서예), **學藝**(학예)

熱
준4급 / 총15획 / 부수 灬

심어(埶) 놓은 불씨(灬)라도 있는 듯 더우니 **더울 열**

灬(불 화 발), 옛날에는 불씨를 산소가 부족하여 잘 타지 않도록 재 속에 심어 놓고 사용했답니다.
熱望(열망), **熱情**(열정) ↔ **冷情**(냉정), **解熱**(해열)

勢
4급 / 총13획 / 부수 力

심어(埶) 놓은 초목이 힘(力)차게 자라나는 형세의 권세니 **형세 세, 권세 세**

力(힘 력)
勢力(세력), **强勢**(강세), **攻勢**(공세), **氣勢**(기세)

熟
3급 / 총15획 / 부수 灬

누구(孰)나 불(灬)에는 익으니 **익을 숙**
또 일이 익어서 익숙하니 **익숙할 숙**

급외자 孰 – 행복을 누리며(享) 둥글게(丸) 살기를 누구나 바라니 '누구 숙' – 2급
灬(불 화 발), 享(누릴 향)
熟考(숙고), **熟達**(숙달), **熟讀**(숙독), **熟眠**(숙면), **熟成**(숙성)

047 생성성성산[生性姓星産] - 生으로 된 한자

生
7급 / 총5획 / 부수 生

사람(ᅳ)이 흙(土)에 나서 사니 **날 생, 살 생, 사람을 부를 때 쓰는 접사 생**

🔊 ᅳ[사람 인(人)의 변형], 土(흙 토)
生日(생일), 更生(갱생), 生動感(생동감), 學生(학생)

性
5급 / 총8획 / 부수 忄

마음(忄)에 나면서(生)부터 생긴 성품이고 바탕이니 **성품 성, 바탕 성**
또 바탕이 다른 남녀의 성별이니 **성별 성**

🔊 성품(性品) - 사람의 성질이나 됨됨이.
🔊 忄(마음 심 변), 品(물건 품, 등급 품, 품위 품)
個性(개성), 性質(성질), 本性(본성), 異性(이성)

姓
준5급 / 총8획 / 부수 女

여자(女)가 자식을 낳아(生) 다른 사람과 구별하기 위하여 붙인 성씨니 **성씨 성**
또 나라의 여러 성씨들이 모인 백성이니 **백성 성**

🔊 女(여자 녀)
姓名(성명), 同姓同本(동성동본), 異姓(이성), 百姓(백성)

星
준4급 / 총9획 / 부수 日

해(日)처럼 빛나는(生) 별이니 **별 성**

🔊 日(해 일, 날 일)
星霜(성상), 星行夜歸(성행야귀)

産
준4급 / 총11획 / 부수 生

머리(亠)를 받치고(丷) 바위(厂)에 의지하여 새끼를 낳으니(生) **낳을 산**
또 아이를 낳듯이 물건을 생산하니 **생산할 산**

🔊 亠(머리 부분 두), 厂(굴 바위 엄, 언덕 엄)
産苦(산고), 産母(산모), 出産(출산), 産業(산업)

048 로효자고[老孝者考] - 耂로 된 한자

老
준5급 / 총6획 / 부수 老

흙(土)에 지팡이(丿)를 비수(匕)처럼 꽂으며 걸어야 할 정도로 늙으니 **늙을 로**

급외자 耂 - 흙(土)에 지팡이(丿)를 짚으며 걸어야 할 정도로 늙었다는 데서, 늙을 로(老)가 부수로 쓰일 때의 모양으로 '늙을 로 엄' - 부수자

🔊 土(흙 토), 丿('삐침 별'이지만 여기서는 지팡이로 봄), 匕(비수 비, 숟가락 비), 老가 부수로 쓰일 때도 있습니다.
老益壯(노익장), 敬老(경로), 元老(원로), 老馬之智(노마지지)

孝
준5급 / 총7획 / 부수 子

늙은(耂) 부모를 아들(子)이 받들어 모시는 효도니 **효도 효**

🔊 子(아들 자, 첫째 지지 자, 자네 자, 접미사 자)

孝道(효도), 孝誠(효성), 孝子(효자)

者
5급 / 총9획 / 부수 耂

노인(耂)이 사람이나 물건을 일컬어 말했던(白) 놈이나 것이니 **놈 자, 것 자**

🔊 白(흰 백, 밝을 백, 깨끗할 백, 아뢸 백), 글의 문맥으로 보아 사람을 말할 때는 '놈'이나 '사람', 물건을 말할 때는 '것'으로 해석하지요. '놈'이나 '계집'이 요즘은 욕으로 쓰이지만 옛날에는 남자, 여자를 보통으로 일컫는 말이었답니다.

强者(강자), 讀者(독자), 仁者無敵(인자무적)

考
준4급 / 총6획 / 부수 耂

늙은이(耂)처럼 크게(丂) 살피고 생각하니 **살필 고, 생각할 고**

🔊 丂[공교할 교, 교묘할 교(丂)의 변형이지만, 여기서는 큰 대(大)의 변형으로 봄]

考慮(고려), 考察(고찰), 再考(재고), 深思熟考(심사숙고)

049 서저제도[暑著諸都] - 者로 된 한자

暑
준3급 / 총13획 / 부수 日

해(日)가 사람(者) 위에 있는 듯 더우니 **더울 서**

暑傷(서상), 處暑(처서), 避暑(피서)

著
준3급 / 총13획 / 부수 艹

초(艹)야에 묻혀 사는 사람(者)도 유명한 글을 지으면 드러나 나타나니 **글 지을 저, 나타날 저**

또 (옛날에는) 풀(艹)로 사람(者)이 옷을 만들어 붙게 입었으니 **붙을 착, 입을 착**

🔊 초야(草野) - '풀이 난 들'로, 외딴 시골을 이르는 말.
🔊 '붙을 착, 입을 착'으로는 주로 着을 씁니다. - 제목번호 145

著者(저자), 著名(저명), 著服(착복)

諸
준3급 / 총16획 / 부수 言

말(言)로도 사람(者)들이 처리하는 모든 여러 일이니 **모든 제, 여러 제, 성 제**

🔊 言(말씀 언)

諸國(제국), 諸君(제군), 諸般(제반), 諸賢(제현)

都
준4급 / 총12획 / 부수 阝

사람(者)들이 많이 사는 고을(阝)이 도읍이니 **도읍 도**
또 도읍처럼 사람들이 많이 모인 모두니 **모두 도, 성 도**

🔊 阝(고을 읍 방), 도읍(都邑) - ㉠ 서울(한 나라의 중앙 정부가 있는 곳). ㉡ 조금 작은 도시.

都農(도농), 首都(수도), 都合(도합), 都賣商(도매상)

050 왕옥주 임임성[王玉主 壬任聖] - 王, 壬으로 된 한자

王
8급 / 총4획 / 부수 王(玉)

하늘(一) 땅(一) 사람(一)의 뜻을 두루 꿰뚫어(丨) 보아야 했던 임금이니 **임금 왕**
또 임금처럼 그 분야에서 으뜸이니 **으뜸 왕, 성 왕**
또 **구슬 옥**(玉)이 부수로 쓰일 때의 모양으로 **구슬 옥 변**

🔊 一('한 일'이지만 여기서는 하늘·땅·사람으로 봄), 丨(뚫을 곤)

王冠(왕관), 王固執(왕고집)

玉
준5급 / 총5획 / 부수 王(玉)

임금 왕(王) 우측에 점(丶)을 찍어서 **구슬 옥, 성 옥**

🔊 원래는 구슬 세(三) 개를 끈으로 꿰어(丨) 놓은 모양(王)이었으나 임금 왕(王)과 구별하기 위하여 점 주(丶)를 더하여 '구슬 옥(玉)'입니다. 그러나 임금 왕(王)은 부수로 쓰이지 않으니, 구슬 옥(玉)이 부수로 쓰일 때는 원래의 모양인 王으로 쓰고 '구슬 옥 변'이라 부르지요.

玉稿(옥고), 金科玉條(금과옥조), 白玉(백옥)

主
6급 / 총5획 / 부수 丶

(임금보다 더 책임감을 가지는 분이 주인이니) 점(丶)을 임금 왕(王) 위에 찍어서 **주인 주**

🔊 그래서 그런지 '왕인정신'이라는 말은 없지만 '주인정신'이란 말은 있지요.
🔊 한자에서는 점 주(丶)나 삐침 별(丿)로 어느 부분이나 무엇을 강조하기도 합니다.

主人(주인), 主客一體(주객일체), 物各有主(물각유주)

###
4급 / 총4획 / 부수 士

삐뚤어진(丿) 선비(士)는 간사하여 나중에 큰 죄업을 짊어지니
간사할 임, 짊어질 임, 아홉째 천간 임
또 위쪽이 가리키는(丿), 네(十) 방위로 표시된 지도(一)의 북방이니 **북방 임**

🔊 丿(삐침 별), 士(선비 사)

壬亂(임란)

任
준3급 / 총6획 / 부수 亻

사람(亻)이 어떤 일을 짊어져(壬) 맡으니 **맡을 임, 성 임**

🔗 仕(벼슬할 사, 섬길 사) - 제목번호 041

任期(임기), 任務(임무), 在任(재임), 責任(책임)

聖
4급 / 총13획 / 부수 耳

귀(耳)를 보이듯(呈) 기울여 잘 들어주는 성스러운 성인이니
성스러울 성, 성인 성

급외자 呈 - 입(口)에 맞는 음식을 짊어지고(壬) 가서 보이고 드리니 '보일 정, 드릴 정' - 2급
🔊 성인(聖人) - 덕과 지혜가 뛰어나 모든 사람의 스승이 될 만한 사람.
🔊 耳(귀 이), 자기주장을 내세우지 않고 남의 말을 많이 들어주는 분이 성스럽고 성인이지요.

聖君(성군), 聖恩(성은), 太平聖代(태평성대)

DAY 04

051 주주주왕[注住柱往] - 主로 된 한자

注
준4급 / 총8획 / 부수 氵

물(氵)을 한쪽으로 주(主)로 대고 쏟으니 **물댈 주, 쏟을 주**

注油(주유), 注目(주목), 注入(주입), 注射(주사)

住
준5급 / 총7획 / 부수 亻

사람(亻)이 주인(主) 되어 사는 곳이니 **살 주, 사는 곳 주**

비 佳(아름다울 가) - 제목번호 044, 隹(새 추) - 제목번호 296

住居(주거), 住所(주소), 住宅(주택), 永住權(영주권)

柱

3급 / 총9획 / 부수 木

나무(木) 중 주인(主)처럼 큰 역할을 하는 기둥이니 **기둥 주**

🔊 木(나무 목), 기둥이 집을 받치는 제일 중요한 역할을 하니 주인 역할을 하는 셈이지요.

石柱(석주), 電柱(전주), 支柱(지주), 電信柱(전신주)

往
4급 / 총8획 / 부수 彳

걸어서(彳) 주인(主)에게 가니 **갈 왕**

🔊 彳(조금 걸을 척)

往年(왕년), 往來(왕래), 往復(왕복), 已往(이왕)

052 청소독[靑素毒] - 主의 변형(主)으로 된 한자

靑
6급 / 총8획 / 부수 靑

주된(主) 둘레(円)의 색은 푸르니 **푸를 청**
또 푸르면 젊으니 **젊을 청**

급외자 円 - 성(冂)은 세로(丨)로 가로(一)로 보아도 둥근 둘레니 '둥글 원, 둘레 원'
또 일본 화폐 단위로도 쓰여 '일본 화폐 단위 엔' - 배정 외

🔊 主[주인 주(主)의 변형], 청이 들어간 한자를 약자로 쓸 때는 円 부분을 月로 씁니다.

靑山(청산), 靑松(청송), 靑春(청춘), 靑年(청년)

素
준3급 / 총10획 / 부수 糸

주된(主) 실(糸)의 색은 희니 **흴 소**
또 흰색은 모든 색의 바탕이 되고 요소가 되며 소박하니
바탕 소, 요소 소, 소박할 소

🔊 糸(실 사, 실 사 변), 실은 대부분 흰색이지요.

素服(소복), 素質(소질), 平素(평소), 要素(요소), 素朴(소박)

毒
3급 / 총9획 / 부수 母

주인(主)이나 **어머니(母)**는 독을 품은 듯 독하니 **독 독, 독할 독**

🔊 母(어미 모), 여자는 약하지만 어머니는 강하다는 말처럼 주인이나 어머니가 되면 강하고 독하지요.
毒感(독감), 毒舌(독설), 毒藥(독약), 至毒(지독)

---

053 청청청정정[淸請晴情精] - 靑으로 된 한자

淸
5급 / 총11획 / 부수 氵

물(氵)이 **푸른(靑)**빛이 나도록 맑으니 **맑을 청**

🔊 氵(삼 수 변), 하늘이나 물이 맑으면 푸른빛이 나지요.
淸潔(청결), 淸掃(청소), 淸雅(청아)

請
4급 / 총15획 / 부수 言

말(言)로 **푸르게(靑)**, 즉 희망 있게 청하니 **청할 청**

🔊 言(말씀 언)
請婚(청혼), 招請(초청), 申請(신청)

晴
준3급 / 총12획 / 부수 日

흐리다가 **해(日)**가 **푸른(靑)** 하늘에 드러나며 날이 개니 **날갤 청**

晴耕雨讀(청경우독), 晴明(청명), 晴天(청천), 快晴(쾌청)

情
준4급 / 총11획 / 부수 忄

마음(忄)을 **푸르게(靑)**, 즉 희망 있게 쓰는 뜻이며 정이니 **뜻 정, 정 정**

🔊 忄(마음 심 변), 푸를 청, 젊을 청(靑)이 들어간 한자는 대부분 '푸르고 맑고 희망이 있고 젊다'는 좋은 의미입니다.
情談(정담), 情表(정표), 冷情(냉정), 戀情(연정)

精
4급 / 총14획 / 부수 米

쌀(米)을 **푸른(靑)**빛이 나도록 정밀하게 찧으니 **정밀할 정, 찧을 정**

🔊 米(쌀 미), 너무 희면 푸른빛이 나지요.
精讀(정독), 精神(정신), 精油(정유), 精米(정미)

---

054 책채적적[責債積績] - 責으로 된 한자

責
준4급 / 총11획 / 부수 貝

주인(主)이 꾸어간 **돈(貝)**을 갚으라고 꾸짖으며 묻는 책임이니 **꾸짖을 책, 책임 책**

🔊 主[주인 주(主)의 변형], 貝(조개 패, 재물 패), 책임(責任) - 맡아 해야 할 임무. * 任(맡을 임)
責望(책망), 責任感(책임감), 問責(문책), 職責(직책)

DAY 04

債
3급 / 총13획 / 부수 亻

사람(亻)이 책임지고(責) 갚아야 할 빚이니 **빚 채**

債權(채권), 債務(채무), 負債(부채), 私債(사채)

積
준3급 / 총16획 / 부수 禾

벼(禾)를 책임지고(責) 묶어 쌓으니 **쌓을 적**

🔊 禾(벼 화), 요즘은 벼를 콤바인으로 한 번에 수확하지만 옛날에는 일일이 손으로 수확했어요. 익은 벼는 제때 베어서 말려 묶어 쌓아 놓고 타작에 대비해야 했으니, 이 과정에서 잘못하여 비를 맞으면 안 되지요.

積金(적금), 積立(적립), 積小成大(적소성대)

績
3급 / 총17획 / 부수 糸

실(糸)을 책임지고(責) 맡아 길쌈하니 **길쌈할 적**

🔊 糸(실 사, 실 사 변), 길쌈하다 - 실을 내어 옷감을 짜다.

功績(공적), 成績(성적), 實績(실적)

---

055   재재재[才材財] - 才로 된 한자

才
5급 / 총3획 / 제부수

땅(一)에 초목(亅)의 싹(丿)이 자라나듯이 사람에게도 그런 재주와 바탕이 있으니 **재주 재, 바탕 재**

🔊 초목은 처음에는 작지만 자라면 꽃도 피고 열매도 맺고 큰 재목도 되는 것처럼 사람에게도 그런 재주와 바탕이 있다는 데서 만든 한자.

才能(재능), 秀才(수재), 天才(천재)

材
준4급 / 총7획 / 부수 木

나무(木) 중 무엇의 바탕(才)이 되는 재목이나 재료니 **재목 재, 재료 재**

🔊 木(나무 목)

材木(재목), 材料(재료), 骨材(골재), 教材(교재)

財
준4급 / 총10획 / 부수 貝

돈(貝) 버는 재주(才)가 있어 늘어나는 재물이니 **재물 재**

🔊 조개 패, 재물 패(貝)는 재물을 뜻하는 부수, 재물 재(財)는 재물을 나타내는 한자.

財務(재무), 財産(재산), 財源(재원)

056 촌촌토수수 부부[寸村討守壽 付府] - 寸, 付로 된 한자

寸
6급 / 총3획 / 부수 寸

손목에서 **맥박**(ヽ)이 뛰는 곳까지의 마디니 **마디 촌**
또 마디마디 살피는 법도니 **법도 촌**

🔊 1촌은 손목에서 손가락 하나를 끼워 넣을 수 있는 거리에 있는 맥박이 뛰는 곳까지로, 손가락 하나의 폭인 약 3cm.
寸刻(촌각), 寸志(촌지), 寸鐵殺人(촌철살인)

村
5급 / 총7획 / 부수 木

나무(木)를 마디**마디**(寸) 이용하여 집을 지었던 마을이니 **마을 촌**

村家(촌가), 村落(촌락), 江村(강촌), 農村(농촌)

討
준3급 / 총10획 / 부수 言

말(言)로 마디**마디**(寸) 치며 토론하니 **칠 토, 토론할 토**

🔊 言(말씀 언)
討伐(토벌), 聲討(성토), 討論(토론), 檢討(검토)

守
준4급 / 총6획 / 부수 宀

집(宀)에서도 법도(寸)는 지키니 **지킬 수**

🔊 宀(집 면)
守舊(수구), 守備(수비), 守衛(수위)

壽
준3급 / 총14획 / 부수 士

선비(士)도 하나(フ) 같이 장인(工)도 하나(一) 같이 입(口)으로 먹으며
마디**마디**(寸) 이어가는 목숨이고 나이니 **목숨 수, 나이 수**
또 목숨을 이어 장수하니 **장수할 수**

🔊 士(선비 사), フ[한 일(一)의 변형], 口(입 구, 구멍 구, 말할 구), 工(장인 공, 만들 공, 연장 공)
壽命(수명), 減壽(감수), 天壽(천수), 長壽(장수)

付
3급 / 총5획 / 부수 亻

사람(亻)들은 촌수(寸) 가까운 친척끼리 서로 주기도 하고 부탁도 하니
줄 부, 부탁할 부

結付(결부), 交付(교부), 發付(발부)

府
3급 / 총8획 / 부수 广

집(广)에서 문서를 주고(付)받는 관청이 있는 마을이니 **관청 부, 마을 부**
또 집(广)에서 줄(付) 물건을 넣어 두는 창고니 **창고 부**

🔊 广(집 엄), '마을 부'로는 옛날 행정 구역의 하나로 쓰였습니다.
政府(정부), 司法府(사법부), 府庫(부고)

057　사시시지대 특등[寺詩時持待 特等] - 寺로 된 한자

寺
4급 / 총6획 / 부수 寸

일정한 **땅**(土)에서 **법도**(寸)를 지키는 절이니 **절 사**

🔊 土(흙 토), 어느 사회에나 규칙이 있지만 절 같은 사원(寺院)이 더욱 엄격함을 생각하고 만든 한자.
寺門(사문), 寺院(사원), 山寺(산사)

詩
5급 / 총13획 / 부수 言

말(言)을 아끼고 **절**(寺)처럼 경건하게 지은 시니 **시 시**

🔊 言(말씀 언), 시는 말을 아끼고 경건하게 지으니 시를 '언어(言語)의 사원(寺院)'이라고도 하지요.
詩想(시상), 詩心(시심), 詩人(시인), 童詩(동시)

時
준5급 / 총10획 / 부수 日

(해시계로 시간을 재던 때에) **해**(日)의 위치에 따라 **절**(寺)에서 종을 쳐서 알리던 때이니 **때 시**

🔊 요즘에도 절에서 종을 쳐 시간을 알리는 곳이 있지요.
時刻(시각), 時間(시간), 時不再來(시불재래), 同時多發(동시다발)

持
4급 / 총9획 / 부수 扌

손(扌)에 **절**(寺)에서 염주를 가지듯 가지니 **가질 지**

🔊 扌(손 수 변)
持見(지견), 持病(지병), 持久力(지구력), 堅持(견지)

待
준4급 / 총9획 / 부수 彳

천천히 **걸어**(彳) **절**(寺)에 가며 뒤에 오는 사람을 대접하여 같이 가려고 기다리니 **대접할 대, 기다릴 대**

🔊 彳(조금 걸을 척)
期待(기대), 待接(대접), 待遇(대우), 待期(대기)

特
준4급 / 총10획 / 부수 牜

소(牛)가 **절**(寺)에 가는 일처럼 특별하니 **특별할 특**

🔊 牜[소 우(牛)가 글자의 왼쪽에 붙는 부수로 쓰일 때의 모양으로 '소 우 변']
特別(특별), 特講(특강), 特技(특기), 特出(특출)

等
5급 / 총12획 / 부수 ⺮

대(⺮)가 **절**(寺) 주변에 같은 무리를 이루고 차례로 서 있으니
같을 등, 무리 등, 차례 등

🔊 ⺮[대 죽(竹)이 부수로 쓰일 때의 모양]
等號(등호), 平等(평등), 吾等(오등), 一等(일등)

058 신궁 사사[身窮 射謝] - 身, 射로 된 한자

身
5급 / 총7획 / 부수 身

임신한 여자 몸을 본떠서 **몸 신**

身邊(신변), 身分(신분), 身體(신체), 全身(전신)

窮
준3급 / 총15획 / 부수 穴

굴(穴) 속에서 몸(身)을 활(弓)처럼 웅크리고 사는 모양이 곤궁하니 **곤궁할 궁**
또 곤궁함을 벗어나려고 최선을 다하니 **다할 궁**

🔊 곤궁(困窮)하다 - ① 가난하여 살림이 구차하다. ② 처지가 이러지도 저러지도 못하게 난처하고 딱하다.
🔊 穴(구멍 혈, 굴 혈), 弓(활 궁), 困(곤할 곤)

窮地(궁지), 困窮(곤궁), 窮理(궁리), 無窮花(무궁화)

射
준3급 / 총10획 / 부수 寸

활이나 총을 몸(身)에 대고 조준하여 손마디(寸)로 당겨 쏘니 **쏠 사**

反射(반사), 發射(발사), 注射(주사)

謝
4급 / 총17획 / 부수 言

말(言)을 쏘듯이(射) 갈라 끊어 분명하게 사례하고 사절하며 비니
사례할 사, 사절할 사, 빌 사

🔊 言(말씀 언)

謝禮(사례), 謝絶(사절), 謝過(사과), 謝罪(사죄)

059 화 우[華 郵] - 華와 郵

華
준3급 / 총10획 / 부수 艹

풀(艹) 하나(一) 풀(艹) 하나(一)마다 시(十)월의 바람에 단풍들어
화려하게 빛나니 **화려할 화, 빛날 화**

급외자 艹 - 풀 초(草)가 부수로 쓰일 때의 모양으로, 주로 한자의 머리에 쓰이므로 머리 두(頭)를
　　　　　붙여 '초 두' - 부수자
　　　　廿 - 열 십(十) 둘을 합쳐서 '스물 입'(=廿) - 부수자
　　　　廾 - 두 손으로 받쳐 든 모양을 본떠서 '받쳐 들 공' - 부수자

🔊 一(한 일), 十(열 십, 많을 십), 꽃보다 단풍이 아름답지요.

華婚(화혼), 榮華(영화)

 郵
3급 / 총11획 / 부수 阝

드리워(垂) 고을(阝)까지 전달하는 우편이니 **우편 우**

급외자 垂 - 많은(千) 풀(艹)잎이 흙(土) 바닥에 드리우니 '드리울 수' - 2급
🔊 阝(고을 읍 방), 千(일천 천, 많을 천), 土(흙 토)

郵送(우송), 郵便(우편), 郵票(우표)

DAY 04

060 석석차적[昔惜借籍] - 昔으로 된 한자

昔
준3급 / 총8획 / 부수 日

풀(卄)이 난 땅(一) 아래로 해(日)가 지면 이미 옛날이니 **옛 석**

🔊 초 두(卄)는 원래 4획인데 여기서는 3획의 약자(卄)로 보고 푼 것.

昔日(석일), 昔年(석년), 今昔之感(금석지감)

惜
준3급 / 총11획 / 부수 忄

마음(忄)에 어렵던 옛날(昔)을 생각하며 아끼고 가엾게 여기니 **아낄 석, 가엾을 석**

🔊 忄(마음 심 변)

惜時如金(석시여금), 惜別(석별), 哀惜(애석)

借
준3급 / 총10획 / 부수 亻

사람(亻)이 오랫(昔)동안 아는 사이면 돈도 빌려주고 빌리니 **빌릴 차**

借名(차명), 借用(차용), 貸借(대차)

籍
3급 / 총20획 / 부수 ⺮

대(⺮) 조각에 쟁기(耒)로 밭 갈 듯 글을 새겨 오랫(昔)동안 남도록 만든 서적이나 문서니 **서적 적, 문서 적**

🔊 ⺮[대 죽(竹)이 부수로 쓰일 때의 모양], 耒(가래 뢰, 쟁기 뢰), 종이가 없던 옛날에는 대(竹) 조각에 글을 새겼답니다.

書籍(서적), 國籍(국적), 除籍(제적), 戶籍(호적)

TIP

〈한자에 많이 쓰인 소재들〉

한자가 만들어지던 시절을 생각하면 한자의 어원이 보다 쉽게 이해됩니다.

한자가 만들어지던 시절에 많이 쓰인 소재로 된 한자들을 뽑아보면 대강 다음과 같은데, 이 한자들을 부수로 이용하여 수많은 한자들이 만들어졌지요.

① 사람과 몸과 관련된 한자 – 사람 인(人), 입 구(口), 눈 목(目), 귀 이(耳), 손 수(手), 발 족(足), 이 치(齒), 마음 심(心), 육 달 월(月), 아들 자(子), 여자 녀(女) 등.

② 먹고 입고 말하고 힘쓰는 것과 관련된 한자 – 밥 식(食), 옷 의(衣), 말씀 언(言), 힘 력(力) 등.

③ 생활에 큰 영향을 미치는 우주와 관련된 한자 – 해 일(日), 달 월(月), 별 성(星), 비 우(雨), 산 산(山), 물 수(水), 내 천(川) 등.

④ 대부분 농사를 지어서 농사와 곡식과 관련된 한자 – 밭 전(田), 마을 리(里), 벼 화(禾), 쌀 미(米), 보리 맥(麥) 등.

⑤ 전쟁을 많이 했기에 당시에 쓰던 무기와 관련된 한자 – 칼 도(刀), 활 궁(弓), 화살 시(矢), 주살 익(弋), 창 과(戈), 창 모(矛), 방패 간(干) 등.

⑥ 당시 주요 소재였던 것으로 된 한자 – 나무 목(木), 대 죽(竹), 풀 초(草), 실 사(絲), 돌 석(石), 흙 토(土) 등.

⑦ 실생활과 밀접한 동물로 된 한자 – 양 양(羊), 소 우(牛), 말 마(馬), 사슴 록(鹿), 돼지 시(豕), 범 호(虎), 원숭이 우(禺), 물고기 어(魚) 등.

⑧ 집이나 당시 생활 도구로 된 한자 – 집 면(宀), 문 문(門), 방 방(房), 불 화(火), 실 사(糸), 말 두(斗), 배 주(舟) 등.

DAY 04 확인문제

01~10 다음 漢字의 훈(뜻)과 음(소리)을 쓰세요.

01. 熟 (   )   06. 府 (   )
02. 柱 (   )   07. 持 (   )
03. 毒 (   )   08. 待 (   )
04. 素 (   )   09. 射 (   )
05. 債 (   )   10. 籍 (   )

11~16 다음 훈음에 맞는 漢字를 〈보기〉에서 찾아 쓰세요.

〈보기〉	暑　著　壽　村　討　積　績　請　晴　熱

11. 더울 열   (   )   14. 더울 서   (   )
12. 칠 토   (   )   15. 나타날 저 (   )
13. 쌓을 적   (   )   16. 청할 청   (   )

17~18 다음 문장 중 漢字로 표기된 단어의 독음을 쓰세요.

17. 成績과 행복은 비례하지 않는다.   (   )
18. 진정한 용기가 있어야 謝過도 한다. (   )

19~20 다음 문장 중 (   )안의 단어를 漢字로 쓰시오.

19. 나는 (**평소**)보다 더 먹었다.   (   )
20. 언제나 이론을 현실과 (**결부**)하여 검토해야 한다.   (   )

정답

01. 익을 숙   02. 기둥 주   03. 독할 독   04. 흴 소   05. 빚 채
06. 관청 부   07. 가질 지   08. 기다릴 대 09. 쏠 사   10. 문서 적
11. 熱   12. 討   13. 積   14. 暑   15. 著
16. 請   17. 성적   18. 사과   19. 平素   20. 結付

061~075

061 공공공 항[共供恭 港] - 共으로 된 한자

共
5급 / 총6획 / 부수 八

많은(卄) 사람들이 마당(一)에서 일을 나누어(八) 함께하니 **함께 공**

🔊 卄('스물 입'이지만 여기서는 '많은'의 뜻), 一('한 일'이지만 여기서는 마당으로 봄), 八(여덟 팔, 나눌 팔)

共同(공동), 共犯(공범), 自他共認(자타공인)

供
3급 / 총8획 / 부수 亻

사람(亻)이 함께(共) 살려고 서로 주면서 이바지하니 **줄 공, 이바지할 공**

供給(공급), 供出(공출), 提供(제공), 供與(공여)

恭
3급 / 총10획 / 부수 忄

여럿이 함께(共) 사는 마음(忄)처럼 공손하니 **공손할 공**

🔊 忄[마음 심, 중심 심(心)이 한자의 발로 쓰일 때의 모양으로 '마음 심 발'], 공손(恭遜) - 공경하고 겸손함.
*遜(겸손할 손, 뒤떨어질 손)

恭敬(공경), 恭待(공대), 恭賀新年(공하신년)

港
3급 / 총12획 / 부수 氵

물(氵)에 거리(巷)의 차들처럼 배가 드나드는 항구니 **항구 항**

급외자 巷 - 함께(共) 다니는 뱀(巳)처럼 길게 뻗은 거리니 '거리 항' - 2급
🔊 巳(뱀 사, 여섯째 지지 사), 巷[거리 항(巷)의 변형]

港口(항구), 港都(항도), 歸港(귀항), 出港(출항)

062 이선 폭(포)폭[異選 暴爆] - 共, 暴으로 된 한자

異
4급 / 총11획 / 부수 田

밭(田)은 함께(共) 있어도 주인도 다르고 심어진 곡식도 다르니 **다를 이**

🔊 田(밭 전)

異見(이견), 異口同聲(이구동성), 大同小異(대동소이)

選
4급 / 총16획 / 부수 辶

뱀들(巳巳)처럼 어울려 함께(共) 가(辶) 가려 뽑으니 **가릴 선, 뽑을 선**

🔊 辶(뛸 착, 갈 착)

選擧(선거), 選手(선수), 精選(정선)

暴
4급 / 총15획 / 부수 日

(서로 상극인) 해(日)와 함께(共) 물(氺)이 만난 듯 사나우니 **사나울 폭·포**
또 사나우면 잘 드러나니 **드러날 폭**

🔊 氺(물 수 발), 오행(五行)에서 불과 물은 상극(相剋)으로, 해도 불에 해당하니 이런 어원이 가능하지요. '사납다'의 뜻으로 쓰일 때는 단어에 따라 '폭'과 '포' 둘로 읽습니다. *텍(이길 극)

暴風雨(폭풍우), 暴惡(포악), 亂暴(난폭), 暴露(폭로)

爆
3급 / 총19획 / 부수 火

불(火)을 붙이면 사납게(暴) 터지니 **터질 폭**

🔊 火(불 화)

爆發(폭발), 爆笑(폭소), 爆破(폭파)

---

063 근근 한난탄[謹勤 漢難歎] - 堇, 莫으로 된 한자

謹
3급 / 총18획 / 부수 言

말(言)을 진흙(堇)길을 갈 때처럼 조심하고 삼가니 **삼갈 근**

급외자 堇 - (너무 끈끈하여) 스물(卄)한(一) 번이나 입(口)으로 하나(一)같이 숨 헐떡이며 걸어야 할 진흙(土)이니 '진흙 근'
또 진흙에서도 잘 자라는 제비꽃이니 '제비꽃 근' - 사범

🔊 言(말씀 언)

謹身(근신), 謹嚴(근엄), 謹弔(근조) 謹賀(근하)

勤
준3급 / 총13획 / 부수 力

진흙(堇) 같은 어려움 속에서도 힘(力)써 부지런하게 하는 일이니
부지런할 근, 일 근

🔗 勸(권할 권) - 제목번호 299

🔊 力(힘 력)

勤儉(근검), 勤勉(근면), 轉勤(전근), 退勤(퇴근)

漢
준5급 / 총14획 / 부수 氵

물(氵)과 진흙(莫)이 많은 중국 양자강 유역에 있었던 한나라니 **한나라 한**
또 남을 흉하게 부르는 접미사니 **접미사 한**

🔊 莫[진흙 근(堇)의 변형], 莫 : 너무 끈끈하여 스물(卄)한(一) 번이나 말하며(口) 하나(一)같이 크게(大) 힘써 걸어야 할 진흙이니 '진흙 근'
🔊 한나라는 진나라를 이은 두 번째의 중국 통일 왕국이고, 여태까지의 중국 역사를 창조해 낸 중국 최고의 제국이기 때문에 옛날 중국을 대표하는 말로 쓰이고 있습니다.

漢文(한문), 漢陽(한양), 漢字(한자)

難
준3급 / 총19획 / 부수 隹

진흙(莫)에 빠져 날지 못하는 새(隹)처럼 어려우니 **어려울 난**
또 어려우면 남을 비난하니 **비난할 난**

🔊 隹(새 추), 일이 힘들거나 살기 어려우면 자기 탓으로 여기지 않고 대부분 남을 비난하지요.

難解(난해), 苦難(고난), 非難(비난)

歎
3급 / 총15획 / 부수 欠

진흙(堇)에 빠짐을 하품(欠)하듯 입 벌려 탄식하니 **탄식할 탄**
또 탄식하듯이 입 벌려 감탄하니 **감탄할 탄**

- 欠(하품 흠, 모자랄 흠)

歎聲(탄성), 歎息(탄식), 恨歎(한탄), 感歎(감탄)

---

064 서석도(탁) 황광[庶席度 黃廣] - 庶, 黃으로 된 한자

庶
3급 / 총11획 / 부수 广

집(广)에 스물(卄)한(一) 곳, 즉 많은 곳에 불(灬)을 때며 모여 사는 여러 백성이니
여러 서, 백성 서
또 일반 백성처럼 대했던 첩의 아들이니 **첩의 아들 서**

- 广(집 엄), 卄(스물 입), 灬(불 화 발), 계급 제도가 있었던 옛날에는 본부인의 아들을 적자(嫡子), 첩의 아들을 서자(庶子)라 하여 차별하였지요. *嫡(본마누라 적)

庶務(서무), 庶民(서민), 庶出(서출)

席
5급 / 총10획 / 부수 巾

여러(庶) 사람이 앉도록 수건(巾)을 깐 자리니 **자리 석**

- 庶[여러 서, 백성 서, 첩의 아들 서(庶)의 획 줄임], 巾(수건 건)

席次(석차), 缺席(결석) ↔ 出席(출석), 座席(좌석)

度
5급 / 총9획 / 부수 广

여러(庶) 사람이 손(又)으로 법도에 따라 정도를 헤아리니
법도 도, 정도 도, 헤아릴 탁

- 又(오른손 우, 또 우)

制度(제도), 强度(강도), 度地(탁지), 濃度(농도)

黃
5급 / 총12획 / 부수 黃

이십(卄)일(一) 년이나 지남으로 말미암아(由) 팔(八)방이 황무지로 변하여 누르니
누를 황, 성 황

- 卄(스물 입, = 廿), 由(말미암을 유), 八(여덟 팔, 나눌 팔)

黃金(황금), 黃海(황해), 黃昏(황혼), 朱黃(주황)

廣
준4급 / 총15획 / 부수 广

집(广) 아래 누런(黃) 들판이 넓으니 **넓을 광**

- 广(집 엄)

廣告(광고), 廣野(광야), 廣場(광장)

065 세엽 분[世葉 奔] - 世로 된 한자와 奔

世
준5급 / 총5획 / 부수 一

(한 세대를 30년으로 봐서) **열 십(十)** 셋을 합치고
(세대는 서로 연결되어 있다는 데서) 아랫부분을 연결하여 **세대 세**
또 세대들이 모여 사는 세상도 뜻하여 **세상 세**

🔊 세대(世代) – ㉠ 같은 시대에 살면서 공통의 의식을 가지는 비슷한 연령층의 사람들. ㉡ 어린아이가 성장하여 부모 일을 계승할 때까지의 기간. 약 30년. ㉢ 한 생물이 생겨나서 생존을 끝마칠 때까지의 사이.

世孫(세손), 世態(세태), 處世(처세), 出世(출세)

葉
준4급 / 총13획 / 부수 ⺾

풀(⺾)처럼 세대(世)마다 나무(木)에 나는 잎이니 잎 엽

🔊 여기서 세대는 풀이 돋아나서 씨앗을 맺고 죽는 1년 정도를 가리킵니다.

葉書(엽서), 葉茶(엽차), 落葉(낙엽), 枝葉(지엽), 闊葉(활엽)

奔
3급 / 총8획 / 부수 大

발걸음을 크고(大) 많이(卉) 내딛으며 달리거나 달아나니 달릴 분, 달아날 분

급외자 卉 - 많이(十) 받쳐 들 듯(卄) 땅 위에 난 많은 풀이니 '많을 훼, 풀 훼' - 사범

🔊 大(큰 대), 十(열 십, 많을 십), 卄(받쳐 들 공)

奔忙(분망), 東奔西走(동분서주)

066 계계 산[戒械 算] - 戒로 된 한자와 算

戒
준3급 / 총7획 / 부수 戈

창(戈)을 받쳐 들고(卄) 적을 경계하니 경계할 계

🔊 戈(창 과)

戒律(계율), 警戒(경계), 一罰百戒(일벌백계)

械
3급 / 총11획 / 부수 木

나무(木)로 죄지은 사람을 경계(戒)하고 벌주기 위하여 만든 형틀이니 형틀 계
또 형틀처럼 만든 기계니 **기계 계**

🔊 木(나무 목)

機械(기계), 械器(계기), 器械(기계)

算
준4급 / 총14획 / 부수 ⺮

대(⺮)에 눈(目)알 같은 구슬을 꿰어 만든 주판을 받쳐 들고(卄) 하는 셈이니 셈 산

🔊 ⺮[대 죽(竹)이 부수로 쓰일 때의 모양], 目(눈 목, 볼 목, 항목 목), 卄(받쳐 들 공), 주판 - 옛날 셈을 하는데 쓰였던 도구. 수판. 주산.

算數(산수), 加算(가산) ↔ 減算(감산), 精算(정산)

DAY 05

067 부문 흉흉 [父文 凶胸] - 父, 凶으로 된 한자

父
8급 / 총4획 / 부수 父

(사람이 알아야 할 것을 조목조목) **나누어(八) 어질게(乂)** 가르치는 아버지니
아버지 부

- 급외자 乂 - 이리저리 베어 다스리는 모양이 어지니 '벨 예, 다스릴 예, 어질 예' - 1급
  爻 - 육효가 서로 엇갈린 점괘를 본떠서 '점괘 효'
  또 서로 교차하여 사귀며 좋은 점을 본받으니 '사귈 효, 본받을 효' - 사범
- 八(여덟 팔, 나눌 팔)

伯父(백부), 父親(부친), 祖父(조부)

文
6급 / 총4획 / 부수 文

머릿(亠)속의 생각을 다스려(乂) 무늬처럼 써 놓은 글월이니
무늬 문, 글월 문, 성 문

- 亠(머리 부분 두), 글월 - 글이나 문장.

文庫(문고), 文盲(문맹), 文集(문집), 文鎭(문진)

凶
준4급 / 총4획 / 부수 凵

움푹 패이고(凵) 베인(乂) 모양이 흉하니 **흉할 흉**
또 먹을 것이 없어 흉하게 살아야 할 흉년이니 **흉년 흉**

- 凵('입 벌릴 감, 그릇 감'이지만 여기서는 움푹 패인 모양으로 봄)

凶器(흉기), 凶年(흉년), 吉凶(길흉)

胸

준3급 / 총10획 / 부수 月

몸(月)의 흉한(凶) 것을 감싼(勹) 가슴이니 **가슴 흉**

- 月(달 월, 육 달 월), 勹(쌀 포), 가슴은 간, 심장, 허파 등 중요한 장기를 감싸 보호하지요.

胸部(흉부), 胸像(흉상), 胸心(흉심), 胸中(흉중)

068 교교교효 [交校較效] - 交로 된 한자

交
5급 / 총6획 / 부수 亠

(옛날에는) **머리(亠)에 갓을 쓰고 아버지(父)**는 사람을 사귀거나 오고 갔으니
사귈 교, 오고 갈 교

- 亠(머리 부분 두), 父(아버지 부), 사람을 맞을 때는 옷을 단정하게 입지요.

交際(교제), 交代(교대), 交易(교역), 交替(교체)

校
준5급 / 총10획 / 부수 木

나무(木)에 지주를 교차(交)시켜 바로잡듯이 사람을 바로잡아 가르치는 학교니 **학교 교**
또 글을 바로잡아 교정보니 **교정볼 교**
또 사병을 바로잡아 지휘하는 장교니 **장교 교**

- 木(나무 목), 지주 - 받침대. 의지할 수 있는 근거나 힘을 비유하는 말.
- 교정(校正) - 교정쇄와 원고를 대조하여 잘못된 부분을 바르게 고침. *正(바를 정)

校長(교장), 校訓(교훈), 學校(학교), 將校(장교)

較
3급 / 총13획 / 부수 車

차(車)를 오고 가며(交) 타보고 다른 차와 비교하니 **비교할 교**

- 車(수레 거, 차 차)

較準(교준), 較差(교차), 比較(비교), 日較差(일교차)

效

준4급 / 총10획 / 부수 攵

좋은 분과 사귀어(交) 자신을 치며(攵) 본받으면 효험이 있으니 **본받을 효, 효험 효**

- 攵(칠 복, = 攴)

效則(효칙), 效果(효과), 發效(발효), 有效(유효)

---

069 학각 사[學覺寫] - 學으로 된 한자와 寫

DAY 05

學
준5급 / 총16획 / 부수 子

절구(臼)같은 교실에서 친구도 사귀며(爻) 덮인(冖) 책을 펴놓고 아들(子)이 글을 배우니 **배울 학**

- 学 - 점점(ヽヽ) 더 많은 글자(字)를 배우니 '배울 학'
- 臼[절구 구(臼)의 변형], 冖(덮을 멱), 子(아들 자, 첫째 지지 자, 자네 자, 접미사 자), 字(글자 자)

學校(학교), 學究(학구), 勉學(면학), 放學(방학)

覺

3급 / 총20획 / 부수 見

배우고(𦥯) 보면서(見) 이치를 깨달으니 **깨달을 각**

- 𦥯[배울 학(學)의 획 줄임], 見(볼 견, 뵐 현)

覺書(각서), 視聽覺(시청각), 自覺(자각)

寫
준3급 / 총15획 / 부수 宀

집(宀)에 절구(臼)와 아궁이에 싸여(勹) 있는 불(灬)을 소재로 그리니 **그릴 사**
또 그리듯이 베끼니 **베낄 사**

급외자 臼 - 절구를 본떠서 '절구 구' - 사범
- 宀(집 면), 勹(쌀 포), 灬(불 화 발)

寫本(사본), 寫眞(사진), 複寫(복사), 描寫(묘사)

070 여거 흥[與擧 興] - 與로 된 한자와 興

與
4급 / 총14획 / 부수 臼

마주 들어(舁) 주며(廾) 더불어 참여하니 **줄 여, 더불 여, 참여할 여**

<u>급외자</u> 舁 - 절구(臼)를 받쳐(廾) 마주 드니 '마주 들 여' - 배정 외
　　　 与 - 하나(一)씩 작은 그릇(勺)에 나누어 주며 더불어 참여하니 '줄 여, 더불 여, 참여할 여'
　　　　 - 배정 외

🔊 舁[마주 들 여(舁)의 변형], 廾[줄 여, 더불 여, 참여할 여(与)의 변형], 廾[받쳐 들 공(廾)의 변형], 与[구기 작, 작은 그릇 작(勺)의 변형]

與件(여건), 與民同樂(여민동락), 與黨(여당) ↔ 野黨(야당)

擧
4급 / 총18획 / 부수 手

더불어(與) 손(手)으로 들어 일으키니 **들 거, 일으킬 거**

🔊 手(손 수, 재주 수, 재주 있는 사람 수)
擧手(거수), 擧行(거행), 擧動(거동), 擧事(거사)

興
4급 / 총16획 / 부수 臼

마주 들어(舁) 같이(同) 힘써 일어나면 흥겨우니 **일어날 흥, 흥겨울 흥**

🔊 同(한 가지 동, 같을 동)
復興(부흥), 興味(흥미), 遊興(유흥)

---

071 복외박정종[卜外朴貞從] - 卜으로 된 한자

卜
3급 / 총2획 / 부수 卜

(옛날에는 거북이 등껍데기를 불태워 갈라진 모양을 보고 점쳤으니)
거북이 등껍데기가 갈라진 모양을 본떠서 **점 복**

卜居(복거), 卜吉(복길), 卜年(복년), 卜債(복채)

外
6급 / 총5획 / 부수 夕

저녁(夕)에 점(卜)치러 나가던 밖이니 **밖 외**

🔊 夕(저녁 석)
外勤(외근), 外遊(외유), 內憂外患(내우외환)

朴
5급 / 총6획 / 부수 木

나무(木) 껍질이나 점(卜)칠 때 쓰는 거북이 등처럼 갈라진 모양으로 순박하니
순박할 박, 성 박

儉朴(검박), 素朴(소박), 質朴(질박)

貞
준3급 / 총9획 / 부수 貝

점(卜)치듯 요모조모 따져 재물(貝)을 씀이 곧으니 **곧을 정**

🔊 貝(조개 패, 재물 패)
貞潔(정결), 貞烈(정렬), 貞淑(정숙), 貞操(정조)

從
준3급 / 총11획 / 부수 彳

걸어서(彳) 두 사람(人人) 중 점쳐(卜) 고른 사람(人)을 좇아 따르니 **좇을 종, 따를 종**

🔊 彳(조금 걸을 척), 옛날에는 점을 많이 쳐서 점과 관련된 한자가 많답니다.
追從(추종), 從多數(종다수), 順從(순종)

---

072 점점 흑점묵[占店 黑點墨] - 占, 黑으로 된 한자

占
3급 / 총5획 / 부수 卜

점(卜)쳐서 말하니(口) **점칠 점**
또 표지판(卜)을 땅(口)에 세우고 점령하니 **점령할 점**

占術(점술), 占領(점령), 獨占(독점), 寡占(과점)

店
준4급 / 총8획 / 부수 广

집(广)에 점령하듯(占) 물건을 진열하여 파는 가게니 **가게 점**

🔊 广(집 엄)
飯店(반점), 商店(상점), 書店(서점), 酒店(주점), 店鋪(점포)

黑
준4급 / 총12획 / 부수 黑

굴뚝(黑)처럼 불(灬) 때면 그을려 검으니 **검을 흑**

🔊 黑(구멍 뚫린 굴뚝의 모양), 灬(불 화 발)
黑白(흑백), 黑字(흑자), 近墨者黑(근묵자흑)

點
준3급 / 총17획 / 부수 黑

검게(黑) 점령하듯(占) 찍은 점이니 **점 점**

點檢(점검), 點數(점수), 得點(득점)

墨
준3급 / 총15획 / 부수 土

검은(黑) 흙(土)으로 만든 먹이니 **먹 묵**

🔊 土(흙 토)
墨畫(묵화), 水墨畫(수묵화), 白墨(백묵)

---

073 지기무치 보섭[止企武齒 步涉] - 止, 步로 된 한자

止
준4급 / 총4획 / 부수 止

그쳐 있는(서 있는) 두 발의 정강이와 발을 본떠서 **그칠 지**

止血(지혈), 禁止(금지), 防止(방지), 停止(정지)

企
3급 / 총6획 / 부수 人

사람(人)이 멈추어(止) 서서 무엇을 바라며 꾀하니 **바랄 기, 꾀할 기**

🔊 꾀하다 - 어떤 일을 이루려고 뜻을 두거나 힘을 쓰다.

企待(기대), 企圖(기도), 企業(기업), 企劃(기획)

武
준4급 / 총8획 / 부수 止

하나(一)의 주살(弋)로도 적의 침략을 그치게(止) 하는 군사니 **군사 무**
또 군사들이 사용하는 무기니 **무기 무**

🔊 弋(주살 익)

武功(무공), 武力(무력), 武裝(무장), 文武(문무)

齒
4급 / 총15획 / 부수 齒

그쳐(止) 윗니(人人)와 나란히(一) 아랫니(人人)가 벌린 입(凵) 속에 있는 이니 **이 치**
또 (옛날에) 이의 숫자로 알았던 나이니 **나이 치**

🔊 凵(입 벌릴 감, 그릇 감), 옛날에는 이(齒)의 숫자로 나이를 짐작해서 어른을 정하였다지요.

齒藥(치약), 蟲齒(충치), 年齒(연치), 角者無齒(각자무치)

步
5급 / 총7획 / 부수 止

한 발은 멈추고(止) 다른 발은 조금씩(少) 옮기는 것을 반복하며 걷는 걸음이니 **걸음 보**

🔊 少[적을 소, 젊을 소(少)의 획 줄임], 한발 한발 걷는 모양을 생각하고 만든 한자.

步行(보행), 速步(속보), 進步(진보)

涉
3급 / 총10획 / 부수 氵

물(氵)길을 걸어(步) 건너니 **건널 섭**
또 자기 역할의 범위를 건너 간섭하거나 섭렵하니 **간섭할 섭, 섭렵할 섭**

🔊 涉獵(섭렵) - 많은 책을 널리 읽거나 여기저기 찾아다니며 경험함을 이르는 말.

涉歷(섭력), 涉外(섭외), 干涉(간섭), 交涉(교섭)

---

074 상하 주기도[上下 走起徒] - 上下와 走로 된 한자

上
8급 / 총3획 / 부수 一

일정한 기준(一)보다 위로 오르니 **위 상, 오를 상**

上官(상관), 雪上加霜(설상가상), 浮上(부상), 上京(상경)

下
8급 / 총3획 / 부수 一

일정한 기준(一)보다 아래로 내리니 **아래 하, 내릴 하**

月下氷人(월하빙인), 零下(영하)

走
4급 / 총7획 / 부수 走

땅(土)을 점(卜)치듯 사람(人)이 가려 디디며 달리고 도망가니 **달릴 주, 도망갈 주**

🔊 土(흙 토), 卜(점 복)
走行(주행), 繼走(계주), 逃走(도주)

起
4급 / 총10획 / 부수 走

달리려고(走) 몸(己)이 일어나니 **일어날 기**
또 일어나 시작하니 **시작할 기**

🔊 己(몸 기, 자기 기)
起床(기상), 起死回生(기사회생), 起工(기공), 起源(기원), 起訴(기소)

徒
4급 / 총10획 / 부수 彳

한갓 걷거나(彳) 달리는(走) 무리니 **한갓 도, 걸을 도, 무리 도**

🔊 彳(조금 걸을 척), 한갓 – 다른 것 없이 겨우.
無爲徒食(무위도식), 徒步(도보), 信徒(신도)

---

075 정정 연[廷庭 延] - 廷으로 된 한자와 延

DAY 05

廷
3급 / 총7획 / 부수 廴

걸어가(廴) 임무를 맡는(壬) 조정이나 관청이니 **조정 정, 관청 정**

🔊 조정(朝廷) – 임금이 정사를 펴며 의식을 행하는 곳.
🔊 壬(간사할 임, 짊어질 임, 아홉째 천간 임), 朝(아침 조, 조정 조, 뵐 조)
宮廷(궁정), 退廷(퇴정), 開廷(개정), 法廷(법정)

庭
준4급 / 총10획 / 부수 广

집(广) 안에 조정(廷)처럼 가꾼 뜰이니 **뜰 정**

🔊 广(집 엄)
庭園(정원), 家庭(가정), 校庭(교정), 親庭(친정)

延
3급 / 총7획 / 부수 廴

삐뚤어져(丿) 하던 일을 그치고(止) 길게 걸으면서(廴) 끌고 늘이니
끌 연, 늘일 연, 성씨 연

🔊 丿(삐침 별), 止[그칠 지(止)의 변형], 廴(길게 걸을 인)
延期(연기), 延命(연명), 延長(연장), 外延(외연)

DAY 05 확인문제

01~10 다음 漢字의 훈(뜻)과 음(소리)을 쓰세요.

01. 謹 (   ) 06. 較 (   )
02. 庶 (   ) 07. 卜 (   )
03. 奔 (   ) 08. 貞 (   )
04. 胸 (   ) 09. 墨 (   )
05. 港 (   ) 10. 企 (   )

11~16 다음 훈음에 맞는 漢字를 〈보기〉에서 찾아 쓰세요.

〈보기〉	恭 供 暴 爆 歎 難 戒 械 占 店

11. 이바지할 공 (   )   14. 탄식할 탄 (   )
12. 공손할 공 (   )   15. 기계 계 (   )
13. 터질 폭 (   )   16. 점칠 점 (   )

17~18 다음 문장 중 漢字로 표기된 단어의 독음을 쓰세요.

17. 우리는 산나물을 캐어 하루하루 延命해 갔다. (   )
18. 재판이 이루어지는 法廷에 갔다.   (   )

19~20 다음 문장 중 (   )안의 단어를 漢字로 쓰시오.

19. (근면)은 돈으로 살 수 없는 최고의 덕목이다.   (   )
20. 민주화 운동은 국민이 주인이라는 (자각)을 갖게 하였다. (   )

정답

01. 삼갈 근   02. 여러 서   03. 달릴 분   04. 가슴 흉   05. 항구 항
06. 비교할 교   07. 점 복   08. 곧을 정   09. 먹 묵   10. 꾀할 기
11. 供   12. 恭   13. 爆   14. 歎   15. 械
16. 占   17. 연명   18. 법정   19. 勤勉   20. 自覺

076~090

076　5정증[正征政定整症] - 正으로 된 한자

正
6급 / 총5획 / 부수 止

(이성이나 직업이나) **하나(一)**에 **그쳐(止)** 열중해야 바르니 **바를 정**

🔊 止(그칠 지)
正義(정의), 正直(정직), 正確(정확)

征
3급 / 총8획 / 부수 彳

가서(彳) 불의를 **바로(正)**잡으려고 치니 **칠 정**

🔊 彳(조금 걸을 척)
征伐(정벌), 征服(정복), 遠征(원정), 出征(출정)

政
4급 / 총9획 / 부수 攵

바르도록(正) 치며(攵) 다스리니 **다스릴 정**

🔊 攵(칠 복, = 攴)
政府(정부), 政治(정치), 政派(정파), 善政(선정)

定
준4급 / 총8획 / 부수 宀

집(宀) 안에 물건도 **바르게(疋)** 자리를 정하니 **정할 정**

참 㝎 - 집(宀)에서 갈(之) 곳을 정하니 '정할 정'
🔊 宀(집 면), 疋[바를 정(正)의 변형], 之(갈 지, ~지, 이 지)
定價(정가), 定着(정착), 安定(안정), 限定(한정)

整
3급 / 총16획 / 부수 攵

(개수가 많은 물건은 가운데를) **묶어(束)** 양끝을 **쳐서(攵) 바르게(正)**하면 가지런하니 **가지런할 정**

🔊 束(묶을 속)
整理(정리), 整備(정비), 端整(단정), 調整(조정)

症
3급 / 총10획 / 부수 疒

병(疒)을 **바르게(正)** 진단하여 아는 증세니 **증세 증**

🔊 疒(병들 녁)
症狀(증상), 症勢(증세), 渴症(갈증), 痛症(통증)

077 시제제제[是提堤題] - 是로 된 한자

是
4급 / 총9획 / 부수 日

해(日)처럼 밝고 **바르면**(正) 옳으니 **옳을 시**
또 해(日)처럼 밝고 **바르게**(正) 가리키는 이것이니 **이 시, ~이다 시**

🔊 龰[바를 정(正)의 변형]
是非(시비), 是認(시인) ↔ 否認(부인), 實事求是(실사구시)

提
3급 / 총12획 / 부수 扌

손(扌)으로 **옳게**(是) 끌어 내놓으니 **끌 제, 내놓을 제**

提高(제고), 提示(제시), 提出(제출), 提供(제공), 提携(제휴)

堤
3급 / 총12획 / 부수 土

흙(土)으로 물이 **옳게**(是) 흐르도록 쌓은 둑이니 **둑 제**

🔊 土(흙 토)
堤防(제방), 防潮堤(방조제), 防波堤(방파제)

題
5급 / 총18획 / 부수 頁

내용을 **옳게**(是) 알 수 있는 글의 **머리**(頁)는 제목이니 **제목 제**
또 제목처럼 앞에 내는 문제니 **문제 제**

🔊 頁(머리 혈)
題目(제목), 主題(주제), 問題(문제), 宿題(숙제)

078 족 초[足 礎] - 足과 礎

足
7급 / 총7획 / 부수 足

무릎(口)부터 발까지를 본떠서 **발 족**
또 발까지 편해야 마음이 넉넉하니 **넉넉할 족**

🔊 口('입 구, 구멍 구, 말할 구'지만 여기서는 '무릎'으로 봄)
發足(발족), 手足(수족), 滿足(만족), 充足(충족)

礎

3급 / 총18획 / 부수 石

돌(石)로 **아프게**(楚) 받친 주춧돌이나 기초니 **주춧돌 초, 기초 초**

급외자 疋 - 하나(丁)씩 점(卜)치듯 가려 사람(人)이 묶어 놓은 베를 본떠서 '필 필'
또 무릎부터 발까지를 본떠서 '발 소' - 1급
楚 - 수풀(林)의 발(疋), 즉 밑 부분에서 자란 나무는 고우니 '고울 초, 초나라 초'
또 곱게 자란 가지로 회초리를 만들어 치면 아프니 '회초리 초, 아플 초' - 2급

🔊 石(돌 석)
礎石(초석), 基礎(기초), 柱礎(주초), 礎稿(초고)

079 동진 련[東陳 練] - 東으로 된 한자와 練

東
6급 / 총8획 / 부수 木

나무(木) 사이로 해(日)가 떠오르는 동쪽이니 **동쪽 동**
또 동쪽에 앉았던 주인이니 **주인 동**

[유] 束(묶을 속) - 제목번호 037

🔊 옛날에는 신분에 따라 앉는 방향이 달라서 임금은 북쪽, 신하는 남쪽, 주인은 동쪽, 손님은 서쪽에 자리하고 앉았답니다.

東洋(동양), 東問西答(동문서답), 東奔西走(동분서주)

陳
3급 / 총11획 / 부수 阝

언덕(阝)의 동쪽(東)에 햇살이 퍼지듯 늘어놓고 오래 묵으니
늘어놓을 진, 묵을 진, 성 진

🔊 阝(언덕 부 변), 묵다 - 일정한 곳에서 나그네로 머무르다.

陳述(진술), 陳列(진열), 開陳(개진)

練
4급 / 총15획 / 부수 糸

실(糸)을 가려(柬) 짜듯 무엇을 가려 익히니 **익힐 련**

[급외자] 柬 - 나무(木)를 그물(罒)처럼 가려 촘촘하게 쓰는 편지니 '가릴 간, 편지 간' - 사범

🔊 糸(실 사, 실 사 변)

練習(연습), *演習(연습), 修練(수련), 訓練(훈련)

080 거(차)진고 련련[車陣庫 連蓮] - 車, 連으로 된 한자

DAY 06

車
준5급 / 총7획 / 부수 車

수레 모양을 본떠서 **수레 거**
또 수레처럼 물건이나 사람을 실어 옮기는 차니 **차 차, 성씨 차**

🔊 日은 수레의 몸통, ㅣ은 세로 축, 一과 一은 가로 축.

自轉車(자전거), 停車場(정거장), 車庫(차고), 列車(열차)

陣
3급 / 총10획 / 부수 阝

언덕(阝) 옆에 수레(車)들이 줄지어 진 치니 **줄 진, 진 칠 진**

🔊 진(陣)을 치다 - 자리를 차지하다.

陣地(진지), 敵陣(적진), 退陣(퇴진), 布陣(포진)

庫
준3급 / 총10획 / 부수 广

집(广)에 차(車) 같은 물건을 넣어두는 곳집(창고)이니 **곳집 고, 창고 고**

🔊 广(집 엄), 곳집 = 고(庫) + 집

金庫(금고), 寶庫(보고), 在庫(재고), 車庫(차고)

連
4급 / 총11획 / 부수 辶

차(車)가 지나간(辶) 바퀴 자국처럼 이어지게 이으니 **이을 련**

🔊 辶(뛸 착, 갈 착)

連結(연결), 連續(연속), 連戰連勝(연전연승)

蓮
3급 / 총15획 / 부수 艹

풀(艹) 뿌리가 이어져(連) 뻗어가는 연꽃이니 **연꽃 련**

蓮根(연근), 蓮池(연지), 白蓮(백련), 紅蓮(홍련), 木蓮(목련)

---

081 군운휘[軍運揮] – 軍으로 된 한자

軍
준5급 / 총9획 / 부수 車

덮어서(冖) 차(車)까지 위장한 군사니 **군사 군**

🔊 冖(덮을 멱)

軍歌(군가), 軍紀(군기), 國軍(국군)

運
5급 / 총13획 / 부수 辶

군사(軍)들이 주둔지를 옮겨 가며(辶) 움직이니 **옮길 운, 움직일 운**

또 삶을 옮기는 운수니 **운수 운**

運轉(운전), 運動(운동), 運命(운명), 幸運(행운)

揮
3급 / 총12획 / 부수 扌

손(扌) 휘둘러 군사(軍)를 지휘하여 흩어지게 하니
휘두를 휘, 지휘할 휘, 흩어질 휘

🔊 扌(손 수 변), 군대는 모여 있으면 포탄 한 발로 당할 수 있으니 흩어져 있어야 하지요.

發揮(발휘), 指揮(지휘), 揮發(휘발)

---

082 전전전단 혜[專傳轉團 惠] – 專으로 된 한자와 惠

專
준3급 / 총11획 / 부수 寸

삼가고(叀) 마디마디(寸) 살피며 오로지 하나에만 전념하니 **오로지 전**

또 오로지 자기 마음대로 하니 **마음대로 할 전**

⊕ 叀(펼 부, 두루 알릴 부) – 제목번호 175

🔊 寸(마디 촌, 법도 촌)

專攻(전공), 專權(전권), 專念(전념)

傳
준4급 / 총13획 / 부수 亻

사람(亻)들이 마음대로(專) 전하는 이야기니 **전할 전, 이야기 전**

傳達(전달), 傳承(전승), 傳記(전기)

轉
준3급 / 총18획 / 부수 車

수레(車)바퀴처럼 오로지(專) 구르니 **구를 전**

轉科(전과), 轉勤(전근), 榮轉(영전), 移轉(이전)

團
준3급 / 총14획 / 부수 囗

에워싼(囗) 듯 오로지(專) 하나로 둥글게 모이니 **둥글 단, 모일 단**

🔊 囗[에운담, 나라 국(國)의 약자]

團結(단결), 團合(단합), 集團(집단)

惠
4급 / 총12획 / 부수 心

언행을 삼가고(叀) 어진 마음(心)을 베푸는 은혜니 **은혜 혜**

🔊 叀 : 차(車)에 점(丶) 씩는 일은 삼가니 '삼갈 전' – 실제 쓰이는 한자는 아닙니다.
🔊 은혜(恩惠) – 사람이나 신(神)이 누구에게 베푸는 도움이나 고마운 일.
🔊 叀[수레 거, 차 차(車)의 변형], 心(마음 심, 중심 심), 恩(은혜 은)

惠澤(혜택), 不費之惠(불비지혜), 施惠(시혜), 特惠(특혜)

---

083 구공창돌[究空窓突] - 穴로 된 한자

DAY 06

究
4급 / 총7획 / 부수 穴

(보이지 않는) 굴(穴)의 많은(九) 부분까지 들어가 찾고 연구하니 **연구할 구**

급외자 穴 – (오래된) 집(宀)에 나누어진(八) 구멍이니 '구멍 혈'
또 구멍이 길게 파인 굴이니 '굴 혈' – 2급
🔊 九(아홉 구, 클 구, 많을 구), 宀(집 면), 八(여덟 팔, 나눌 팔)

究明(구명), 硏究(연구), 探究(탐구), 學究(학구)

空

준5급 / 총8획 / 부수 穴

굴(穴)처럼 만들어(工) 속이 비니 **빌 공**
또 크게 빈 공간은 하늘이니 **하늘 공**

🔊 工(장인 공, 만들 공, 연장 공)

空白(공백), 空想(공상), 航空(항공)

窓
5급 / 총11획 / 부수 穴

구멍(穴)처럼 사사로운(厶) 마음(心)으로 벽에 뚫어 만든 창문이니 **창문 창**

🔊 厶(사사 사, 나 사), 心(마음 심, 중심 심)

窓口(창구), 窓門(창문), 窓戶(창호), 車窓(차창)

突
3급 / 총9획 / 부수 穴

구멍(穴)에서 개(犬)가 갑자기 튀어나와 부딪치니 **갑자기 돌, 부딪칠 돌**
또 집에서 갑자기 내민 굴뚝이니 **내밀 돌, 굴뚝 돌**

🔊 犬(개 견), 옛날에는 개를 풀어놓고 길렀는데 쥐약을 먹으면 아궁이 같은 구멍에 들어가 몸부림치지요.
突發(돌발), 突出(돌출), 煙突(연돌), 衝突(충돌)

084 심 필비밀[心 必祕密] - 心과 必로 된 한자

心
7급 / 총4획 / 부수 心

(마음이 가슴에 있다고 생각하여) 심장을 본떠서 **마음 심**
또 심장이 있는 몸의 중심이니 **중심 심**

🔊 心이 한자의 변으로 쓰일 때는 '마음 심 변(忄)', 발로 쓰일 때는 '마음 심 발(㣺)'이고, 心 그대로 발로 쓰일 때도 있습니다.
心性(심성), 良心(양심), 都心(도심), 圓心(원심)

必
준4급 / 총5획 / 부수 心

하나(丿)에만 매달리는 마음(心)으로 반드시 이루니 **반드시 필**

🔊 丿('삐침 별'이지만 여기서는 '하나'로 봄)
必讀(필독), 必須(필수), 必勝(필승), 必要(필요)

祕
준3급 / 총10획 / 부수 示

신(示)처럼 반드시(必) 모양을 숨겨서 신비로우니 **숨길 비, 신비로울 비**

속 秘 - 옛날 곡식이 귀하던 시절에 벼(禾)는 반드시(必) 숨겨야 한다는 데서 '숨길 비, 신비로울 비'
🔊 신비(神祕) - (사람의 지혜로는 도저히 이해할 수 없는) 신묘한 비밀.
🔊 示(보일 시, 신 시), 禾(벼 화), 神(귀신 신, 신비할 신)
祕密(비밀), 祕境(비경), 祕策(비책)

密
4급 / 총11획 / 부수 宀

잠잠한(宓) 산(山)의 나무처럼 빽빽한 비밀이니 **빽빽할 밀, 비밀 밀**

급외자 宓 - 집(宀)에서도 반드시(必) 잠잠하게 지켜야 할 비밀이니 '잠잠할 밀, 비밀 밀' - 사범
🔊 山(산 산), 宀(집 면)
密度(밀도), 密林(밀림), 密告(밀고), 密輸(밀수)

085　인구 입전 인[人久 入全 仁] - 人, 入으로 된 한자와 仁

人
8급 / 총2획 / 부수 人

다리 벌리고 서 있는 사람을 본떠서 **사람 인**

🔊 사람은 서로 의지하고 살아야 한다는 데서 서로 기대는 모양으로 사람 인(人)을 만들었다고도 하지요.
🔊 한자의 변으로 쓰일 때는 '사람 인 변(亻)', 한자의 발로 쓰일 때는 '사람 인 발, 어진사람 인(儿)'입니다.

人心(인심), 人情(인정), 巨人(거인), 愛人(애인)

久
4급 / 총3획 / 부수 丿

(무엇에 걸리면 잘 갈 수 없어 시간이 오래 걸리니)
무엇(丿)에 걸린(一) 사람(人)을 본떠서 **오랠 구**

耐久(내구), 永久(영구), 長久(장구), 恒久(항구)

入
7급 / 총2획 / 부수 入

사람(人)이 머리 숙이고 들어가는 모양에서 **들 입**

入學(입학), 量入爲出(양입위출), 出入(출입), 沒入(몰입)

全
준5급 / 총6획 / 부수 入

조정에 들어가(入) 왕(王)이 된 것처럼 모든 것이 갖추어져 온전하니
온전할 전, 성 전

🔊 王(임금 왕, 으뜸 왕, 구슬 옥 변)
安全(안전), 完全(완전), 全體(전체) ↔ 部分(부분)

仁
준3급 / 총4획 / 부수 亻

사람(亻)은 둘(二)만 모여도 어질어야 하니 어질 인

仁愛(인애), 仁義禮智信(인의예지신), 仁慈(인자)

086　대천 부부 오[大天 夫扶 誤] - 大, 夫로 된 한자와 誤

大
준5급 / 총3획 / 부수 大

양팔 벌려(一) 사람(人)이 큼을 나타내서 큰 대

🔊 一('한 일'이지만 여기서는 양팔 벌린 모양으로 봄)
大量(대량), 大望(대망), 大同小異(대동소이)

天
7급 / 총4획 / 부수 大

세상에서 제일(一) 큰(大) 것은 하늘이니 하늘 천

天命(천명), 天心(천심), 天賦(천부), 人乃天(인내천), 天生緣分(천생연분)

DAY 06

夫
6급 / 총4획 / 부수 大

한(一) 가정을 거느릴 정도로 큰(大) 사내나 남편이니 **사내 부, 남편 부**

大丈夫(대장부), 農夫(농부), 夫婦(부부)

扶
준3급 / 총7획 / 부수 扌

손(扌)으로 남편(夫)이 도우니 **도울 부**

🔊 扌(손 수 변)

扶養(부양), 相扶相助(상부상조), 抑强扶弱(억강부약)

誤
4급 / 총14획 / 부수 言

말(言)을 큰소리(吳)로 허풍떨며 잘못하니 **잘못할 오**

급외자 吳 – 입(口) 벌리고 목 젖히며(宀) 큰(大) 소리쳤던 오나라니
'큰소리칠 화, 오나라 오, 성 오' – 2급

🔊 言(말씀 언)

誤答(오답), 誤謬(오류), 誤發(오발), 誤報(오보)

087　태견 우장[太犬 尤丈] - 大로 된 한자와 尤丈

太
5급 / 총4획 / 부수 大

큰 대(大) 아래에 점(丶)을 찍어 더 큼을 나타내어 **클 태, 성 태**

🔊 丶(점 주, 불똥 주)

太山(태산), 太陽(태양), 太初(태초), 太平(태평), 太平洋(태평양)

犬
5급 / 총4획 / 부수 犬

(주인을) 크게(大) 점(丶)찍어 따르는 개니 **개 견**

🔊 한자의 왼쪽에 붙는 부수인 변으로 쓰일 때는 '큰 개 견(犭)'인데, 여러 짐승을 나타낼 때도 쓰이니 '개 사슴 록 변'으로도 부릅니다.

犬馬之勞(견마지로), 愛犬(애견)

尤
준3급 / 총4획 / 부수 尢

굽고(尢) 점(丶)까지 있어 더욱 허물이니 **더욱 우, 허물 우**

급외자 尢 – 큰 대(大)의 한쪽이 굽은 절름발이니 '굽을 왕, 절름발이 왕' – 배정 외

尤妙(우묘), 尤悔(우회)

丈

3급 / 총3획 / 부수 一

많이(ナ) 지팡이(乀)에 의지하는 어른이니 **어른 장**
또 남자 노인에 대한 존칭으로도 쓰여 **존칭 장**
또 어른 키 정도의 길이 단위로도 쓰여 **길이 장**

🔊 ナ[열 십, 많을 십(十)의 변형], 乀('파임 불'이지만 여기서는 지팡이로 봄), 1丈은 성인 남자 키 정도의 길이.

丈夫(장부), 氣高萬丈(기고만장)

84

088 복연기 발[伏然器 髮] - 犬으로 된 한자와 髮

伏
준3급 / 총6획 / 부수 亻

사람(亻)이 개(犬)처럼 엎드리니 **엎드릴 복**

伏望(복망), 起伏(기복), 降伏(항복), 屈伏(굴복)

然
준4급 / 총12획 / 부수 灬

고기(夕)를 보면 개(犬)가 눈에 불(灬)을 켜고 달려가듯 순리에 맞게 그러하니 **그러할 연**

 夕[달 월, 육 달 월(月)의 변형], 灬(불 화 발)

然後(연후), 當然(당연)

器
준3급 / 총16획 / 부수 口

개(犬)의 여러 마리 입들(吅)이 둘러싸고 먹이를 먹는 그릇이나 기구니 **그릇 기, 기구 기**

大器晩成(대기만성), 武器(무기), 食器(식기)

髮
3급 / 총15획 / 부수 髟

긴(镸) 털(彡)도 뽑을(犮) 수 있는 터럭이니 **터럭 발**

급외자 犮 - 개(犬)가 발을 쭉(丿) 뽑아 달리니 '뽑을 발, 달릴 발' - 배정 외

 镸[길 장(長)의 옛 한자], 彡(터럭 삼, 긴 머리 삼, 터럭 - 몸에 난 길고 굵은 털)

短髮(단발), 白髮(백발), 理髮(이발), 長髮(장발)

089 작작사[作昨詐] - 乍로 된 한자

作
5급 / 총7획 / 부수 亻

사람(亻)이 잠깐(乍) 사이에 무엇을 지으니 **지을 작**

作家(작가), 作名(작명), 作心三日(작심삼일), 稻作(도작), 作業(작업)

昨
5급 / 총9획 / 부수 日

하루 해(日)가 잠깐(乍) 사이에 넘어가고 되는 어제니 **어제 작**

昨今(작금), 昨日(작일), 昨年(작년), 再昨年(재작년)

詐
3급 / 총12획 / 부수 言

말(言)을 잠깐(乍) 사이에 꾸며대며 속이니 **속일 사**

급외자 乍 - 사람(←)이 하나(丨) 둘(二)을 세는 잠깐이니 '잠깐 사' - 사범

 言(말씀 언), ←[사람 인(人)의 변형]

詐欺(사기), 詐取(사취), 詐稱(사칭)

090 금음념[今吟念] - 今으로 된 한자

今
준5급 / 총4획 / 부수 人

사람(人)이 하나(一)같이 모여드는(ㄱ) 때가 바로 이제 오늘이니
이제 금, 오늘 금

- ㄱ[이를 급, 미칠 급(及)의 변형]
- 今時初聞(금시초문), 只今(지금), 今日(금일)

吟
준3급 / 총7획 / 부수 口

입(口)으로 지금(今) 읊으니 **읊을 음**

- 口(입 구, 구멍 구, 말할 구)
- 吟客(음객), 吟味(음미), 吟遊詩人(음유시인)

念
준4급 / 총8획 / 부수 心

지금(今) 마음(心)에 있는 생각이니 **생각 념**

- 心(마음 심, 중심 심)
- 槪念(개념), 念願(염원), 信念(신념), 專念(전념)

TIP

〈이 책에 나오는 어원은 무조건 외지 말고 이해하도록 하세요〉
한자는 오랜 세월에 걸쳐 만들어졌기 때문에 한자의 어원도 고정 불변의 하나가 아니고, 이 책에 나온 어원도 제 나름대로 한자가 만들어지던 시절을 생각하며 가장 긴밀한 어원을 찾으려고 노력하여 추정해 본 어원에 불과합니다.

그러니 책에 나온 어원을 무조건 그대로 외지 말고 더 명쾌하고 선명한 어원도 생각하면서 이해하도록 하세요. 이해가 바탕이 되면 저절로 익혀지고 오래도록 잊지 않습니다.

〈한자어는 먼저 한자대로 직역(直譯)해 보세요〉
한자어도 사전에는 의역만 되어있어 한자를 알아도 잘 적용하지 못하고 단어 따로, 뜻 따로 외는 경우가 많지요?
한자어는 먼저 한자대로 직역(直譯)해 보고, 다음에 의역(意譯)해 보는 습관을 들이세요. 그러면 한자와 그 말의 뜻을 더욱 분명히 알게 됩니다.
처음에는 좀 힘들고 어렵겠지만 이런 습관을 들이면 얼마 되지 않아서 아주 쉬워지고 단어 박사, 한자 박사도 됩니다.
+ 直(곧을 직, 바를 직), 譯(번역할 역), 意(뜻 의), 직역(直譯) - '곧게 번역함'으로, 한자대로 충실히 번역함. 의역(意譯) - '뜻으로 번역함'으로, 개개의 한자나 단어, 구절에 너무 구애되지 않고 전체의 뜻을 살리는 번역.

DAY 06 확인문제

01~10 다음 漢字의 훈(뜻)과 음(소리)을 쓰세요.

01. 征 (   )　　06. 蓮 (   )
02. 整 (   )　　07. 揮 (   )
03. 礎 (   )　　08. 丈 (   )
04. 陳 (   )　　09. 扶 (   )
05. 陣 (   )　　10. 詐 (   )

11~16 다음 훈음에 맞는 漢字를 〈보기〉에서 찾아 쓰세요.

〈보기〉	然　提　題　堤　轉　傳　團　犬　伏　髮　庫

11. 끌 제　(   )　　14. 구를 전　(   )
12. 둑 제　(   )　　15. 엎드릴 복 (   )
13. 모일 단 (   )　　16. 터럭 발　(   )

17~18 다음 문장 중 漢字로 표기된 단어의 독음을 쓰세요.

17. 秘密이 없는 사람은 창고가 빈 사람과 같다.　(   )
18. 온건파와 개혁파의 衝突이 있었다.　(   )

19~20 다음 문장 중 (   )안의 단어를 漢字로 쓰시오.

19. 물은 (갈증)을 느끼기 전에 미리 마셔야 좋다.　(   )
20. 공주, 부여, 익산은 백제 문화유산의 (보고)이다.　(   )

정답

01. 칠 정	02. 가지런할 정	03. 주춧돌 초	04. 늘어놓을 진	05. 진칠 진
06. 연꽃 련	07. 휘두를 휘	08. 어른 장	09. 도울 부	10. 속일 사
11. 提	12. 堤	13. 團	14. 轉	15. 伏
16. 髮	17. 비밀	18. 충돌	19. 渴症	20. 寶庫

DAY 07　091~105

091　합(흡)습(십)급답탑 [合拾給答塔] - 合으로 된 한자

合
준5급 / 총6획 / 부수 口

사람(人)이 하나(一)같이 말할(口) 정도로 뜻이 합하여 맞으니
합할 합, 맞을 합
또 곡식의 양을 헤아리는 단위인 홉으로도 쓰여 **홉 홉**

🔊 口(입 구, 구멍 구, 말할 구), 1홉은 1되의 10분의 1.
合同(합동), 都合(도합), 合格(합격), 合理(합리)

拾
4급 / 총9획 / 부수 扌

두 손(扌)을 합하여(合) 주우니 **주울 습**
또 두 손(扌)의 손가락을 합하면(合) 열이니 **열 십**

🔁 捨(버릴 사) - 제목번호 148
🔊 열 십(拾)으로는 주로 계약서 같은 데서 숫자를 위조하지 못하게 할 때 씁니다.
拾得(습득), 收拾(수습), 路不拾遺(노불습유)

給
준4급 / 총12획 / 부수 糸

실(糸)을 합쳐(合) 잇듯 끊이지 않고 계속 주니 **줄 급**
또 주듯이 공급하니 **공급할 급**

🔊 糸(실 사, 실 사 변)
給食(급식), 給與(급여), 月給(월급)

答
준5급 / 총12획 / 부수 ⺮

대(⺮)쪽에 글을 써 뜻에 맞게(合) 대답하고 갚으니 **대답할 답, 갚을 답**

🔊 ⺮[대 죽(竹)이 부수로 쓰일 때의 모양], 종이가 없던 시절에는 대쪽에 글을 써서 주고받았답니다.
答辯(답변), 應答(응답), 答禮(답례), 報答(보답)

塔
3급 / 총13획 / 부수 土

흙(土)에 풀(艹)을 합하여(合) 쌓은 탑이니 **탑 탑**

🔊 옛날에는 흙으로도 탑을 쌓았는데, 더 견고하도록 황토 흙(土)에 풀(艹)을 넣어 반죽하여 쌓았지요.
塔身(탑신), 佛塔(불탑), 石塔(석탑)

092 검검험험검[儉檢險驗 劍] - 僉으로 된 한자

儉
준3급 / 총15획 / 부수 亻

사람(亻)은 대부분 다(僉) 검소하니 **검소할 검**

급외자 僉 – 사람(人)이 하나(一) 같이 입들(口口)을 다물고 둘(人人)씩 다 모이니
'다 첨, 모두 첨' - 1급

儉素(검소), 儉約(검약), 勤儉(근검)

檢
준3급 / 총17획 / 부수 木

(좋은 나무를 찾기 위해) 나무(木)를 모두(僉) 검사하니 **검사할 검**

🔊 木(나무 목)

檢査(검사), 檢事(검사), 檢問(검문)

險

3급 / 총16획 / 부수 阝

언덕(阝)처럼 다(僉) 험하니 **험할 험**

🔊 阝(언덕 부 변)

險難(험난), 險惡(험악), 保險(보험), 冒險(모험)

驗

준3급 / 총23획 / 부수 馬

말(馬)을 다(僉) 타 보며 시험하니 **시험할 험**

🔊 시험(試驗) – 재능, 실력 등을 일정한 절차에 따라 알아보는 일.
🔊 실험(實驗) – 실제로 해봄. 또는 그렇게 하는 일.
🔊 馬(말 마), 試(시험할 시), 實(열매 실, 실제 실)

經驗(경험), 受驗(수험), 體驗(체험)

劍
3급 / 총15획 / 부수 刂

양쪽 다(僉) 칼날이 있는 것을 베는 칼(刂)이니 **칼 검**

🔊 刂(칼 도 방), 칼날이 양쪽으로 된 칼은 칼 검(劍), 한쪽으로 된 칼은 칼 도(刀)입니다.

劍客(검객), 劍道(검도), 劍舞(검무), 劍術(검술)

DAY 07

093 아광극필[兒光克匹] - 儿으로 된 한자

兒
준4급 / 총8획 / 부수 儿

절구(臼)처럼 머리만 커 보이는 아이(儿)니 **아이 아**

급외자 儿 – 사람 인(人)이 한자의 발로 쓰일 때의 모양으로 '사람 인 발'
또 사람이 무릎 꿇고 절하는 모양에서 겸손하고 어진 마음을 지녔다고 생각하여
'어진사람 인' - 부수자

🔊 臼(절구 구) - 제목번호 069의 주석

兒女子(아녀자), 兒童(아동), 孤兒(고아)

光
5급 / 총6획 / 부수 儿

조금(⺌)씩 땅(一)과 사람(儿)에게 비치는 빛이니 **빛 광**
또 빛으로 말미암은 경치니 **경치 광**

🔊 ⺌[작을 소(小)의 변형], 一('한 일'이지만 여기서는 땅으로 봄)

光復(광복), 光澤(광택), 榮光(영광), 風光(풍광)

克
3급 / 총7획 / 부수 儿

오래(古) 참은 사람(儿)이 능히 이기니 **능할 극, 이길 극**

🔊 古(오랠 고, 옛 고)

克明(극명), 克己(극기), 克己復禮(극기복례)

匹
준3급 / 총4획 / 부수 匸

감싸주는(匸) 어진사람(儿)이 진정한 짝이니 **짝 필**
또 (한 필 두 필 하고) 하나씩 천(베)이나 말을 세는 단위니 **단위 필**

🔊 匸(감출 혜, 덮을 혜, = ㄴ)

配匹(배필), 匹夫(필부)

094 형축경 충통[兄祝競 充統] - 兄, 充으로 된 한자

兄
7급 / 총5획 / 부수 儿

동생을 말하며(口) 지도하는 사람(儿)이 형이고 어른이니 **형 형, 어른 형**

兄弟(형제), 難兄難弟(난형난제), 呼兄呼弟(호형호제)

祝
준4급 / 총10획 / 부수 示

신(示)께 입(口)으로 사람(儿)이 비니 **빌 축**
또 좋은 일에 행복을 빌며 축하하니 **축하할 축**

🔊 示(보일 시, 신 시)

祝福(축복), 祝願(축원), 祝賀(축하), 祝歌(축가)

競
4급 / 총20획 / 부수 立

마주 서서(立立) 두 형(兄兄)들이 다투며 겨루니 **다툴 경, 겨룰 경**

🔊 立(설 립)

競技(경기), 競買(경매) ↔ 競賣(경매), 競走(경주)

充
준4급 / 총6획 / 부수 儿

머릿(亠)속에 사사로운(厶) 생각을 사람(儿)이 가득 차게 채우니
가득 찰 충, 채울 충

🔊 亠(머리 부분 두), 厶(사사 사, 나 사)

充滿(충만), 充分(충분), 充電(충전), 補充(보충)

統
준4급 / 총12획 / 부수 糸

실(糸)을 그릇에 **채워**(充) 헝클어지지 않게 묶어 거느리니 **묶을 통, 거느릴 통**

🔊 糸(실 사, 실 사 변)

統一(통일), 統制(통제), 統治(통치), 統合(통합)

---

095 심탐 담[深探 擔] - 罙으로 된 한자와 擔

深
준3급 / 총11획 / 부수 氵

물(氵)에 **덮여**(冖) 사람(儿)도 나무(木)도 보이지 않게 깊으니 **깊을 심**

🔊 冖(덮을 멱), 木(나무 목)

深刻(심각), 深度(심도), 深思熟考(심사숙고)

探
4급 / 총11획 / 부수 扌

손(扌)으로 **덮여**(冖) 있는 사람(儿)과 나무(木)를 찾으니 **찾을 탐**

🔊 扌(손 수 변)

探求(탐구), 探究(탐구), 探査(탐사)

擔
3급 / 총16획 / 부수 扌

짐을 손(扌)으로 **살펴**(詹) 메거나 맡으니 **멜 담, 맡을 담**

급외자 詹 - 언덕(厂)의 위·아래에서 사람들(ク·儿)이 말하며(言) 살피니 '살필 첨' - 사범

🔊 厂(굴 바위 엄, 언덕 엄), ク[사람 인(人)의 변형], 言(말씀 언)

擔當(담당), 擔保(담보), 負擔(부담), 分擔(분담)

---

096 원관 완원[元冠 完院] - 元, 完으로 된 한자

元
5급 / 총4획 / 부수 儿

하늘과 **땅**(二) 사이에 사람(儿)이 원래 으뜸이니 **원래 원, 으뜸 원, 성 원**

🔊 二('두 이'지만 여기서는 하늘과 땅으로 봄)

元金(원금), 復元(복원), 壯元(장원)

冠
3급 / 총9획 / 부수 冖

덮어(冖) 쓰는 것 중 **으뜸**(元)으로 여겨 **법도**(寸)에 맞게 머리에 쓰는 갓이니 **갓 관**

🔊 冖(덮을 멱), 寸(마디 촌, 법도 촌), 갓 - 예전에, 어른이 된 남자가 머리에 쓰던 의관의 하나.

金冠(금관), 無冠(무관), 王冠(왕관)

完
준4급 / 총7획 / 부수 宀

집(宀)을 **으뜸**(元)으로 잘 지으면 모든 것이 갖추어져 완전하니 **완전할 완**

🔊 宀(집 면)

完結(완결), 完了(완료), 完成(완성), 補完(보완)

DAY 07

院
준3급 / 총10획 / 부수 阝

언덕(阝)에 완전하게(完) 지은 집이나 관청이니 **집 원, 관청 원**

🔊 阝(언덕 부 변)

院內(원내), 法院(법원), 院長(원장), 學院(학원)

097 　견(현)현규시[見現規視] - 見으로 된 한자

見
5급 / 총7획 / 부수 見

눈(目)으로 사람(儿)이 보거나 뵈니 **볼 견, 뵐 현**

🔊 目(눈 목, 볼 목, 항목 목), 뵈다 : ㉠ 웃어른을 대하여 보다. ㉡ '보이다'의 준말.

見聞(견문), 見解(견해), 所見(소견)

現
준4급 / 총11획 / 부수 王(玉)

옥(王)돌을 갈고 닦으면 이제 바로 무늬가 보이고(見) 나타나니 **이제 현, 나타날 현**

🔊 王(임금 왕, 으뜸 왕, 구슬 옥 변)

現金(현금), 現在(현재), 出現(출현)

規
준3급 / 총11획 / 부수 見

사내(夫)가 눈여겨 보아야(見) 할 법이니 **법 규**

🔊 夫(사내 부, 남편 부), 혈기 왕성한 사내는 자칫 법을 어길 수 있으니 조심해야 하지요.

規格(규격), 規範(규범), 規則(규칙), 法規(법규)

視
준4급 / 총12획 / 부수 見

보이는(示) 것을 잘 보며(見) 살피니 **볼 시, 살필 시**

🔊 示(보일 시, 신 시)

重視(중시) ↔ 輕視(경시), 蔑視(멸시), 監視(감시), 視察(시찰)

098 　열세(설·열) 세예탈[悅說 稅銳脫] - 兌로 된 한자

悅
준3급 / 총10획 / 부수 忄

슬픈 일도 마음(忄) 바꿔(兌) 생각하면 기쁘니 **기쁠 열**

급외자 兌 – 요모조모 나누어(八) 생각하여 형(兄)이 마음을 바꾸며 기뻐하니
'바꿀 태, 기뻐할 태' – 2급

🔊 忄(마음 심 변), 八(여덟 팔, 나눌 팔), 兄(형 형, 어른 형)

悅樂(열락), 悅服(열복), 喜悅(희열)

說
준4급 / 총14획 / 부수 言

(알아듣도록) 말(言)을 바꾸어(兌) 가면서 달래고 말씀해주면 기쁘니
달랠 세, 말씀 설, 기쁠 열

🔊 言(말씀 언)

遊說(유세), 說得(설득), 說明(설명), 巷說(항설)

稅
4급 / 총12획 / 부수 禾

(다른 곡식을 수확했어도) 벼(禾)로 바꾸어(兌) 내던 세금이니 **세금 세**

🔊 禾(벼 화), 옛날에는 벼나 쌀, 포목이 물물 교환의 기준이었어요.

稅金(세금), 稅入(세입), 納稅(납세), 免稅(면세)

銳
3급 / 총15획 / 부수 金

무딘 쇠(金)를 바꾸어(兌) 날카로우니 **날카로울 예**

🔊 金(쇠 금, 금 금, 돈 금, 성 김), 쇠도 사용하면 무디어지니 바꿔 끼워야 하지요.

銳利(예리), 銳敏(예민), 新銳(신예), 精銳(정예)

脫
4급 / 총11획 / 부수 月

벌레가 몸(月)을 바꾸려고(兌) 허물을 벗으니 **벗을 탈**

🔊 月(달 월, 육 달 월)

脫線(탈선), 脫盡(탈진), 脫出(탈출), 離脫(이탈), 逸脫(일탈)

099 일 면면만[逸 免勉晚] – 逸과 免으로 된 한자

逸
3급 / 총12획 / 부수 辶

토끼(兔)처럼 약한 짐승은 도망가서(辶) 숨는 것이 뛰어난 꾀며 그래야 편안하니
숨을 일, 뛰어날 일, 편안할 일

급외자 兔 – 귀가 긴 토끼가 꼬리 내밀고 앉아 있는 모양을 본떠서 '토끼 토' – 2급

🔊 辶(뛸 착, 갈 착)

逸話(일화), 逸品(일품), 逸味(일미), 安逸(안일)

#
준3급 / 총8획 / 부수 儿

덫에 걸린 토끼(兔)가 꼬리(丶)만 잘리고 죽음을 면하니 **면할 면**

🔊 丶('점 주, 불똥 주'이지만 여기서는 꼬리의 모양), 면하다 – 어떤 상태나 처지에서 벗어나다.

免稅(면세), 免除(면제), 免職(면직)

勉
준3급 / 총9획 / 부수 力

책임을 면하려고(免) 힘(力)쓰니 **힘쓸 면**

🔊 力(힘 력)

勉學(면학), 勤勉(근면), 勤勉誠實(근면성실)

晚
준3급 / 총11획 / 부수 日

해(日)가 면하여(免) 넘어가 늦으니 **늦을 만**

- 日(해 일, 날 일)
- 한자 구조가 晚 = 日 + 免이니, '해가 비추는 일을 그만두고 넘어간 늦은 시간'으로 이해하세요.

晚年(만년), 晚學(만학), 早晚間(조만간)

100　무무 걸기[無舞 傑旣] - 無로 된 한자와 傑旣

無
5급 / 총12획 / 부수 灬

사람(𠂉)이 장작더미를 쌓아서(卌) 그 밑에 불(灬)을 지핀 모양으로, 불타버리고 없으니 **없을 무**

- 역 无 : (태초에는) 하늘(一)과 땅(一)에 사람(儿) 하나 없었으니 '없을 무' - 사범
  旡 : 하나(一)도 감춘(𠃊) 사람(儿)이 없으니 '없을 무'
- 𠂉[사람 인(人)의 변형], 灬(불 화 발), 儿(사람 인 발, 어진사람 인), 𠃊(감출 혜, 덮을 혜, = 匚)

無難(무난), 無能(무능), 無線(무선), 無情(무정)

舞
준3급 / 총14획 / 부수 舛

정신없이(𣎴) 발을 어긋나게(舛) 디디며 춤추니 **춤출 무**

- 𣎴[없을 무(無)의 획 줄임]

舞天(무천), 歌舞(가무), 亂舞(난무)

傑
3급 / 총12획 / 부수 亻

사람(亻)이 사납게(桀) 일하면 뛰어난 호걸이 되니 **뛰어날 걸, 호걸 걸**

- 속 杰 - 나무(木)가 불(灬)타듯이 열성적이면 뛰어난 호걸이 되니 '뛰어날 걸, 호걸 걸'
- 급외자 舛 - 저녁(夕)에는 어두워 하나(一)씩 덮어(𠃊)꿰어도(丨) 어긋나니 '어긋날 천' - 사범
  桀 - 어긋난(舛) 사람을 나무(木) 위에 매달아 처형함이 사나우니 '사나울 걸'
  또 사납기로 대표적인 걸 임금이니 '걸 임금 걸' - 1급

傑作(걸작), 傑出(걸출)

旣
준3급 / 총11획 / 부수 无

날이 하얀(白) 비수(匕)로 이미 없애니(旡) **이미 기**

- 白(흰 백, 밝을 백, 깨끗할 백, 아뢸 백), 匕(비수 비, 숟가락 비)

旣得權(기득권), 旣往之事(기왕지사), 旣婚(기혼)

101 막4모묘[莫模募暮慕墓] - 莫으로 된 한자

莫
준3급 / 총11획 / 부수 ++

풀(++)에는 해(日)처럼 큰(大) 영향을 끼치는 것이 없으니 **없을 막, 말 막**
또 풀(++)에는 해(日)가 가장 큰(大) 영향을 끼치니 **가장 막**

🔊 ++(초 두), 日(해 일, 날 일), 大(큰 대)

莫論(막론), 莫逆(막역), 莫强(막강), 莫重(막중)

模
3급 / 총15획 / 부수 木

나무(木)로 없어질(莫) 것을 대비하여 본보기로 본떠 만드는 법이니
본뜰 모, 법 모
또 본떠 만들면 아무리 잘해도 차이가 나 모호하니 **모호할 모**

模範(모범), 模樣(모양), 規模(규모), *模糊(모호)

募
3급 / 총13획 / 부수 力

없는(莫) 힘(力)을 보충하려고 사람을 모으니 **모을 모**

🔊 力(힘 력)

募集(모집), 募金(모금), 公募(공모), 應募(응모)

暮
준3급 / 총15획 / 부수 日

없어지듯(莫) 해(日)가 넘어가 저무니 **저물 모**

日暮(일모), 歲暮(세모), 朝令暮改(조령모개)

慕
3급 / 총15획 / 부수 ㅅ

제정신이 없을(莫) 정도의 마음(㣺)으로 사모하니 **사모할 모**

🔊 ㅅ(마음 심 발)

思慕(사모), 愛慕(애모), 戀慕(연모), 追慕(추모)

墓
준3급 / 총14획 / 부수 土

없는(莫) 것처럼 흙(土)으로 덮어 놓은 무덤이니 **무덤 묘**

🔊 土(흙 토)

墓所(묘소), 墓地(묘지), 省墓(성묘)

DAY 07

102 취 차자자[吹 次姿資] - 吹와 次로 된 한자

吹 준3급 / 총7획 / 부수 口

입(口)을 하품(欠)하듯 크게 벌리고 부니 **불 취**

급외자 欠 - 사람(人)이 기지개켜며 하품하는 모양에서 '하품 흠'
또 하품하며 나태하면 능력이 모자라니 '모자랄 흠' - 2급

吹入(취입), 吹打(취타), 歌吹(가취), 力吹(역취)

次 준4급 / 총6획 / 부수 欠

두(二) 번이나 하품(欠)하며 미루는 버금(다음)이니 **버금 차**
또 버금으로 이어지는 차례와 번이니 **차례 차, 번 차**

🔊 =[두 이(二)의 변형], 버금 - 으뜸의 바로 아래. 또는 그런 지위에 있는 사람이나 물건.

次期(차기), 次善(차선), 次例(차례), 數次(수차)

姿 3급 / 총9획 / 부수 女

심성 다음(次)으로 여자(女)가 가꿔야 할 것은 맵시니 **맵시 자**

🔊 심성(心性) - 마음의 성품(씀씀이).

姿色(자색), 姿勢(자세), 姿態(자태), 雄姿(웅자)

資 3급 / 총13획 / 부수 貝

사업에서 사람 다음(次)으로 중요한 것은 재물(貝)이니 **재물 자**
또 재물의 정도로 따지는 신분이니 **신분 자**

🔊 貝(조개 패, 재물 패)

資金(자금), 資本(자본), 資産(자산), 資格(자격)

103 순 갈[旬 渴] - 旬과 渴

旬 3급 / 총6획 / 부수 日

날(日)을 열흘씩 묶어 싼(勹) 단위니 **열흘 순**

급외자 勹 - 사람(人)이 몸 구부려 싸니 '쌀 포' - 부수자

旬刊(순간), 旬報(순보), 上旬(상순), 七旬(칠순)

渴 준3급 / 총12획 / 부수 氵

물(氵)이 다하여(曷) 목마르니 **목마를 갈**

급외자 曷 - 해(日)를 피해 둘러싸인(勹) 곳에 사람(人)이 숨으면(乚) 어찌 더위가 그쳐 다하지 않겠는가에서 '어찌 갈, 그칠 갈, 다할 갈' - 사범

🔊 氵(삼 수 변), 乚(감출 혜, 덮을 혜, = 匚)

渴望(갈망), 渴症(갈증), 解渴(해갈)

104 약적 포포포[約的 包抱胞] - 勹, 包로 된 한자

約
준4급 / 총9획 / 부수 糸

실(糸)로 작은(勹) 매듭을 맺듯이 약속하니 **맺을 약, 약속할 약**

_{급외자} 勹 - 싸(勹) 한 점(丶)의 물이나 담을 수 있는 구기 같은 작은 그릇이니
'구기 작, 작은 그릇 작' - 사범

🔊 糸(실 사, 실 사 변), 勹은 쌀 포(勹) 안에 점 주(丶)를 넣기도 하고 한 일(一)을 넣기도 합니다.

節約(절약), 要約(요약), 約束(약속), 約婚(약혼)

的
준4급 / 총8획 / 부수 白

하얗게(白) 싼(勹) 판에 점(丶) 찍어 만든 과녁을 맞히니 **과녁 적, 맞힐 적**

또 과녁은 잘 보이도록 만들어 밝으니 **밝을 적**

또 '그 성격을 띠는, 그에 관계된, 그 상태로 된'의 뜻을 더하는 접미사니 **접미사 적**

🔊 白(흰 백, 밝을 백, 깨끗할 백, 아뢸 백), 丶(점 주, 불똥 주)

的中(적중), 目的(목적), 的確(적확)

包
준3급 / 총5획 / 부수 勹

싸고(勹) 또 뱀(巳)처럼 긴 실로 묶어 싸니 **쌀 포**

🔊 巳(뱀 사, 여섯째 지지 사)

包容(포용), 包圍(포위), 包裝(포장), 內包(내포)

抱
준3급 / 총8획 / 부수 扌

손(扌)으로 둘러싸(包) 안으니 **안을 포**

抱卵(포란), 抱負(포부), 宿抱(숙포), 旅抱(여포)

胞
3급 / 총9획 / 부수 月

몸(月)을 둘러싸고(包) 있는 세포니 **세포 포**

🔊 月(달 월, 육 달 월)

細胞(세포), 胞子(포자), 同胞(동포)

DAY 07

105 구구극 경경경[句苟極 敬警驚] – 句, 敬으로 된 한자

句
4급 / 총5획 / 부수 口

몇 단어씩 **싸서(勹) 입(口)**으로 읽기 좋게 나눠 놓은 글귀니 **글귀 구**
또 **구부리고(勹) 구멍(口)**으로 들어가는 모양처럼 굽으니 **굽을 구**

🔊 勹(쌀 포), 口(입 구, 구멍 구, 말할 구)
句節(구절), 句讀點(구두점), 句句節節(구구절절)

苟
3급 / 총9획 / 부수 ⺿

풀(⺿)처럼 **굽어(句)** 사는 모양이 구차하니 **구차할 구**
또 구차하지만 진실로 구하니 **진실로 구**

🔊 구차(苟且) - 군색스럽고 구구함. 가난함.
🔊 ⺿(초 두), 且(또 차, 구차할 차)
苟免(구면), 苟命圖生(구명도생), 苟安(구안)

極
준4급 / 총13획 / 부수 木

나무(木) 옆에서 **하나(一)**의 **글귀(句)**를 **또(又) 한(一)** 번 끝까지 다하여 익히니
끝 극, 다할 극

🔊 木(나무 목), 又(오른손 우, 또 우)
極端(극단), 南極(남극), 至極(지극), 極盡(극진)

敬
준4급 / 총13획 / 부수 攵

진실로(苟) 대하는 줄 알면 **채찍질(攵)**해도 공경하니 **공경할 경**

🔊 공경(恭敬) - 공손히 섬김. 삼가 예를 표시함.
🔊 攵(칠 복, = 攴), 恭(공손할 공)
敬老(경로), 尊敬(존경), 敬天愛人(경천애인)

警
준3급 / 총20획 / 부수 言

진실한(苟) 마음으로 **채찍질(攵)**하며 **말(言)**로 경계하고 깨우치니
경계할 경, 깨우칠 경

🔊 경계(警戒) - 잘못이 없도록 주의시킴.
🔊 言(말씀 언), 戒(경계할 계)
警戒(경계), 警告(경고), 巡警(순경), 警鐘(경종)

驚
준3급 / 총23획 / 부수 馬

진실한(苟) 마음으로 **채찍질(攵)**해도 **말(馬)**은 놀라니 **놀랄 경**

🔊 馬(말 마)
驚異(경이), 驚天動地(경천동지), 驚歎(경탄)

DAY 07 확인문제

01~10 다음 漢字의 훈(뜻)과 음(소리)을 쓰세요.

01. 塔 (　　　)　　06. 冠 (　　　)
02. 檢 (　　　)　　07. 規 (　　　)
03. 儉 (　　　)　　08. 悅 (　　　)
04. 劍 (　　　)　　09. 銳 (　　　)
05. 擔 (　　　)　　10. 逸 (　　　)

11~16 다음 훈음에 맞는 漢字를 〈보기〉에서 찾아 쓰세요.

〈보기〉	無　舞　模　募　給　姿　資　抱　胞　句　苟

11. 세포 포　(　　)　　14. 줄 급　(　　)
12. 맵시 자　(　　)　　15. 법 모　(　　)
13. 진실로 구 (　　)　　16. 모을 모 (　　)

17~18 다음 문장 중 漢字로 표기된 단어의 독음을 쓰세요.

17. 그는 **戀慕**의 감정을 주체하지 못하고 상사병에 걸렸다.　(　　　)
18. 이 작품은 20세기 회화를 대표하는 **傑作**으로 인정받고 있다. (　　　)

19~20 다음 문장 중 (　)안의 단어를 漢字로 쓰시오.

19. 늘 (**모험**)하는 정신으로 새로운 것에 도전한다.　(　　　)
20. 선비는 인내하고 (**극기**)하는 생활을 덕으로 삼는다.　(　　　)

정답

01. 탑 탑　　02. 검사할 검　　03. 검소할 검　　04. 칼 검　　05. 멜 담
06. 갓 관　　07. 법 규　　　08. 기쁠 열　　　09. 날카로울 예　10. 편안할 일
11. 胞　　　12. 姿　　　　　13. 苟　　　　　　14. 給　　　　　　15. 模
16. 募　　　17. 연모　　　　18. 걸작　　　　　19. 冒險　　　　　20. 克己

DAY 08 106~120

106 물물균 이(역)[勿物均 易] - 勿으로 된 한자와 易

勿
준3급 / 총4획 / 부수 勹

> 싸(勹) 놓은 것을 털어 버리면(ノノ) 없으니 **없을 물**
> 또 이처럼 털어 버리지 말라는 데서 **말 물**

🔊 勹(쌀 포), ノ('삐침 별'이지만 여기서는 터는 모양)
勿驚(물경), 勿念(물념), 勿論(물론), 勿忘草(물망초)

物
준5급 / 총8획 / 부수 牛

> 소(牛)를 팔아 없애서(勿) 사는 물건이니 **물건 물**

🔊 牛(소 우 변), 옛날에는 소가 집안의 재산 목록 1호였으니 큰일이 있으면 소를 팔아서 그 돈으로 필요한 물건을 샀지요.
物質(물질), 物各有主(물각유주), 寶物(보물)

均
4급 / 총7획 / 부수 土

> 흙(土)덩이를 없애고(勿) 평평하게 고르니 **평평할 균, 고를 균**

🔊 土(흙 토), 勻('적을 균, 두루 균'이지만 여기서는 말 물, 없을 물(勿)의 변형으로 봄)
均等(균등), 均一(균일), 平均(평균)

易 〔빈출〕
준3급 / 총8획 / 부수 日

> 해(日)가 구름에 가려 없어(勿)졌다 나타났다 하듯 쉽게 바꾸니 **쉬울 이, 바꿀 역**

安易(안이), 易地思之(역지사지), 交易(교역), 貿易(무역)

107 양양장장상[陽揚腸場傷] - 昜으로 된 한자

陽 〔빈출〕
5급 / 총12획 / 부수 阝

> 언덕(阝) 위를 비추는 볕(昜)이니 **볕 양**
> 또 언덕을 햇살(昜)이 비추면 드러나니 **드러날 양**

〔급외자〕 昜 - 아침(旦)마다 없던(勿) 해가 떠서 비치는 볕과 햇살이니 '볕 양, 햇살 양' - 배정 외
🔊 阝(언덕 부 변), 旦(아침 단)
陽刻(양각), 陽地(양지), 陰德陽報(음덕양보)

揚
준3급 / 총12획 / 부수 扌

손(扌)으로 햇살(昜)처럼 빛나게 날리고 떨치니 **날릴 양, 떨칠 양**

立身揚名(입신양명), 高揚(고양)

腸
준3급 / 총13획 / 부수 月

몸(月)속에 햇살(昜)처럼 넓게 퍼져 있는 창자니 **창자 장**

🔊 月(달 월, 육 달 월)

大腸(대장), 斷腸(단장), 胃腸(위장)

場
준5급 / 총12획 / 부수 土

흙(土)이 햇살(昜)처럼 넓게 퍼져 있는 마당이니 **마당 장**

🔊 土(흙 토)

場所(장소), 廣場(광장), 滿場一致(만장일치)

傷
준3급 / 총13획 / 부수 亻

사람(亻)과 사람(ㅗ)은 햇살(昜)에 피부가 상하니 **상할 상**

🔊 亻(사람 인 변), ㅗ[사람 인(人)의 변형]

傷處(상처), 負傷(부상), 重傷(중상)

---

108 녀여호 안안연[女汝好 安案宴] – 女, 安으로 된 한자

女
8급 / 총3획 / 부수 女

두 손 모으고 앉아 있는 여자 모양을 본떠서 **여자 녀**

男女(남녀), 淑女(숙녀), 南男北女(남남북녀)

汝
준3급 / 총6획 / 부수 氵

물(氵)을 떠 주었던 여자(女)가 바로 너였으니 **너 여, 성 여**

汝等(여등), 汝輩(여배), 汝矣島(여의도)

好
준4급 / 총6획 / 부수 女

여자(女)에게 자식(子)이 있으면 좋으니 **좋을 호**

🔊 子(아들 자, 첫째 지지 자, 자네 자, 접미사 자)

好感(호감), 好惡(호오), 好評(호평), 愛好(애호)

安
준5급 / 총6획 / 부수 宀

집(宀)에서 여자(女)가 살림하면 편안하니 **편안할 안, 성 안**

🔊 宀(집 면)

安寧(안녕), 安否(안부), 坐不安席(좌불안석)

DAY 08

案
준4급 / 총10획 / 부수 木

편안하게(安) 공부하도록 나무(木)로 만든 책상이니 **책상 안**
또 책상에 앉아 짠 생각이나 계획이니 **생각 안, 계획 안**

🔊 木(나무 목)
案席(안석), 案件(안건), 代案(대안), 方案(방안)

宴
3급 / 총10획 / 부수 宀

좋은 날(日)을 맞아 편안하게(安) 여는 잔치니 **잔치 연**

🔊 '집(宀)에서 날(日)마다 여자(女)가 준비하여 여는 잔치니 잔치 연'이라고도 합니다.
宴會(연회), 祝賀宴(축하연)

---

109 여서 노노노[如恕 奴怒努] - 如, 奴로 된 한자

如
준4급 / 총6획 / 부수 女

여자(女)의 말(口)은 대부분 부모나 남편의 말과 같았으니 **같을 여**

🔊 口(입 구, 구멍 구, 말할 구), 옛날 여자들은 대부분 부모나 남편의 뜻을 따랐음을 생각하고 만든 한자.
如一(여일), 如前(여전), 百論不如一行(백론불여일행)

恕
3급 / 총10획 / 부수 心

예전과 같은(如) 마음(心)으로 용서하니 **용서할 서**

🔊 心(마음 심, 중심 심)
容恕(용서), 恕罪(서죄), 忠恕(충서)

奴
3급 / 총5획 / 부수 女

여자(女)의 손(又)처럼 힘들게 일하는 종이니
종 노, 남을 흉하게 부르는 접미사 **노**

🔊 주로 남자 종에 쓰이고, 매국노(賣國奴)·수전노(守錢奴)처럼 남을 흉하게 부르는 접미사로도 쓰이죠. 여자 종은 '여자 종 비(婢)'가 따로 있습니다.
🔊 又(오른손 우, 또 우), 賣(팔 매), 國(나라 국), 守(지킬 수), 錢(돈 전)
奴名(노명), 老奴(노노), 賣國奴(매국노)

怒
4급 / 총9획 / 부수 心

일이 힘든 종(奴)의 마음(心)처럼 성내니 **성낼 노**

怒氣(노기), 怒發大發(노발대발), 激怒(격노), 大怒(대로)

努
준3급 / 총7획 / 부수 力

종(奴)처럼 일에 힘(力)쓰니 **힘쓸 노**

🔊 力(힘 력)
努力(노력), 努力家(노력가)

110 간처타 첩접 수[姦妻妥 妾接 數] – 女, 妾으로 된 한자와 數

姦
3급 / 총9획 / 부수 女

세 여자(女女女)를 사귀며 간사하게 간음하니 **간사할 간, 간음할 간**

- 간사(姦邪) – 성질이 간교하고 행실이 바르지 못함.
- 간음(姦淫) – 부부가 아닌 남녀가 성적 관계를 맺음. *邪(간사할 사), 淫(음란할 음)

強姦(강간)

妻
준3급 / 총8획 / 부수 女

많이(十) 손(⺕)써주는 여자(女)는 아내니 **아내 처**

- 十(열 십, 많을 십), ⺕(고슴도치 머리 계, 오른손 우)

妻家(처가), 妻福(처복), 賢母良妻(현모양처)

妥
3급 / 총7획 / 부수 女

손톱(爫)을 가꾸는 여자(女)처럼 평온하고 온당하니 **평온할 타, 온당할 타**

- 爫(손톱 조), 온당(穩當) – 사리에 어그러지지 아니하고 알맞음. *穩(평온할 온), 當(마땅할 당, 당할 당)

妥結(타결), 妥當(타당), 妥協(타협)

妾
3급 / 총8획 / 부수 女

서(立) 있는 본부인 아래에 있는 여자(女)는 첩이니 **첩 첩**

- 立(설 립), 첩(妾) – 본처 외에 데리고 사는 여자.

妾室(첩실), 妾出(첩출), 小妾(소첩), 妻妾(처첩)

接
4급 / 총11획 / 부수 扌

손(扌)으로 첩(妾)처럼 친절하게 오는 손님을 주인에게 이어주고 대접하니
이을 접, 대접할 접

接近(접근), 待接(대접), 接待(접대)

數
준4급 / 총15획 / 부수 攵

쌓인(婁) 물건을 두어 개씩 치면서(攵) 세니 **셀 수, 두어 수**
또 세듯이 자주 닥쳐오는 운수니 **자주 삭, 운수 수**

급외자 婁 – 쌓인 것(曲)을 여자(女)가 끌어 쌓으니 '끌 루, 쌓을 루' – 사범
- 攵(칠 복, = 攴)

數學(수학), 數日(수일), * 數脈(삭맥), 運數(운수)

DAY 08

111 모 매매해회 민번[母 每梅海悔 敏繁] - 母와 每, 敏으로 된 한자

母
8급 / 총5획 / 부수 母

여자(ㄗ) 중 젖(ㅗ)을 드러낸 어미니 어미 모

- 母(말 무) - 2급
- ㄗ[여자 녀(女)의 변형]
- 위 아래로 점(丶)이 있어 젖을 나타내면 '어미 모(母)', 안 된다는 금지의 가위표(十)가 있으면 '말 무, 없을 무(毋)'로 구분하세요.

母國(모국), 母情(모정), 慈母(자모), 子母(자모)

每
준5급 / 총7획 / 부수 母

사람(ㅗ)은 매양(항상) 어머니(母)를 생각하니 매양 매, 항상 매

- ㅗ[사람 인(人)의 변형], 매양 - 번번이. 매 때마다. 항상.

每番(매번), 每日(매일), 每年(매년), 每事不成(매사불성)

梅
3급 / 총11획 / 부수 木

나무(木) 중 항상(每) 가까이하는 매화니 매화 매

- 매화는 추위 속에서 피어나는 절개 있는 꽃으로 사군자(四君子)의 으뜸이고, 열매는 여러 용도로 쓰여 많이 심어 가꾸며, 그림으로도 그려 항상 가까이 하지요.

梅花(매화), 梅實(매실), 梅實茶(매실차), 雪中梅(설중매)

海
준5급 / 총10획 / 부수 氵

물(氵)이 항상(每) 있는 바다니 바다 해

- 큰 바다는 '큰 바다 양, 서양 양(洋)'

海警(해경), 海難(해난), 海流(해류)

悔
3급 / 총10획 / 부수 忄

지내놓고 마음(忄)으로 항상(每) 뉘우치니 뉘우칠 회

- 忄(마음 심 변)

悔改(회개), 悔悟(회오), 尤悔(우회), 後悔(후회)

敏
3급 / 총11획 / 부수 攵

항상(每) 치며(攵) 지도하면 행동이 민첩하니 민첩할 민

- 攵(칠 복, = 攴)

敏感(민감), 英敏(영민), 銳敏(예민)

繁
3급 / 총17획 / 부수 糹

(실 뽑는 집에서) 민첩하게(敏) 실(糹)을 뽑아내어 번성하니 번성할 번

- 糹(실 사, 실 사 변)

繁盛(번성), 繁榮(번영), 繁昌(번창)

112 료 자후 공맹승 [了 子厚 孔孟承] – 了와 子로 된 한자

了
3급 / 총2획 / 부수 亅

아들(子)이 양팔 붙이고 모체에서 나온 모양으로, 나왔으니 고통을 마쳤다는 데서 **마칠 료**

滿了(만료), 修了(수료), 完了(완료), 終了(종료)

子
8급 / 총3획 / 부수 子

아들이 두 팔 벌린 모양을 본떠서 **아들 자**
또 옛날에는 아들을 첫째로 여겼으니 **첫째 지지 자**
또 아들처럼 편하게 부르는 2인칭 대명사 **자네 자**
또 아들처럼 만들어져 나오는 물건의 뒤에 붙이는 **접미사 자**

子孫(자손), 孝子(효자), 甲子(갑자), 卓子(탁자)

厚
준3급 / 총9획 / 부수 厂

굴 바위(厂) 같은 집에서도 날(日)마다 자식(子)을 돌보는 부모의 정성이 두터우니 **두터울 후**

🔊 厂(굴 바위 엄, 언덕 엄), 두텁다 – 신의, 믿음, 관계, 인정 따위가 굳고 깊다.

厚待(후대), 厚德(후덕), 厚意(후의), 重厚(중후)

孔
3급 / 총4획 / 부수 子

새끼(子) 새(乚)가 자라는 구멍이니 **구멍 공**
또 구멍으로도 세상의 이치를 꿰뚫어 보았던 공자니 **공자 공, 성씨 공**

🔊 乚[새 을, 둘째 천간 을, 둘째 을, 굽을 을(乙)이 부수로 쓰일 때의 모양]

十九孔炭(십구공탄), 孔孟(공맹)

孟

3급 / 총8획 / 부수 子

자식(子) 중 첫째로 알고 그릇(皿)에 목욕시키며 기르는 맏이니 **맏 맹**
또 공자의 제자 중 맏이는 맹자니 **맹자 맹, 성씨 맹**

🔊 皿(그릇 명), 맏이 – 여러 형제자매 가운데서 제일 손위인 사람.

孟冬(맹동), 孟夏(맹하), 孔孟(공맹), 孟母三遷(맹모삼천)

承
4급 / 총8획 / 부수 手

아들(子) 둘(二)이 양쪽(八)에서 부모를 받들며 대를 이으니 **받들 승, 이을 승**

承繼(승계), 傳承(전승), 起承轉結(기승전결)

DAY 08

113 서야 유무[序野 柔務] – 予, 矛로 된 한자

준4급 / 총7획 / 부수 广

집(广)에서도 내(予)가 먼저 지켜야 하는 차례니 **먼저 서, 차례 서**

급외자 予 – 좌우 손으로 주고받는 모양에서 '줄 여'
또 주는 사람 자신을 뜻하여 '나 여'
또 '미리 예(豫)'의 약자 – 2급

🔊 广(집 엄)

序曲(서곡), 序論(서론), 序列(서열), 秩序(질서)

野

5급 / 총11획 / 부수 里

마을(里)에서 내(予)가 먹을거리를 생산하는 들이니 **들 야**
또 들에서 살면 손발이 거치니 **거칠 야**

🔊 里(마을 리, 거리 리)

野菜(야채), 平野(평야), 野性(야성)

준3급 / 총9획 / 부수 木

창(矛)에 쓰이는 나무(木)처럼 탄력 있고 부드러우니 **부드러울 유**

급외자 矛 – 손잡이 있는 창을 본떠서 '창 모' – 2급

柔道(유도), 柔弱(유약), 溫柔(온유)

4급 / 총11획 / 부수 力

창(矛)으로 적을 치듯이(夂) 힘(力)을 다하여 일에 힘쓰니 **일 무, 힘쓸 무**

🔊 夂(칠 복, = 攴), 力(힘 력)

勤務(근무), 實務(실무), 任務(임무), 休務(휴무)

---

114 기이사 기기배개[己已巳 記紀配改] – 己已巳와 己로 된 한자

준5급 / 총3획 / 부수 己

사람이 엎드려 절하는 모양을 본떠서 **몸 기, 자기 기, 여섯째 천간 기**

克己(극기), 知己(지기), 知彼知己(지피지기)

준3급 / 총3획 / 부수 己

밭갈이를 이미 끝낸 쟁기 보습의 모양에서 **이미 이**
또 갈라 끊는 뜻의 '따름'으로도 쓰여 **따름 이**

🔊 쟁기 – 논밭을 가는 농기구. 보습 – 쟁기에서 땅 속으로 들어가는 쇠 부분.

已往(이왕), 已往之事(이왕지사)

巳
4급 / 총3획 / 부수 己

몸을 사리고 꼬리를 든 뱀의 모양에서 **뱀 사, 여섯째 지지 사**

🔊 사람이 엎드려 절하는 모양에서 '몸 기, 자기 기, 여섯째 천간 기(己)', 己의 한 쪽이 약간 올라가면 '이미 이, 따름 이(已)', 완전히 붙으면 '뱀 사, 여섯째 지지 사(巳)'로 구분하세요.

記
준5급 / 총10획 / 부수 言

말(言) 중에 자기(己)에게 필요한 부분은 기록하거나 기억하니 **기록할 기, 기억할 기**

🔊 言(말씀 언)
記錄(기록), 登記(등기), 書記(서기), 記念(기념)

紀
3급 / 총9획 / 부수 糸

실(糸)에서 몸(己)처럼 중요한 벼리니 **벼리 기**
또 벼리처럼 중요한 질서나 해니 **질서 기, 해 기**
또 벼리처럼 중요한 것은 기록하니 **기록할 기**

🔊 벼리 - 그물의 위쪽 코를 꿰어 오므렸다 폈다 하는 줄로 그물에서 제일 중요한 부분.
軍紀(군기), 西紀(서기), 紀行文(기행문)

配
준3급 / 총10획 / 부수 酉

(혼례식에서) 술(酉)을 자기(己)와 나누어 마신 짝이니 **나눌 배, 짝 배**

🔊 酉(술 그릇 유, 술 유, 닭 유, 열째 지지 유)
配達(배달), 配列(배열), 配匹(배필)

改

준4급 / 총7획 / 부수 攵

자기(己) 잘못을 쳐(攵)서 고치니 **고칠 개**

🔊 攵(칠 복, = 攴)
改良(개량), 改善(개선), 改正(개정), 改革(개혁)

---

115 비읍 색절[肥邑 色絶] - 巴, 色으로 된 한자

DAY 08

肥

3급 / 총8획 / 부수 月

몸(月)이 뱀(巴) 먹이 먹는 모양처럼 불룩하게 살쪄 기름지니 **살찔 비, 기름질 비**
또 살찌게 하는 거름이니 **거름 비**

급외자 巴 - 뱀(巳)이 먹이 먹는 모양을 본떠서 '뱀 파'
또 뱀(巳) 꼬리처럼 생긴 땅 이름이니 '꼬리 파, 땅 이름 파' - 2급

🔊 月(달 월, 육 달 월)
肥大(비대), 肥滿(비만), 肥料(비료)

邑
준5급 / 총7획 / 부수 邑

일정한 **경계(口)**의 **땅(巴)**에 사람이 사는 고을이니 **고을 읍**

🔊 口('입 구, 구멍 구, 말할 구'지만 여기서는 '경계'로 봄), 한자의 왼쪽에 붙는 阝는 언덕 부(阜)가 한자의 변으로 쓰이는 것으로 '언덕 부 변'이라 부르고, 한자의 오른쪽에 붙는 阝는 고을 읍(邑)이 부수로 쓰이는 것으로 '고을 읍 방'이라 부릅니다.

邑內(읍내), 邑面(읍면), 邑長(읍장), 都邑(도읍)

色
준5급 / 총6획 / 부수 色

사람(⺈)이 **뱀(巴)**을 보고 놀라는 얼굴빛이니 **빛 색**

🔊 ⺈[사람 인(人)의 변형], 옛날에는 뱀이 많아 자주 나타났지요.

色盲(색맹), 脫色(탈색), 赤色(적색)

絶
준3급 / 총12획 / 부수 糸

실(糸) 자르듯 **사람(⺈)**이 **뱀(巴)**을 끊어 죽이니 **끊을 절, 죽일 절**
또 잡념을 끊고 하나에만 열중하면 가장 뛰어나게 되니 **가장 절**

🔊 오른쪽 위는 원래 칼 도(刀)인데 사람 인(人)의 변형(⺈)을 쓰기도 합니다.
🔊 잡념을 다 끊고 하나에만 열중하면 가장 뛰어나게 된다는 어원, 생각할수록 진리네요.

絶交(절교), 絶命(절명), 絶頂(절정)

---

116 범범 위원[犯範 危怨] - 㔾로 된 한자

犯
준3급 / 총5획 / 부수 犭

개(犭)가 **무릎(㔾)**을 물듯이 죄를 범하니 **범할 범**

급외자 㔾 - 사람이 무릎 꿇은 모양을 본떠서 '무릎 꿇을 절'
        또 부절이나 병부의 반쪽을 본떠서 '병부 절' (= 卩) - 부수자
🔊 犭(큰 개 견, 개 사슴 록 변)

犯人(범인), 犯罪(범죄), 防犯(방범)

範
3급 / 총15획 / 부수 ⺮

대(⺮)로 둘러친 **수레(車)**에 범인을 **무릎 꿇려(㔾)** 압송하며 법의 엄중함을 본보기로 보이니 **법 범, 본보기 범**

🔊 ⺮[대 죽(竹)이 부수로 쓰일 때의 모양], 옛날에 죄인의 호송 방법을 생각하고 만든 한자.

敎範(교범), 規範(규범), 模範(모범)

危
4급 / 총6획 / 부수 卩(㔾)

사람(⺈)에게 **재앙(厄)**이 닥치면 위험하니 **위험할 위**

급외자 厄 - 굴 바위(厂) 밑에 무릎 꿇어야 할(㔾) 정도의 재앙이니 '재앙 액' - 2급
🔊 ⺈[사람 인(人)의 변형]

危急(위급), 危機(위기), 危險(위험), 安危(안위)

怨
준3급 / 9획 / 부수 心

뒹굴며(夗) 마음(心)으로 원망하니 **원망할 원**

급외자 夗 – 저녁(夕)에 무릎 꿇은(卩) 것처럼 구부리고 뒹구니 '뒹굴 원' – 배정 외
🔊 心(마음 심, 중심 심), 夕(저녁 석)

怨望(원망), 怨聲(원성), 怨恨(원한)

---

117 즉절 보복[卽節 報服] - 卩, 皮로 된 한자

卽
준3급 / 총9획 / 부수 卩(㔾)

날이 하얀(白) 비수(匕) 앞에 곧 무릎 꿇으니(卩) **곧 즉**

🔊 白(흰 백, 밝을 백, 깨끗할 백, 아뢸 백), 匕(비수 비, 숟가락 비)

卽刻(즉각), 卽時(즉시), 卽效(즉효), 卽興(즉흥)

節
4급 / 총15획 / 부수 ⺮

대(⺮)에 좋게(皀) 무릎 꿇은(卩) 모양으로 생기는 마디니 **마디 절**

또 마디마디 곧은 절개니 **절개 절**

또 마디처럼 나눠지는 계절이나 명절이니 **계절 절, 명절 절**

🔊 ⺮[대 죽(竹)이 부수로 쓰일 때의 모양], 皀[좋을 량, 어질 량(良)의 변형], 절개(節槪) – 신념이나 의리 따위를 굽히거나 변하지 않는 성실한 태도. 특히 지조와 정조를 깨끗하게 지키는 여자의 품성.
*槪(대개 개, 절개 개)

節度(절도), 節制(절제), 好時節(호시절)

報
준4급 / 총12획 / 부수 土

다행히(幸) 재산을 잘 다스려(皮) 소식도 알리고 은혜도 갚으니 **알릴 보, 갚을 보**

또 소식을 알리는 신문이니 **신문 보**

🔊 皮 : 무릎 꿇도록(卩) 손(又)으로 잡아 다스리니 '다스릴 복'
🔊 幸(행복할 행, 바랄 행, 다행 행), 又(오른손 우, 또 우)

報告(보고), 速報(속보), 報答(보답)

服
5급 / 총8획 / 부수 月

몸(月)을 잘 다스려(皮) 보호하기 위해서는 옷도 입어야 하고 밥도 먹어야 하며, 상관의 명령에도 복종해야 하니 **옷 복, 먹을 복, 복종할 복**

🔊 月(달 월, 육 달 월)

服裝(복장), 洋服(양복), 服用(복용), 服從(복종)

DAY 08

118 령랭명 령령[令冷命 領嶺] - 令, 領으로 된 한자

令
준4급 / 총5획 / 부수 人

사람(人)으로 하여금 하나(一)같이 무릎 꿇게(卩) 명령하니
하여금 령, 명령할 령

또 명령을 잘 따르며 착하고 아름다우니 **착할 령, 아름다울 령**

또 하늘의 명령에 따라 바뀌는 계절이니 **계절 령**

🔊 卩(무릎 꿇을 절, 병부 절)

假令(가령), 命令(명령), 待令(대령), 指令(지령)

冷
준4급 / 총7획 / 부수 冫

얼음(冫)처럼 상관의 명령(令)은 차니 **찰 랭**

🔊 冫(이 수 변)

冷氣(냉기), 冷溫(냉온), 冷戰(냉전), 冷情(냉정)

命
5급 / 총8획 / 부수 口

입(口)으로 명령하니(令) **명령할 명**

또 명령으로 좌우되었던 목숨이나 운명이니 **목숨 명, 운명 명**

🔊 令은 문서로 내리는 명령, 令에 입 구(口)를 더한 명령할 명, 목숨 명(命)은 입으로 하는 명령으로 구분되지요.

命令(명령), 救命(구명), 生命(생명), 薄命(박명)

領
준4급 / 총14획 / 부수 頁

명령하여(令) 거느리는 우두머리(頁)니 **거느릴 령, 우두머리 령**

🔊 頁(머리 혈)

領導(영도), 大統領(대통령), 首領(수령), 占領(점령)

嶺
3급 / 총17획 / 부수 山

산(山)을 거느린(領) 고개나 재니 **고개 령, 재 령**

🔊 고개 아래로 산이 이어져 있으니 마치 고개가 산을 거느린 것 같지요.
🔊 영동(嶺東) 영서(嶺西)는 대관령(大關嶺)을 중심으로 나눈 것이고, 영남(嶺南)은 문경에 있는 조령(鳥嶺)의 남쪽이란 데서 붙여진 말입니다.

嶺南(영남), 嶺東(영동), 分水嶺(분수령)

119 란 묘류 류무[卵 卯柳 留貿] - 卵과 卯로 된 한자

卵
준3급 / 총7획 / 부수 卩

물고기에 두 개씩 있는 알 주머니를 본떠서 **알 란**

卵生(난생), 鷄卵(계란), 産卵(산란)

卯
4급 / 총5획 / 부수 卩

(봄기운이 왕성하여) 두 문짝을 활짝 열어 놓은 모양을 본떠서 **왕성할 묘**
또 귀를 쫑긋 세운 토끼로 보아 **토끼 묘**
또 토끼는 넷째 지지니 **넷째 지지 묘**

柳
준3급 / 총9획 / 부수 木

나무(木) 중 왕성하게(卯) 자라 늘어지는 버들이니 **버들 류, 성 유**

🔊 버드나무는 생명력이 강하여 굵은 줄기를 그냥 꽂아도 살고, 가지를 쳐주어도 금방 왕성하게 자라지요.
花柳界(화류계)

留
준3급 / 총10획 / 부수 田

왕성하게(卯) 일하려고 밭(田)에 머무르니 **머무를 류**

🔊 卯[왕성할 묘(卯)의 변형], 田(밭 전)
留念(유념), 留保(유보), 留任(유임), 保留(보류)

貿
3급 / 총12획 / 부수 貝

왕성하게(卯) 재물(貝)을 무역하며 바꾸니 **무역할 무, 바꿀 무**

🔊 貝(조개 패, 재물 패)
貿易(무역), 密貿易(밀무역), 貿穀(무곡)

---

120 앙인영[仰印迎] - 卬으로 된 한자

仰
준3급 / 총6획 / 부수 亻

사람(亻)이 높이(卬) 우러르니 **우러를 앙**

급외자 卬 – 무엇에 매달려(厂) 무릎 꿇고(卩) 높이 바라니 '높을 앙' – 배정 외
仰天大笑(앙천대소), 信仰(신앙), 推仰(추앙)

印
4급 / 총6획 / 부수 卩(㔾)

공문서를 올릴(卬) 때 한(一)결같이 찍는 도장이니 **찍을 인, 도장 인, 성 인**

印刷(인쇄), 印章(인장), 印朱(인주)

迎
준3급 / 총8획 / 부수 辶

높은(卬) 사람을 가서(辶) 맞이하니 **맞이할 영**

🔊 辶(뛸 착, 갈 착)
迎接(영접), 歡迎(환영), 送舊迎新(송구영신)

DAY 08

DAY 08 확인문제

01~10 다음 漢字의 훈(뜻)과 음(소리)을 쓰세요.

01. 宴 (　　　)　　06. 妾 (　　　)
02. 案 (　　　)　　07. 敏 (　　　)
03. 奴 (　　　)　　08. 悔 (　　　)
04. 恕 (　　　)　　09. 孟 (　　　)
05. 妥 (　　　)　　10. 肥 (　　　)

11~16 다음 훈음에 맞는 漢字를 〈보기〉에서 찾아 쓰세요.

〈보기〉	揚　腸　場　孔　紀　配　記　仰　迎　柳　嶺

11. 떨칠 양 (　　)　　14. 우러를 앙 (　　)
12. 창자 장 (　　)　　15. 짝 배 (　　)
13. 구멍 공 (　　)　　16. 벼리 기 (　　)

17~18 다음 문장 중 漢字로 표기된 단어의 독음을 쓰세요.

17. 이 지역은 일찍부터 **貿易**과 상업이 활발하였다. (　　　)
18. 민주개혁 조치가 더 이상 **留保**되어서는 안 된다. (　　　)

19~20 다음 문장 중 (　)안의 단어를 漢字로 쓰시오.

19. 우리는 피나는 노력으로 조국을 (**번영**)된 나라로 만들어야 한다. (　　　)
20. 계약 기간이 (**만료**)되었으니 재계약을 하도록 합시다. (　　　)

정답

01. 잔치 연　02. 책상 안　03. 종 노　04. 용서할 서　05. 온당할 타
06. 첩 첩　07. 민첩할 민　08. 뉘우칠 회　09. 맏 맹　10. 살찔 비
11. 揚　12. 腸　13. 孔　14. 仰　15. 配
16. 紀　17. 무역　18. 유보　19. 繁榮　20. 滿了

121 정정타[丁訂打] - 丁으로 된 한자

丁
준3급 / 총2획 / 부수 一

고무래나 못을 본떠서 **고무래 정, 못 정**
또 고무래처럼 튼튼한 장정도 가리켜서 **장정 정, 넷째 천간 정, 성 정**

🔊 '고무래'는 곡식을 말릴 때 넓게 펴서 고르는 도구니, 단단한 나무로 튼튼하게 만들었지요.
🔊 장정(壯丁) - 나이가 젊고 기운이 좋은 남자. *壯(굳셀 장, 장할 장)

丁男(정남), 丁女(정녀), 白丁(백정), 兵丁(병정)

訂
3급 / 총9획 / 부수 言

말(言)을 고무래(丁)로 곡식을 펴듯 바로잡으니 **바로잡을 정**

🔊 言(말씀 언)

訂正(정정), 改訂(개정), 修訂(수정)

打
준4급 / 총5획 / 부수 扌

손(扌)에 망치 들고 못(丁)을 치듯이 치니 **칠 타**

🔊 扌(손 수 변)

打開(타개), 打破(타파), 安打(안타)

122 가하하가 기기 사[可河何歌 奇寄 司] - 可, 奇로 된 한자와 司

可
준4급 / 총5획 / 부수 口

장정(丁)처럼 씩씩하게 말할(口) 수 있는 것이면 옳으니 **옳을 가**
또 옳으면 가히 허락하니 **가히 가, 허락할 가**

🔊 가히 : ('~ㄹ 만하다', '~ㄹ 수 있다', '~ㅁ직하다' 따위와 함께 쓰여) '능히', '넉넉히'의 뜻을 나타내어, 영어의 can과 같은 뜻입니다.

可否(가부), 不問可知(불문가지), 許可(허가)

河
준4급 / 총8획 / 부수 氵

물(氵)이 가히(可) 틀을 잡고 흘러가는 내나 강이니 **내 하, 강 하, 성 하**

河川(하천), 氷河(빙하), 運河(운하)

何
준3급 / 총7획 / 부수 亻

사람(亻)이 옳은(可) 일만 하는데 누가 무엇을 어찌 하겠는가에서 **어찌 하, 무엇 하**

何等(하등), 何時(하시), 何處(하처), 誰何(수하)

歌
준5급 / 총14획 / 부수 欠

옳다(可) 옳다(可) 하며 하품(欠)하듯 입 벌리고 부르는 노래니 **노래 가**

🔊 欠(하품 흠, 모자랄 흠)
歌曲(가곡), 歌手(가수), 歌謠(가요), 戀歌(연가)

奇
3급 / 총8획 / 부수 大

크게(大) 옳으면(可) 기이하니 **기이할 기**
또 기이함이 짝도 없는 홀수니 **홀수 기, 성 기**

🔊 大(큰 대)
奇異(기이), 奇特(기특), 好奇心(호기심), 奇數(기수)

寄
3급 / 총11획 / 부수 宀

집(宀)에 기이하게(奇) 붙어사니 **붙어살 기**
또 붙어살도록 부치니 **부칠 기**

🔊 宀(집 면), 부치다 – 편지나 물건 따위를 일정한 수단이나 방법을 써서 상대에게로 보내다.
寄生(기생), 寄宿舍(기숙사), 寄稿(기고)

司
3급 / 총5획 / 부수 口

허리 구부리고(⁊) 한(一) 사람의 입(口)에서 나온 명령을 맡으니 **맡을 사**
또 (취직할 곳이 관청밖에 없던 옛날) 관청에서 일을 맡아 하는 벼슬이니 **벼슬 사**

🔊 벼슬 – 관청에서 일을 맡아 다스리는 자리. 또는 그런 일.
司牧(사목), 司正(사정), 司會(사회), 上司(상사)

---

123 무무 술위세[戊茂 戌威歲] – 戊, 戌로 된 한자

戊
준3급 / 총5획 / 부수 戈

초목(丿)이 창(戈)처럼 자라 무성하니 **무성할 무, 다섯째 천간 무**

🔊 주로 다섯째 천간으로 쓰이고, '무성하다'의 뜻으로는 茂(무성할 무)를 많이 씁니다.
🔊 丿('삐침 별'이지만 여기서는 서 있는 초목의 모양으로 봄), 戈(창 과)
戊夜(무야)

茂
준3급 / 총9획 / 부수 ⺾

풀(⺾)이 무성하게(戊) 우거지니 **무성할 무, 우거질 무**

茂林(무림), 茂盛(무성)

戌
4급 / 총6획 / 부수 戈

무성하던(戊) 잎 하나(一)까지 떨어지는 구월이니 **구월 술**
또 무성하게(戊) 잎 하나(一)를 보고도 짖는 개니 **개 술**
또 개는 열한 번째 지지니 **열한 번째 지지 술**

🔊 서리 내리는 9월이 되면 무성하던 초목도 잎이 떨어지지요. 여기서 9월은 음력 9월, 한자 어원에 나오는 월일(月日)은 모두 음력입니다.

戌方(술방), 戌時(술시), 戌日(술일)

威
준3급 / 총9획 / 부수 女

개(戌)처럼 못난 사람이 여자(女) 같은 약자에게 부리는 위엄이니 **위엄 위**

🔊 위엄(威嚴) – 위세가 있어 의젓하고 엄숙한 태도. *嚴(엄할 엄)

威勢(위세), 威風(위풍), 權威(권위), 示威(시위)

歲
준4급 / 총13획 / 부수 止

크기를 그치고(止) 개(戌)가 작은(少) 새끼를 낳으면 태어난 지 벌써 한 해가 된 세월이고 먹는 나이니 **해 세, 세월 세, 나이 세**

🔊 止(그칠 지), 少[적을 소, 젊을 소(少)의 획 줄임], 개는 태어난 지 1년쯤 되면 크기를 그치고(다 커서) 새끼를 낳는다는 데서 만든 한자.
🔊 세월(歲月) – ㉠ 흘러가는 시간. ㉡ 지내는 형편이나 사정 또는 재미. ㉢ 살아가는 세상. 여기서는 ㉠의 뜻.

歲暮(세모), 歲拜(세배), 年年歲歲(연년세세), 萬歲(만세)

---

124 4성 함감감[成城誠盛 咸減感] – 成, 咸으로 된 한자

成
5급 / 총6획 / 부수 戈

무성하게(戊) 장정(丁)처럼 일하여 이루니 **이룰 성, 성 성**

🔊 丁[고무래 정, 못 정, 장정 정, 넷째 천간 정(丁)의 변형]

成功(성공), 成就(성취), 完成(완성), 自手成家(자수성가)

城
준4급 / 총9획 / 부수 土

흙(土)으로 이루어진(成) 재나 성이니 **재 성, 성 성**

🔊 土(흙 토), 재 – 높은 산의 고개.

城壁(성벽), 山城(산성), 入城(입성)

誠
준4급 / 총13획 / 부수 言

말(言)한 대로 이루려고(成) 들이는 정성이니 **정성 성**

🔊 言(말씀 언)

誠金(성금), 誠實(성실), 忠誠(충성), 孝誠(효성)

DAY 09

盛	이루어진(成) 음식을 그릇(皿)에 많이 차려 성하니 **성할 성**
4급 / 총11획 / 부수 皿	🔊 皿(그릇 명), 성하다 – 한창 왕성하다. 盛大(성대), 盛業(성업), 盛行(성행), 豊盛(풍성)

 咸

3급 / 총9획 / 부수 口

개(戌)는 한 마리만 짖어도(口) 다 짖으니 **다 함, 성 함**

咸告(함고), 咸悅(함열), 咸平(함평), 咸興差使(함흥차사)

減	물(氵)기가 다하면(咸) 줄어들듯 더니 **줄어들 감, 덜 감**
4급 / 총12획 / 부수 氵	🔊 氵(삼 수 변) 減少(감소), 減免(감면), 減速(감속), 加減乘除(가감승제)

 感

5급 / 총13획 / 부수 心

(정성을) 다하여(咸) 마음(心)을 쓰면 누구나 느끼고 감동하니 **느낄 감, 감동할 감**

🔊 心(마음 심, 중심 심)

感覺(감각), 感動(감동), 生動感(생동감), 多情多感(다정다감)

125 립위읍 배부[立位泣 倍部] – 立, 音으로 된 한자

立	사람이 팔다리를 벌리고 땅(一)에 서 있는 모양에서 **설 립**
7급 / 총5획 / 부수 立	立志(입지), 建立(건립), 獨立(독립), 自立(자립)

位	사람(亻)이 서(立) 있는 자리니 **자리 위**
준5급 / 총7획 / 부수 亻	位格(위격), 位階(위계), 位置(위치), 品位(품위)

 泣

준3급 / 총8획 / 부수 氵

물(氵)이 서(立) 있는 모양으로 눈물 흘리며 우니 **울 읍**

🔊 누워서 울어도 물은 서 있는 모양이지요.

泣請(읍청), 感泣(감읍), 悲泣(비읍)

倍	사람(亻)이 물건을 둘로 가르면(音) 숫자는 곱이고 갑절이니 **곱 배, 갑절 배**
준3급 / 총10획 / 부수 亻	倍加(배가), 倍數(배수), 倍率(배율), 倍前(배전) 🔊 音 – 서서(立) 입(口)씨름할 때 튀기는 침처럼 갈라지니 '갈라질 부'

部
5급 / 총11획 / 부수 阝

갈라놓은(音) 것처럼 고을(阝)의 여기저기 나눠진 마을이니 **나눌 부, 마을 부**
또 나눠진 마을을 함께 거느리니 **거느릴 부**

🔊 阝(고을 읍 방)
部品(부품), 部落(부락), 部隊(부대), 部下(부하)

---

126 보보[普譜] - 普로 된 한자

普
3급 / 총12획 / 부수 日

나란히(並) 해(日)처럼 비춤이 넓으니 **넓을 보**
또 널리 통하면 보통이니 **보통 보**

급외자 並 - 竝의 약자. 둘로 나누면 설 립(立)이 둘이니 '나란히 설 병' - 2급
普及(보급), 普通(보통), 普遍性(보편성) ↔ 特殊性(특수성)

譜
3급 / 총19획 / 부수 言

말(言)로 널리(普) 계보를 따져 정리한 족보나 악보니 **족보 보, 악보 보**

🔊 言(말씀 언)
族譜(족보), 系譜(계보), 年譜(연보), 樂譜(악보)

---

127 동종 친신 룡[童鐘 親新 龍] - 童, 亲으로 된 한자와 龍

童
5급 / 총12획 / 부수 立

서서(立) 마을(里)에 노는 사람은 주로 아이니 **아이 동**

🔊 立(설 립), 어른들은 일터에 나가고 노는 사람은 주로 아이들임을 생각하고 만든 한자.
童心(동심), 童詩(동시), 童話(동화), 神童(신동)

鐘
준3급 / 총20획 / 부수 金

쇠(金)소리가 아이(童) 소리처럼 맑은 쇠북이니 **쇠북 종**
또 쇠북처럼 종치는 시계니 **종치는 시계 종**

🔊 金(쇠 금, 금 금, 돈 금, 성 김)
警鐘(경종), 招人鐘(초인종), 自鳴鐘(자명종)

親
5급 / 총16획 / 부수 見

서(立) 있는 나무(木)를 돌보듯(見) 자식을 보살피는 어버이니 **어버이 친**
또 어버이처럼 친하니 **친할 친**

🔊 見(볼 견, 뵐 현)
母親(모친), 兩親(양친), 親睦(친목), 親密(친밀)

DAY 09

新
5급 / 총13획 / 부수 斤

서(立) 있는 나무(木)를 도끼(斤)로 잘라 새로 만들어 새로우니 **새로울 신**

🔊 立(설 립), 木(나무 목)

新聞(신문), 新銳(신예), 溫故知新(온고지신), 革新(혁신)

龍
3급 / 총16획 / 부수 龍

머리 세우고(立) 몸(月)을 꿈틀거리며 하늘로 오르는 용을 생각하여 **용 룡, 성 용**

🔊 立(설 립), 月(달 월, 육 달 월), 용은 전설 속의 동물로 신성하게 여겼지요.

龍門(용문), 飛龍(비룡), 臥龍(와룡), 魚變成龍(어변성룡)

---

128 음암 의억억[音暗 意億憶] - 音, 意로 된 한자

音
5급 / 총9획 / 부수 音

서서(立) 말하듯(日) 내는 소리니 **소리 음**

🔊 日(가로 왈, 말할 왈)

音讀(음독), 音樂(음악), 讀音(독음), 防音(방음)

暗
준4급 / 총13획 / 부수 日

해(日)가 지고 소리(音)만 들릴 정도로 어두우니 **어두울 암**

또 어둡게 몰래 하니 **몰래 암**

🔊 日(해 일, 날 일)

暗黑(암흑), 明暗(명암), 暗去來(암거래)

意
5급 / 총13획 / 부수 心

소리(音)를 듣고 마음(心)에 생각되는 뜻이니 **뜻 의**

🔊 心(마음 심, 중심 심)

意見(의견), 意外(의외), 意志(의지), 意向(의향)

億
준4급 / 총15획 / 부수 亻

너무 커서 사람(亻)이 뜻(意)을 생각해 보아야 하는 억이니 **억 억**

🔊 億은 1초에 하나를 세는 속도로 3년 이상을 쉬지 않고 세어야 하는 큰 수지요.

億兆(억조), 億萬(억만), 千億(천억)

憶
준3급 / 총16획 / 부수 忄

마음(忄)속에 뜻(意)을 기억하고 생각하니 **기억할 억, 생각할 억**

記憶(기억), 追憶(추억), 憶念(억념), 憶昔(억석)

129 장장 경경[章障 境鏡] - 章, 竟으로 된 한자

章
5급 / 총11획 / 부수 立

소리(音)를 적은 한자 열(十) 개 정도로 이루어진 글이니 **글 장**

🔊 十(열 십, 많을 십)

圖章(도장), 文章(문장), 印章(인장)

障
3급 / 총14획 / 부수 阝

위험한 언덕(阝)에 글(章)을 붙여 막으니 **막을 장**

🔊 阝(언덕 부 변)

障壁(장벽), 障害(장해), 保障(보장)

境
준3급 / 총14획 / 부수 土

흙(土)이 다한(竟) 지경이니 **지경 경**
또 어떤 지경에 이른 형편이니 **형편 경**

급외자 竟 - 소리(音)치며 사람(儿)들이 마침내 일을 다 했음을 알리니 '마침내 경, 다할 경' - 2급

🔊 土(흙 토), 지경(地境) - ㉠ 나라나 지역 따위의 구간을 가르는 경계. ㉡ 일정한 테두리 안의 땅.

境界(경계), 境遇(경우), 國境(국경), 逆境(역경)

鏡
준3급 / 총19획 / 부수 金

쇠(金)를 닦으면 마침내(竟) 광채나면서 비추는 거울이니 **거울 경**

🔊 金(쇠 금, 금 금, 돈 금, 성 김), 유리가 없던 옛날에는 쇠로 거울을 만들었지요.

鏡臺(경대), 銅鏡(동경), 眼鏡(안경), 破鏡(파경)

130 신변 벽피 업대[辛辯 壁避 業對] - 辛, 辟, 业으로 된 한자

辛
4급 / 총7획 / 부수 辛

서(立) 있는 곳이 십자가(十) 위인 것처럼 고생하니 **고생할 신**
또 먹기에 고생스럽도록 매우니 **매울 신, 여덟째 천간 신, 성 신**

千辛萬苦(천신만고), 香辛料(향신료)

辯
3급 / 총21획 / 부수 辛

어려운 일 틈(辛辛)에 끼어서도 말(言)을 잘하니 **말 잘할 변**

🔊 言(말씀 언)

辯護(변호), 達辯(달변), 答辯(답변), 雄辯(웅변)

DAY 09

壁
3급 / 총16획 / 부수 土

물리치려고(辟) 흙(土)으로 쌓아 막은 벽이니 **벽 벽**

급외자 辟 – 몸(尸)과 입(口)으로 백성들의 어려움(辛)을 물리치는 임금이니 '물리칠 벽, 임금 벽'
또 물리치고 한쪽으로 치우치니 '치우칠 벽' – 사범

壁報(벽보), 壁紙(벽지), 壁畫(벽화), 絶壁(절벽)

避
3급 / 총17획 / 부수 辶

치우친(辟) 곳으로 뛰어가(辶) 피하니 **피할 피**

避難(피난), 避亂(피란), 避暑(피서), 逃避(도피), 回避(회피)

業
5급 / 총13획 / 부수 木

풀 무성한(丵) 곳에 있는 나무(木)와 같이 이미 정해진 업이고 일이니
업 업, 일 업

급외자 丵 – 매울 신(辛) 위에 점 셋을 더 붙여 풀 무성한 모양을 나타내어 '풀 무성할 착' – 배정 외

🔊 업(業) : ㉠ 몸과 입과 뜻으로 짓는 선악의 소행. ㉡ 직업.

業苦(업고), 業報(업보), 自業自得(자업자득), 就業(취업)

對
5급 / 총14획 / 부수 寸

풀 무성하듯(丵) 많은 사람이 자리(一)에 앉아 정해진 법도(寸)에 따라 상대하고 대답하니 **상대할 대, 대답할 대**

🔊 一('한 일'이지만 여기서는 자리로 봄), 寸(마디 촌, 법도 촌)

對決(대결), 對立(대립), 對話(대화), 對答(대답)

---

131 행 환집 역택택[幸 丸執 驛擇澤] – 幸과 丸, 睪으로 된 한자

幸
5급 / 총8획 / 부수 干

하나(一)만 바꿔 생각하면 고생(辛)도 행복하니 **행복할 행**
또 행복은 누구나 바라니 **바랄 행**

🔊 모든 것은 마음먹기에 따라 달라져, 조금만 바꿔 생각하면 고생도 행복이 되지요.

幸福(행복), 幸運(행운), 幸運兒(행운아), 多幸(다행)

丸
3급 / 총3획 / 부수 丶

많은(九) 것들이 점(丶)처럼 둥글둥글한 알이니 **둥글 환, 알 환**

🔊 九(아홉 구, 클 구, 많을 구), 丶(점 주, 불똥 주)

丸石(환석), 丸藥(환약), 彈丸(탄환)

執
준3급 / 총11획 / 부수 土

다행히(幸) 좋은 환(丸)약을 구하여 잡으니 **잡을 집**
또 잡아서 집행하니 **집행할 집**

🔊 집행(執行) - '잡아서 행함'으로, 실제로 시행함.
執權(집권), 執念(집념), 執着(집착), 固執(고집)

驛
3급 / 총23획 / 부수 馬

말(馬)을 엿보아(睪) 갈아타는 역이니 **역 역**

급외자 睪 - 그물(罒) 쳐놓고 걸리기를 바라며(幸) 엿보니 '엿볼 역' - 1급
🔊 馬(말 마), 옛날의 역(驛)은 출장 나온 중앙 관리의 말을 바꿔 주거나 중앙과 지방 관청의 문서를 전달하는 일을 했습니다.
驛舍(역사), 驛前(역전), 終着驛(종착역)

擇
3급 / 총16획 / 부수 扌

손(扌)으로 엿보아(睪) 가리니 **가릴 택**

擇一(택일), 擇日(택일), 選擇(선택), 採擇(채택)

澤
3급 / 총16획 / 부수 氵

물(氵)을 엿보아(睪) 막아둔 연못이니 **연못 택**
또 연못물처럼 여러모로 잘 쓰이게 주는 은혜니 **은혜 택**

光澤(광택), 平澤(평택), 惠澤(혜택)

---

132 전갑 유유인연[田甲 由油寅演] - 田, 由로 된 한자

田
5급 / 총5획 / 부수 田

사방을 경계 짓고(囗) 나눈(十) 밭의 모양에서 **밭 전, 성 전**

田畓(전답), 田園(전원), 我田引水(아전인수)

甲
4급 / 총5획 / 부수 田

밭(田)에 씨앗의 뿌리(丨)가 처음 나 첫째니 **첫째 갑, 첫째 천간 갑**
또 싹이 날 때 뒤집어 쓴 껍질 같은 갑옷이니 **껍질 갑, 갑옷 갑**

🔊 丨('뚫을 곤'이지만 여기서는 돋아나는 싹으로 봄)
甲富(갑부), 甲種(갑종), 回甲(회갑), 鐵甲(철갑)

由
준4급 / 총5획 / 부수 田

밭(田)에 싹(丨)이 나는 것은 씨앗을 뿌림으로 말미암으니 **말미암을 유**

曲(굽을 곡, 노래 곡) - 제목번호 235
由來(유래), 由來談(유래담), 理由(이유)

DAY 09

油
5급 / 총8획 / 부수 氵

물(氵)처럼 열매를 짜는 것으로 **말미암아**(由) 나오는 기름이니 **기름 유**

🔊 由(말미암을 유)

油價(유가), 原油(원유), 精油(정유)

寅
4급 / 총11획 / 부수 宀

집(宀)에서 하나(一)의 일로 **말미암아**(由) 마음이 나눠짐(八)을 삼가니 **삼갈 인**

또 삼가 조심해야 하는 범이니 **범 인**

또 범은 셋째 지지니 **셋째 지지 인**

🔊 八(여덟 팔, 나눌 팔), 범 – 호랑이.

寅念(인념), 寅時(인시)

演
3급 / 총14획 / 부수 氵

물(氵)처럼 **삼가는**(寅) 모양으로 펴고 설명하니 **펼 연, 설명할 연**

🔊 그릇에 맞추고 항상 아래로 임하며 채우고 넘쳐야 다음으로 흐르는 물처럼 상대의 수준에 맞게 설명하여 분명히 알아야 다음으로 넘어감이 설명이지요.

演技(연기), 演說(연설), 演題(연제)

---

133 신신곤[申神坤] – 申으로 된 한자

申
4급 / 총5획 / 부수 田

속마음을 **아뢰어**(曰) **펴듯**(丨) 소리 내는 원숭이니 **아뢸 신, 펼 신, 원숭이 신**

또 원숭이는 아홉째 지지니 **아홉째 지지 신**

🔊 曰(가로 왈), 丨('뚫을 곤'이지만 여기서는 펴는 모습으로 봄)

申告(신고), 申請(신청), 申申當付(신신당부)

神
5급 / 총10획 / 부수 示

신(示) 중 모양을 펴(申) 나타난다는 귀신이니 **귀신 신**

또 귀신처럼 신비하고 깨어 있는 정신이니 **신비할 신, 정신 신**

🔊 示(보일 시, 신 시)

神奇(신기), 神童(신동), 神秘(신비), 精神(정신)

坤
준3급 / 총8획 / 부수 土

흙(土)이 **펼쳐진**(申) 땅이니 **땅 곤**

🔊 土(흙 토)

坤道(곤도), 乾坤(건곤)

134 세답 사남위 개계[細畓 思男胃 介界] - 田, 介로 된 한자

細
4급 / 총11획 / 부수 糸

실(糸)처럼 밭(田)이랑이 가느니 **가늘 세**

🔊 糸(실 사, 실 사 변)

細工(세공), 細菌(세균), 細密(세밀), 細心(세심)

畓
3급 / 총9획 / 부수 田

물(水)을 밭(田)에 넣어 만든 논이니 **논 답**

🔊 水(물 수)

田畓(전답), 宗畓(종답), 天水畓(천수답)

思
준4급 / 총9획 / 부수 心

밭(田)을 갈듯이 마음(心)으로 요모조모 생각하니 **생각할 사**

🔊 心(마음 심, 중심 심)

思考(사고), 思慕(사모), 思母曲(사모곡), 思想(사상)

男
7급 / 총7획 / 부수 田

밭(田)에서 힘(力)써 일하는 사내니 **사내 남**

🔊 力(힘 력)

美男(미남), 無男獨女(무남독녀)

胃
 3급 / 총9획 / 부수 月(肉)

밭(田)처럼 넓어 몸(月)에서 음식물을 담아 소화시키는 밥통이니 **밥통 위**

🔲 冒(무릅쓸 모) - 2급
🔊 月(달 월, 육 달 월)

胃炎(위염), 胃腸(위장), 胃痛(위통)

介
 3급 / 총4획 / 부수 人

사람(人) 사이(儿)에 끼니 **낄 개**

🔊 人(사람 인)

介意(개의), 介入(개입), 一介(일개), 紹介(소개)

界
5급 / 총9획 / 부수 田

밭(田) 사이에 끼어(介) 있는 경계니 **경계 계**
또 여러 나라의 경계로 나누어진 세계니 **세계 계**

境界(경계), 限界(한계), 世界(세계), 財界(재계)

DAY 09

135 리리 량량 중종동[里理 量糧 重種動] - 里, 量, 重으로 된 한자

里
준5급 / 총7획 / 부수 里

곡식을 생산하는 **전(田)**답이 있는 **땅(土)** 부근에 형성되었던 마을이니 **마을 리**
또 옛날에는 거리를 재는 단위로도 쓰여 **거리 리**

🔊 土(흙 토), 숫자 개념이 없었던 옛날에는 어느 마을에서 어느 마을까지의 거리를 몇 배로 셈했던가 봐요. 그러다가 후대로 내려오면서 1리는 400m, 10리는 4km로 정하여 쓰게 되지요.

里長(이장), 洞里(동리), 千里眼(천리안)

理
5급 / 총11획 / 부수 王(玉)

왕(王)이 **마을(里)**을 이치에 맞게 다스리니 **이치 리, 다스릴 리**

🔊 원래는 구슬(王)을 가공할 때 여기저기 흩어져 있는 마을(里)처럼 여기저기 있는 무늬가 잘 나타나도록 이치에 맞게 잘 다스린다는 데서 이치 리, 다스릴 리(理)입니다.

理論(이론), 合理(합리), 管理(관리), 處理(처리)

量
준4급 / 총12획 / 부수 里

아침(旦)마다 그 날 가야 할 **거리(里)**를 헤아리니 **헤아릴 량**
또 헤아려 담는 용량이니 **용량 량**

🔊 旦(아침 단)

雅量(아량), 減量(감량), 數量(수량)

糧
3급 / 총18획 / 부수 米

쌀(米) 등의 곡식을 먹을 만큼 **헤아려(量)** 들여놓는 양식이니 **양식 량**

🔊 米(쌀 미)

糧食(양식), 糧穀(양곡), 糧政(양정), 軍糧米(군량미)

重
5급 / 총9획 / 부수 里

많은(千) **마을(里)**에서 모은 것이라 무겁고 귀중하니 **무거울 중, 귀중할 중**
또 무겁고 귀중하면 거듭 다루니 **거듭 중**

🔊 千(일천 천, 많을 천)

重量(중량), 貴重(귀중), 重要(중요), 重複(중복)

種
준4급 / 총14획 / 부수 禾

곡식(禾)에서 **중요한(重)** 것은 씨앗이니 **씨앗 종**
또 씨앗처럼 나누어 두는 종류니 **종류 종**
또 씨앗을 심으니 **심을 종**

🔊 禾('벼 화'로 곡식을 대표함)

種子(종자), 種類(종류), 種族(종족), 各種(각종)

動
준4급 / 총11획 / 부수 力

무거운(重) 것도 **힘(力)**쓰면 움직이니 **움직일 동**

🔊 力(힘 력)

動力(동력), 動産(동산), 生動感(생동감)

DAY 09 확인문제

01~10 다음 漢字의 훈(뜻)과 음(소리)을 쓰세요.

01. 訂 (   )   06. 龍 (   )
02. 奇 (   )   07. 障 (   )
03. 寄 (   )   08. 辯 (   )
04. 普 (   )   09. 驛 (   )
05. 譜 (   )   10. 擇 (   )

11~16 다음 훈음에 맞는 漢字를 〈보기〉에서 찾아 쓰세요.

〈보기〉	咸 減 感 億 憶 壁 避 丸 坤 神 甲

11. 생각할 억 (   )   14. 땅 곤 (   )
12. 벽 벽   (   )   15. 다 함 (   )
13. 피할 피 (   )   16. 알 환 (   )

17~18 다음 문장 중 漢字로 표기된 단어의 독음을 쓰세요.

17. 시골에 정착하기 위하여 田畓을 장만하였다.   (   )
18. 아직 국내에 紹介되지 않은 제품입니다.   (   )

19~20 다음 문장 중 (   )안의 단어를 漢字로 쓰시오.

19. 공연은 사회자의 익살스러운 (사회)로 재미있게 진행되었다.   (   )
20. 그는 세계 평화에 이르는 길에 대해 (연설)했다.   (   )

정답

01. 바로잡을 정   02. 기이할 기   03. 부칠 기   04. 넓을 보   05. 족보 보
06. 용 룡   07. 막을 장   08. 말 잘할 변 09. 역 역   10. 가릴 택
11. 憶   12. 壁   13. 避   14. 坤   15. 咸
16. 丸   17. 전답   18. 소개   19. 司會   20. 演說

136   복부부[福副富] - 畐으로 된 한자

福
준4급 / 총14획 / 부수 示

신(示)이 채워준다는(畐) 복이니 복 복

급외자 畐 - 한(一) 사람의 입(口)은 밭에서 난 곡식만으로도 가득하게 차니
'가득할 복, 찰 복' - 배정 외

🔊 示(보일 시, 신 시)

福券(복권), 福音(복음), 祝福(축복), 幸福(행복)

副
준3급 / 총11획 / 부수 刂

**가득 차(畐) 있는 재산을 칼(刂)로 잘라내어 다음(버금)을 예비하니
버금 부, 예비 부**

🔊 刂(칼 도 방), '버금'은 으뜸의 바로 아래로, '다음, 두 번째'의 뜻.

副本(부본), 副業(부업), 副作用(부작용), 正副(정부)

富
준4급 / 총12획 / 부수 宀

집(宀)에 재물이 가득 차(畐) 넉넉한 부자니 넉넉할 부, 부자 부

🔊 宀(집 면)

豊富(풍부), 富強(부강), 巨富(거부), 貧富貴賤(빈부귀천)

137   만 우우[萬 遇愚] - 禺로 된 한자

萬
준5급 / 총13획 / 부수 艹

**풀(艹)밭에는 원숭이(禺)도 많으니 많을 만
또 많은 숫자인 일만이니 일만 만**

🔊 한자가 만들어진 중국에는 원숭이도 많습니다. 우리말의 '많다'도 여기서 유래된 것 같아요.

萬能(만능), 萬物(만물), 萬福(만복), 萬歲(만세)

遇
4급 / 총13획 / 부수 辶

원숭이(禺)처럼 뛰어가(辶) 만나니 **만날 우**

또 만나면 서로 대접하니 **대접할 우**

급외자 禺 - 원숭이가 앉아 있는 모양을 본떠서 '원숭이 우' - 배정 외

🔊 辶(뛸 착, 갈 착)

不遇(불우), 待遇(대우), 禮遇(예우), 處遇(처우)

愚
3급 / 총13획 / 부수 心

원숭이(禺)의 마음(心) 정도로 어리석으니 **어리석을 우**

🔊 心(마음 심, 중심 심)

愚直(우직), 愚問愚答(우문우답), 愚問賢答(우문현답)

---

138 어어선[魚漁鮮] - 魚로 된 한자

魚
5급 / 총11획 / 부수 魚

물고기 모양을 본떠서 **물고기 어, 성 어**

🔊 ⺈는 머리, 田은 몸통, 灬는 지느러미와 꼬리

魚類(어류), 魚族(어족), 活魚(활어)

漁
준4급 / 총14획 / 부수 氵

물(氵)에서 물고기(魚)를 잡으니 **고기 잡을 어**

🔊 물고기 모양을 본떠서 '물고기 어(魚)', 물에서 물고기를 잡으니 물을 뜻하는 삼 수 변(氵)을 붙여서 '고기 잡을 어(漁)'로 구분하세요.

漁夫・漁父(어부), 漁父之利(어부지리), 豊漁(풍어)

鮮
4급 / 총17획 / 부수 魚

물고기(魚)가 양(羊)처럼 곱게 깨끗하고 싱싱하니
고울 선, 깨끗할 선, 싱싱할 선

🔊 羊(양 양)이 들어가면 대부분 좋은 의미의 한자입니다.

鮮明(선명), 新鮮(신선), 生鮮(생선), 鮮度(선도)

---

139 미번 제제[米番 齊濟] - 米, 齊로 된 한자

米
5급 / 총6획 / 부수 米

벼(米)를 찧으면 알(丶)로 톡 튀어나오는 쌀이니 **쌀 미**

급외자 禾 - 익어서 고개 숙인 벼를 본떠서 '벼 화' - 2급

🔊 米[벼 화(禾)의 변형]

米飮(미음), 白米(백미), 精米(정미)

DAY 10

番
5급 / 총12획 / 부수 田

나눈(采) 밭(田)에 붙인 차례와 번지니 **차례 번, 번지 번**

급외자 采 – 분별하여(丿) 쌀(米)을 나누니 '분별할 변, 나눌 변' – 배정 외

🔊 田(밭 전)

當番(당번), 輪番(윤번), 地番(지번)

齊
3급 / 총14획 / 부수 齊

벼 이삭이 패서 가지런한 모양을 본떠서 **가지런할 제**

齊均(제균), 齊唱(제창), 修身齊家(수신제가), 整齊(정제)

濟
3급 / 총17획 / 부수 氵

물(氵)살이 가지런할(齊) 때 건너거나 물에 빠진 사람을 구제하니
건널 제, 구제할 제

🔊 氵(삼 수 변)

濟度(제도), 救濟(구제), 救世濟民(구세제민)

---

140 사화질향 추수[私和秩香 秋愁] – 禾, 秋로 된 한자

私
4급 / 총7획 / 부수 禾

벼(禾) 같은 곡식을 소유함이 사사로우니(厶) **사사로울 사**

🔊 厶(사사 사, 나 사)

私有(사유), 私利私慾(사리사욕), 公私多忙(공사다망)

和
5급 / 총8획 / 부수 口

벼(禾) 같은 곡식물을 나누어 같이 입(口)으로 먹으면 화목하고 화하니
화목할 화, 화할 화

🔊 화하다 – ㉠ (무엇을) 타거나 섞다. ㉡ (날씨나 바람·마음 따위가) 온화하다.

和睦(화목), 和音(화음), 和解(화해), 調和(조화)

秩
3급 / 총10획 / 부수 禾

볏(禾)단을 잃어(失)버리지 않도록 쌓는 차례니 **차례 질**

🔊 失(잃을 실), 차례로 쌓아두면 잃어버렸는지도 금방 알 수 있지요.

秩序(질서), 無秩序(무질서)

香
준4급 / 총9획 / 부수 香

벼(禾)가 햇(日)빛에 익어 가며 나는 향기니 **향기 향**

🔊 日(해 일, 날 일)

香氣(향기), 香水(향수), 香辛料(향신료), 芳香(방향)

秋
5급 / 총9획 / 부수 禾

벼(禾)가 불(火)처럼 붉게 익어 가는 가을이니 **가을 추, 성 추**

🔊 火(불 화)
秋霜(추상), 秋收(추수), 秋毫(추호), 晩秋(만추)

愁
준3급 / 총13획 / 부수 心

가을(秋)에 느끼는 마음(心)은 주로 근심이니 **근심 수**

🔊 추워지는 날씨에 겨울나기 걱정, 또 한 해가 간다는 슬픈 마음 등 가을(秋)에 느끼는 마음(心)은 주로 근심이지요.
愁苦(수고), 愁心(수심), 憂愁(우수), 鄕愁(향수)

---

141 위계력 리리 리[委季歷 利梨 李] - 禾, 利로 된 한자와 李

委
3급 / 총8획 / 부수 女

벼(禾) 같은 곡식을 여자(女)에게 맡기고 의지하니 **맡길 위, 의지할 위**

🔊 지금도 살림은 여자에게 맡기는 경우가 많지요.
委寄(위기), 委員(위원), 委任(위임), 委託(위탁)

季
준4급 / 총8획 / 부수 子

벼(禾)의 아들(子) 같은 열매가 맺는 줄기 끝이니 **끝 계**

또 (달력이 없었던 옛날에) 벼(禾) 열매(子)가 익어 감을 보고 짐작했던 계절이니 **계절 계**

🔊 子(아들 자, 첫째 지지 자, 자네 자, 접미사 자), '끝 계(季)'는 형제 중 막내로 쓰이고, 보통 말하는 끝은 끝 종(終)이나 끝 말(末)로 씁니다.
季父(계부), 季節(계절), 季刊(계간), 四季(사계)

歷
준4급 / 총16획 / 부수 止

굴 바위(厂) 밑에 벼들(禾禾)을 쌓아 놓고 멈춰서(止) 겨울을 지내며 겪으니 **지낼 력, 겪을 력**

🔊 止(그칠 지)
歷史(역사), 歷任(역임), 經歷(경력)

利
5급 / 총7획 / 부수 刂

벼(禾)를 낫(刂)으로 베어 수확하면 이로우니 **이로울 리**

또 이로움에는 모두 날카로우니 **날카로울 리**

🔊 禾(벼 화), 刂('칼 도 방'이지만 여기서는 '낫'으로 봄)
利己(이기) ↔ 利他(이타), 銳利(예리)

DAY 10

梨
3급 / 총11획 / 부수 木

이로운(利) 나무(木) 열매는 배니 **배 리**

🔊 배는 식용·약용으로도 많이 쓰이니 이롭지요.

梨花(이화), 烏飛梨落(오비이락)

李
5급 / 총7획 / 부수 木

나무(木)에 열린 아들(子)처럼 귀한 오얏이니 **오얏 리, 성 이**

🔊 오얏은 자도(紫桃)에서 온 말인 '자두'입니다. 옛날에는 자두가 매우 귀했던가 봐요.

李下不整冠(이하부정관)

---

142 내수 급급흡[乃秀 及級吸] - 乃, 及으로 된 한자

乃
4급 / 총2획 / 부수 丿

(세월이 빨라) 사람은 **지팡이(丿)에 의지할 허리 굽은(乃)** 사람으로 이에 곧 변하니
이에 내, 곧 내

🔊 이에 - 이리하여 곧.
🔊 丿('삐침 별'이지만 여기서는 지팡이로 봄), 세월은 빠르고 인생은 짧으니 백년을 살아도 삼만육천오백일밖에 안 되지요.

乃至(내지), 終乃(종내), 人乃天(인내천)

秀
준3급 / 총7획 / 부수 禾

벼(禾)는 심으면 곧(乃) 자라 이삭이 빼어나니 **빼어날 수**

🔊 禾(벼 화)

秀才(수재), 優秀(우수), 俊秀(준수)

及
4급 / 총4획 / 부수 又

곧(乃) 이르러 미치니(乀) **이를 급, 미칠 급**

🔊 乀 ('파임 불'이지만 여기서는 이르러 미치는 모양으로 봄)

普及(보급), 及第(급제) ↔ 落第(낙제), 及其也(급기야)

級
준3급 / 총10획 / 부수 糸

실(糸)을 이을(及) 때 따지는 등급이니 **등급 급**

🔊 糸(실 사, 실 사 변), 실을 이을 때는 아무 실이나 잇지 않고 굵기나 곱기의 등급을 따져 차례로 잇지요.

級數(급수), 級友(급우), 等級(등급), 進級(진급)

吸
준3급 / 총7획 / 부수 口

입(口)으로 공기를 폐까지 이르도록(及) 들이쉬어 마시니 **숨 들이쉴 흡, 마실 흡**

🔊 口(입 구, 구멍 구, 말할 구)

吸力(흡력), 吸收(흡수), 吸煙(흡연), 吸着(흡착)

143 두과료 수[斗科料 收] – 斗로 된 한자와 收

斗
4급 / 총4획 / 부수 斗

자루 달린 국자를 본떠서 **국자 두**
또 국자처럼 곡식을 퍼 올려 되는 말이니 **말 두**

🔊 지금은 물건의 양을 무게로 환산하여 그램(g)이나 킬로그램(kg)으로 표시하지만, 얼마 전까지만 해도 되(升 : 되 승)나 말(斗)에 곡식을 담아 헤아렸어요. 열 되가 한 말이고 한 말은 8kg입니다.

北斗七星(북두칠성), 泰山北斗(태산북두)

科
5급 / 총9획 / 부수 禾

벼(禾)의 양을 말(斗)로 헤아려 품질과 용도에 따라 나눈 조목이니 **조목 과**
또 지식을 조목조목 나누어 설명한 과목이니 **과목 과**

🔊 禾(벼 화)
眼科(안과), 轉科(전과), 科目(과목), 科擧(과거)

料
준4급 / 총10획 / 부수 斗

쌀(米)의 양을 말(斗)로 헤아려 무엇을 만드는 재료로 쓰거나 계산하던 값이니
헤아릴 료, 재료 료, 값 료

🔊 옛날부터 벼와 쌀은 곡식의 대표로 물물 거래의 기준이었지요.
料量(요량), 思料(사료), 材料(재료), 無料(무료)

收
4급 / 총6획 / 부수 攵

줄기에 얽힌(丩) 열매를 쳐(攵)서 거두니 **거둘 수**

🔊 丩 : 서로 얽힌 모양에서 '얽힐 구', 攵(칠 복, = 攴), 옛날에는 벼를 낫으로 베어 햇볕에 말린 다음 도리깨로 쳐서 낟알을 수확했지요.
收拾(수습), 收入(수입), 收支(수지)

---

144 양양상양달[羊洋祥樣達] – 羊으로 된 한자

羊
준5급 / 총6획 / 부수 羊

앞에서 바라본 양의 모양을 본떠서 **양 양**

🔊 양은 성질이 온순하여 방목하거나 길들이기도 좋으며, 부드럽고 질긴 털과 가죽과 고기를 주는 이로운 짐승이니, 양(羊)이 부수로 쓰이면 대부분 좋은 의미의 한자랍니다.
羊毛(양모), 羊肉(양육), 山羊(산양)

洋
5급 / 총9획 / 부수 氵

물결(氵)이 수만 마리 양(羊) 떼처럼 출렁이는 큰 바다니 **큰 바다 양**
또 큰 바다 건너편에 있는 서양이니 **서양 양**

太平洋(태평양), 洋食(양식), 洋裝(양장), 洋酒(양주)

DAY 10

祥
3급 / 총11획 / 부수 示

보임(示)이 양(羊)처럼 좋아 상서로운 조짐이니 **상서로울 상, 조짐 상**

- 상서(祥瑞) - 경사로운 일이 있을 징조.
- 조짐(兆朕) - 어떤 일이 생길 기미가 보이는 현상.
- 示(보일 시, 신 시), 瑞(상서로울 서), 兆(조짐 조, 조 조), 朕(조짐 짐)

發祥地(발상지), 不祥事(불상사), 吉祥(길상)

樣
3급 / 총15획 / 부수 木

나무(木) 옆에 양(羊) 떼가 길게(永) 늘어선 모양이니 **모양 양**

- 木(나무 목), 永(길 영, 오랠 영)

樣式(양식), 各樣各色(각양각색), 多樣(다양)

達
4급 / 총13획 / 부수 辶

흙(土)에만 살던 양(羊)도 뛰어서(辶) 풀밭에 잘도 이르니 **이를 달**
또 완전에 이르도록 익혀 통달하니 **통달할 달**

- 통달(通達) - (어떤 일에) 막힘없이 통하여 훤히 앎.
- 辶(뛸 착, 갈 착), 通(통할 통)

達成(달성), 傳達(전달), 達辯(달변), 達人(달인)

---

145 미선양착차[美善養着差] - 羊의 변형(⺷)으로 된 한자

美
5급 / 총9획 / 부수 羊(⺷)

양(羊)이 커(大) 가는 모양처럼 아름다우니 **아름다울 미**

美觀(미관), 美德(미덕), 美術(미술), 美人(미인)

善
준4급 / 총12획 / 부수 口

양(羊)처럼 풀(艹)만 입(口)으로 먹는 짐승은 순하고 착하니 **착할 선**
또 착하면 좋고 시키는 일도 잘하니 **좋을 선, 잘할 선**

- 艹[초 두(艹)의 약자(艹)의 변형], 초식동물은 대부분 순하지요.

善良(선량), 改善(개선), 善戰(선전), 善防(선방)

養
준4급 / 총15획 / 부수 食

양(羊)을 먹여(食) 기르니 **기를 양**

- 食(밥 식, 먹을 식, 먹이 사)

養鷄(양계), 養虎遺患(양호유환)

着
4급 / 총12획 / 부수 目

털에 가린 양(羊)의 붙은(丿) 눈(目)처럼 붙으니 **붙을 착**

- 丿('삐침 별'이지만 여기서는 붙은 모양으로 봄), 目(눈 목, 볼 목, 항목 목)

着陸(착륙), 着眼(착안), 接着(접착), 定着(정착)

差
3급 / 총10획 / 부수 工

(붙어 다니는) 양(羊)처럼 붙어(丿) 서서 똑같이 만들어도(工) 다르고 어긋나니
다를 차, 어긋날 차

🔊 工(장인 공, 만들 공, 연장 공)

差別(차별), 差異(차이), 格差(격차), 誤差(오차)

---

146 아아 의의의[我餓 義議儀] - 我, 義로 된 한자

我
준3급 / 총7획 / 부수 戈

손(手)에 창(戈) 들고 지켜야 할 존재는 바로 나니 **나 아**

🔊 手(손 수, 재주 수, 재주 있는 사람 수), 戈(창 과), 조금만 방심하면 잡념이 생기고 엉뚱한 짓을 하게 되고, 남에게 침입 받게 되지요.

我軍(아군), 我執(아집), 自我(자아)

餓
3급 / 총16획 / 부수 飠

밥(飠)이 나(我)에게 제일 생각나도록 굶주리니 **굶주릴 아**

🔊 飠(밥 식, 먹을 식 변)

餓倒(아도), 餓死(아사), 餓殺(아살), 寒餓(한아)

義
준4급 / 총13획 / 부수 羊(⺷)

양(羊)처럼 내(我)가 행동함이 옳고 의로우니 **옳을 의, 의로울 의**

義擧(의거), 義理(의리), 義士(의사), 正義(정의)

議
준3급 / 총20획 / 부수 言

(좋은 결론을 위해) 말(言)로 의롭게(義) 의논하니 **의논할 의**

🔊 言(말씀 언)

議決(의결), 會議(회의), 謀議(모의), 不可思議(불가사의)

儀
3급 / 총15획 / 부수 亻

사람(亻)이 의리(義)에 맞게 움직이는 거동이니 **거동 의**

🔊 거동(擧動) - 몸을 움직임. 또는 그런 짓이나 태도.
🔊 擧(들 거, 일으킬 거), 動(움직일 동)

儀禮(의례), 儀式(의식), 儀典(의전)

DAY 10

147 구품 회[口品 回] - 口로 된 한자와 回

口
8급 / 총3획 / 부수 口

입이나 구멍을 본떠서 **입 구, 구멍 구**
또 입으로 말하니 **말할 구**

급외자 囗 - 사방을 에운 모양에서 '에운담'
　　　또 나라 국(國)의 약자 - 배정 외

口味(구미), 一口二言(일구이언), 出入口(출입구)

品
5급 / 총9획 / 부수 口

여러 사람이 **말하여(口口口)** 정한 물건의 등급과 품위니
물건 품, 등급 품, 품위 품

🔊 口(입 구, 구멍 구, 말할 구)
物品(물품), 上品(상품), 品格(품격), 品位(품위)

回
준4급 / 총6획 / 부수 囗

축을 중심으로 돌아가는 모양에서 **돌 회**
또 돌아오는 횟수니 **돌아올 회, 횟수 회**

回轉(회전), 回答(회답), 一回(일회), 回顧(회고)

148 설활화 사사[舌活話 舍捨] - 舌, 舍로 된 한자

舌
4급 / 총6획 / 부수 舌

혀(千)가 **입(口)**에서 나온 모양을 본떠서 **혀 설**

🔊 千('일천 천, 많을 천'이지만 여기서는 혀의 모양으로 봄)
舌戰(설전), 口舌數(구설수), 毒舌(독설)

活
5급 / 총9획 / 부수 氵

물(氵)기가 **혀(舌)**에 있어야 사니 **살 활**

活力(활력), 活路(활로), 活魚(활어), 復活(부활)

話
5급 / 총13획 / 부수 言

말(言)을 **혀(舌)**로 하는 말씀이나 이야기니 **말씀 화, 이야기 화**

話術(화술), 對話(대화), 童話(동화), 實話(실화)

舍
4급 / 총8획 / 부수 舌

사람(人)이 입속의 **혀(舌)**처럼 깃들여 사는 집이니 **집 사**

官舍(관사), 寄宿舍(기숙사), 豚舍(돈사)

捨
3급 / 총11획 / 부수 扌

손(扌)으로 집(舍) 밖에 버리니 **버릴 사**

- 拾(열 십, 주울 습) - 2급
- 扌(손 수 변)

喜捨(희사), 四捨五入(사사오입), 取捨選擇(취사선택)

---

149 곤 수온 인인은[困 囚溫 因姻恩] - 困과 囚, 因으로 된 한자

困
준3급 / 총7획 / 부수 囗

에워싼(囗) 나무(木)처럼 곤하니 **곤할 곤**

- 木(나무 목), 곤(困)하다 - 기운이 없이 나른하다.

困難(곤난 → 곤란), 困境(곤경), 貧困(빈곤), 疲困(피곤)

囚
3급 / 총5획 / 부수 囗

에워싼(囗) 곳에 가둔 사람(人)은 죄인이니 **가둘 수, 죄인 수**

- 人(사람 인)

囚衣(수의), 死刑囚(사형수), 良心囚(양심수), 罪囚(죄수)

溫
준4급 / 총13획 / 부수 氵

물(氵)을 죄인(囚)에게도 그릇(皿)으로 떠 주는 마음이 따뜻하니 **따뜻할 온**
또 무슨 일을 따뜻해지도록 여러 번 반복하여 익히니 **익힐 온, 성 온**

- 氵(삼 수 변), 皿(그릇 명), 여러 번 문지르면 따뜻해지듯이 반복하여 익힌다는 데서 '익힐 온'입니다.

溫氣(온기), 溫情(온정), 溫故知新(온고지신)

因
준4급 / 총6획 / 부수 囗

에워싼(囗) 큰(大) 울타리에 인하여 의지하니 **인할 인, 의지할 인**

- 大(큰 대), 사회가 안정되지 않았던 옛날에는 크고 튼튼한 울타리에 많이 의지하였겠지요.

因緣(인연), 原因(원인), 因習(인습), 敗因(패인)

姻
3급 / 총9획 / 부수 女

여자(女)가 의지할(因) 남자와 혼인하니 **혼인할 인**

- 女(여자 녀)

姻親(인친), 婚姻(혼인)

恩
4급 / 총10획 / 부수 心

의지하도록(因) 마음(心) 써 주는 은혜니 **은혜 은**

- 心(마음 심, 중심 심)

恩惠(은혜), 恩功(은공), 恩德(은덕), 恩人(은인)

150 중충환 사리새[中忠患 史吏使] – 中, 史로 된 한자

中
8급 / 총4획 / 부수 丨

사물(口)의 가운데를 뚫어(丨) 맞히니 **가운데 중, 맞힐 중**

- 口('입 구, 구멍 구, 말할 구'이지만 여기서는 사물의 모양으로 봄), 丨(뚫을 곤)

中立(중립), 中央(중앙), 命中(명중), 百發百中(백발백중)

忠
준4급 / 총8획 / 부수 心

가운데(中)에서 우러나는 마음(心)으로 대하는 충성이니 **충성 충**

- 충성(忠誠) – 참마음에서 우러나오는 정성.
- 心(마음 심, 중심 심), 誠(정성 성)

忠告(충고), 忠信(충신), 忠言逆耳(충언역이)

患
준4급 / 총11획 / 부수 心

가운데(中) 가운데(中)에 맺혀 있는 마음(心)이 근심이니 **근심 환**

患者(환자), 憂患(우환), 有備無患(유비무환)

史
준4급 / 총5획 / 부수 口

중립(史)을 지키며(丶) 사실대로 써야 하는 역사니 **역사 사**

- 史[가운데 중, 맞힐 중(中)의 변형], 丶('파임 불'이지만 여기서는 '지키다'의 뜻으로 봄)
- 역사는 어느 쪽으로도 치우치지 않는 중립을 지키는 사람이 사실대로 써야 하지요.

歷史(역사), 史觀(사관), 略史(약사)

吏
3급 / 총6획 / 부수 口

한(一)결같이 중립(史)에 서서 공정하게 일해야 하는 사람(人)이 아전이니 **아전 리**

- 衙前(아전) – 조선 시대에 중앙과 지방의 관아에 속한 벼슬아치 밑에서 일을 보던 사람.

吏房(이방), 官吏(관리), 淸白吏(청백리)

使
준4급 / 총8획 / 부수 亻

사람(亻)이 관리(吏)로 하여금 일을 하도록 부리니 **하여금 사, 부릴 사**

使命(사명), 使童(사동), 使役(사역), 勞使(노사)

DAY 10 확인문제

01~10 다음 漢字의 훈(뜻)과 음(소리)을 쓰세요.

01. 副 (   )   06. 委 (   )
02. 愚 (   )   07. 梨 (   )
03. 齊 (   )   08. 祥 (   )
04. 濟 (   )   09. 樣 (   )
05. 秩 (   )   10. 餓 (   )

11~16 다음 훈음에 맞는 漢字를 〈보기〉에서 찾아 쓰세요.

〈보기〉	義 議 儀 舍 捨 囚 因 姻 史 吏 養

11. 의논할 의 (   )   14. 가둘 수 (   )
12. 거동 의 (   )   15. 혼인할 인 (   )
13. 버릴 사 (   )   16. 아전 리 (   )

17~18 다음 문장 중 漢字로 표기된 단어의 독음을 쓰세요.

17. 친구의 도움으로 **困境**에서 벗어날 수 있었다.   (   )
18. 우리는 **差別** 받지 않을 권리를 가지고 있다.   (   )

19~20 다음 문장 중 (   )안의 단어를 漢字로 쓰시오.

19. 그는 고등학교를 (**우수**)한 성적으로 졸업하였다.   (   )
20. 동요를 들으면 행복했던 어린 시절의 (**향수**)에 젖어든다. (   )

정답

01. 버금 부   02. 어리석을 우   03. 가지런할 제   04. 건널 제   05. 차례 질
06. 맡길 위   07. 배 리   08. 상서로울 상   09. 모양 양   10. 굶주릴 아
11. 議   12. 儀   13. 捨   14. 囚   15. 姻
16. 吏   17. 곤경   18. 차별   19. 優秀   20. 鄉愁

DAY 11 151~165

151 경(갱)경 편(변)[更硬 便] - 更으로 된 한자

更
4급 / 총7획 / 부수 日

한(一) 번 말(日)하면 사람(人)들은 고치거나 다시 하니 **고칠 경, 다시 갱**

🔊 日(가로 왈, 말할 왈), 한 번 말하면 좋은 사람은 고치지만 그렇지 못한 사람은 다시 하지요.

更正(경정), 變更(변경), 更生(갱생)

硬
3급 / 총12획 / 부수 石

돌(石)처럼 고쳐(更) 굳으니 **굳을 경**

🔊 石(돌 석)

硬度(경도), 硬直(경직), 硬化(경화), 强硬(강경)

便
5급 / 총9획 / 부수 亻

사람(亻)이 잘못을 고치면(更) 편하니 **편할 편**
또 누면 편한 것은 똥오줌이니 **똥오줌 변**

🔊 편할 편(便)에 어찌 '똥오줌 변'이란 뜻도 있을까?
  조금만 생각해 봐도 누면 편한 것이 똥오줌이니 그런 것임을 알게 되지요.

便利(편리), 便安(편안), 便所(변소), 小便(소변)

152 조구[操區] - 品으로 된 한자

操
준3급 / 총16획 / 부수 扌

손(扌)으로 새 떼 지어 우는(喿) 것처럼 어지러운 일을 잡아 다루니
잡을 조, 다룰 조

급외자 喿 - 새들의 입(品)이 나무(木) 위에서 떼 지어 우니 '새 떼 지어 울 소' - 배정 외

🔊 扌(손 수 변), 品('물건 품, 등급 품, 품위 품'이지만 여기서는 '새들의 입'으로 봄)

操心(조심), 志操(지조), 操業(조업)

區
준3급 / 총11획 / 부수 匸

감추려고(匸) 물건(品)을 나누니 **나눌 구**
또 나눠 놓은 구역이니 **구역 구**

🔊 匸(감출 혜, 덮을 혜, = 匚)

區分(구분), 區劃(구획), 區域(구역), 區間(구간)

153 단단[亶壇] - 亶으로 된 한자

亶
사범 / 총13획 / 부수 亠

머리(亠) 돌려(回) 아침(旦)부터 열중하며 생기는 높은 믿음이니 **높을 단, 믿음 단**

- 亠(머리 부분 두), 旦(아침 단)
- 어원 풀이를 위한 참고자로 8~3급 선정한자에는 포함되지 않습니다.

壇
준3급 / 총16획 / 부수 土

흙(土)을 높이(亶) 쌓아 만든 제단이나 단상이니 **제단 단, 단상 단**

- 土(흙 토)

壇上(단상), 講壇(강단), 教壇(교단), 論壇(논단), 登壇(등단)

154 단득 항선[但得 恒宣] - 旦, 亘으로 된 한자

但
준3급 / 총7획 / 부수 亻

사람(亻)은 아침(旦)이면 다만 그날 일만 생각하니 **다만 단**

급외자 旦 - 해(日)가 지평선(一) 위로 떠오르는 아침이니 '아침 단' - 2급

但只(단지), 但書(단서), *端緒(단서), 非但(비단)

得
4급 / 총11획 / 부수 彳

걸어가(彳) 아침(旦)부터 법도(寸)에 맞게 일하면 무엇이든 얻으니 **얻을 득**

- 彳(조금 걸을 척), 寸(마디 촌, 법도 촌)

得道(득도), 得點(득점), 自業自得(자업자득)

恒
준3급 / 총9획 / 부수 忄

마음(忄)이 항상 무엇으로 뻗어가며(亘) 생각하듯 항상이니 **항상 항**

급외자 亘 - 하늘(一)과 땅(一) 사이에 햇(日)빛이 뻗치고 펴지니 '뻗칠 긍, 펼 선' - 1급

- 忄(마음 심 변), 항상(恒常) - 늘. *常(항상 상, 보통 상)

恒久(항구), 恒茶飯事(항다반사), 恒溫(항온), 恒用(항용)

宣
3급 / 총9획 / 부수 宀

온 집(宀)안에 펴(亘) 베푸니 **펄 선, 베풀 선, 성 선**

- 宜(옳을 의, 마땅할 의) - 제목번호 005
- 宀(집 면)

宣告(선고), 宣教(선교), 宣言(선언), 宣傳(선전)

155　건한 조조[乾韓 朝潮] – 卓, 朝로 된 한자

乾
4급 / 총11획 / 부수 乙

해 돋아(卓) 사람(𠂉)과 새(乙) 등을 살게 하는 하늘이니 **하늘 건**
또 해 돋은 하늘에 물건은 마르니 **마를 건**

> 급외자 卓 – 나무 사이에 해(日) 돋는 모양에서 '해 돋을 간' – 어원 해설을 위해 추정해 본 한자로 실제 쓰이지는 않습니다.

🔊 𠂉[사람 인(人)의 변형], 乙(새 을, 둘째 천간 을, 둘째 을, 굽을 을)

乾坤(건곤), 乾達(건달), 乾杯(건배), 乾電池(건전지)

韓
준5급 / 총17획 / 부수 韋

해 돋는(卓) 동쪽의 위대한(韋) 한국이니 **한국 한, 성 한**

🔊 韋['가죽 위, 어길 위'지만 여기서는 '클 위, 위대할 위(偉)'의 획 줄임으로 봄]

韓國(한국), 韓方(한방), 韓服(한복), 韓食(한식)

朝
5급 / 총12획 / 부수 月

해는 뜨는데(卓) 아직 달(月)도 있는 아침이니 **아침 조**
또 (신하는) 아침마다 조정에 나가 임금을 뵈었으니 **조정 조, 뵐 조**

朝刊(조간), 朝飯(조반), 朝廷(조정), 朝會(조회)

潮
3급 / 총15획 / 부수 氵

바다에서 물(氵)이 아침(朝)저녁으로 불었다 줄었다 하는 조수니 **조수 조**

🔊 조수(潮水) – 주기적으로 들었다가 나갔다가 하는 바닷물.

滿潮(만조) ↔ 干潮(간조), 潮流(조류)

156　자식비변[自息鼻邊] – 自로 된 한자

自
7급 / 총6획 / 부수 自

(얼굴이 자기를 대표하니 얼굴에서 잘 드러나는) 이마(丿)와 눈(目)을 본떠서 **자기 자**
또 자기 일은 스스로 해야 하니 **스스로 자**
또 모든 것의 시작은 자기로부터니 **부터 자**

🔊 丿('삐침 별'이지만 여기서는 '이마'로 봄), 目(눈 목, 볼 목, 항목 목)

自力(자력), 自手成家(자수성가), 自白(자백), 自初至終(자초지종)

息

준3급 / 총10획 / 부수 心

자기(自)를 마음(心)으로 생각하며 쉬니 **쉴 식**
또 쉬면서 전하는 소식이니 **소식 식**
또 쉬면서 가쁜 숨을 고르며 숨 쉬니 **숨 쉴 식**
또 노후에 쉬도록 돌보아 주는 자식이니 **자식 식**

🔊 心(마음 심, 중심 심)

休息(휴식), 自强不息(자강불식), 歎息(탄식), 子息(자식)

鼻
4급 / 총14획 / 부수 鼻

자기(自)의 밭(田)처럼 생긴 얼굴에 받쳐 든(廾) 모양으로 우뚝 솟은 코니 **코 비**
또 코로 숨을 쉬기 시작하는 것으로부터 생명이 비롯하니 **비롯할 비**

🔊 田(밭 전), 廾(받쳐 들 공)
鼻笑(비소), 鼻炎(비염), 鼻音(비음), 鼻祖(비조)

邊
3급 / 총19획 / 부수 辶

(어려움에 봉착해도) 스스로(自) 구멍(穴) 뚫린 방향(方)으로 가다(辶) 보면 이르는 끝이나가니 **끝 변, 가 변**

🔊 穴(구멍 혈, 굴 혈), 方(모 방, 방향 방, 방법 방), 辶(뛸 착, 갈 착)
邊境(변경), 邊方(변방), 周邊(주변), 海邊(해변)

157 면전수 도도[面前首 道導] - 面前首와 道로 된 한자

面
준5급 / 총9획 / 부수 面

머리(一)와 이마(丿)와 눈코 있는 얼굴을 본떠서 **얼굴 면**
또 얼굴 향하고 볼 정도의 작은 행정 구역이니 **향할 면, 볼 면, 행정 구역의 면**

假面(가면), 面談(면담), 面會(면회), 面長(면장)

前
준5급 / 총9획 / 부수 刂

머리털(丷) 세우며 몸(月)에 칼(刂)을 차고 앞에 서 있는 모양에서 **앞 전**

🔊 月(달 월, 육 달 월), 刂(칼 도 방)
前面(전면), 前方(전방), 前進(전진), 前代未聞(전대미문)

首
5급 / 총9획 / 부수 首

머리털(丷) 아래 이마(丿)와 눈(目) 있는 머리를 본떠서 **머리 수**
또 머리처럼 조직의 위에 있는 우두머리니 **우두머리 수**

首都(수도), 首尾(수미), 首相(수상), 首席(수석)

道
준5급 / 총13획 / 부수 辶

머리(首) 두르고 가는(辶) 길이니 **길 도**
또 가는 길처럼 사람이 지켜야 할 도리니 **도리 도**
또 도리에 맞게 말하니 **말할 도, 행정 구역의 도**

🔊 辶(뛸 착, 갈 착)
道路(도로), 道德(도덕), 修道(수도)

導
준3급 / 총16획 / 부수 寸

도리(道)와 법도(寸)에 맞게 인도하니 **인도할 도**

🔊 인도(引導) - ㉠ 끌어 인도함. ㉡ 가르쳐 일깨움.
🔊 寸(마디 촌, 법도 촌), 引(끌 인)
善導(선도), 領導(영도), 指導(지도)

158 이치련 성[耳恥聯 聲] - 耳로 된 한자

耳
준5급 / 총6획 / 부수 耳

귀를 본떠서 **귀 이**

耳順(이순), 牛耳讀經(우이독경), 忠言逆耳(충언역이)

恥
3급 / 총10획 / 부수 心

잘못을 **귀(耳)**로 들으면 **마음(心)**에 부끄러우니 **부끄러울 치**

🔊 心(마음 심, 중심 심)

恥部(치부), 恥事(치사), 恥辱(치욕), 國恥(국치)

聯
3급 / 총17획 / 부수 耳

바늘 **귀(耳)**에 실을 꿰어 **작고(幺) 작은(幺) 이쪽(丬)저쪽(卩)**을 잇달게 이으니
잇닿을 련, 이을 련

🔊 幺(작을 요, 어릴 요)

聯立(연립), 聯想(연상), 聯合(연합), 關聯(관련)

聲
4급 / 총17획 / 부수 耳

경쇠(殸) 소리처럼 **귀(耳)**에 들려오는 소리니 **소리 성**

급외자 磬 - 선비(士)가 몸(尸)을 묶어(丨) 치면(攵) 소리 나도록 돌(石)로 만든 경쇠니
'경쇠 경' - 1급

🔊 殸[경쇠 경(磬)의 획 줄임], 耳(귀 이)

聲明(성명), 異口同聲(이구동성), 歡呼聲(환호성)

159 직직식(지)[職織識] - 戠로 된 한자

職
준3급 / 총18획 / 부수 耳

귀(耳)로 들은 상관의 **소리(音)**대로 **창(戈)** 들고 일하는 직업이나 직장이니
직업 직, 직장 직

🔊 音(소리 음), 戈(창 과), 싸움이 많았던 옛날에는 무기를 갖고 일했으니 이런 어원이 가능하지요.

職場(직장), 求職(구직), 天職(천직), 賤職(천직)

織
3급 / 총18획 / 부수 糸

실(糸) 치는 **소리(音)**가 **창(戈)** 부딪치는 소리를 내며 베를 짜니 **짤 직**

🔊 糸(실 사, 실 사 변), 베를 짤 때 날실에 씨실이 촘촘하게 박히도록 바디치는 소리가 나지요.

織工(직공), 織物(직물), 組織(조직)

識
준4급 / 총19획 / 부수 言

말(言)이나 소리(音)를 창(戈)으로 알게 기록하니 **알 식, 기록할 지**

🔊 言(말씀 언)

識見(식견), 博學多識(박학다식), 知識(지식), *標識(표지)

160 패구 즉(칙)측측[貝具 則側測] - 貝具와 則으로 된 한자

DAY 11

貝
5급 / 총7획 / 부수 貝

아가미가 나온 조개를 본떠서 **조개 패**

또 인쇄술이 발달하기 전에는 조개껍질을 돈 같은 재물로 썼으니 **재물 패**

⊕ 頁(머리 혈) - 제목번호 164, 見(볼 견, 뵐 현) - 제목번호 097

貝甲(패갑), 貝類(패류), 貝物(패물), 魚貝(어패)

具

준3급 / 총8획 / 부수 八

재물(貝)을 하나(一)씩 갖추니 **갖출 구**

또 갖추어 놓고 쓰는 기구니 **기구 구, 성 구**

具備(구비), 具現(구현), 家具(가구), 工具(공구)

則
4급 / 총9획 / 부수 刂

재물(貝)을 칼(刂)로 나눌 때 곧 있어야 하는 법칙이니 **곧 즉, 법칙 칙**

🔊 刂(칼 도 방)

然則(연즉), 規則(규칙), 罰則(벌칙), 原則(원칙)

側
3급 / 총11획 / 부수 亻

사람(亻)이 곧(則)바로 알 수 있는 곁이니 **곁 측**

側近(측근), 側面(측면), 兩側(양측)

測

3급 / 총12획 / 부수 氵

물(氵)의 양이나 깊이를 정해진 법칙(則)에 따라 헤아리니 **헤아릴 측**

測量(측량), 測定(측정), 計測(계측), 觀測(관측)

143

161 원손원 저적부 [員損圓 貯賊負] - 員, 貝로 된 한자

員
준3급 / 총10획 / 부수 口

입(口)에 먹기 위하여 **재물(貝)** 받고 일하는 관원이나 인원이니
관원 원, 인원 원

🔊 옛날에는 취직할 곳이 관청밖에 없었으니 '관원 원'이 되지요.
🔊 관원(官員) - 관청의 직원. *官(관청 관, 벼슬 관)
減員(감원) ↔ 增員(증원), 隊員(대원), 滿員(만원)

損
준3급 / 총13획 / 부수 扌

손(扌)으로 **사람(員)**이 물건을 덜어낸 듯 잃으니 **덜 손, 잃을 손**

損益(손익), 損害(손해), 破損(파손), 損失(손실)

圓
준3급 / 총13획 / 부수 口

사람(員)을 에워싼(口) 모양처럼 둥그니 **둥글 원**
또 옛날 돈은 둥글었으니 화폐 단위로도 쓰여 **화폐 단위 원**

🔊 口[에운담, 나라 국(國)의 약자]
圓角(원각), 圓滿(원만), 方圓(방원)

貯
준4급 / 총12획 / 부수 貝

재물(貝)을 집(宀)에 고무래(丁)로 당기듯이 모아 쌓으니 **쌓을 저**

🔊 宀(집 면), 丁(고무래 정, 못 정, 장정 정, 넷째 천간 정)
貯金(저금), 貯水池(저수지), 貯炭(저탄)

賊
3급 / 총13획 / 부수 貝

재물(貝)을 창(戈) 들고 많이(十) 훔치는 도둑이니 **도둑 적**

🔊 戈(창 과), 十(열 십, 많을 십)
盜賊(도적), 逆賊(역적), 海賊(해적)

負

3급 / 총9획 / 부수 貝

사람(⺈)이 **재물(貝)**을 가져가려고 짊어지니 **질 부**
또 싸움에도 지고 빚도 지니 **패할 부, 빚질 부**

🔊 ⺈[사람 인(人)의 변형], 貝(조개 패, 재물 패)
負債(부채), 勝負(승부), 自負心(자부심), 抱負(포부)

162　관관실 보[貫慣實 寶] – 貫으로 된 한자와 寶

貫
3급 / 총11획 / 부수 貝

(옛날 돈인 엽전은 구멍이 있어서 일정한 양만큼 꿰어 보관했으니) 꿰어(毌) 놓은 돈(貝)을 생각하여 **꿸 관**, **무게 단위 관**

- 毌(꿰뚫을 관), 1관은 3.75kg.
- 오른쪽 아래를 빼친 것이 말 무(毋), 그냥 네모로 쓴 것이 꿰뚫을 관(毌)입니다.

貫通(관통), 始終一貫(시종일관), 尺貫法(척관법)

慣
3급 / 총14획 / 부수 忄

마음(忄)에 꿰어져(貫) 버리지 못하는 버릇이니 **버릇 관**

- 忄(마음 심 변)

慣性(관성), 慣習(관습), 慣行(관행), 習慣(습관)

實
준4급 / 총14획 / 부수 宀

수확하여 집(宀)에 꿰어(貫) 놓은 열매니 **열매 실**
또 열매처럼 중요한 실제니 **실제 실**

- 宀(집 면)

果實(과실), 有實樹(유실수), 實感(실감), 實勢(실세)

寶
준3급 / 총20획 / 부수 宀

집(宀) 안의 구슬(玉)과 장군(缶) 속에 간직한 재물(貝) 같은 보배니 **보배 보**

- 약 宝
- 玉(임금 왕, 으뜸 왕, 구슬 옥 변), 缶(장군 부, 옛날에 액체를 담았던 통으로, 나무나 도자기로 만들었음.)

寶庫(보고), 寶物(보물), 寶石(보석), 國寶(국보)

163　귀유 대가[貴遺 貸價] – 貴, 貝로 된 한자

貸
3급 / 총12획 / 부수 貝

사는 대신(代) 돈(貝) 주고 빌리니 **빌릴 대**

- 貝(조개 패, 재물 패)

貸與(대여), 貸付(대부), 貸出(대출), 賃貸(임대)

貴

준4급 / 총12획 / 부수 貝

가운데(中) 간직한 하나(一)의 재물(貝)이 귀하니 **귀할 귀**
또 귀하게 상대를 높여 부르는 말 **귀**

- 中(가운데 중, 맞힐 중), 위험할 때는 물건들 사이에 귀한 것을 넣어 보관하지요.

貴重(귀중), 貴賤(귀천), 高貴(고귀), 富貴功名(부귀공명)

遺
4급 / 총16획 / 부수 辶

귀한(貴) 물건을 가면서(辶) 남기거나 잃으니 **남길 유, 잃을 유**

遺物(유물), 遺産(유산), 遺言(유언), 遺失(유실), *流失(유실)

價
준4급 / 총15획 / 부수 亻

사람(亻)이 장사(賈)할 때 부르는 값이니 **값 가**

또 값을 매기는 가치니 **가치 가**

급외자 賈 - 덮어(襾) 쌓아 놓고 재물(貝)을 파는 장사니 '장사 고, 성 가' - 2급 *襾[덮을 아(襾)의 변형]

역 価 - 사람(亻)이 물건을 덮어(襾) 놓고 파는 값이니 '값 가'

單價(단가), 原價(원가), 定價(정가), 價値(가치)

---

164 항수순정[項須順頂] - 頁로 된 한자 1

項
3급 / 총12획 / 부수 頁

공(工)자 모양으로 머리(頁) 부분에 있는 목이니 **목 항**

급외자 頁 - 머리(一)에서 이마(丿)와 눈(目) 있는 얼굴 아래 목(八)까지를 본떠서 '머리 혈' - 사범

🔊 工(장인 공, 만들 공, 연장 공)

項硬症(항경증), 項目(항목), 各項(각항), 事項(사항)

須
준3급 / 총12획 / 부수 頁

터럭(彡)은 머리(頁)에 모름지기 필요하니 **모름지기 수**

또 터럭(彡) 중 머리(頁)에서 잠깐 사이에 자라는 수염이니 **잠깐 수, 수염 수**

🔊 彡(터럭 삼, 긴 머리 삼), 모름지기 - 사리를 따져 보건대 마땅히. 또는 반드시.

須知(수지), 必須(필수), 須髮(수발)

順
준4급 / 총12획 / 부수 頁

(위에서 아래로 흐르는) 냇물(川)처럼 우두머리(頁)의 명령을 따름이 순하니 **순할 순**

🔊 川(내 천)

順理(순리), 順産(순산), 順序(순서), 順從(순종)

頂
준3급 / 총11획 / 부수 頁

고무래(丁)처럼 굽은 머리(頁)의 정수리니 **정수리 정**

또 정수리가 있는 머리 꼭대기니 **꼭대기 정**

🔊 丁(고무래 정, 못 정, 장정 정, 넷째 천간 정), 정수리 - 머리 위의 숫구멍이 있는 자리로, 정문(頂門), 뇌천(腦天)이라고도 함.

頂門一鍼(정문일침), 頂上(정상), 絶頂(절정)

165 안류액 경[顔類額 傾] – 頁로 된 한자 2

顔
준3급 / 총18획 / 부수 頁

선비(彦)처럼 머리(頁)에서 빛나는 얼굴이니 **얼굴 안**

급외자 彦 – 머리(亠)를 받치고(丷) 굴 바위(厂) 아래에서 털(彡)이 길게 자라도록 학문을 닦는 선비니 '선비 언' – 2급

🔊 亠(머리 부분 두), 厂(굴 바위 엄, 언덕 엄), 彡(터럭 삼, 긴 머리 삼)

顔面(안면), 紅顔(홍안), 厚顔無恥(후안무치)

類
준3급 / 총19획 / 부수 頁

쌀(米)밥을 보고 달려오는 개(犬)들의 머리(頁)처럼 닮으니 **닮을 류**

또 닮은 것끼리 모인 무리니 **무리 류**

🔊 米(쌀 미), 犬(개 견)

類類相從(유유상종), 種類(종류), 貝類(패류)

額
3급 / 총18획 / 부수 頁

손님(客)의 머리(頁)에서 잘 드러나는 이마니 **이마 액**

또 손님(客)의 머릿(頁)수로 계산한 액수니 **액수 액**

또 이마처럼 드러나게 걸어 놓은 현판이니 **현판 액**

🔊 현판(懸板) – 글자나 그림을 새겨 벽에 거는 널조각.
🔊 客(손님 객), 懸(매달 현), 板(널빤지 판)

額面(액면), 總額(총액), 額子(액자), 額字(액자)

傾
3급 / 총13획 / 부수 亻

사람(亻)은 잠깐(頃) 사이에 어느 쪽으로 기우니 **기울 경**

급외자 頃 – 비수(匕)처럼 번쩍 머리(頁)에 어떤 생각이 떠오르는 잠깐이니 '잠깐 경'
또 잠깐 사이의 어떤 즈음이니 '즈음 경'
또 잠깐 사이에 만들어지는 이랑이니 '이랑 경' – 2급

傾聽(경청), 傾向(경향), 左傾(좌경)

DAY 11

DAY 11 확인문제

01~10 다음 漢字의 훈(뜻)과 음(소리)을 쓰세요.

01. 宣 (   ) 06. 測 (   )
02. 邊 (   ) 07. 負 (   )
03. 織 (   ) 08. 賊 (   )
04. 職 (   ) 09. 恥 (   )
05. 側 (   ) 10. 聯 (   )

11~16 다음 훈음에 맞는 漢字를 〈보기〉에서 찾아 쓰세요.

〈보기〉	便 硬 朝 潮 道 導 圓 損 貫 慣

11. 인도할 도 (   )   14. 둥글 원 (   )
12. 버릇 관 (   )   15. 덜 손   (   )
13. 조수 조 (   )   16. 굳을 경 (   )

17~18 다음 문장 중 漢字로 표기된 단어의 독음을 쓰세요.

17. 세금 **總額**이 얼마나 되나요?   (   )
18. 숨소리 하나 내지 않고 그의 강연을 **傾聽**하였다. (   )

19~20 다음 문장 중 (   )안의 단어를 漢字로 쓰시오.

19. 당분간 아파트를 (**임대**)해서 생활하기로 했다. (   )
20. 주의 (**사항**)을 잘 읽어 보세요.   (   )

정답

01. 베풀 선   02. 가 변   03. 짤 직   04. 직업 직   05. 곁 측
06. 헤아릴 측   07. 질 부   08. 도둑 적   09. 부끄러울 치 10. 잇닿을 련
11. 導   12. 慣   13. 潮   14. 圓   15. 損
16. 硬   17. 총액   18. 경청   19. 賃貸   20. 事項

12 166~180

166 감심모 4기[甘甚某 其欺期基] – 甘, 其로 된 한자

甘
준4급 / 총5획 / 부수 甘

(혀 앞부분에서 단맛을 느끼니) 쭉 내민 **혀 앞부분(甘)**에 **일(一)**을 그어 **달 감**
또 단맛은 먹기 좋아 기쁘니 **기쁠 감**

甘味(감미), 甘受(감수), 甘言利說(감언이설)

甚
준3급 / 총9획 / 부수 甘

달콤한(甘) 짝(匹)들의 사랑이 심하니 **심할 심**

🔊 匹(짝 필, 필 필 – 베를 세는 단위)

甚難(심난), 甚至於(심지어), 極甚(극심)

某
3급 / 총9획 / 부수 木

단(甘) 열매가 열리는 나무(木)는 아무나 찾으니 **아무 모**

🔊 아무 – 꼭 누구라고 말하거나, 꼭 무엇이라고 지정하지 않고 가리킬 때 쓰는 말.

某某(모모), 某年(모년), 某種(모종), 某處(모처)

其
4급 / 총8획 / 부수 八

달콤한(甘) 음식을 그릇(一)에 나누어(八) 놓고 유인하는 그 니 **그 기**

🔊 甘[달 감, 기쁠 감(甘)의 변형], 一('한 일'이지만 여기서는 그릇으로 봄), 八(여덟 팔, 나눌 팔)

其間(기간), 其實(기실), 其餘(기여), 其他(기타)

欺
3급 / 총12획 / 부수 欠

그런(其)저런 허황된 말을 하며 모자라게(欠) 속이니 **속일 기**

🔊 欠(하품 흠, 모자랄 흠), 태도를 보면 그 마음을 알 수 있지요.

欺心(기심), 詐欺(사기), 自欺(자기)

期
준4급 / 총12획 / 부수 月

그(其) 달(月)의 모양으로 기간을 정하고 기약했으니 **기간 기, 기약할 기**

🔊 月(달 월, 육 달 월), 달은 늘 모양이 변하니 달의 어떤 모양일 때 다시 만나자고 할 수 있지요.

期間(기간), 婚期(혼기), 期約(기약), 期待(기대)

基
준4급 / 총11획 / 부수 土

그(其) 바탕에 흙(土)을 다진 터나 기초니 **터 기, 기초 기**

🔊 터 - ㉠ 공사를 하거나 하였던 자리. ㉡ 일의 토대.
基本(기본), 基調(기조), 基準(기준), 基礎(기초)

---

167 단주 량만 향[丹舟 兩滿 向] - 丹, 兩으로 된 한자와 向

丹
4급 / 총4획 / 부수 丶

성(冂) 안에 불똥(丶) 하나(一)가 붉으니 **붉을 단**

또 붉게 꽃피는 모란이니 **모란 란**

🔊 丶(점 주, 불똥 주), 모란(牡丹)은 꽃도 좋지만 뿌리는 한약재로 사용되니, 화초명은 '모란', 약초명은 '목단'이라 합니다.

丹色(단색), 丹心(단심), *牡丹(모란)

舟
3급 / 총6획 / 부수 舟

통나무배를 본떠서 **배 주**

舟遊(주유), 一葉片舟(일엽편주), 刻舟求劍(각주구검)

兩
준4급 / 총8획 / 부수 入

하나(一)의 성(冂)을 나누어(丨) 양쪽에 들어(入) 있는 둘이나 짝이니
두 량, 짝 량

또 화폐 단위로도 쓰여 **냥 냥**

🈴 雨(비 우) - 제목번호 186
🔊 丨('뚫을 곤'이지만 여기서는 나눈 모양), 入(들 입)
兩面(양면), 兩論(양론), 兩立(양립), 萬兩(만냥)

滿
4급 / 총14획 / 부수 氵

물(氵)이 여기저기 나는 잡초(艹)처럼 양(兩)쪽에 가득 차니 **찰 만**

🔊 艹[초 두(艹)의 약자]
滿開(만개), 滿期(만기), 圓滿(원만), 充滿(충만)

向
6급 / 총6획 / 부수 口

표시(丿)된 성(冂)의 입구(口) 쪽을 향하여 나아가니 **향할 향, 나아갈 향**

급외자 冂 - 멀리 떨어져 윤곽만 보이는 성의 모양이니 '멀 경, 성 경' - 부수자
🔊 丿('삐침 별'이지만 여기서는 표시로 봄)
向方(향방), 向後(향후), 回心向道(회심향도)

168 동동동(통)[同銅洞] – 同으로 된 한자

同
6급 / 총6획 / 부수 口

성(冂)에서 하나(一)의 입(口)으로 말한 것처럼 한 가지니 **한 가지 동**

🔊 口(입 구, 구멍 구, 말할 구)

同一(동일), 同苦同樂(동고동락), 共同(공동)

銅
3급 / 총14획 / 부수 金

금(金)과 한 가지(同) 빛깔의 구리니 **구리 동**

🔊 金(쇠 금, 금 금, 돈 금, 성 김), 색을 몇 가지로밖에 구분하지 못하던 옛날에 구리와 금을 같은 색으로 보고 만든 한자.

銅鏡(동경), 銅賞(동상), 銅像(동상), 銅錢(동전)

洞
준5급 / 총9획 / 부수 氵

물(氵)이 한 가지(同)로 흐르는 골이나 마을이나 동굴이니
골 동, 마을 동, 동굴 동
또 물(氵) 같이(同) 살아 사리에 밝으니 **밝을 통**

🔊 물은 자기 모양을 주장하지 않으며, 항상 낮은 곳으로만 흐르고, 구덩이가 있으면 채우고 넘쳐야 흐르는 등 배울 점이 많지요. 그래서 이런 물 같이 살면 사리에 밝다고 본 것이네요.

洞里(동리), 空洞化(공동화), 洞察(통찰), *通察(통찰)

169 육 내납 병병[肉 內納 丙病] – 肉과 內, 丙으로 된 한자

肉
5급 / 총6획 / 부수 肉

고깃덩어리(冂)에 근육이나 기름이 있는 모양을 본떠서 **고기 육**
또 부수로 쓰일 때는 **육 달 월(月)**

🔊 여기서 성 경(冂)은 고깃덩어리, 사람 인(人) 둘은 살에 붙은 기름이나 근육을 나타내지요. 부수로 쓰일 때는 변형된 모양의 '月'로 써서 실제의 '달 월(月)'과 구분하기 위하여 '육 달 월'이라 부르는데, 한자의 좌측에 붙는 月은 대부분 육 달 월(月)입니다.

肉感(육감), 肉身(육신), 肉體(육체), 血肉(혈육)

內
6급 / 총4획 / 부수 入

성(冂)으로 들어(入)간 안이니 **안 내**
또 궁궐 안에서 임금을 모시던 나인이니 **나인 나**

속 內 - 성(冂)으로 사람(人)이 들어간 안이니 '안 내'
   또 궁궐 안에서 임금을 모시던 나인이니 '나인 나'

🔊 나인(內人) - 고려·조선 시대에, 궁궐 안에서 왕과 왕비를 가까이 모시는 내명부를 통틀어 이르던 말.

內科(내과), 內部(내부), 內容(내용)

納
준3급 / 총10획 / 부수 糸

실(糸)을 안(內)으로 들여 바치니 **들일 납, 바칠 납**

🔊 糸(실 사, 실 사 변), 화폐가 없었던 옛날에는 곡식이나 천이나 실을 돈처럼 사용했지요.
納付(납부), 納稅(납세), 未納(미납), 返納(반납), 完納(완납)

丙
4급 / 총5획 / 부수 一

(우리가 사는 북반구의) 하늘(一)에서는 안쪽(內)이 남쪽이니 **남쪽 병**
또 남쪽이 밝으니 **밝을 병, 셋째 천간 병**

🔊 一('한 일'이지만 여기서는 하늘로 봄), 內 [안 내, 나인 나(內)의 속자]
丙種(병종)

病
5급 / 총10획 / 부수 疒

병들어(疒) 밤새 불 밝혀(丙) 놓고 치료하며 근심하니 **병 병, 근심할 병**

🔊 疒(병들 녁), 병이 심하면 저녁에도 불을 켜놓고 간호해야 하고 근심하지요.
病苦(병고), 病歷(병력), 鬪病(투병)

---

170 상 당당당상 상상[尙 堂當黨常 賞償] - 尙과 尙의 변형 尚, 賞으로 된 한자

尙
준3급 / 총8획 / 부수 小

조금(小)이라도 더 높이(冋) 쌓아 오히려 높으니 **오히려 상, 높을 상**
또 이런 일은 숭상하니 **숭상할 상**

🔊 冋[높을 고(高)의 획 줄임]
時機尙早(시기상조), 崇尙(숭상), 尙武(상무)

堂
5급 / 총11획 / 부수 土

높이(尙) 흙(土)을 다져 세운 집이니 **집 당**
또 집에서처럼 당당하니 **당당할 당**

🔊 土(흙 토)
講堂(강당), 食堂(식당), 正正堂堂(정정당당)

當
5급 / 총13획 / 부수 田

숭상하여(尙) 먹거리를 주는 전답(田)을 잘 가꾸는 일처럼 마땅하니 **마땅할 당**
또 마땅하게 어떤 일을 당하니 **당할 당**

🔊 田(밭 전)
當然(당연), 當爲(당위), 當到(당도), 當番(당번)

黨
3급 / 총20획 / 부수 黑

높은(尙) 뜻을 품고 어두운(黑) 현실을 개척하려고 모인 무리니 **무리 당**

약 党 - (어떤 뜻을) 숭상하는(尙) 사람(儿)의 무리니 '무리 당'
🔊 黑(검을 흑), 儿(사람 인 발, 어진사람 인)
黨派(당파), 朋黨(붕당), 作黨(작당)

常
준4급 / 총11획 / 부수 巾

숭상하듯(尙) 수건(巾) 같은 천으로 옷을 만들어 입음은 항상 보통의 일이니
항상 상, 보통 상

또 항상 정직하게 살아 떳떳하니 **떳떳할 상**

🔊 巾('수건 건'이지만 여기서는 옷의 뜻), 인간의 생존에 기본으로 필요한 것을 옷 의(衣)를 먼저 써서 '의식주(衣食住)'라고 함은 염치를 아는 인간에게 옷 중요함을 강조한 것이지요.
🔊 食(밥 식, 먹을 식, 먹이 사), 住(살 주 – 사는 집)

恒常(항상), 常識(상식), 非常(비상), 常理(상리)

賞
준4급 / 총15획 / 부수 貝

숭상하여(尙) 재물(貝)로 상도 주고 구경도 보내니 **상줄 상, 구경할 상**

🔊 貝(조개 패, 재물 패)

賞金(상금), 信賞必罰(신상필벌), 賞春客(상춘객)

償
3급 / 총17획 / 부수 亻

공을 세운 사람(亻)에게 상(賞)을 주어 갚고 보답하니 **갚을 상, 보답할 상**

償債(상채), 無償(무상), 補償(보상), 有償(유상)

---

171 앙영영 쾌결결[央映英 快決缺] - 央, 夬로 된 한자

央
준3급 / 총5획 / 부수 大

성(冂)처럼 큰(大) 둘레의 가운데니 **가운데 앙**

🔊 冂(멀 경, 성 경), 大(큰 대)

中央(중앙), 中央煖房(중앙난방)

映
3급 / 총9획 / 부수 日

해(日)가 하늘 가운데(央)서 비치니 **비칠 영**

映畫(영화), 反映(반영), *反影(반영), 放映(방영)

英
5급 / 총9획 / 부수 艹

풀(艹)의 가운데(央)에서 핀 꽃부리니 **꽃부리 영**

또 꽃부리처럼 빛나는 업적을 쌓은 영웅이니 **영웅 영**

🔊 艹(초 두), 꽃부리 – 꽃잎 전체를 이르는 말.

英雄(영웅), 英才(영재), 育英(육영), 英語(영어)

快
4급 / 총7획 / 부수 忄

막혔던 마음(忄)이 터진(夬) 듯 쾌하니 **쾌할 쾌**

급외자 夬 – 가운데 앙(央)의 한쪽이 터지니 '터질 쾌' – 사범

🔊 쾌(快)하다 – ㉠ 마음이 유쾌하다. ㉡ 병이 다 나은 상태에 있다. ㉢ 하는 짓이 시원스럽다.

快樂(쾌락), 快晴(쾌청), 明快(명쾌)

決
준4급 / 총7획 / 부수 氵

물(氵)이 한쪽으로 터지니(夬) **터질 결**
또 물(氵)이 한쪽으로 터지듯(夬) 무엇을 한쪽으로 결단하니 **결단할 결**

決定(결정), 票決(표결), 解決(해결)

缺
3급 / 총10획 / 부수 缶

장군(缶)이 터지면(夬) 이지러지고 내용물이 빠지니 **이지러질 결, 빠질 결**

◁ 缶(장군 부 – 옛날에 액체를 담았던 통으로, 나무나 도자기로 만들었음)

缺禮(결례), 缺席(결석), 缺如(결여), 補缺(보결)

---

172 표률요[票栗要] – 覀의 변형(覀)으로 된 한자

票
준3급 / 총11획 / 부수 示

덮인(覀) 것이 잘 **보이게**(示) 표시한 표니 **표 표**

◁ 示(보일 시, 신 시)

郵票(우표), 票決(표결) 開票(개표), 投票(투표)

栗
3급 / 총10획 / 부수 木

가시로 덮인(覀) 나무(木) 열매는 밤이니 **밤 률**

◁ 木(나무 목)

生栗(생률), 栗谷(율곡)

要
준4급 / 총9획 / 부수 襾

덮듯(覀) 몸에 입는 옷이 **여자**(女)에게는 중요하고 필요하니
중요할 요, 필요할 요

要人(요인), 要地(요지), 重要(중요), 必要(필요)

---

173 용비 주조 각해[用備 周調 角解] – 用, 周, 角으로 된 한자

用
5급 / 총5획 / 부수 用

성(冂)에서 두(二) 개의 송곳(丨)을 쓰니 **쓸 용**

◁ 원래는 '(옛날에는 거북이 등 껍데기도 도구로 썼으니) 거북이 등 껍데기 모양을 본떠서 쓸 용'입니다.
◁ 冂(멀 경, 성 경), 丨('뚫을 곤'이지만 여기서는 송곳으로 봄)

善用(선용), 惡用(악용), 誤用(오용)

備
준4급 / 총12획 / 부수 亻

짐승 기르는 **사람**(亻)은 **풀**(艹)을 **바위**(厂) 위에 말려 겨울에 **쓸**(用) 건초를 갖추니
갖출 비

◁ 艹[풀 초(艹)의 약자], 厂(굴 바위 엄, 언덕 엄)

備忘錄(비망록), 備品(비품), 有備無患(유비무환)

周
3급 / 총8획 / 부수 口

성(冂) 안의 **영토**(土)를 **입**(口)으로 두루 둘레까지 설명하니
두루 주, 둘레 주, 성 주

周知(주지), 周圍(주위), 周邊(주변)

調
준4급 / 총15획 / 부수 言

쌍방의 **말**(言)을 **두루**(周) 듣고 고르게 잘 어울리니 **고를 조, 어울릴 조**
또 높낮음이 고르게 어울린 노래 가락이니 **가락 조**

🔊 言(말씀 언)

調和(조화), 協調(협조), 調味料(조미료), 曲調(곡조)

角
준4급 / 총7획 / 부수 角

짐승의 뿔을 본떠서 **뿔 각**
또 뿔은 모나서 서로 대고 겨루니 **모날 각, 겨룰 각**

角度(각도), 三角(삼각), 視角(시각), 角力(각력)

解
4급 / 총13획 / 부수 角

뿔(角)부터 **칼**(刀)로 **소**(牛)를 갈라 해부하니 **해부할 해**
또 해부하듯 문제를 푸니 **풀 해**

🔊 刀(칼 도), 牛(소 우)

解渴(해갈), 解決(해결), 結者解之(결자해지)

---

174 보포포[補捕浦] - 甫로 된 한자

補
3급 / 총12획 / 부수 衤

옷(衤)에 난 **큰**(甫) 구멍을 기우듯 보충하니 **기울 보, 보충할 보**

급외자 甫 - 많이(十) 쓰이도록(用) 점(丶)까지 찍어가며 크고 넓게 만드니 '클 보, 넓을 보' - 2급

🔊 衤(옷 의 변), 十(열 십, 많을 십), 丶(점 주, 불똥 주)

補強(보강), 補缺(보결), 補償(보상), 補充(보충)

捕
3급 / 총10획 / 부수 扌

손(扌)을 **크게**(甫) 벌려 잡으니 **잡을 포**

捕手(포수), 捕卒(포졸), 生捕(생포)

浦
3급 / 총10획 / 부수 氵

물(氵)이 **크게**(甫) 넓은 물가니 **물가 포**

浦口(포구), 浦村(포촌), 浦落(포락), 南浦(남포)

175 박박[博薄] - 尃로 된 한자

博
3급 / 총12획 / 부수 十

많은(十) 방면에 두루 펴(尃) 넓으니 **넓을 박**

급외자 尃 - 널리(甫) 마디마디(寸) 펴 두루 알리니 '펼 부, 두루 알릴 부' - 배정 외
🔊 寸(마디 촌, 법도 촌)
博士(박사), 博識(박식), 博愛(박애)

薄
3급 / 총17획 / 부수 艹

풀(艹)처럼 물(氵)에 펴져(尃) 엷으니 **엷을 박**

薄待(박대), 薄命(박명), 薄弱(박약), 淺薄(천박)

176 용통통[勇痛通] - 甬으로 된 한자

勇
5급 / 총9획 / 부수 力

솟는(甬) 힘(力)이 넘쳐 날래니 **날랠 용**

급외자 甬 - 꽃봉오리가 부풀어 오르는 모양을 본떠서 '솟을 용' - 사범
🔊 力(힘 력)
勇敢(용감), 勇斷(용단), 勇退(용퇴)

痛
준3급 / 총12획 / 부수 疒

병(疒) 기운이 솟으면(甬) 아프니 **아플 통**

🔊 疒(병들 녁)
痛感(통감), 痛症(통증), 齒痛(치통)

通
5급 / 총11획 / 부수 辶

무슨 일이나 솟을(甬) 정도로 뛰며(辶) 열심히 하면 통하니 **통할 통**

通告(통고), 通達(통달), 窮卽通(궁즉통)

177 책 륜륜륜[冊 倫輪論] - 冊과 侖으로 된 한자

冊
4급 / 총5획 / 부수 冂

글을 적은 대 조각을 한 줄로 엮어 놓은 모양의 책이니 **책 책**
또 책을 세우듯 세우니 **세울 책**

🔊 종이가 없던 옛날에는 대 조각에 글을 썼지요.
冊床(책상), 冊子(책자), 別冊(별책), *冊封(책봉)

倫
4급 / 총10획 / 부수 亻

사람(亻)이 모이면(侖) 지켜야 할 인륜이니 **인륜 륜**

급외자 侖 – 사람(人)이 한(一) 권씩 책(冊)을 들고 둥글게 모이니 '둥글 륜, 모일 륜' – 1급
🔊 인륜(人倫) – 군신·부자·형제·부부 따위 상하 존비의 인간관계나 질서.
倫理(윤리), 不倫(불륜), 天倫(천륜)

輪
3급 / 총15획 / 부수 車

수레(車)에서 둥근(侖) 바퀴니 **바퀴 륜**
또 바퀴는 둥글어 잘 도니 **둥글 륜, 돌 륜**

🔊 車(수레 거, 차 차)
車輪(차륜), 五輪(오륜), 輪番(윤번)

論
4급 / 총15획 / 부수 言

말(言)로 모여서(侖) 논하고 평하니 **논할 론, 평할 론**

🔊 言(말씀 언)
論述(논술), 論議(논의), 論爭(논쟁), 論評(논평)

178　범풍축[凡風築] – 凡으로 된 한자

凡
준3급 / 총3획 / 부수 几

(공부하는) 책상(几)에 점(丶)이 찍힘은 무릇 보통이니 **무릇 범, 보통 범**

급외자 几 – 안석이나 책상의 모양을 본떠서 '안석 궤, 책상 궤' – 사범
🔊 丶(점 주, 불똥 주), 무릇 – 종합하여 살펴보건대, 헤아려 생각하건대, 대체로 보아.
凡例(범례), 凡常(범상), 非凡(비범), 平凡(평범)

風
5급 / 총9획 / 부수 風

무릇(凡) 벌레(虫)도 옮기는 바람이니 **바람 풍**
또 바람으로 말미암은 풍속·경치·모습·기질·병 이름 **풍**

🔊 虫(벌레 충), 작은 벌레는 바람을 타고 옮겨간다고 하지요.
暴風(폭풍), 美風良俗(미풍양속), 風景(풍경), 威風(위풍), 中風(중풍)

築
3급 / 총16획 / 부수 ⺮

대(⺮)로도 장인(工)은 무릇(凡) 나무(木)처럼 집을 쌓아 지으니
쌓을 축, 지을 축

🔊 ⺮[대 죽(竹)이 부수로 쓰일 때의 모양], 工(장인 공, 만들 공, 연장 공)
築造(축조), 改築(개축), 建築(건축)

179 항항 과[抗航 過] - 亢으로 된 한자와 過

抗
3급 / 총7획 / 부수 扌

손(扌)으로 높은(亢) 자와 겨루고 대항하니 **겨룰 항, 대항할 항**

급외자 亢 - 머리(亠) 아래 안석(几)처럼 이어진 목이니 '목 항'
또 목처럼 높으니 '높을 항' - 2급

抗拒(항거), 抗告(항고), 抗議(항의), 反抗(반항)

航
3급 / 총10획 / 부수 舟

(옛날 돛단배로 건너던 시절) 배(舟) 중 높이(亢) 돛을 단 배로 건너니
배 항, 건널 항

🔊 舟(배 주)

航路(항로), 航空(항공), 航海(항해), 歸航(귀항)

過
준4급 / 총13획 / 부수 辶

삐뚤어지게(咼) 지나가(辶) 지나치니 **지날 과, 지나칠 과**
또 지나쳐 생기는 허물이니 **허물 과**

급외자 咼 - 입(口)이 삐뚤어진 모양을 본떠서 '입 삐뚤어질 괘·와' - 부수자

🔊 過가 접두사로 쓰이면 영어의 over의 뜻이고, 뛰어넘을 초(超)가 접두사로 쓰이면 super의 뜻이지요.

過去(과거), 過速(과속), 過食(과식), 功過(공과)

180 연연선[沿鉛船] - 㕣으로 된 한자

沿
3급 / 총8획 / 부수 氵

물(氵)이 늪(㕣)을 따라가듯 따르니 **물 따라갈 연, 따를 연**

급외자 㕣 - 안석(几)처럼 패인 구멍(口)에 물이 고인 늪이니 '늪 연'
- 어원풀이를 위한 참고용으로 실제 쓰이는 한자는 아님.

沿道(연도), 沿邊(연변), 沿岸(연안), 沿海(연해)

鉛
3급 / 총13획 / 부수 金

쇠(金) 중 늪(㕣)의 물처럼 잘 녹는 납이니 **납 연**

🔊 납은 낮은 온도에서도 잘 녹지요.

無鉛(무연), 鉛筆(연필), 色鉛筆(색연필), 黑鉛(흑연)

船
준4급 / 총11획 / 부수 舟

배(舟) 중 늪(㕣)에도 다니도록 만든 배니 **배 선**

🔊 舟(배 주)

船歌(선가), 船團(선단), 船上(선상), 乘船(승선)

DAY 12 확인문제

01~10 다음 漢字의 훈(뜻)과 음(소리)을 쓰세요.

01. 某 (　　　　)　　06. 票 (　　　　)
02. 欺 (　　　　)　　07. 栗 (　　　　)
03. 舟 (　　　　)　　08. 補 (　　　　)
04. 黨 (　　　　)　　09. 捕 (　　　　)
05. 缺 (　　　　)　　10. 浦 (　　　　)

11~16 다음 훈음에 맞는 漢字를 〈보기〉에서 찾아 쓰세요.

〈보기〉	同　銅　賞　償　央　映　周　調　薄　博　痛

11. 갚을 상　(　　　)　　14. 두루 주　(　　　)
12. 가운데 앙 (　　　)　　15. 구리 동　(　　　)
13. 비칠 영　(　　　)　　16. 엷을 박　(　　　)

17~18 다음 문장 중 漢字로 표기된 단어의 독음을 쓰세요.

17. 한국의 전형적 목조 **建築** 양식으로 지어졌다.　(　　　　)
18. 공군 수송기는 구출한 인질을 싣고 **歸航**하는 중이다.　(　　　　)

19~20 다음 문장 중 (　)안의 단어를 漢字로 쓰시오.

19. 회장직은 (**윤번**)으로 합시다.　(　　　　)
20. 홍길동은 (**비범**)한 영웅으로 형상화되어 있다.　(　　　　)

정답

01. 아무 모　02. 속일 기　03. 배 주　04. 무리 당　05. 이지러질 결
06. 표 표　07. 밤 률　08. 기울 보　09. 잡을 포　10. 물가 포
11. 償　12. 央　13. 映　14. 周　15. 銅
16. 薄　17. 건축　18. 귀항　19. 輪番　20. 非凡

DAY 13 181~195

181 반곡설[般穀設] - 殳로 된 한자 1

般
3급 / 총10획 / 부수 舟

옛날 배(舟)는 창(殳) 같은 노를 저어 옮겨감이 일반이었으니 **옮길 반, 일반 반**

급외자 殳 - 안석(几) 같은 것을 손(又)에 들고 치니 '칠 수'
또 치려고 드는 창이나 몽둥이니 '창 수, 몽둥이 수' - 배정 외

🔊 舟(배 주)

一般(일반), 全般(전반), 諸般(제반), 彼此一般(피차일반)

穀
준3급 / 총15획 / 부수 禾

껍질(𣪊) 속에 여물어 차 있는 벼(禾) 같은 곡식이니 **곡식 곡**

🔊 𣪊[껍질 각(殼)의 획 줄임], 禾(벼 화)

穀食(곡식), 穀氣(곡기), 穀物(곡물), 雜穀(잡곡)

設
준3급 / 총11획 / 부수 言

말(言)로 상대의 주장을 치며(殳) 자기주장을 세우고 베푸니 **세울 설, 베풀 설**

🔊 言(말씀 언)

設計(설계), 設立(설립), 設備(설비), 爲人設官(위인설관)

182 단역투살(쇄)[段役投殺] - 殳로 된 한자 2

段
준3급 / 총9획 / 부수 殳

언덕(𠂤)을 치고(殳) 깎아서 일정한 간격으로 만든 계단이니 **계단 단**
또 계단 같은 차례니 **차례 단**

🔊 𠂤[언덕 애(厓)의 변형]

階段(계단), 段階(단계), 初段(초단)

役
3급 / 총7획 / 부수 彳

가도록(彳) 치면서(殳) 부리니 **부릴 역**

🔊 彳(조금 걸을 척)

苦役(고역), 兒役(아역), 用役(용역), 役割(역할)

投
준3급 / 총7획 / 부수 扌

손(扌)으로 창(殳)을 던져 버리니 **던질 투, 버릴 투**

投稿(투고), 投手(투수), 投入(투입), 全力投球(전력투구)

殺
준3급 / 총11획 / 부수 殳

베고(乂) 나무(木)로 찍고(丶) 쳐서(殳) 죽여 빨리 감하니
죽일 살, 빠를 쇄, 감할 쇄

🔊 乂(벨 예, 다스릴 예, 어질 예), 丶('점 주, 불똥 주'이지만 여기서는 찍는 모양으로 봄), 감(減 : 줄어들 감)하다 – 적어지다. 줄다. 줄이다.

殺蟲(살충), 殺到(쇄도), 減殺(감쇄), 相殺(상쇄)

183　서 연[西 煙] – 西와 煙

DAY 13

西
6급 / 총6획 / 부수 襾

지평선(一) 아래(口)로 해가 들어가는(儿) 서쪽이니 **서쪽 서**

🈶 襾(덮을 아) – 제목번호 172의 주석
🔊 口('에운담, 나라 국(國)의 약자'이지만 여기서는 지평선 아래 땅으로 봄), 儿('사람 인 발, 어진사람 인'이지만 여기서는 들어가는 모양으로 봄)
🔊 부수는 襾(덮을 아)네요.

東問西答(동문서답), 紅東白西(홍동백서)

煙
준3급 / 총13획 / 부수 火

불(火)을 잘 타지 못하게 막으면(垔) 나는 연기니 **연기 연**
또 연기 내며 피우는 담배니 **담배 연** (= 烟)

급외자 垔 – 서쪽(西)을 흙(土)으로 막으니 '막을 인' – 배정 외
🔊 烟 – 불(火)로 말미암아(因) 나는 연기니 '연기 연', 또 연기 내며 태우는 담배니 '담배 연'
*因(말미암을 인, 의지할 인)

煙氣(연기), 禁煙(금연), 吸煙(흡연)

184　유주의 유존[酉酒醫 猶尊] – 酉, 酋로 된 한자

酉

4급 / 총7획 / 부수 酉

술 담는 그릇을 본떠서 **술그릇 유, 술 유**
또 술 마시듯 고개를 쳐들고 물을 마시는 닭이니 **닭 유**
또 닭은 열째 지지니 **열째 지지 유**

🔊 술과 관련된 한자에 부수로 많이 쓰입니다.

酉時(유시)

酒
준3급 / 총10획 / 부수 酉

물(氵)처럼 술그릇(酉)에 있는 술이니 **술 주**

酒量(주량), 酒店(주점), 酒家(주가), 洋酒(양주)

醫
준4급 / 총18획 / 부수 酉

상자(匚)처럼 패이고 화살(矢)과 창(殳)에 다친 곳을 약술(酉)로 소독하고 치료하는 의원이니 **의원 의**

⚑ 医 : 약상자(匚)를 들고 화살(矢)처럼 달려가 치료하는 의원이니 '의원 의'
🔊 匚(상자 방), 矢(화살 시), 殳(칠 수, 창 수, 몽둥이 수), 소독약이 없으면 알코올 성분이 있는 술로 소독하지요.
醫院(의원), 醫師(의사), 醫術(의술), 名醫(명의)

猶
준3급 / 총12획 / 부수 犭

개(犭) 같이 행동하면 우두머리(酋)라도 오히려 머뭇거리니
같을 유, 오히려 유, 머뭇거릴 유

급외자 酋 - 향기 나는(八) 술(酉)이 술 중에 우두머리니 '우두머리 추' - 사범
🔊 犭(큰 개 견, 개 사슴 록 변)
猶太人(유태인), 過猶不及(과유불급)

尊
4급 / 총12획 / 부수 寸

우두머리(酋)에게처럼 말 한마디(寸)라도 높이니 **높일 존**

🔊 寸(마디 촌, 법도 촌)
尊敬(존경), 尊稱(존칭), 唯我獨尊(유아독존)

---

185 구구구 강[求救球 康] - 求로 된 한자와 康

求
준4급 / 총7획 / 부수

하나(一)의 물(氺)방울(丶)이라도 구하니 **구할 구**

급외자 氺 - 물 수(水)가 한자의 발 부분에 붙는 부수인 발로 쓰일 때의 모양으로 '물 수 발' - 부수자
🔊 丶('점 주, 불똥 주'지만 여기서는 물방울로 봄)
求道(구도), 求愛(구애), 求職(구직)

救
4급 / 총11획 / 부수 攵

(나쁜 길에 빠진 사람을 쳐서라도) 구하기(求) 위하여 치며(攵) 구원하고 도우니
구원할 구, 도울 구

🔊 攵(칠 복), 내가 필요해서 구하면 구할 구(求), 남을 도와주면 구원할 구, 도울 구(救)
救命(구명), 救援(구원), 救助(구조), 救急(구급)

球
준3급 / 총11획 / 부수 王(玉)

구슬(王)을 구(求)해 보면 둥글어 공 같으니 **둥글 구, 공 구**

🔊 王(임금 왕, 으뜸 왕, 구슬 옥 변), 대부분의 옥은 둥글게 가공함을 생각하고 만든 한자.
球根(구근), 地球(지구), 球技(구기)

康
준3급 / 총11획 / 부수 广

일 끝내고 집(广)에 이르러 손(彐)을 물(氺)에 씻은 듯 편안하니 **편안할 강, 성 강**

🔊 广(집 엄), 彐(고슴도치 머리 계, 오른손 우), 氺(물 수 발)
康健(강건), 健康(건강)

---

186 우로설상전[雨露雪霜電] - 雨로 된 한자

DAY 13

雨
준4급 / 총8획 / 부수 雨

하늘(一)의 구름(冂)에서 물(氺)로 내리는 비니 **비 우**

🔊 一('한 일'이지만 여기서는 하늘의 모양), 冂('성 경'이지만 여기서는 구름의 모양), 氺(물 수 발), 雨는 날씨와 관계되는 한자의 부수로도 쓰입니다.
雨雪(우설), 降雨(강우), 暴雨(폭우), 暴風雨(폭풍우)

露

준3급 / 총21획 / 부수 雨

빗(雨)방울처럼 길(路)에 이슬이 어려 드러나니 **이슬 로, 드러날 로**

🔊 路(길 로)
寒露(한로), 露出(노출), 吐露(토로), 暴露(폭로)

雪
준4급 / 총11획 / 부수 雨

비(雨)가 얼어 고슴도치 머리(彐)처럼 어지럽게 내리는 눈이니 **눈 설**
또 눈처럼 깨끗하게 씻으니 **씻을 설**

🔊 彐(고슴도치 머리 계, 오른손 우), 그릇 등을 씻는다는 '설거지'라는 말도 여기서 유래된 것 같아요.
雪景(설경), 白雪(백설), 暴雪(폭설), 雪辱(설욕)

霜
준3급 / 총17획 / 부수 雨

비(雨) 같은 습기가 서로(相) 얼어붙은 서리니 **서리 상**

🔊 相(서로 상, 모양 상, 볼 상, 재상 상)
霜雪(상설), 雪上加霜(설상가상), 秋霜(추상), 風霜(풍상)

電
7급 / 13획 / 부수 雨

비(雨) 올 때 번쩍 빛을 펼치는(甩) 번개니 **번개 전**
또 번개처럼 빛나는 전기니 **전기 전**

🔊 甩[아뢸 신, 펼 신, 원숭이 신, 아홉째 지지 신(申)의 변형]
電燈(전등), 電池(전지), 充電(충전)

187 운운음 [云雲陰] - 云으로 된 한자

云
준3급 / 총4획 / 부수 二

둘(二)이 사사롭게(厶) 이르니(말하니) **이를 운, 말할 운**

- 厶(사사 사, 나 사), 이르다 - 무엇이라고 말하다.
- 云云(운운), 云爲(운위)

雲
준4급 / 총12획 / 부수 雨

비(雨)가 오리라고 말해(云) 주는 구름이니 **구름 운**

- 구름이 끼면 비가 올 것을 알게 되지요.
- 雲集(운집), 雲海(운해), 靑雲(청운)

陰
4급 / 총11획 / 부수 阝

언덕(阝) 아래는 지금(今)도 말하자면(云) 그늘이니 **그늘 음**

- 阝(언덕 부 변), 今(이제 금, 오늘 금)
- 光陰(광음), 陰地(음지), 陰凶(음흉)

188 천훈주 류소 [川訓州 流䟽] - 川, 㐬으로 된 한자

川
7급 / 총3획 / 부수 川

물 흐르는 내를 본떠서 **내 천**

川邊(천변), 山川草木(산천초목), 河川(하천)

訓
준4급 / 총10획 / 부수 言

말(言)을 내(川)처럼 길게 하며 가르치니 **가르칠 훈**

- 言(말씀 언)
- 訓戒(훈계), 訓練(훈련), 訓手(훈수), 訓話(훈화)

州
준3급 / 총6획 / 부수 川

내(川) 사이에 점들(丶丶丶)처럼 집들이 있는 고을이니 **고을 주**

- 나주(羅州), 충주(忠州)처럼 고을 이름에 주(州)가 들어가면 물가에 있지요.
- 州郡(주군), 州牧(주목), 全州(전주)

流
준4급 / 총10획 / 부수 氵

물(氵)이 소리 내며(云) 내(㐬)를 이루어 흐르고 번져나가니 **흐를 류, 번져나갈 류**

- 云(이를 운, 말할 운), 㐬[내 천(川)의 변형]
- 流失(유실), 流浪(유랑), 流行(유행)

蔬
3급 / 총16획 / 부수 ++

풀(++) 중 트인(疏) 듯 누구나 자주 먹는 나물이나 채소니 **나물 소, 채소 소**

급외자 疏 – 발(疋)로 차며 소리치면(云) 막힘이 내(巛)처럼 트이니 '트일 소'
또 트인 듯 관계가 성기니 '성길 소'– 2급

🔊 *疋(필 필, 발 소)

蔬飯(소반), 蔬食(소식), 蔬店(소점), 菜蔬(채소)

---

189 재순뇌[災巡腦] – 巛으로 된 한자

災
준3급 / 총7획 / 부수 火

물(巛)이나 불(火)로 인하여 입는 재앙이니 **재앙 재**

급외자 巛 – 내 천(川)이 부수로 쓰일 때의 모양으로 개미허리 같다하여 '개미허리 천' – 부수자

🔊 재앙(災殃) – 뜻하지 아니하게 생긴 불행한 변고. 또는 천재지변으로 인한 불행한 사고. *殃(재앙 앙)

災難(재난), 災害(재해), 水災(수재), 火災(화재)

DAY 13

巡
3급 / 총7획 / 부수 巛

냇물(巛)이 아래로 방향을 찾아 흘러가듯(辶) 여기저기를 순행하며 도니
순행할 순, 돌 순

🔊 순행(巡行) – 여행이나 공부, 또는 감독하거나 단속하기 위하여 여러 곳으로 돌아다님.
🔊 辶(뛸 착, 갈 착), 行(다닐 행, 행할 행, 항렬 항)

巡警(순경), 巡訪(순방), 巡視(순시)

腦
3급 / 총13획 / 부수 月

몸(月)에서 흐르는 냇물(巛)처럼 쉴 새 없이 생각하는 정수리(囟)의 뇌니 **뇌 뇌**

🔊 囟(정수리 신), 정수리 – 머리 위에 있는 자리.

腦炎(뇌염), 頭腦(두뇌), 洗腦(세뇌), 首腦(수뇌)

190 경경 수[輕經 輪] - 巠으로 된 한자와 輸

輕
준4급 / 총14획 / 부수 車

수레(車)가 물줄기(巠)처럼 저절로 달리도록 가벼우니 **가벼울 경**

급외자 巠 - 하나(一)의 냇물(巛)처럼 만들어지는(工) 물줄기니 '물줄기 경' - 배정 외

🔊 車(수레 거, 차 차), 工(장인 공, 만들 공, 연장 공)

輕減(경감), 輕傷(경상), 輕視(경시), 輕重(경중)

經
4급 / 총13획 / 부수 糸

실(糸)이 물줄기(巠)처럼 길게 지나가는 날실이니 **지날 경, 날실 경**

또 베를 짤 때 날실이 기본이듯이 사람 사는 기본을 적어 놓은 글이니 **글 경**

🔊 糸(실 사, 실 사 변), 베를 짤 때 길게 늘어뜨린 쪽의 실을 날실(經), 좁은 쪽의 실을 씨실(緯 : 씨실 위)이라 하지요.

經歷(경력), 經費(경비), 神經(신경), 經書(경서)

輸
3급 / 총16획 / 부수 車

차(車)로 대답하듯(兪) 짐을 실어 보내고 나르니 **보낼 수, 나를 수**

급외자 兪 - 들어가(入) 한(一) 달(月)에 걸쳐 흐르는 내(巜)처럼 계속 치료하면 대답하듯 병이 나으니 '대답할 유, 병 나을 유, 성 유' - 2급

🔊 車(수레 거, 차 차), 巜[개미허리 천(巛)의 획 줄임]

輸送(수송), 輸血(수혈), 輸出入(수출입), 禁輸(금수)

191 돈가대 상상[豚家隊 象像] - 豕, 象으로 된 한자

豚
3급 / 총11획 / 부수 豕

살(月)이 많은 돼지(豕)니 **돼지 돈**

급외자 豕 - 서 있는 돼지를 본떠서 '돼지 시' - 사범

🔊 月(달 월, 육 달 월), 돼지는 다른 짐승에 비해 살이 많기 때문에 돼지 시(豕)에 육 달 월(月)을 붙여 만든 한자.

豚舍(돈사), 豚肉(돈육), 養豚(양돈), 種豚(종돈)

家
준5급 / 총10획 / 부수 宀

지붕(宀) 아래 돼지(豕)처럼 먹고 자는 집이니 **집 가**

또 하나의 집처럼 어느 분야에 일가를 이룬 전문가니 **전문가 가**

🔊 宀(집 면), 일가(一家) - ㉠ 한집안. ㉡ 성(姓)과 본이 같은 겨레붙이. ㉢ 어느 분야에 뛰어나 독자적인 경지나 체계를 이루는 상태. 여기서는 ㉢의 뜻.

家庭(가정), 家族(가족), 作家(작가), 一家見(일가견)

隊
준3급 / 총12획 / 부수 阝

언덕(阝)에 여덟(八) 마리의 돼지(豕)가 모인 무리니 **무리 대**
또 무리를 이루는 군대도 뜻하여 **군대 대**

🔊 阝(언덕 부 변), 八(여덟 팔, 나눌 팔)

隊員(대원), 軍隊(군대), 入隊(입대), 除隊(제대)

象
준3급 / 총12획 / 부수 豕

코끼리 모양을 본떠서 **코끼리 상, 모습 상, 본뜰 상**

🔁 衆(무리 중) – 제목번호 230

🔊 원래는 '코끼리 상'인데 뜻이 확대되어 '모습 상, 본뜰 상'으로도 쓰입니다.

象形(상형), 氣象(기상), 印象(인상), 現象(현상)

像
3급 / 총14획 / 부수 亻

사람(亻)이 생각하는 코끼리(象) 형상이니 **형상 상**

銅像(동상), 佛像(불상), 受像機(수상기), 自畫像(자화상)

---

192 록록 연[錄綠 緣] – 彔으로 된 한자와 緣

錄
준3급 / 총16획 / 부수 金

쇠(金)에 새겨(彔) 기록하니 **기록할 록**

급외자 彔 – 엇갈리게(ヨ) 한(一)곳으로 물(氺) 같은 진액이 나오도록 나무를 깎고 새기니
'나무 깎을 록, 새길 록' – 사범

🔊 金(쇠 금, 금 금, 돈 금, 성 김), 氺(물 수 발)

錄音(녹음), 錄畫(녹화), 記錄(기록)

綠
5급 / 총14획 / 부수 糸

실(糸)이 나무 깎을(彔) 때 나오면 푸르니 **푸를 록**

🔊 糸(실 사, 실 사 변)

綠色(녹색), 綠陰(녹음), 綠茶(녹차), 常綠樹(상록수)

緣

3급 / 총15획 / 부수 糸

실(糸)로 끊어진(彖) 곳을 잇듯이 서로를 이어주는 인연이니 **인연 연**

급외자 彖 – 엇갈려(ヨ) 돼지(豕)가 여기저기를 물어 끊으니 '끊을 단' – 사범

緣故(연고), 緣分(연분), 緣由(연유), 結緣(결연)

193 야졸상도[夜卒商圖] - 亠로 된 한자

夜
5급 / 총8획 / 부수 夕

머리(亠) 두르고 사람(亻)이 자는 저녁(夕)부터 이어진(乀) 밤이니 **밤 야**

급외자 亠 - 옛날 갓을 쓸 때 상투를 튼 머리 부분 모양을 본떠서 '머리 부분 두' - 부수자

🔊 夕(저녁 석)

夜間(야간), 夜景(야경), 不夜城(불야성), 深夜(심야)

卒
준4급 / 총8획 / 부수 十

우두머리(亠) 밑에 모인 사람들의(人人) 많은(十) 졸병이니 **졸병 졸**

또 졸병은 전쟁에서 앞장서야 하기 때문에 갑자기 죽어 생을 마치니

갑자기 졸, 죽을 졸, 마칠 졸

🔊 十(열 십, 많을 십)

卒兵(졸병), 卒倒(졸도), 卒年月日(졸년월일), 卒業(졸업)

商
준4급 / 총11획 / 부수 口

머리(亠)에 물건을 이고(丷) 다니며 성(冂) 안에서 사람(儿)이 말하며(口) 장사하니 **장사할 상**

또 장사하듯 이익을 헤아리니 **헤아릴 상**

🔊 丷(머리에 인 모양), 冂(멀 경, 성 경), 儿(사람 인 발, 어진사람 인), 口(입 구, 구멍 구, 말할 구)

商社(상사), 商店(상점), 商量(상량), 協商(협상)

圖
5급 / 총14획 / 부수 囗

종이(囗)에 말하듯(口) 머리(亠) 돌려(回) 보면서 그리는 그림이니 **그림 도**

또 그림 그리듯 무슨 일을 꾀하니 **꾀할 도**

🔊 囗['에운담, 나라 국(國)의 약자'지만 여기서는 종이로 봄], 口(입 구, 구멍 구, 말할 구), 回(돌 회, 돌아올 회, 횟수 회), 꾀하다 - 어떤 일을 이루려고 뜻을 두거나 힘을 쓰다.

圖案(도안), 地圖(지도), 試圖(시도), 意圖(의도)

194 적적[敵適] - 啇으로 된 한자

敵
4급 / 총15획 / 부수 攵

뿌리(啇), 즉 근본까지 치는(攵) 원수니 **원수 적**

급외자 啇 - 머리 부분(亠)을 받친(丷) 성(冂) 모양으로 오래(古)된 밑동이나 뿌리니
'밑동 적, 뿌리 적' - 배정 외

🔊 攵(칠 복, = 攴)

敵國(적국), 敵軍(적군), 對敵(대적), 宿敵(숙적)

適
4급 / 총15획 / 부수 辶

뿌리(啇)가 알맞은 곳으로 뻗어가듯(辶) 알맞은 곳으로 가니 **알맞을 적, 갈 적**

🔊 辶(뛸 착, 갈 착)

適當(적당), 適性(적성), 悠悠自適(유유자적)

---

195 5망맹[亡忙忘妄望盲] - 亡으로 된 한자

DAY 13

亡
준4급 / 총3획 / 부수 亠

머리(亠)를 감추어야(乚) 할 정도로 망하여 달아나니 **망할 망, 달아날 망**
또 망하여 죽으니 **죽을 망**

🔊 亠(머리 부분 두), 乚(감출 혜, 덮을 혜, = 匸)

亡國(망국), 亡身(망신), 逃亡(도망), 死亡(사망)

忙
준3급 / 총6획 / 부수 忄

마음(忄)이 망할(亡) 정도로 바쁘니 **바쁠 망**

忙中閑(망중한) ↔ 閑中忙(한중망), 奔忙(분망)

忘

4급 / 총7획 / 부수 心

망한(亡) 마음(心)처럼 잊으니 **잊을 망**

🔊 忙·忘 - 한자 구성 성분은 같지만 연결 순서가 다르니 순서대로 풀어서 '마음(忄)이 망할(亡) 정도로 바쁘면 바쁠 망(忙)', '망한(亡) 마음(心)이면 잊을 망(忘)'으로 구분하세요.

健忘症(건망증), 勿忘草(물망초), 不忘(불망)

妄
3급 / 총6획 / 부수 女

정신이 망한(亡) 여자(女)처럼 망령되니 **망령될 망**

🔊 망령(妄靈) - 정신이 흐려서 말과 행동이 정상을 벗어난 상태. *靈(신령 령, 신령스러울 령)

妄言(망언), 輕擧妄動(경거망동), 妄想(망상), 老妄(노망)

望
준4급 / 총11획 / 부수 月

망가진(亡) 달(月)을 보고 왕(王) 같은 보름달이 되는 보름을 바라니 **바랄 망, 보름 망**

🔊 보름 - 음력의 매월 15일. 이때 둥근 보름달이 뜨지요.

所望(소망), 熱望(열망), 希望(희망), 望月(망월)

盲

3급 / 총8획 / 부수 目

망한(亡) 눈(目)처럼 눈먼 시각장애인이니 **눈멀 맹, 시각장애인 맹**
또 시각장애인처럼 잘 보지 못하면 무지하니 **무지할 맹**

🔊 目(눈 목, 볼 목, 항목 목)

盲人(맹인), 文盲(문맹), 色盲(색맹)

DAY 13 확인문제

01~10 다음 漢字의 훈(뜻)과 음(소리)을 쓰세요.

01. 投 (   )   06. 輸 (   )
02. 煙 (   )   07. 緣 (   )
03. 蔬 (   )   08. 豚 (   )
04. 巡 (   )   09. 像 (   )
05. 腦 (   )   10. 妄 (   )

11~16 다음 훈음에 맞는 漢字를 〈보기〉에서 찾아 쓰세요.

〈보기〉	般 酒 猶 救 球 錄 綠 忙 忘 盲 適

11. 같을 유 (   )   14. 기록할 록 (   )
12. 일반 반 (   )   15. 푸를 록 (   )
13. 눈멀 맹 (   )   16. 공 구   (   )

17~18 다음 문장 중 漢字로 표기된 단어의 독음을 쓰세요.

17. 쌀밥보다는 **雜穀**이 섞인 밥을 먹는 것이 건강에 좋다.   (   )
18. 각자의 **役割**에 최선을 다할 것을 강조하였다.   (   )

19~20 다음 문장 중 (   )안의 단어를 漢字로 쓰시오.

19. 요즘 카메라들은 초점이나 (**노출**)까지 자동으로 조절해 준다.   (   )
20. 해병대를 (**제대**)한 뒤 사업체를 운영하고 있다.   (   )

정답

01. 던질 투   02. 연기 연   03. 나물 소   04. 순행할 순   05. 뇌 뇌
06. 보낼 수   07. 인연 연   08. 돼지 돈   09. 형상 상   10. 망령될 망
11. 猶   12. 般   13. 盲   14. 錄   15. 綠
16. 球   17. 잡곡   18. 역할   19. 露出   20. 除隊

DAY 14 196~210

196 언신 어요[言信 語謠] - 言으로 된 한자

言
5급 / 총7획 / 부수 言

머리(亠)로 두(二) 번 이상 생각하고 입(口)으로 말하는 말씀이니 **말씀 언**

🔊 말은 항상 조심해야 하지요.

言動(언동), 言路(언로), 言約(언약), 確言(확언)

信
5급 / 총9획 / 부수 亻

사람(亻)이 말한(言) 대로 행하면 믿으니 **믿을 신**
또 믿을 만한 소식이니 **소식 신**

信念(신념), 信仰(신앙), 書信(서신), 答信(답신)

語
준5급 / 총14획 / 부수 言

말(言)로 나(吾)의 뜻을 알리는 말씀이니 **말씀 어**

🔊 吾(나 오)

語感(어감), 語錄(어록), 語不成說(어불성설), 用語(용어)

謠
준3급 / 총17획 / 부수 言

말(言)하듯 질그릇(缶) 같은 술잔을 두드리며 부르는 노래니 **노래 요**

급외자 缶 - 옛날에 물 같은 액체를 담던 그릇인 장군을 본떠서 '장군 부' - 사범

歌謠(가요), 童謠(동요), 民謠(민요), 俗謠(속요)

197 해각 고고[亥刻 高稿] - 亥, 高로 된 한자

亥
준3급 / 총6획 / 부수 亠

돼지의 머리(亠)와 뼈대 모양을 본떠서 **돼지 해**
또 돼지는 열두째 지지니 **열두째 지지 해**

亥時(해시), 亥月(해월)

刻
3급 / 총8획 / 부수 刂

돼지(亥) 뼈에 칼(刂)로 새기니 **새길 각**
또 눈금을 새겨 나타내는 시각이니 **시각 각**

🔊 刂(칼 도 방), 하루 24시간을 96각법으로 계산하면 1각(刻)은 15분입니다.
刻骨難忘(각골난망), 木刻(목각), 時時刻刻(시시각각), 時刻(시각)

高
5급 / 총10획 / 부수 高

지붕(亠)과 창틀(口)과 몸체(冂)와 출입구(口) 있는 높은 누각을 본떠서
높을 고, 성 고

高價(고가), 고결(高潔), 提高(제고), 最高(최고)

稿
3급 / 총15획 / 부수 禾

벼(禾)를 수확하여 높이(高) 쌓아 놓은 볏짚이니 **볏짚 고**
또 볏짚이 무엇의 재료가 되듯 책의 재료가 되는 원고니 **원고 고**

🔊 禾(벼 화), 볏짚을 이용하여 여러 가지 생활 도구를 만들지요.
稿料(고료), 玉稿(옥고), 遺稿(유고), 投稿(투고)

---

198 향형 정정[享亨 亭停] - 亯, 亭으로 된 한자

享
3급 / 총8획 / 부수 亠

높은(亠) 학문을 배운 아들(子)이 행복을 누리니 **누릴 향**

🔊 亠[높을 고(高)의 획 줄임], 子(아들 자, 첫째 지지 자, 자네 자, 접미사 자)
享年(향년), 享樂(향락), 享有(향유)

亨
3급 / 총7획 / 부수 亠

높은(亠) 학문을 마치면(了) 만사형통하니 **형통할 형**

🔊 亠[높을 고(高)의 획 줄임], 了(마칠 료), 형통(亨通) - 일이 뜻과 같이 잘되어 감. *通(통할 통)
亨運(형운), 萬事亨通(만사형통), 元亨利貞(원형이정)

亭
3급 / 총9획 / 부수 亠

높이(亠) 지어 장정(丁)들이 쉬도록 한 정자니 **정자 정**

🔊 亠[높을 고(高)의 획 줄임], 정(亭) - 어떠한 명사 뒤에 붙어서 정자(亭子)의 뜻을 나타내는 말.
亭子(정자), 亭閣(정각), 八角亭(팔각정)

停
4급 / 총11획 / 부수 亻

사람(亻)이 정자(亭)에 머무르니 **머무를 정**

停車場(정거장), 停止(정지), 停車(정차)

199 경량취경[京凉就景] - 京으로 된 한자

京
5급 / 총8획 / 부수 亠

높은(亠) 곳에도 작은(小) 집들이 많은 서울이니 **서울 경**

🔊 亠[높을 고(高)의 획 줄임], 小(작을 소), 요즘은 정비 되어 좋아졌지만 옛날에는 고지대에 달동네가 많았어요.
京城(경성), 歸京(귀경), 上京(상경), 在京(재경)

凉
준3급 / 총10획 / 부수 冫

얼음(冫)이 얼면 서울(京)도 서늘하니 **서늘할 량**

원 涼 - 물(氵) 있는 곳은 서울(京)도 서늘하니 '서늘할 량'
🔊 冫(이 수 변), 氵(삼 수 변)
納凉(납량), 炎凉世態(염량세태), 淸凉(청량), 寒凉(한량)

就
준3급 / 총12획 / 부수 尢

(꿈이 있는 사람은 벼슬자리가 많은) 서울(京)로 더욱(尤) 나아가 꿈을 이루니 **나아갈 취, 이룰 취**

🔊 尤(더욱 우, 허물 우)
就業(취업), 就任(취임), 成就(성취), 日就月將(일취월장)

景
4급 / 총12획 / 부수 日

햇(日)볕이 서울(京)을 비추면 경치가 커 보이니 **볕 경, 경치 경, 클 경**

景光(경광), 景致(경치), 景福(경복), 景福宮(경복궁)

200 건제대 포희[巾帝帶 布希] - 巾, 布로 된 한자

巾
준5급 / 총3획 / 부수 巾

성(冂)처럼 사람(丨)이 몸에 두르는 수건이니 **수건 건**

🔊 冂(멀 경, 성 경), 丨('뚫을 곤'이지만 여기서는 사람으로 봄)
手巾(수건), 頭巾(두건), 紅巾(홍건)

帝

준3급 / 총9획 / 부수 巾

머리 부분(亠)을 받치고(丷) 덮어(冖) 수건(巾) 같은 면류관을 쓴 임금이니 **임금 제**

🔊 亠(머리 부분 두), 冖(덮을 멱), 巾(수건 건)
帝王(제왕), 帝國(제국), 日帝(일제), 皇帝(황제)

帶
3급 / 총11획 / 부수 巾

장식을 꿰어 만든 끈(卌)으로 덮어(冖) 수건(巾)처럼 둘러차는 띠니 **찰 대, 띠 대**

🔊 冖(덮을 멱)
帶同(대동), 連帶(연대), 一帶(일대)

布
4급 / 총5획 / 부수 巾

많이(ナ) 사용하는 수건(巾)처럼 베를 펴니 베 포, 펼 포
또 불교에서 펴 베푸는 보시니 보시 보

- 보시(布施) - 자비심으로 남에게 재물이나 불법을 베풂.
- ナ['열 십, 많을 십(十)'의 변형], 施(행할 시, 베풀 시)

布石(포석), 宣布(선포), 布施(보시)

希
4급 / 총7획 / 부수 巾

찢어진(乂) 베(布)옷이면 새 옷을 바라니 바랄 희

- 乂(벨 예, 다스릴 예, 어질 예)

希求(희구), 希念(희념), 希望(희망), 希願(희원)

201 시자폐[市姉肺] - 市로 된 한자

市
준5급 / 총5획 / 부수 巾

머리(亠)를 수건(巾)으로라도 꾸미고 가던 저자나 시내니 저자 시, 시내 시

- 亠(머리 부분 두), 저자 - 시장에서 물건을 파는 가게. 또는 그런 가게가 열리는 시장. 옛날에는 모자처럼 수건을 두르고 시장에 갔던가 봐요.

市場(시장), 市內(시내), 門前成市(문전성시)

姉
준4급 / 총8획 / 부수 女

여자(女) 중 교묘하게(丂) 사람(亻)을 잘 다스리는 손위 누이니 손위 누이 자

- 姊 - 여자(女) 중 시장(市)에 갈 정도로 큰 손위 누이니 '손위 누이 자'
- 丂(공교할 교, 교묘할 교), 亻[사람 인(人)의 변형]

姉妹(자매), 姉母(자모), 姉兄(자형)

肺
3급 / 총8획 / 부수 月

몸(月)에서 시장(市)처럼 바쁜 허파니 허파 폐

- 月(달 월, 육 달 월), 저자 시, 시내 시(市)를 여기서는 4획으로 보았네요. 허파는 숨을 쉬니 바쁘지요.

肺病(폐병), 肺炎(폐염 → 폐렴)

202 사추 관관[師追 官管] - 師, 官으로 된 한자

師
준4급 / 10획 / 부수 巾

쌓이듯(𠂤) 많은 제자들이 빙 둘러(帀) 있는 스승이나 전문가니 스승 사, 전문가 사
또 많이(𠂤) 둘러싼(帀) 군사니 군사 사

- 급외자 𠂤 - 비스듬히(丿) 흙이 쌓여(目) 있는 모양에서 '쌓일 퇴, 언덕 퇴'로, '쌓일 퇴, 언덕 퇴(堆)'의 원자인 垍의 획 줄임.
- 帀 - 머리(一)에 수건(巾) 두른 모양에서 '두를 잡' *一('한 일'이지만 여기서는 머리로 봄)

師弟(사제), 敎師(교사), 醫師(의사), 師團(사단)

追
준3급 / 총10획 / 부수 辶

언덕(𠂤)까지 쫓아가며(辶) 따르니 **쫓을 추, 따를 추**

追加(추가), 追更(추경), 追從(추종), 追擊(추격)

官
4급 / 총8획 / 부수 宀

(옛날에) 집(宀)이 높은 언덕(𠂤)에 있으면 주로 관청이었으니 **관청 관**

또 관청에 근무하는 벼슬이니 **벼슬 관**

🔊 宀(집 면), 𠂤[쌓일 퇴, 언덕 퇴(𠂤)의 획 줄임]

官權(관권), 官吏(관리), 民官(민관)

管
3급 / 총14획 / 부수 ⺮

대(⺮)가 벼슬(官)한 것처럼 좋게 쓰인 대롱이나 피리니 **대롱 관, 피리 관**

또 피리를 잘 관리하니 **관리할 관**

🔊 ⺮[대 죽(竹)이 부수로 쓰일 때의 모양]

木管(목관), 血管(혈관), 管理(관리), 主管(주관)

DAY 14

203 아악(오) 순역[亞惡 純逆] - 亞로 된 한자와 純逆

亞
3급 / 총8획 / 부수 二

(신체적 능력이 보통 사람보다 조금 다른) 두 척추장애인을 본떠서 **버금 아, 다음 아**

약 亜

🔊 '버금'은 으뜸의 바로 아래로, '다음, 두 번째(the second in order)'의 뜻입니다.

亞流(아류), 亞熱帶(아열대)

惡
준4급 / 총12획 / 부수 心

(최선이 아닌) 다음(亞)을 생각하는 마음(心)이 악하니 **악할 악**

또 악은 모두 미워하니 **미워할 오**

🔊 心(마음 심, 중심 심), 무슨 나쁜 짓을 하는 것만이 악이 아니라 최선을 다하지 않고 '이것이 안 되면 다른 것 하지 뭐'식으로 다음을 생각하는 마음이 제일 큰 악이지요.

惡童(악동), 惡用(악용) ↔ 善用(선용), *憎惡(증오)

純
4급 / 총10획 / 부수 糸

깨끗한 흰 실(糸)과 아직 땅에 묻혀(屯) 올라오는 새싹처럼 순수하니 **순수할 순**

 屯 - 땅(一)에 싹(屮)이 묻혀 있는 모양에서 '묻힐 둔'
또 묻히듯이 숨어 병사들이 진 치니 '진 칠 둔' - 2급

🔊 糸(실 사, 실 사 변)

純減(순감), 純潔(순결), 純增(순증)

逆
4급 / 총10획 / 부수 辶

거꾸로(屰) 가(辶) 거스르고 배반하니 **거스를 역, 배반할 역**

🔊 辶(뛸 착, 갈 착), 屰 : 사람이 거꾸로 선 모양에서 '거꾸로 설 역'

逆境(역경), 逆戰(역전), 逆行(역행), 拒逆(거역)

204 소 교[笑 橋] - 笑와 橋

笑
4급 / 총10획 / 부수 ⺮

대(⺮)가 구부러지듯 젊은(夭) 사람이 허리 굽혀 웃으니 **웃을 소**

급외자 夭 - 위(丿)로 크게(大) 자라나는 모양이 젊고 예쁘니 '젊을 요, 예쁠 요'
또 기울어(丿) 큰(大) 뜻을 펼치지 못하고 일찍 죽으니 '일찍 죽을 요' - 2급

🔊 ⺮[대 죽(竹)이 부수로 쓰일 때의 모양]

談笑(담소), 大笑(대소), 一笑一少(일소일소)

橋
준4급 / 총16획 / 부수 木

나무(木)를 높이(喬) 걸쳐 만든 다리니 **다리 교**

급외자 喬 - 젊은(夭) 사람이 높이(高) 올라가 높으니 '높을 교' - 1급

🔊 木(나무 목), 高[높을 고(高)의 획 줄임], 건축자재가 귀한 옛날에는 다리도 나무로 놓았지요.

橋脚(교각), 架橋(가교), 陸橋(육교)

205 의의표애상[衣依表哀喪] - 衣로 된 한자

衣
준5급 / 총6획 / 부수 衣

동정과 옷고름 있는 저고리를 본떠서 **옷 의**

衣服(의복), 衣食住(의식주), 好衣好食(호의호식)

依
4급 / 총8획 / 부수 亻

사람(亻)이 옷(衣)에 의지하듯 의지하니 **의지할 의**

依支(의지), 依他(의타), 舊態依然(구태의연)

表
5급 / 총8획 / 부수 衣

흙(土)이 옷(衣)에 묻은 겉이니 **겉 표, 성 표**

🔊 土(흙 토)

表面(표면), 表明(표명), 表題(표제), 表出(표출)

哀
준3급 / 총9획 / 부수 口

옷(衣)으로 입(口)을 가리고 울 정도로 슬프니 **슬플 애**

哀歡(애환), 喜怒哀樂(희로애락)

喪
준3급 / 총12획 / 부수 口

많은(十) 사람의 입들(口口)이 변하도록(ㄣ) 울면 가족을 잃어 초상난 것이니 **잃을 상, 초상날 상**

🔊 초상(初喪) - 사람이 죽어 장사 지낼 때까지의 일.
🔊 十(열 십, 많을 십), ㄣ[변화할 화, 될 화(化)의 변형], 初(처음 초)

喪家(상가), 問喪(문상), 喪失(상실)

176

206 원원 제제[遠園 制製] - 袁, 制로 된 한자

遠
5급 / 총14획 / 부수 辶

옷을 챙겨(袁) 가야(辶) 할 만큼 머니 **멀 원**

급외자 袁 - 한(一) 벌씩 옷(衣)을 식구(口) 수대로 챙기니 '옷 챙길 원, 성 원' - 2급
🔊 辶(뛸 착, 갈 착)
遠近(원근), 望遠鏡(망원경), 永遠(영원)

園
준4급 / 총13획 / 부수 囗

옷을 챙겨(袁) 싸듯 울타리를 친(囗) 동산이니 **동산 원**

🔊 囗[에운담, 나라 국(國)의 약자]
園藝(원예), 公園(공원), 果樹園(과수원)

制
준3급 / 총8획 / 부수 刂

소(牛)고기나 천(巾)을 칼(刂)로 잘라 마름질하는 제도니 **마름질 제, 제도 제**
또 제도에 맞도록 억제하고 절제하니 **억제할 제, 절제할 제**

🔊 마름질하다 - 옷감이나 재목 따위를 치수에 맞도록 재거나 자르다.
🔊 牛(소 우), 巾('수건 건'이지만 여기서는 '천'으로 봄), 刂(칼 도 방)
制度(제도), 制動(제동), 制約(제약), 規制(규제)

製
4급 / 총14획 / 부수 衣

제도(制)에 따라 옷(衣)을 지어 만드니 **지을 제, 만들 제**

🔊 衣(옷 의)
製作(제작), 手製(수제), 外製(외제), 乳製品(유제품)

207 정경한 형형[井耕寒 形刑] - 井, 开으로 된 한자

井
4급 / 총4획 / 부수 二

나무로 엇갈리게 쌓아 만든 우물이나 우물틀 모양을 본떠서 **우물 정, 우물틀 정**

🔊 옛날에는 우물을 파고 흙이 메워지지 않도록 통나무를 井자 모양으로 짜서 쌓아 올렸지요.
井華水(정화수), 油井(유정), 坐井觀天(좌정관천)

耕
4급 / 총10획 / 부수 耒

가래(耒)로 우물(井)을 파듯 깊게 밭을 가니 **밭갈 경**

🔊 耒(가래 뢰, 쟁기 뢰 - 밭을 가는 농기구)
耕作(경작), 耕地(경지), 晝耕夜讀(주경야독), 休耕(휴경)

寒
준4급 / 총12획 / 부수 宀

집(宀) 우물(井) 하나(一)에서 나뉘어(八) 나온 물이 얼음(冫)처럼 차니 **찰 한**

🔊 宀(집 면), 八(여덟 팔, 나눌 팔), 冫(이 수 변)
寒氣(한기), 寒露(한로), 寒心(한심)

DAY 14

形
5급 / 총7획 / 부수 彡

우물(开)에 머리털(彡)이 비친 모양이니 **모양 형**

🔊 开[우물 정, 우물틀 정(井)의 변형], 彡(터럭 삼, 긴 머리 삼), 거울이 없던 옛날에는 우물에 자기의 모양을 비추어 보기도 했지요.

形狀(형상), 形式(형식), 形言(형언), 成形(성형)

刑
준3급 / 총6획 / 부수 刂

우물틀(开) 같은 형틀에 매어 칼(刂)로 집행하는 형벌이니 **형벌 형**

🔖 刊(책 펴낼 간) - 제목번호 032
🔊 刂(칼 도 방)

刑期(형기), 刑罰(형벌), 刑法(형법), 減刑(감형)

---

208 양양 재 구강[讓壞 再 構講] - 襄, 再와 冓로 된 한자

讓
준3급 / 총24획 / 부수 言

말(言) 한마디라도 도움(襄)되게 사양하고 겸손하니 **사양할 양, 겸손할 양**

급외자 襄 - (드러나지 않게) 옷(衣) 속에 입들(口口)을 가리고 우물틀(井)처럼 얽혀 한결같이(一) 도우니 '도울 양' - 1급

讓步(양보), 讓位(양위), 分讓(분양), 移讓(이양)

壤
3급 / 총20획 / 부수 土

흙(土)이 일을 도와주려는(襄) 듯 고운 흙으로 된 땅이니 **흙 양, 땅 양**

🔊 고운 흙이 곡식의 생육에 도움을 주지요.

土壤(토양), 天壤之差(천양지차)

再
준4급 / 총6획 / 부수 冂

한(一) 개의 성(冂)처럼 흙(土)으로 다시 쌓아 올리니 **다시 재, 두 번 재**

🔊 冂(멀 경, 성 경), 土(흙 토)

再建(재건), 再起(재기), 非一非再(비일비재)

構
3급 / 총14획 / 부수 木

나무(木)를 쌓아(冓) 얽으니 **얽을 구**

🔊 冓 : 우물틀(井)처럼 다시(再) 쌓으니 '쌓을 구'

構想(구상), 構成(구성), 構圖(구도), 虛構性(허구성)

講
3급 / 총17획 / 부수 言

말(言)을 쌓듯이(冓) 여러 번 익혀 강의하니 **익힐 강, 강의할 강**

🔊 言(말씀 언)

講論(강론), 講師(강사), 講習(강습), 講義(강의), 講演(강연)

209 도 인인 [刀 忍認] – 刀와 忍으로 된 한자

刀
5급 / 총2획 / 부수 刀

옛날 칼을 본떠서 **칼 도**

🔊 한자의 오른쪽에 붙는 부수인 방으로 쓰일 때는 '칼 도 방(刂)'입니다.

短刀(단도), 面刀(면도), 一刀兩斷(일도양단), 寶刀(보도)

忍
준3급 / 총7획 / 부수 心

칼날(刃)로 심장(心)을 위협하는 것 같은 상황도 참으니 **참을 인**
또 칼날(刃)로 심장(心)을 위협하듯이 잔인하니 **잔인할 인**

급외자 刃 - 칼 도(刀)의 날 부분(丿)을 강조하려고 점(丶)을 찍어서 '칼날 인' – 2급
🔊 잔인(殘忍) - 인정이 없고 모짊.
🔊 心(심장을 본떠서 만든 '마음 심, 중심 심'), 殘(잔인할 잔, 해칠 잔, 나머지 잔)

忍耐(인내), 忍之爲德(인지위덕), 目不忍見(목불인견)

認
4급 / 총14획 / 부수 言

남의 말(言)을 참고(忍) 들어 알고 인정하니 **알 인, 인정할 인**

🔊 言(말씀 언)

認可(인가), 認定(인정), 認證(인증), 認知(인지)

DAY 14

TIP

〈한자의 음(音)이 단어의 위치에 따라 달라지는 이유〉
이것은 국어의 문법에 있는 두음 법칙(頭音法則) 때문이지요.

두음 법칙이란 '(단어의) 첫소리 법칙'으로, '리유(理由)→이유, 여자(女子)→여자, 래일(來日)→내일'처럼 단어의 첫머리에 오는 'ㄹ'과 'ㄴ'이 'ㄴ, ㅇ'으로 바뀌는 법칙입니다. 물론 원리(原理), 남녀(男女), 왕래(往來)에서처럼 이 한자가 단어의 첫머리에 오지 않을 때는 원래대로 쓰고요.

잘못하면 어떤 단어에 나온 대로 '이치 리(理)'를 '이치 이', '여자 녀'를 '여자 여', '올 래(來)'를 '올 내'로 잘못 알기 쉬운데 이는 국어의 두음 법칙을 모르기 때문이지요.

210 초체(절) 별반[初切 別班] - 刀, 刂로 된 한자

初
준4급 / 총7획 / 부수 刀

옷(衤)을 만드는 데는 옷감을 칼(刀)로 자르는 일이 처음이니 **처음 초**

🔊 衤(옷 의 변)

初期(초기), 初面(초면), 初志一貫(초지일관), 始初(시초)

切
준3급 / 총4획 / 부수 刀

일곱(七) 번이나 칼(刀)질 하면 모두 끊어지니 **모두 체, 끊을 절**
또 끊어지는 듯한 간절한 마음이니 **간절할 절**

🔊 七(일곱 칠)

一切(일체), 切斷(절단), 親切(친절)

別
5급 / 총7획 / 부수 刂

입(口)으로 먹기 위해 칼(刀)과 칼(刂)로 나누어 다르니 **나눌 별, 다를 별**

🔊 口(입 구, 구멍 구, 말할 구), 刀(칼 도), 刂(칼 도 방)

別個(별개), 別居(별거), 別名(별명), 差別(차별)

班
준3급 / 총10획 / 부수 王(玉)

구슬(王)과 구슬(王)을 칼(刂)로 나누니 **나눌 반**
또 옛날에 서민과 나누어 대접했던 양반이니 **양반 반**

🔊 양반(兩班) - 고려·조선 시대에, 지배층을 이루던 신분. 원래 관료 체제를 이루는 동반과 서반.
🔊 王(임금 왕, 으뜸 왕, 구슬 옥 변), 兩(두 량, 짝 량)

班長(반장), 首班(수반), 班常(반상)

DAY 14 확인문제

01~10 다음 漢字의 훈(뜻)과 음(소리)을 쓰세요.

01. 享 (   )
02. 亨 (   )
03. 肺 (   )
04. 帶 (   )
05. 帝 (   )

06. 就 (   )
07. 刑 (   )
08. 讓 (   )
09. 壤 (   )
10. 管 (   )

11~16 다음 훈음에 맞는 漢字를 〈보기〉에서 찾아 쓰세요.

〈보기〉	亭　停　亞　惡　哀　喪　制　構　講　忍　認

11. 버금 아 (   )
12. 슬플 애 (   )
13. 제도 제 (   )

14. 얽을 구 (   )
15. 정자 정 (   )
16. 익힐 강 (   )

17~18 다음 문장 중 漢字로 표기된 단어의 독음을 쓰세요.

17. 범인들은 경찰의 追擊을 피해 달아났다.　　　(   )
18. 그는 稿料를 받아 겨우 생계를 잇는 무명작가다.　(   )

19~20 다음 문장 중 (　)안의 단어를 漢字로 쓰시오.

19. 요즘은 아이들이 (동요)를 부르지 않고 유행가를 부른다.　(   )
20. 이 일은 (시각)을 지체할 수 없는 일이다.　　　(   )

정답

01. 누릴 향   02. 형통할 형   03. 허파 폐   04. 띠 대   05. 임금 제
06. 나아갈 취 07. 형벌 형   08. 사양할 양 09. 흙 양   10. 대롱 관
11. 亞   12. 哀   13. 制   14. 構   15. 亭
16. 講   17. 추격   18. 고료   19. 童謠   20. 時刻

DAY 15　211~225

211　초초조[招超照] - 召로 된 한자

招
준3급 / 총8획 / 부수 扌

손(扌)으로 부르니(召) 부를 초

급외자 召 - 칼(刀)로 위엄을 보이듯 엄하게 말하여(口) 부르니 '부를 소' - 2급
🔊 扌(손 수 변), 초대(招待) - (손님을) 불러 대접함. *待(대접할 대, 기다릴 대)
招來(초래), 招請(초청), 自招(자초)

超
3급 / 총12획 / 부수 走

달려(走)가며 급히 부르면(召) 빨리 오려고 이것저것을 뛰어넘으니 뛰어넘을 초

🔊 走(달릴 주, 도망갈 주), 過(지날 과, 지나칠 과, 허물 과)가 접두사 '지나치다'의 뜻으로 쓰일 때는 영어의 over와 같고, 뛰어넘을 초(超)가 접두사 '뛰어나다'의 뜻으로 쓰일 때는 super와 같지요.
超過(초과), 超然(초연), 超人(초인)

照
3급 / 총13획 / 부수 灬

해(日)를 불러(召)온 듯 불(灬)이 비치니 비칠 조

🔊 灬(불 화 발)
照度(조도), 照明(조명), 照準(조준), 觀照(관조)

212　계(글)결 헌 해[契潔 憲 害] - 丯으로 된 한자

契
3급 / 총9획 / 부수 大

풀 무성하듯(丯) 복잡한 일을 칼(刀)로 크게(大) 새겨서 확실하게 맺으니 맺을 계, 부족 이름 글

🔊 刀(칼 도)
契機(계기), 契約(계약), 假契約(가계약)

潔
준3급 / 총15획 / 부수 氵

물(氵)로 무성하게(丯) 더러워진 칼(刀)과 실(糸)을 씻은듯 깨끗하니 깨끗할 결

🔊 糸(실 사, 실 사 변)
潔白(결백), 純潔(순결), 淸潔(청결)

憲
3급 / 총16획 / 부수 心

집(宀)이나 나라의 **어지러운**(丰) 일을 **법망**(罒)으로 다스리기 위해 **마음**(心)을 다해 만든 법이니 **법 헌**

- 법망(法網) – '법의 그물'로, 범죄자에 대한 제재를 물고기에 대한 그물로 비유하여 이르는 말.
- 罒(그물 망, = 网, 冈), 法(법 법), 網(그물 망)

憲法(헌법), 憲章(헌장), 合憲(합헌)

害
준4급 / 총10획 / 부수 宀

집(宀)에서 **어지럽게**(丯) **말하며**(口) 해치고 방해하니 **해칠 해, 방해할 해**

- 宀(집 면), 丯[풀 무성할 봉, 예쁠 봉(丰)의 변형 – 무성하니 어지럽다는 뜻도 된 것]

害惡(해악), 害蟲(해충), 公害(공해), 妨害(방해)

---

213 권권권승[卷拳券勝] – 으로 된 한자

卷
준3급 / 총8획 / 부수 㔾(卩)

허리 **구부리고**(龹) 무릎 **꿇고**(㔾) 앉아 읽는 책이니 **책 권**

- 급외자 龹 – 팔(八)자 걸음으로 사내(夫)가 걷는 모양처럼 구부정하게 구부리니 '구부릴 권'
  – 어원 해설을 위해 가정해 본 한자로 실제 쓰이지는 않습니다.
- 㔾(무릎 꿇을 절, 병부 절, = 卩)

卷頭言(권두언), 卷末(권말), 席卷(석권)

拳
3급 / 총10획 / 부수 手

구부려(龹) **손**(手)을 말아 쥔 주먹이니 **주먹 권**

- 掌(손바닥 장, 맡을 장) – 2급
- 手(손 수, 재주 수, 재주 있는 사람 수)

拳鬪(권투), 赤手空拳(적수공권)

券
3급 / 총8획 / 부수 刀

구부리고(龹) 앉아 **칼**(刀)로 새겨 만든 문서니 **문서 권**

- 刀(칼 도), 옛날에는 나무 조각에 칼로 한자를 새겨서 문서를 펴냈지요.
- 칼(刀)로 새겨 만든 문서면 문서 권(券), 무릎 꿇고 앉아 읽으면 책 권(卷)으로 구분하세요.

券書(권서), 福券(복권), 食券(식권), 旅券(여권)

勝
5급 / 총12획 / 부수 力

몸(月) **구부려**(龹) **힘**(力)써 이기니 **이길 승**

또 이기면 뭔가 나으니 **나을 승**

- 月(달 월, 육 달 월)

勝利(승리), 連戰連勝(연전연승), 勝景(승경), 絶勝(절승)

214 력조협 가가하[力助協 加架賀] - 力, 加로 된 한자

力
7급 / 총2획 / 부수 力

팔에 힘줄이 드러난 모양에서 **힘 력**

🔊 칼 도(刀)의 칼날(丿)을 연장하여 칼, 즉 무기가 있으니 힘이 있다는 데서 생긴 한자라고도 합니다.
力說(역설), 努力(노력), 能力(능력), 風力(풍력)

助
준4급 / 총7획 / 부수 力

또(且) 힘(力)을 다해 도우니 **도울 조**

🔊 且(또 차)
內助(내조), 補助(보조), 協助(협조), 相扶相助(상부상조)

協
4급 / 총8획 / 부수 十

많은(十) 힘을 합하여(劦) 도우니 **도울 협**

급외자 劦 - 힘(力)을 셋이나 합하니 '힘 합할 협' - 배정 외
🔊 十(열 십, 많을 십)
協同(협동), 協助(협조), 妥協(타협), 農協(농협)

加
준4급 / 총5획 / 부수 力

힘(力)써 말하며(口) 용기를 더하니 **더할 가**

🔊 口(입 구, 구멍 구, 말할 구)
加減(가감), 加入(가입), 加重(가중), 雪上加霜(설상가상)

架
3급 / 총9획 / 부수 木

더하여(加) 나무(木)로 꾸민 시렁이니 **꾸밀 가, 시렁 가**

🔊 木(나무 목), 시렁 - 물건을 얹어 놓기 위해 벽에 붙여 만든 선반.
架空(가공), 架橋(가교), 架設(가설), 書架(서가)

賀
준3급 / 총12획 / 부수 貝

더하여(加) 재물(貝)을 주며 축하하니 **축하할 하**

🔊 축하(祝賀) - 기뻐하고 즐거워한다는 뜻으로 인사하는 것.
🔊 貝(조개 패, 재물 패), 祝(빌 축, 축하할 축)
賀客(하객), 賀禮(하례), 慶賀(경하), 謹賀(근하)

215 6방 방격[方訪防妨芳房 放激] - 方, 放으로 된 한자

方
6급 / 총4획 / 부수 方

(쟁기로 갈아지는 흙이 모나고 넘어가는 방향이 일정하니) 쟁기 모양을 본떠서 **모 방, 방향 방**
또 쟁기질은 밭을 가는 중요한 방법이니 **방법 방**

方圓(방원), 方向(방향), 方法(방법), 處方(처방)

訪
4급 / 총11획 / 부수 言

좋은 **말씀(言)**을 듣기 위해 어느 **방향(方)**으로 찾아 방문하니 **찾을 방, 방문할 방**

🔊 言(말씀 언)

探訪(탐방), 訪問(방문), 巡訪(순방)

防
4급 / 총7획 / 부수 阝

언덕(阝)처럼 일정한 **방향(方)**에 둑을 쌓아 막으니 **둑 방, 막을 방**

🔊 阝(언덕 부 변)

堤防(제방), 防犯(방범), 防音(방음)

妨
3급 / 총7획 / 부수 女

여자(女)가 여러 **방법(方)**으로 유혹하며 방해하니 **방해할 방**

妨害(방해), 無妨(무방)

芳
3급 / 총8획 / 부수 艹

풀(艹) 향기가 **사방(方)**으로 퍼지며 꽃다우니 **꽃다울 방**

芳甘(방감), 芳年(방년), 芳香(방향), 流芳百世(유방백세)

房
4급 / 총8획 / 부수 戶

집(戶)의 어떤 **방향(方)**에 설치한 방이니 **방 방, 송이 방**

🔊 戶(문 호, 집 호)

茶房(다방), 冷房(냉방), 獨房(독방), 藥房(약방)

DAY 15

放
5급 / 총8획 / 부수 攵

아무 **방향(方)**이나 가도록 **쳐(攵)** 놓으니 **놓을 방**

🔊 攵(칠 복, = 攴)

放牧(방목), 放置(방치), 放學(방학)

激
3급 / 총16획 / 부수 氵

물(氵)결이 **하얗게(白)** 일어나도록 격하게 **놓아(放)** 부딪치니 **격할 격, 부딪칠 격**

🔊 白(흰 백, 밝을 백, 깨끗할 백, 아뢸 백)

激突(격돌), 激烈(격렬), 自激之心(자격지심)

---

216 려족시기유 어(오)[旅族施旗遊 於] - 𠂉으로 된 한자와 於

旅
4급 / 총10획 / 부수 方

사방(方)의 **사람(𠂉)**들이 **씨족(氏)**처럼 모인 군사니 **군사 려**
또 군사처럼 자주 이동하는 나그네니 **나그네 려**

🔊 𠂉[사람 인(人)의 변형], 氏(성 씨, 뿌리 씨)

旅團(여단), 旅券(여권), 旅費(여비), 旅行(여행)

族
5급 / 총11획 / 부수 方

사방(方)에서 사람(⺁)과 사람(⺁)이 크게(大) 모여 이룬 겨레니 **겨레 족**

族譜(족보), 家族(가족), 氏族(씨족), 同族相殘(동족상잔)

施
준3급 / 총9획 / 부수 方

사방(方)에서 사람(⺁)이 또한(也) 일을 행하며 은혜를 베푸니 **행할 시, 베풀 시**

🔊 也(또한 야, 어조사 야)
施賞(시상), 施政(시정), 施惠(시혜), 實施(실시)

旗
준3급 / 총14획 / 부수 方

사방(方) 사람(⺁)들이 알아보도록 만든 그(其) 것은 기니 **기 기**

🔊 其(그 기)
旗手(기수), 國旗(국기), 叛旗(반기), 太極旗(태극기)

遊
준3급 / 총13획 / 부수 辶

사방(方)으로 사람(⺁)이 아들(子)을 데리고 다니며(辶) 놀고 여행하니
놀 유, 여행할 유

🔊 子(아들 자, 첫째 지지 자, 자네 자, 접미사 자), 辶(뛸 착, 갈 착)
遊興(유흥), 遊覽(유람), 遊說(유세), 遊學(유학)

於
준3급 / 총8획 / 부수 方

사방(方)으로 사람(人) 둘(冫)씩 인연 맺어 주듯 말과 말을 연결시켜주는 어조사니
어조사 어
또 어조사처럼 소리 내며 탄식하니 **탄식할 오**

於中間(어중간), 於此彼(어차피), 於乎(오호)

---

217 진진 능태 지[眞鎭 能態 指] - 眞, 能으로 된 한자와 指

眞
준4급 / 총10획 / 부수 目

비수(匕)처럼 눈(目) 뜨고 감추어진(乚) 것을 나누고(八) 파헤쳐 보아도 참되니
참 진

🔊 目(눈 목, 볼 목, 항목 목), 乚(감출 혜, 덮을 혜, = 匸), 八(여덟 팔, 나눌 팔)
眞價(진가), 眞假(진가), 眞善美(진선미), 寫眞(사진)

 鎭
3급 / 총18획 / 부수 金

쇠(金)처럼 무거운 것으로 참되게(眞) 눌러 진압하니 **누를 진, 진압할 진**

🔊 진압(鎭壓) - '누르고 누름'으로, 눌러 진정시킴을 말함.
🔊 金(쇠 금, 금 금, 돈 금, 성 김), 壓(누를 압)
鎭靜(진정), 鎭火(진화), 重鎭(중진), 文鎭(문진)

能
준4급 / 총10획 / 부수 月

곰은 **주둥이(厶)**와 **몸뚱이(月)**, 그리고 **네 발(匕)**로 재주 부림이 능하니 **능할 능**

🔊 厶('사사 사, 나 사'지만 여기서는 곰의 주둥이로 봄), 月(달 월, 육 달 월), 匕('비수 비, 숟가락 비' 둘이지만 여기서는 곰의 네 발로 봄)

能動(능동), 能力(능력), 可能(가능), 有能(유능)

態
3급 / 총14획 / 부수 心

능히(能) 할 수 있다는 **마음(心)**이 얼굴에 나타나는 모양이나 태도니
모양 태, 태도 태

熊(곰 웅) – 1급

🔊 心(마음 심, 중심 심)

動態(동태), 世態(세태), 態度(태도), 姿態(자태)

指
4급 / 총9획 / 부수 扌

손(扌)으로 **맛(旨)**볼 때 쓰는 손가락이니 **손가락 지**

또 손가락으로 무엇을 가리키니 **가리킬 지**

급외자 匕 – 비수를 본떠서 '비수 비'
또 비수처럼 입에 찔러 먹는 숟가락이니 '숟가락 비' – 2급
旨 – 비수(匕)로 햇빛(日)에 익은 과일을 잘라 먹어보는 맛이니 '맛 지'
또 말이나 글에 담긴 맛은 뜻이니 '뜻 지' – 2급

指壓(지압), 指南(지남), 指導(지도), 指示(지시)

DAY 15

218　화화화 환[化貨花 環] – 化로 된 한자와 環

化
준4급 / 총4획 / 부수 匕

사람(亻)이 **비수(匕)** 같은 마음을 품고 일하면 안 되는 일도 되고 변화하니
될 화, 변화할 화
또 되도록 가르치니 **가르칠 화**

開化(개화), 變化(변화), 敎化(교화)

貨
4급 / 총11획 / 부수 貝

변하여(化) 돈(貝)이 되는 재물이나 물품이니 **재물 화, 물품 화**

🔊 貝(조개 패, 재물 패)

貨物(화물), 雜貨(잡화), 財貨(재화)

花
5급 / 총8획 / 부수 艹

풀(艹)의 일부가 **변하여(化)** 피는 꽃이니 **꽃 화**

🔊 艹(초 두)

花壇(화단), 開花(개화), 生花(생화)

環
3급 / 총17획 / 부수 王(玉)

옥(王)으로 눈 휘둥그레지듯이(瞏) 둥글게 만든 고리니 **고리 환**
또 고리처럼 두르니 **두를 환**

급외자 瞏 – 눈(罒)이 하나(一)의 입(口)처럼 크게 변하며(𧘇) 휘둥그레지니 '눈 휘둥그레질 경' – 배정 외

🔊 王(임금 왕, 으뜸 왕, 구슬 옥 변)

環境(환경), 環太平洋(환태평양), 花環(화환)

---

219 렬례렬 사[列例烈 死] – 列로 된 한자와 死

列
4급 / 총6획 / 부수 刂

짐승을 잡아(歹) 칼(刂)로 잘라 벌이니 **벌일 렬**
또 벌여 서는 줄이니 **줄 렬**

🔊 歹[하루(一) 저녁(夕) 사이에 뼈만 앙상하게 말라 죽으니 '뼈 앙상할 알, 죽을 사 변'], 刂(칼 도 방), 벌이다 – 여러 가지 물건을 늘어놓다.

列擧(열거), 列車(열차), 系列(계열), 行列(항렬·행렬)

例
준4급 / 총8획 / 부수 亻

사람(亻)이 물건을 벌여(列) 놓는 법식과 보기니 **법식 례, 보기 례**

🔊 법식(法式) – 법도와 양식. *法(법 법), 式(법 식, 의식 식)

例規(예규), 條例(조례), 例示(예시), 例外(예외)

烈
4급 / 총10획 / 부수 灬

거세게 퍼지는(列) 불(灬)처럼 세차고 매우니 **세찰 렬, 매울 렬**

🔊 灬(불 화 발)

烈女(열녀), 强烈(강렬), 激烈(격렬), 痛烈(통렬)

死
5급 / 총6획 / 부수 歹

죽도록(歹) 비수(匕)에 찔려 죽으니 **죽을 사**

🔊 匕(비수 비, 숟가락 비)

死境(사경), 死亡(사망), 決死(결사), 生死(생사)

---

220 비비혼 개계[比批混 皆階] – 比, 皆로 된 한자

比
준4급 / 총4획 / 부수 比

두 사람이 나란히 앉은 모양을 본떠서 **나란할 비**
또 나란히 앉혀놓고 견주니 **견줄 비**

🔠 北(등질 배, 달아날 배, 북쪽 북) – 제목번호 222

比較(비교), 比例(비례), 比重(비중), 對比(대비)

批
3급 / 총7획 / 부수 扌

손(扌)으로 견주어(比) 비평하니 **비평할 비**

🔊 비평(批評) - ㉠ (사물의 미추(美醜)・선악・장단・시비를) 평가하여 가치를 판단하는 것. ㉡ 남의 결점을 드러내어 말하는 것. *美(아름다울 미), 醜(추할 추)

批正(비정), 批判(비판)

混
준3급 / 총11획 / 부수 氵

물(氵)과 햇(日)빛이 적당히 비례하는(比) 곳에 동식물이 섞여 살듯 섞으니 **섞을 혼**

混同(혼동), 混食(혼식), 混用(혼용)

皆
준3급 / 총9획 / 부수 白

나란히(比) 앉아 말하는(白) 모두 다니 **다 개**

🔊 白(흰 백, 밝을 백, 깨끗할 백, 아뢸 백)

皆骨山(개골산), 皆勤(개근), 皆兵(개병), 擧皆(거개)

階
준3급 / 총12획 / 부수 阝

언덕(阝)에 오르도록 다(皆) 같은 간격으로 만든 섬돌이나 계단이니
섬돌 계, 계단 계

또 계단처럼 단계가 있는 계급이니 **계급 계**

🔊 阝(언덕 부 변), 섬돌 - 오르내릴 수 있게 놓은 돌층계.

階層(계층), 層階(층계), 段階(단계), 階級(계급)

---

221 록경 조조 차[鹿慶 兆逃 此] - 鹿, 兆로 된 한자와 此

鹿
3급 / 총11획 / 부수 鹿

사슴을 본떠서 **사슴 록**

鹿角(녹각)

慶
4급 / 총15획 / 부수 心

사슴()처럼 하나(一)씩 기쁜 마음(心)으로 서서히(夂) 모여드는 경사니 **경사 경**

🔊 严[사슴 록(鹿)의 획 줄임], 一[한 일(一)의 변형], 夂(천천히 걸을 쇠, 뒤져 올 치), 경사스러운 좋은 날에는 많은 사람이 모임을 사슴이 모여 사는 모양으로 나타냈네요.

慶事(경사), 慶弔(경조), 慶祝(경축), 慶賀(경하)

兆
4급 / 총6획 / 부수 儿

옛날에 점치던 거북이 등껍질에 나타난 조짐이니 **조짐 조**

또 큰 숫자인 조를 나타내어 **조 조**

🔊 옛날에는 거북이 등 껍데기를 불에 태워 갈라진 모양을 보고 길흉화복의 조짐을 점쳤답니다.
🔊 조짐(兆朕) - 어떤 일이 일어날 기미가 미리 보이는 변화 현상. *朕(조짐 짐)

吉兆(길조) ↔ 凶兆(흉조), 亡兆(망조), 億兆(억조)

逃
3급 / 총10획 / 부수 辶

조짐(兆)을 알아차리고 뛰어(辶) 달아나니 **달아날 도**

🔊 辶(뛸 착, 갈 착)

逃亡(도망), 逃走(도주), 逃避(도피)

此
준3급 / 총6획 / 부수 止

멈추어(止) 비수(匕)로도 잴 만한 가까운 이것이니 **이 차**

🔊 止(그칠 지), 匕(비수 비, 숟가락 비 – '비수'는 날카롭고 짧은 칼)

此際(차제), 此後(차후), 於此彼(어차피), 彼此(피차)

---

222 배(북)배 승[北背 乘] - 北으로 된 한자

北
6급 / 총5획 / 부수 匕

두 사람이 등지고 달아나는 모양에서 **등질 배, 달아날 배**
또 항상 남쪽을 향하여 앉는 임금의 등진 북쪽이니 **북쪽 북**

📖 比(나란할 비, 견줄 비) – 제목번호 220, 兆(조짐 조, 조 조) – 제목번호 221

敗北(패배), 北極(북극), 北進(북진), 北韓(북한)

背
준3급 / 총9획 / 부수 月

등진(北) 몸(月)의 등이니 **등질 배, 등 배**

📖 肯(즐길 긍, 긍정할 긍) – 2급

🔊 月(달 월, 육 달 월), 북쪽의 뜻으로는 北을, '등지다'의 뜻으로는 背를 많이 씁니다.

背景(배경), 背反(배반), 背信(배신), 背恩(배은)

 乘
준3급 / 총10획 / 부수 丿

두 발을 어긋나게(乖) 디디며 사람(人)이 타니 **탈 승**
또 수레를 세는 단위나 어긋나게 곱하는 뜻으로도 쓰여 **대 승, 곱할 승**

급외자 乖 – 많이(千) 등져(北) 어긋나니 '어긋날 괴' – 사범

🔊 나무에 오르거나 차를 탈 때는 두 발을 어긋나게 디디지요.

乘車(승차), 萬乘之國(만승지국), 加減乘除(가감승제)

223 비죄비배[非罪悲輩] - 非로 된 한자

非
4급 / 총8획 / 부수 非

양쪽으로 달린 새 날개처럼 어긋나니 **어긋날 비**
또 어긋나면 아니라고 나무라니 **아닐 비, 나무랄 비**

非理(비리), 是非(시비), 非常(비상), 非難(비난)

罪
준4급 / 총13획 / 부수 罒

법망(罒)에 어긋난(非) 일로 걸린 허물이니 허물 죄

🔊 법망(法網) - '법의 그물'로, 범죄자에 대한 제재를 물고기에 대한 그물로 비유하여 이르는 말.
🔊 罒(그물 망, = 网, 冈), 法(법 법), 網(그물 망)
罪囚(죄수), 罪人(죄인), 犯罪(범죄), 謝罪(사죄)

悲
4급 / 총12획 / 부수 心

아니(非) 된다고 느끼는 마음(心)은 슬프니 슬플 비

🔊 心(마음 심, 중심 심), '일이 어긋날(非) 때 느끼는 마음(心)은 슬프니 슬플 비(悲)'라고도 합니다.
悲歌(비가), 悲觀(비관), 喜悲(희비), 興盡悲來(흥진비래)

輩 〔딴출〕
3급 / 총15획 / 부수 車

어긋날(非) 정도로 수레(車)에 많이 탄 무리니 무리 배

🔊 車(수레 거, 차 차)
輩出(배출), 先輩(선배) ↔ 後輩(후배), 不良輩(불량배)

224 한한근퇴[恨限根退] - 艮으로 된 한자

恨
준3급 / 총9획 / 부수 忄

항상 마음(忄)에 머물러(艮) 한하고 뉘우치니 한할 한, 뉘우칠 한

급외자 艮 - 눈(目)에 비수(匕)를 품고 멈추어 바라볼 정도로 어긋나니 '멈출 간, 어긋날 간, 괘 이름 간' - 1급
🔊 한(恨) - ㉠ 억울하고 원통한 일이 풀리지 못하고 응어리져 맺힌 마음. ㉡ '한탄(恨歎)'의 준말.
🔊 目[눈 목, 볼 목, 항목 목(目)의 변형], 匕[비수 비, 숟가락 비(匕)의 변형]
恨歎(한탄), 怨恨(원한), 恨不早圖(한불조도), 悔恨(회한)

限
4급 / 총9획 / 부수 阝

언덕(阝)에 막혀 멈춰야(艮) 하는 한계니 한계 한

🔊 阝(언덕 부 변)
限界(한계), 限定(한정), 局限(국한), 時限(시한)

DAY 15

根
5급 / 총10획 / 부수 木

나무(木)를 머물러(艮) 있게 하는 뿌리니 **뿌리 근**

🔊 木(나무 목)

根本(근본), 根源(근원), 根絶(근절), 事實無根(사실무근)

退
4급 / 총10획 / 부수 辶

(하던 일을) **멈추고(艮) 물러나니(辶) 물러날 퇴**

🔊 辶(뛸 착, 갈 착)

退勤(퇴근), 勇退(용퇴), 早退(조퇴), 後退(후퇴)

---

225 금은강[金銀鋼] - 金으로 된 한자

金
7급 / 총8획 / 부수 金

덮여있는(人) 한(一)곳의 흙(土) 속에 반짝반짝(丶丶) 빛나는 쇠나 금이니
쇠 금, 금 금
또 금처럼 귀한 돈이니 **돈 금, 성 김**

🔊 人('사람 인'이지만 여기서는 덮여있는 모양), 丶('점 주, 불똥 주'지만 여기서는 반짝반짝 빛나는 모양), 土(흙 토)

金庫(금고), 金銀(금은), 現金(현금)

銀
5급 / 총14획 / 부수 金

(가치가) 금(金) 다음에 머물러(艮) 있는 은이니 **은 은**

🔊 최고는 금이고 다음이 은이라는 데서 만든 한자지요.

銀賞(은상), 銀河水(은하수)

鋼
준3급 / 총16획 / 부수 金

쇠(金) 중에 산등성이(岡)처럼 강한 강철이니 **강철 강**

급외자 岡 - 그물(罒)을 친 것 같은 산(山)등성이나 언덕이니 '산등성이 강, 언덕 강' - 2급

🔊 金(쇠 금, 금 금, 돈 금, 성 김), 罒[그물 망(网, = 罓, 罒)의 변형]

鋼管(강관), 鋼鐵(강철), 鋼板(강판)

DAY 15 확인문제

01~10 다음 漢字의 훈(뜻)과 음(소리)을 쓰세요.

01. 超 (   )   06. 架 (   )
02. 照 (   )   07. 激 (   )
03. 拳 (   )   08. 憲 (   )
04. 券 (   )   09. 契 (   )
05. 卷 (   )   10. 施 (   )

11~16 다음 훈음에 맞는 漢字를 〈보기〉에서 찾아 쓰세요.

〈보기〉	芳　妨　眞　鎭　環　皆　階　混　鹿　慶　列　例

11. 꽃다울 방 (   )   14. 섬돌 계 (   )
12. 방해할 방 (   )   15. 사슴 록 (   )
13. 고리 환 (   )   16. 누를 진 (   )

17~18 다음 문장 중 漢字로 표기된 단어의 독음을 쓰세요.

17. 加減乘除는 산수의 기본이다.   (   )
18. 이 학교는 전문 인력의 輩出을 목적으로 설립되었다.   (   )

19~20 다음 문장 중 (　)안의 단어를 漢字로 쓰시오.

19. 여기를 (배경)으로 사진 한 장 찍자.   (   )
20. 그는 누구에게 (원한)을 살 만한 사람이 아니었어요.   (   )

정답

01. 뛰어넘을 초   02. 비칠 조   03. 주먹 권   04. 문서 권   05. 책 권
06. 시렁 가   07. 부딪칠 격   08. 법 헌   09. 맺을 계   10. 베풀 시
11. 芳   12. 妨   13. 環   14. 階   15. 鹿
16. 鎭   17. 가감승제   18. 배출   19. 背景   20. 怨恨

DAY 16 226~240

226 량낭랑랑 식(사)음반[良娘浪郎 食飮飯] - 良, 食으로 된 한자

良 준4급 / 총7획 / 부수 艮

점(丶) 같은 작은 잘못도 그쳐(艮) 좋고 어지니 **좋을 량, 어질 량**

🔊 丶(점 주, 불똥 주), 艮(멈출 간, 어긋날 간)
良質(양질), 改良(개량), 良心(양심), 賢母良妻(현모양처)

娘 3급 / 총10획 / 부수 女

여자(女) 중 젊어서 좋게(良) 보이는 아가씨니 **아가씨 낭**

娘子(낭자) ↔ 郎君(낭군), 娘子軍(낭자군)

浪 준3급 / 총10획 / 부수 氵

물(氵)이 보기 좋게(良) 출렁이는 물결이니 **물결 랑**
또 물결치듯 함부로 하니 **함부로 랑**

風浪(풍랑), 放浪(방랑), 流浪(유랑), 浪費(낭비)

郎 준3급 / 총10획 / 부수 阝

어짊(良)이 고을(阝)에서 뛰어난 사내니 **사내 랑**

🔊 阝(고을 읍 방)
郎君(낭군) ↔ 娘子(낭자), 新郎(신랑), 花郎(화랑)

食 준5급 / 총9획 / 부수 食

사람(人)이 몸에 좋은(良) 것은 밥이고 그런 밥을 먹으니 **밥 식, 먹을 식**
또 밥 같은 먹이니 **먹이 사**

🔊 한자의 변으로 쓰일 때는 飠(밥 식, 먹을 식 변)입니다.
食堂(식당), 飮食(음식), 食事(식사), *疏食(소사) - 거친 음식.

飮 5급 / 총13획 / 부수 飠

먹을(飠) 때 하품(欠)하듯 입 벌리고 마시니 **마실 음**

🔊 欠(하품 흠, 모자랄 흠)
飮食(음식), 飮酒(음주), 過飮(과음), 米飮(미음)

飯 4급 / 총13획 / 부수 飠

먹을(飠) 때 혀로 뒤집으며(反) 씹는 밥이니 **밥 반**

🔊 反(거꾸로 반, 돌이킬 반)
飯店(반점), 飯酒(반주), 白飯(백반), 朝飯(조반)

227 허처려 호호[虛處慮 虎號] - 虍, 虎로 된 한자

虛
준3급 / 총12획 / 부수 虍

범(虍)이 이쪽(ㅣ)저쪽(ㅣ)으로 다니는 땅(一)은 다른 동물이 모두 도망가 비니 **빌 허**
또 비어 아무것도 못 잡아 헛되니 **헛될 허**

虛空(허공), 虛妄(허망), 虛費(허비), 虛事(허사)

處
4급 / 총11획 / 부수 虍

범(虍)처럼 천천히 걸으며(夂) 안석(几) 같이 편한 곳에 사니 **곳 처, 살 처**
또 살면서 많은 일을 처리하니 **처리할 처**

🔊 夂(천천히 걸을 쇠, 뒤져 올 치), 几(안석 궤 - 앉을 때 편안하게 기대는 도구)
處所(처소), 處世(처세), 處方(처방), 處置(처치)

慮
3급 / 총15획 / 부수 心

범(虍)처럼 무서운 것을 자꾸 생각하고(思) 염려하니 **생각할 려, 염려할 려**

🔊 思(생각할 사)
念慮(염려), 考慮(고려), 思慮(사려), 憂慮(우려)

虎
준3급 / 총8획 / 부수 虍

범(虍)은 사람처럼 영리하니 **사람 인 발(儿)**을 붙여서 **범 호**

급외자 虍 - 범 가죽 무늬를 본떠서 '범 호 엄' - 부수자
🔊 儿(사람 인 발, 어진사람 인), 범 - 호랑이.
虎死留皮(호사유피), 虎皮(호피), 白虎(백호)

號
5급 / 총13획 / 부수 虍

입(口)을 교묘하게(丂) 벌리고 범(虎)처럼 부르짖으니 **부르짖을 호**
또 부르는 이름이나 부호니 **이름 호, 부호 호**

얨 号 - 입(口)을 교묘하게(丂) 벌리고 부르짖으니 '부르짖을 호'
     또 부르는 이름이나 부호니 '이름 호, 부호 호'
🔊 丂(공교할 교, 교묘할 교)
號令(호령), 國號(국호), 番號(번호), 暗號(암호)

228 매 매독(두)속[買 賣讀續] - 買와 賣로 된 한자

買
준4급 / 총12획 / 부수 貝

가져온 그물(罒)에 물건(貝)을 넣으며 물건을 사니 **살 매**

급외자 罒 - 양쪽 기둥에 그물을 얽어 맨 모양을 본떠서 '그물 망(= 网, 㓁)' - 부수자
🔊 쉽게 '그물(罒)을 돈(貝) 주고 사니 살 매'라고 해도 되네요.
🔊 貝(조개 패, 재물 패)
買占(매점), 競買(경매) ↔ 競賣(경매)

賣
준4급 / 총15획 / 부수 貝

선비(士)가 원산지에서 물건을 **사다**(買) 파니 **팔 매**

賣買(매매), 賣物(매물), 强賣(강매), 買占賣惜(매점매석)

讀
5급 / 총22획 / 부수 言

말(言)하여 물건을 팔(賣)듯 소리 내어 읽으니 **읽을 독**
또 띄어 읽는 글의 구절이니 **구절 두**

🔊 言(말씀 언)
愛讀(애독), 晝耕夜讀(주경야독), 句讀點(구두점)

續
4급 / 총21획 / 부수 糸

실(糸)을 팔려고(賣) 이으니 **이을 속**

🔊 糸(실 사, 실 사 변)
續開(속개), 續出(속출), 繼續(계속), 永續性(영속성)

---

229 서치라벌[署置羅罰] - 罒으로 된 한자

署
3급 / 총14획 / 부수 罒

그물(罒)같은 촘촘한 법으로 **사람**(者)을 다스리는 관청이니 **관청 서**
또 촘촘한 그물(罒)처럼 사람(者)이 철저히 책임진다고 서명하니 **서명할 서**

🔊 者(놈 자, 것 자), 署가 붙은 관청은 세무서, 경찰서처럼 그물(罒)같은 촘촘한 법으로 사람(者)을 다스리는 곳이죠.
署長(서장), 官署(관서), 署名(서명), 連署(연서)

置
3급 / 총13획 / 부수 罒

(새를 잡기 위해) 그물(罒)을 곧게(直) 쳐 두니 **둘 치**

🔊 直(곧을 직, 바를 직)
放置(방치), 備置(비치), 位置(위치)

羅
준3급 / 총19획 / 부수 罒

그물(罒)을 실(糸)로 떠서 새(隹)를 잡으려고 벌이니 **벌일 라**
또 그물 같은 얇은 비단도 뜻하여 **비단 라, 성 라**

🔊 糸(실 사, 실 사 변), 隹(새 추)
羅列(나열), 新羅(신라), 全羅(전라)

罰
준3급 / 총14획 / 부수 罒

법망(罒)에 걸린 사람을 말(言)로 꾸짖고 칼(刂)로 베어 벌하니 **벌할 벌**

🔊 言(말씀 언), 刂(칼 도 방)
罰金(벌금), 罰則(벌칙), 一罰百戒(일벌백계), 處罰(처벌)

230 익도 혈중[益盜 血衆] - 皿, 血로 된 한자

益
4급 / 총10획 / 부수 皿

나누고(八) 한(一) 번 더 나누어(八) 그릇(皿)에 더하면 유익하니
더할 익, 유익할 익

급외자 皿 – 받침 있는 그릇을 본떠서 '그릇 명' – 사범
🔊 八(여덟 팔, 나눌 팔)
老益壯(노익장), 多多益善(다다익선), 損益(손익)

盜

3급 / 총12획 / 부수 皿

침(氵) 흘리며 하품(欠)하듯 입 벌리고 그릇(皿)의 음식을 먹으려고 훔치는 도둑이니
도둑 도, 훔칠 도

🔊 氵('삼 수 변'이지만 여기서는 침으로 봄), 欠(하품 흠)
盜用(도용), 盜聽(도청), 强盜(강도)

血
5급 / 총6획 / 부수 血

칼질(丿)하여 나온 피를 그릇(皿)에 담아 놓은 모양에서 **피 혈**

🔊 옛날에는 칼질(丿)하여 흘러나온 피를 그릇(皿)에 담아놓고 고사를 지냈답니다.
血氣(혈기), 血統(혈통), 鳥足之血(조족지혈)

衆
4급 / 총12획 / 부수 血

핏(血)줄 가까운 우두머리(丿)를 따라(丨) 양쪽(八)으로 모인 무리니 **무리 중**

유 象(코끼리 상, 모양 상, 본뜰 상) – 제목번호 191
🔊 丿('삐침 별'이지만 여기서는 우두머리로 봄)
衆口難防(중구난방), 觀衆(관중), 群衆(군중)

DAY 16

231 충 독[蟲 獨] - 虫으로 된 한자

蟲
4급 / 총18획 / 부수 虫

(벌레는 한 마리가 아니니) 많은 벌레가 모인 모양을 본떠서 **벌레 충**

급외자 虫 – 벌레 충(蟲)이 약자나 부수로 쓰일 때의 모양으로 '벌레 충' – 부수자
蟲齒(충치), 害蟲(해충) ↔ 益蟲(익충)

獨
4급 / 총16획 / 부수 犭

개(犭)와 애벌레(蜀)의 관계처럼 어울리지 못하고 홀로니 **홀로 독**
또 늙어서 홀로 지내게 자식 없으니 **자식 없을 독**

급외자 蜀 – 그물(罒) 같은 집에 싸여(勹) 있는 애벌레(虫)니 '애벌레 촉, 나라이름 촉' – 2급
🔊 犭(큰 개 견, 개 사슴 록 변), 勹(쌀 포)
獨立(독립), 單獨(단독), 孤獨(고독)

232 회 증증층[會 曾增層] - 會와 曾으로 된 한자

會
5급 / 총13획 / 부수 日

사람(人)이 하나(一) 같이 마음의 **창**(罒)을 열고 **말하기**(日) 위해 모이니 **모일 회**

🔊 日(가로 왈), 罒 : 창문의 모양을 본떠서 '창문 창' – 실제 쓰이는 한자는 아님, 그물 망(罒)과 혼동하지 마세요.

會見(회견), 會談(회담), 會食(회식), 會議(회의)

曾
준3급 / 총12획 / 부수 日

열고(八) 창문(罒) 사이로 말할(日) 정도로 일찍부터 거듭 만나던 사이니
일찍 증, 거듭 증

🔊 八(여덟 팔, 나눌 팔)

未曾有(미증유), 曾孫(증손), 曾思(증사)

增
4급 / 총15획 / 부수 土

흙(土)을 거듭(曾) 더하니 **더할 증**

🔊 土(흙 토)

增資(증자) ↔ 減資(감자), 增築(증축), 割增(할증)

層
준3급 / 총15획 / 부수 尸

지붕(尸) 위에 거듭(曾) 지은 층이니 **층 층**

🔊 尸('주검 시, 몸 시'지만 여기서는 지붕의 모양)

層階(층계), 加一層(가일층), 階層(계층), 深層(심층)

233 두두단 투[豆頭短 鬪] - 豆로 된 한자

豆
준3급 / 총7획 / 부수 豆

제기(祭器)를 본떠서 **제기 두**
또 제기처럼 둥근 콩이니 **콩 두**

🔊 제기(祭器) – 제사 때 쓰는 그릇. *祭(제사 제, 축제 제), 器(그릇 기, 기구 기)

豆油(두유), 原豆(원두)

頭
5급 / 총16획 / 부수 頁

콩(豆)처럼 둥근 머리(頁)니 **머리 두**
또 조직의 머리가 되는 우두머리니 **우두머리 두**

🔊 頁(머리 혈)

頭痛(두통), 頭角(두각), 頭目(두목), 頭領(두령)

短
5급 / 총12획 / 부수 矢

화살(矢)이 콩(豆)만하여 짧고 모자라니 **짧을 단, 모자랄 단**

🔊 矢(화살 시)

短期(단기), 短點(단점), 長短(장단)

鬪
3급 / 총20획 / 부수 鬥

싸움(鬥)을 제기(豆)의 음식이 법도(寸)에 맞지 않는다고 하니 **싸울 투**

급외자 鬥 - 두 왕(王)이 발을 뻗어 싸우니 '싸울 투' - 부수자

🔊 제사를 요즘은 약식으로도 지내지만, 옛날에는 정해진 제물을, 정해진 절차에 맞게 차려, 정해진 절차에 따라 엄숙하게 지냈는데 그런 법도에 맞지 않으면 싸운다고 했네요.

鬪技(투기), 鬪病(투병), 鬪志(투지), 健鬪(건투)

---

234 계발 등등증[癸發 登燈證] - 癶, 登으로 된 한자

癸
4급 / 총9획 / 부수 癶

북방을 등지고(癶) 하늘(天)의 뜻을 헤아리니
북방 계, 헤아릴 계, 열째 천간 계, 월경 계

🔊 天(하늘 천), 우리가 사는 북반구에서는 대부분 북쪽을 등지고 남쪽을 향하여 하늘을 관측하지요.

癸丑日記(계축일기), 天癸(천계), 癸期(계기)

發
5급 / 총12획 / 부수 癶

걸어가(癶) 활(弓)과 창(殳)을 쏘면 전쟁이 일어나니 **쏠 발, 일어날 발**

급외자 癶 - 등지고 걸어가는 모양에서 '등질 발, 걸을 발' - 부수자

🔊 弓(활 궁), 殳(칠 수, 창 수, 몽둥이 수)

發動(발동), 發射(발사), 發效(발효)

登
준5급 / 총12획 / 부수 癶

걸어서(癶) 제기(豆)처럼 높은 곳에 오르니 **오를 등**

또 올려 기재하니 **기재할 등**

登山(등산), 登壇(등단), 登記(등기), 登錄(등록)

燈
4급 / 총16획 / 부수 火

불(火)을 올려(登) 켜는 등불이니 **등불 등**

燈臺(등대), 燈下不明(등하불명), 消燈(소등) ↔ 點燈(점등)

證

준3급 / 총19획 / 부수 言

말(言)로 높은 데 올라(登)서서 떳떳하게 증명하는 증거니 **증명할 증, 증거 증**

🔊 言(말씀 언)

證明(증명), 證言(증언), 認證(인증), 確證(확증)

235 곡전 풍례 골체[曲典 豊禮 骨體] - 曲, 豊, 骨로 된 한자

曲
준4급 / 총6획 / 부수 曰

대바구니의 굽은 모양을 본떠서 **굽을 곡**
또 굽은 듯 소리가 올라가고 내려가는 노래니 **노래 곡**

由(말미암을 유) - 제목번호 132
曲線(곡선), 歌曲(가곡), 名曲(명곡)

典
준4급 / 총8획 / 부수 八

구부러진(曲) 것도 종류별로 나누어(八) 법으로 만든 책이니 **법 전, 책 전**
또 본보기로 물건을 저당잡히니 **저당잡힐 전**

曲[굽을 곡, 노래 곡(曲)의 변형], 八(여덟 팔, 나눌 팔)
古典(고전), 法典(법전), 事典(사전), 盛典(성전)

豊
준3급 / 총13획 / 부수 豆

굽을(曲) 정도로 제기(豆)에 음식을 차려 풍성하니 **풍성할 풍**

원래는 제기에 음식이 많은 모양을 본뜬 豐이지만 약자인 豊으로 많이 씁니다.
豊盛(풍성), 豊年(풍년), 豊滿(풍만), 豊富(풍부)

禮
5급 / 총18획 / 부수 示

신(示) 앞에 풍성한(豊) 음식을 차리는 것은 신에 대한 예도니 **예도 례**

示(보일 시, 신 시)
禮度(예도), 禮物(예물), 禮拜(예배), 禮節(예절)

骨
4급 / 총10획 / 부수 骨

살 속에 들어 있는 뼈의 모양에서 **뼈 골**

骨材(골재), 骨折(골절), 刻骨難忘(각골난망)

體
5급 / 총23획 / 부수 骨

뼈(骨)마디로 풍성하게(豊) 이루어진 몸이니 **몸 체**

体 : 사람(亻)에게 근본(本)은 몸이니 '몸 체'
體格(체격), 體力(체력), 體驗(체험), 身體(신체)

236 진(신)욕농[辰辱農] - 辰으로 된 한자

辰
4급 / 총7획 / 부수 辰

전갈자리별 모양을 본떠서 **별 진, 날 신, 다섯째 지지 진**

辰宿(진수), 生辰(생신), 日辰(일진)

辱
3급 / 총10획 / 부수 辰

별(辰)처럼 빛나는 사람을 시기하여 한마디(寸)씩 욕되게 하는 욕이니 **욕될 욕, 욕 욕**

🔊 寸(마디 촌, 법도 촌)

榮辱(영욕), 恥辱(치욕), 辱說(욕설)

農
준5급 / 총13획 / 부수 辰

허리 **구부리고**(曲) **별**(辰) 있는 새벽부터 짓는 농사니 **농사 농**

🔊 曲(굽을 곡, 노래 곡), 농사는 힘든 육체노동이지요.

農夫(농부), 農村(농촌), 都農(도농), 農繁期(농번기)

237 장장장[長張帳] - 長으로 된 한자

長
준5급 / 총8획 / 부수 長

입(一)의 위아래에 난 긴 수염을 본떠서 **길 장**

또 수염도 긴 어른이니 **어른 장**

長短(장단), 校長(교장), 長幼有序(장유유서)

張
3급 / 총11획 / 부수 弓

활(弓)시위를 길게(長) 벌리니 **벌릴 장**

또 마음을 열고 베푸니 **베풀 장, 성 장**

🔊 弓(활 궁)

張力(장력), 張皇(장황), 主張(주장), 出張(출장)

帳
3급 / 총11획 / 부수 巾

수건(巾) 같은 천으로 길게(長) 둘러 가린 장막이니 **장막 장**

또 장막처럼 가리고 쓰는 장부니 **장부 장**

🔊 장부(帳簿) - 금품의 수입·지출을 기록하는 책.
🔊 巾(수건 건), 簿(장부 부)

布帳馬車(포장마차), 元帳(원장), 通帳(통장)

238 이내유단[而耐儒端] - 而로 된 한자

而
준3급 / 총6획 / 부수 而

입(一) 아래(丿) 이어진 수염(冂)처럼 말이 이어지는 어조사니 **말 이을 이, 어조사 이**

🔊 一('한 일'이지만 여기서는 다문 입으로 봄)

博而不精(박이부정), 似而非(사이비)

DAY 16

耐
3급 / 총9획 / 부수 而

이어지는(而) 고통도 법도(寸)에 따라 참고 견디니 **참을 내, 견딜 내**

🔊 寸(마디 촌, 법도 촌)

耐久性(내구성), 耐性(내성), 耐忍(내인), 忍耐(인내)

儒
준3급 / 총16획 / 부수 亻

사람(亻)에게 쓰이는(需) 도를 공부하고 가르치는 선비나 유교니 **선비 유, 유교 유**

급외자 需 – 비(雨)가 이어져(而) 내리면 구하여 여러 가지에 쓰니 '구할 수, 쓸 수' – 2급

🔊 선비 – 학식이 있고 행동과 예절이 바르며 의리와 원칙을 지키고 관직과 재물을 탐내지 않는 고결한 인품을 지닌 사람을 이르는 말.
🔊 유교(儒敎) – 공자를 시조로 삼고 인의도덕(仁義道德)을 가르치는 유학(儒學)을 종교적인 관점에서 이르는 말.

儒生(유생), 儒家(유가)

端
4급 / 총14획 / 부수 立

서(立) 있는 곳이 산(山)으로 이어진(而) 끝이니 **끝 단**

또 끝에 서면 마음이나 옷차림을 바르게 하여 찾는 실마리니 **바를 단, 실마리 단**

🔊 立(설 립)

末端(말단), 端的(단적), 端整(단정), 發端(발단)

---

239 거거거 신와[巨拒距 臣瓦] – 巨로 된 한자와 臣瓦

巨
4급 / 총5획 / 부수 工

⊏자형의 큰 자를 손에 든 모양을 본떠서 **클 거**

 지금도 큰 작업을 하는 분들은 ⊏자나 T자 모양의 자를 사용하지요. 원래는 '큰 자'라는 뜻이었는데, 후대로 내려오면서 '크다'의 뜻으로 쓰이게 되었어요.

巨金(거금), 巨物(거물), 巨富(거부), 巨人(거인)

拒
3급 / 총8획 / 부수 扌

손(扌)을 크게(巨) 벌려 막거나 물리치니 **막을 거, 물리칠 거**

🔊 扌(손 수 변)

拒否(거부), 拒逆(거역), 拒絕(거절), 抗拒(항거)

距
3급 / 총12획 / 부수 뛰

발(뛰)로 크게(巨) 걸어야 할 정도로 떨어진 거리니 **떨어질 거, 거리 거**

 [발 족, 넉넉할 족(足)의 변형]

距離(거리), 長距離(장거리), 近距離(근거리)

臣
준4급 / 총6획 / 부수 臣

임금 앞에 엎드려 눈을 크게 뜬 신하를 본떠서 **신하 신**

臣道(신도), 功臣(공신), 忠臣(충신)

瓦
준3급 / 총5획 / 부수 瓦

지붕에 엇갈리게 겹쳐 놓은 기와 모양을 본떠서 **기와 와**
또 기와처럼 구워 만든 질그릇이나 실패니 **질그릇 와, 실패 와**

瓦屋(와옥), 瓦解(와해)

---

240 와림 감람 견현[臥臨 監覽 堅賢] - 臥, 監, 臤으로 된 한자

臥
준3급 / 총8획 / 부수 臣

임금 앞에 허리 굽히던 **신하(臣)**처럼 **사람(人)**이 엎드리거나 누우니
엎드릴 와, 누울 와

🔊 人(사람 인)

臥病(와병), 臥床(와상)

臨
3급 / 총17획 / 부수 臣

엎드려(臥) 물건(品)에 가까이 임하니 **임할 림**

🔊 臥[엎드릴 와, 누울 와(臥)의 변형], 品(물건 품, 등급 품, 품위 품)

臨終(임종), 降臨(강림), 君臨(군림)

監
준3급 / 총14획 / 부수 皿

(거울이 없던 옛날에는) 엎드려(臥) 물(一) 있는 그릇(皿)에 비추어 보았으니 **볼 감**

🔊 一('한 일'이지만 여기서는 평평한 물의 모양으로 봄), 皿(그릇 명)

監禁(감금), 監督(감독), 監査(감사), 監視(감시)

覽
준3급 / 총21획 / 부수 見

보고(監) 또 보니(見) **볼 람**

🔊 見(볼 견, 뵐 현)

觀覽(관람), 博覽(박람), 要覽(요람), 展覽會(전람회)

堅
준3급 / 총11획 / 부수 土

신하(臣)처럼 또(又) 흙(土)을 파는 힘이 굳고 강하니 **굳을 견, 강할 견**

🔊 又(오른손 우, 또 우), 土(흙 토)

堅固(견고), 堅實(견실), 堅持(견지), 堅强(견강)

賢

준3급 / 총15획 / 부수 貝

신하(臣)처럼 또(又) 재물(貝)을 벌어 봉사함이 어지니 **어질 현**

🔊 貝(조개 패, 재물 패)

賢明(현명), 賢淑(현숙), 賢母良妻(현모양처)

DAY 16

DAY 16 확인문제

01~10 다음 漢字의 훈(뜻)과 음(소리)을 쓰세요.

01. 娘 (   )   06. 張 (   )
02. 浪 (   )   07. 帳 (   )
03. 慮 (   )   08. 拒 (   )
04. 署 (   )   09. 距 (   )
05. 置 (   )   10. 臨 (   )

11~16 다음 훈음에 맞는 漢字를 〈보기〉에서 찾아 쓰세요.

〈보기〉	曾 增 豆 鬪 燈 證 豐 禮 體 辰 辱

11. 싸울 투   (   )   14. 예도 례   (   )
12. 증명할 증   (   )   15. 욕될 욕   (   )
13. 풍성할 풍   (   )   16. 일찍 증   (   )

17~18 다음 문장 중 漢字로 표기된 단어의 독음을 쓰세요.

17. 사람마다 산소 결핍에 대한 **耐性**이 다르다.   (   )
18. 지식인은 냉철한 비판의식을 **堅持**해야 한다.   (   )

19~20 다음 문장 중 (   )안의 단어를 漢字로 쓰시오.

19. 우리 모두의 슬기와 (**현명**)이 요구되는 때이다.   (   )
20. 사건을 (**심층**) 취재하기 위해서 사건발생지역으로 내려가 보았다.   (   )

정답

01. 아가씨 낭   02. 물결 랑   03. 생각할 려   04. 관청 서   05. 둘 치
06. 베풀 장   07. 장막 장   08. 막을 거   09. 떨어질 거 10. 임할 림
11. 鬪   12. 證   13. 豐   14. 禮   15. 辱
16. 曾   17. 내성   18. 견지   19. 賢明   20. 深層

DAY 17 241~255

241 공강홍 공공[工江紅 功貢] - 工으로 된 한자

工
7급 / 총3획 / 부수 工

장인이 물건을 만들 때 쓰는 자를 본떠서 **장인 공, 만들 공, 연장 공**

🔊 장인(匠人) - 물건 만듦을 업으로 하는 사람. 기술자. 🈸 장인(丈人) - 아내의 친아버지.
木工(목공), 工業(공업), 工作(공작), 工具(공구)

江
7급 / 총6획 / 부수 氵

물(氵)이 흘러가며 **만들어지는(工) 강이니 강 강**

江山(강산), 江南(강남), 江村(강촌)

紅
준3급 / 총9획 / 부수 糸

(붉은색을 좋아하는 중국에서) **실(糸)을 가공하면(工)** 주로 붉으니 **붉을 홍**

🔊 지금도 중국인들은 붉은색을 좋아하여 환영, 찬양, 축하의 뜻으로 많이 사용하지요.
紅顔(홍안), 紅一點(홍일점), 紅茶(홍차), 百日紅(백일홍)

功
5급 / 총5획 / 부수 力

만드는(工) 데 **힘(力)** 들인 공이니 **공 공, 공로 공**

🔊 공로(功勞) - 일에 애쓴 공적.
🔊 力(힘 력), 勞(수고할 로, 일할 로)
功過(공과), 功德(공덕), 成功(성공), 有功(유공)

 貢
3급 / 총10획 / 부수 貝

만든(工) 재물(貝)을 바치니 **바칠 공**

🔊 貝(조개 패, 재물 패)
貢納(공납), 貢物(공물), 朝貢(조공)

242 공감 엄암[攻敢 嚴巖] - 攻, 嚴으로 된 한자

 攻
3급 / 총7획 / 부수 攵

연장(工)으로 치며(攵) 닦으니 **칠 공, 닦을 공**

🔊 攵(칠 복, = 攴)
攻略(공략), 侵攻(침공), 專攻(전공)

205

敢
준3급 / 총12획 / 부수 攵

적을 **치고(攻)** 감히 **귀(耳)**를 잘라옴이 용감하니 **용감할 감, 감히 감**

- 耳(귀 이), 옛날에는 잘라온 귀의 수로 그 공을 따졌으니 그것을 생각하고 만든 한자지요.
- 감(敢)히 - ㉠ 두려움이나 송구함을 무릅쓰고. ㉡ 말이나 행동이 주제넘게.

勇敢(용감), 敢行(감행), 果敢(과감), 敢不生心(감불생심)

嚴
준3급 / 총20획 / 부수 口

소리소리(口口)치며 **바위(厂)**도 **용감히(敢)** 오르는 모양이 엄하니 **엄할 엄, 성 엄**

- 口(입 구, 구멍 구, 말할 구), 厂(굴 바위 엄, 언덕 엄)

嚴格(엄격), 嚴選(엄선), 嚴守(엄수)

巖
준3급 / 총23획 / 부수 山

산(山)에 **엄한(嚴)** 모양으로 서 있는 바위니 **바위 암**

- 岩 - 산(山)에서 보이는 돌(石)은 바위니 '바위 암'
- 石(돌 석), 바위는 바람에도 흔들리지 않고 무뚝뚝하게 있으니 엄한 모양이지요.

巖壁(암벽), 巖盤(암반), 火成巖(화성암)

---

243 척국 거미전쇄[尺局 居尾展刷] - 尺, 尸로 된 한자

尺
준3급 / 총4획 / 부수 尸

몸(尸) 구부리고(乀) 길이를 재는 자니 **자 척**

- 급외자 尸 - 사람이 누워 있는 모양을 본떠서 '주검 시, 몸 시'
  또 제사 때 신을 대신한 아이인 시동이니 '시동 시' - 2급
- 乀('파임 불'이지만 여기서는 구부리는 모양으로 봄), 1자는 30.3cm.

尺度(척도), 吾鼻三尺(오비삼척)

局
준3급 / 총7획 / 부수 尸

자(月)로 재어 바둑판처럼 나눈 **부분(口)**이니 **판 국, 부분 국**

- 月[자 척(尺)의 변형], 口('입 구, 구멍 구, 말할 구'지만 여기서는 나눈 부분으로 봄)

局面(국면), 局長(국장), 局部(국부), 局限(국한)

居
준3급 / 총8획 / 부수 尸

몸(尸)이 **오래(古)** 머물러 사니 **살 거**
또 **몸(尸)**이 **오래(古)** 머무르려고 앉으니 **앉을 거**

- 古(오랠 고, 옛 고)

居住(거주), 居室(거실), 同居(동거), 居間(거간)

尾
4급 / 총7획 / 부수 尸

짐승의 **몸(尸)**에서 **털(毛)**이 난 꼬리니 **꼬리 미**
또 꼬리처럼 무엇의 끝이니 **끝 미**

- 毛(털 모)

尾行(미행), 交尾(교미), 末尾(말미), 後尾(후미)

展
준4급 / 총10획 / 부수 尸

몸(尸) 앞을 가리던 풀(艹)이 쓰러져 펴지고 넓게 되니(⿺) **펼 전, 넓을 전**

🔊 艹[초 두(艹)의 약자], ⿺[변화할 화, 될 화(化)의 약자]

展開(전개), 進展(진전), 展示(전시)

刷
3급 / 총8획 / 부수 刂

나무의 몸(尸)을 수건(巾)으로 닦고 칼(刂)로 새겨서 인쇄하니 **닦을 쇄, 인쇄할 쇄**

🔊 巾(수건 건), 刂(칼 도 방)

刷掃(쇄소), 刷新(쇄신), 印刷(인쇄)

---

244 가가[假暇] - 叚로 된 한자

假
4급 / 총11획 / 부수 亻

사람(亻)이 빌려서(叚) 꾸민 거짓이고 임시니 **거짓 가, 임시 가**

역 仮 – 사람(亻)이 거꾸로(反) 꾸민 거짓이고 임시니 '거짓 가, 임시 가'
급외자 叚 – 지붕(尸)을 두(二) 번이나 장인(コ)의 손(又)을 빌려 고쳐야 하는 허물이니
　　　　'빌릴 가, 허물 가' – 배정 외

假面(가면), 假建物(가건물), 假想(가상)

暇
3급 / 총13획 / 부수 日

날(日)을 빌려온(叚)듯 겨를이 있고 한가하니 **겨를 가, 한가할 가**

🔊 日(해 일, 날 일)

病暇(병가), 餘暇(여가), 休暇(휴가), 閑暇(한가)

---

245 호소편 창창[戶所篇 倉創] - 戶, 倉으로 된 한자

戶
4급 / 총4획 / 부수 戶

한짝으로 된 문을 본떠서 **문 호**
또 (옛날에는 대부분 문이 한짝씩 달린 집이었으니) 집도 나타내어 **집 호**

門戶(문호), 窓戶(창호), 戶籍(호적), 戶主(호주)

所
준5급 / 총8획 / 부수 戶

집(戶)에 도끼(斤)를 두는 장소니 **장소 소**
또 장소처럼 앞에서 말한 내용을 이어 받는 '바'로도 쓰여 **바 소**

🔊 斤(도끼 근, 저울 근), 바 – ㉠ 앞에서 말한 내용 그 자체나 일 따위를 나타내는 말. ㉡ (어미 '~을' 뒤에 쓰여) 일의 방법이나 방도.

住所(주소), 無所不知(무소부지), 所見(소견), 所望(소망)

篇
준3급 / 총15획 / 부수 ⺮

(종이가 없던 옛날에) 대(⺮)를 작게(扁) 잘라 글을 써서 만든 책이니 **책 편**

급외자 扁 - 문(戶)에 책(冊)처럼 작게 만들어 건 현판이니 '작을 편, 현판 편' - 2급
- ⺮[대 죽(竹)이 부수로 쓰일 때의 모양], 冊(책 책)

短篇(단편), 玉篇(옥편), 全篇(전편), 千篇一律(천편일률)

倉
3급 / 총10획 / 부수 人

곡식을 보관하는 곳집(창고)을 본떠서 **곳집 창, 창고 창**
또 창고에 저장한 것을 꺼내 써야 할 만큼 급하니 **급할 창**

倉庫(창고), 倉卒間(창졸간)

創
준3급 / 총12획 / 부수 刂

창고(倉) 짓는 일은 칼(刂)로 재목을 자르는 데서 비롯하여 시작하니
비롯할 창, 시작할 창
- 刂(칼 도 방)

創刊(창간), 創作(창작), 創造(창조), 草創期(초창기)

---

246 문문문간 한개폐관[門問聞間 閑開閉關] - 門으로 된 한자

門
8급 / 총8획 / 부수 門

두 개의 문짝 있는 문을 본떠서 **문 문**
- 한짝으로 된 문 모양을 본떠서는 '문 호, 집 호(戶)'

門中(문중), 家門(가문), 門前成市(문전성시), 專門家(전문가), 門前薄待(문전박대)

問
준5급 / 총11획 / 부수 口

문(門) 앞에서 말하여(口) 물으니 **물을 문**
- 口(입 구, 구멍 구, 말할 구)

問答(문답), 問安(문안), 問題(문제), 問責(문책)

聞
5급 / 총14획 / 부수 耳

문(門)에 귀(耳) 대고 들으니 **들을 문**
- 耳(귀 이)

見聞(견문), 所聞(소문), 聞一知十(문일지십), 前代未聞(전대미문)

間
준5급 / 총12획 / 부수 門

문(門)틈으로 햇(日)빛이 들어오는 사이니 **사이 간**
- 日(해 일, 날 일)

間食(간식), 間接(간접), 期間(기간), 時間(시간)

閑
준3급 / 총12획 / 부수 門

문(門) 안에서 나무(木)를 가꿀 정도로 한가하니 **한가할 한**

원 閒 - 문(門) 안에서 달(月)을 볼 정도로 한가하니 '한가할 한'

閑暇(한가), 閑中忙(한중망)

開
5급 / 총12획 / 부수 門

문(門)의 빗장(一)을 받쳐 들(廾)듯 잡아 여니 **열 개**

또 문을 열고 시작하니 **시작할 개**

🔊 廾(받쳐 들 공)

開發(개발), 公開(공개), 開會(개회)

閉
준3급 / 총11획 / 부수 門

문(門)에 빗장(才)을 끼워 닫으니 **닫을 폐**

🔊 才('재주 재, 바탕 재'지만 여기서는 빗장의 모양)

閉會(폐회) ↔ 開會(개회), 開閉(개폐), 密閉(밀폐)

關
준4급 / 총19획 / 부수 門

문(門)을 작고(幺) 작게(幺) 이쪽(ㅣ)저쪽(ㅣ)으로 이어 거는 빗장이니 **빗장 관**

또 빗장처럼 이어지는 관계니 **관계 관**

🔊 幺(작을 요, 어릴 요), 관계(關係) - (두 가지 이상이 서로) 관련이 있음.

關門(관문), 關聯(관련), 無關(무관)

---

247 수간배 모방[手看拜 毛邦] - 手로 된 한자와 毛邦

DAY 17

手
7급 / 총4획 / 부수 手

손가락을 편 손을 본떠서 **손 수**

또 손으로 하는 재주나 재주 있는 사람을 가리켜서 **재주 수, 재주 있는 사람 수**

🔊 한자의 변으로 쓰일 때는 '손 수 변(扌)'

手記(수기), 手足(수족), 手法(수법), 選手(선수)

毛
5급 / 총4획 / 부수 毛

짐승의 꼬리털 모양을 본떠서 **털 모**

毛髮(모발), 毛皮(모피), 九牛一毛(구우일모), 羊毛(양모)

拜
4급 / 총9획 / 부수 手

손(手)과 손(手)을 하나(一)로 모으고 하는 절이니 **절 배**

敬拜(경배), 歲拜(세배), 崇拜(숭배), 禮拜(예배)

邦
3급 / 총7획 / 부수 阝

풀 무성하듯(丰) 고을(阝)이 번성하여 이루어지는 나라니 **나라 방**

🔊 丰(예쁠 봉, 풀 무성한 모양 봉), 阝(고을 읍 방)

邦境(방경), 合邦(합방), 友邦(우방), 異邦人(이방인)

看
4급 / 총9획 / 부수 目

(눈이 부시면) 손(手)을 눈(目) 위에 얹고 보니 **볼 간**

🔊 手(손 수, 재주 수, 재주 있는 사람 수)

看過(간과), 看病(간병), 走馬看山(주마간산)

---

248 우우 취최[又友 取最] - 又, 取로 된 한자

又
준3급 / 총2획 / 부수 又

주먹을 쥔 오른손을 본떠서 **오른손 우**
또 오른손은 또 또 자주 쓰이니 **또 우**

🔊 글자를 만드는 데는 '오른손'의 뜻으로 많이 쓰였는데, 보통은 '또'라는 의미로 많이 쓰이네요.

又重之(우중지), 日新又日新(일신우일신)

友
5급 / 총4획 / 부수 又

자주(ナ) 손(又) 잡으며 사귀는 벗이니 **벗 우**

🔊 ナ['열 십, 많을 십(十)'의 변형]

友情(우정), 朋友有信(붕우유신)

取
4급 / 총8획 / 부수 又

귀(耳)로 듣고 손(又)으로 취하여 가지니 **취할 취, 가질 취**

🔊 원래는 적군을 죽이고 그 전공을 알리기 위하여 귀(耳)를 잘라 손(又)으로 취하여 가져온다는 데서 생긴 한자지요. 일본에 가면 임진왜란 때 잘라간 귀를 묻은 이총(耳塚)이 있답니다.

取得(취득), 取消(취소), 取捨選擇(취사선택), 爭取(쟁취)

最
4급 / 총12획 / 부수 日

(무슨 일을 결정할 때) 여러 사람의 말(曰)을 취하여(取) 들음이 가장 최선이니 **가장 최**

🔊 曰(가로 왈, 말할 왈)

最强(최강), 最高(최고), 最古(최고), 最善(최선)

249 반판판판반[反板版販返] - 反으로 된 한자

反 5급 / 총4획 / 부수 又

굴 바위(厂)처럼 덮인 것을 손(又)으로 거꾸로 뒤집으니 **거꾸로 반, 뒤집을 반**

厂('굴 바위 엄, 언덕 엄'이지만 여기서는 가린 모양), 又(오른손 우, 또 우)
反對(반대), 反省(반성), 反抗(반항), 贊反(찬반)

板 준3급 / 총8획 / 부수 木

나무(木)를 톱으로 켜면 반대(反)쪽으로 벌어지면서 생기는 널빤지니 **널빤지 판**

木(나무 목)
板書(판서), 板子(판자), 看板(간판), 黑板(흑판)

版 3급 / 총8획 / 부수 片

나무 조각(片)에 한자를 새겨 뒤집어(反) 인쇄하는 판목이니 **인쇄할 판, 판목 판**

片(조각 편), 판목(板木) - 두께가 6cm 이상, 너비가 두께의 3배 이상이 되는 재목.
版權(판권), 版畵(판화), 木版(목판), 出版(출판)

販 3급 / 총11획 / 부수 貝

재물(貝)을 거꾸로(反) 주듯 팔고 장사하니 **팔 판, 장사할 판**

貝(조개 패, 재물 패)
販路(판로), 共販(공판), 自販機(자판기)

返 3급 / 총8획 / 부수 辶

거꾸로(反) 가듯(辶) 돌이켜 돌아오니 **돌이킬 반, 돌아올 반**

返納(반납), 返送(반송), 返品(반품), 去者必返(거자필반)

250 숙숙독[叔淑督] - 叔으로 된 한자

叔 준3급 / 총8획 / 부수 又

손위(上)로 아버지보다 작은(小) 또(又) 다른 작은아버지나 아저씨니
작은아버지 숙, 아저씨 숙
또 위(上)부터 작게(小) 또(又) 연달아 열린 콩이니 **콩 숙**

上(위 상, 오를 상)
叔母(숙모), 叔父(숙부), 叔姪(숙질), 堂叔(당숙)

淑 준3급 / 총11획 / 부수 氵

물(氵)로만 자란 콩(叔)나물처럼 깨끗하고 맑으니 **맑을 숙**

淑女(숙녀), 淑明(숙명), 貞淑(정숙)

督
3급 / 총13획 / 부수 目

아저씨(叔)가 보고(目) 감독하니 **감독할 독**

🔊 目(눈 목, 볼 목, 항목 목)
督納(독납), 監督(감독), 總督(총독)

---

251 4피 파파[皮彼被疲 波破] - 皮로 된 한자

皮
준3급 / 총5획 / 부수 皮

언덕(厂)처럼 둘러싸인 것을 칼(丨) 들고 손(又)으로 벗기는 가죽이니
가죽 피, 성씨 피
또 가죽 같은 살갗의 피부니 **피부 피**

🔊 厂[굴 바위 엄, 언덕 엄(厂)의 변형], 丨('뚫을 곤'이지만 여기서는 칼로 봄)
皮革(피혁), 毛皮(모피), 鐵面皮(철면피)

彼
준3급 / 총8획 / 부수 彳

벗겨 간(彳) 저 가죽(皮)이니 **저 피**

🔊 彳(조금 걸을 척), 자기를 중심으로 가까운 것은 '이 차(此)', 먼 것은 '저 피(彼)'입니다.
彼我(피아), 彼岸(피안), 彼此(피차), 知彼知己(지피지기)

被
3급 / 총10획 / 부수 衤

옷(衤)을 살가죽(皮)에 닿도록 입으니 **입을 피**
또 입은 것처럼 무슨 일을 당하니 **당할 피**

🔊 衤(옷 의 변), 피(被) - (어떤 명사 앞에 쓰이어) 동작을 받거나 입는 뜻을 나타내는 말.
被服(피복), 被告(피고), 被害(피해)

疲
준3급 / 총10획 / 부수 疒

병(疒)에 걸린 것처럼 살가죽(皮)에 드러나도록 피곤하니 **피곤할 피**

🔊 疒(병들 녁), 피곤하면 얼굴빛부터 달라지지요.
疲困(피곤), 疲勞(피로), 疲勞感(피로감)

波
4급 / 총8획 / 부수 氵

물(氵)의 가죽(皮)에서 치는 물결이니 **물결 파**

🔊 물의 표면이 가죽인 셈이지요.
波及(파급), 波動(파동), 波長(파장), 防波堤(방파제)

破
준3급 / 총10획 / 부수 石

돌(石) 가죽(皮), 즉 돌 표면처럼 단단하면 잘 깨지니 **깨뜨릴 파**
또 깨져서 생명이 다하니 **다할 파**

🔊 石(돌 석)
破損(파손), 讀破(독파), 走破(주파)

252 급진축[急盡丑] - ㅋ로 된 한자

急
5급 / 총9획 / 부수 心

아무 **사람**(ク)이나 **손**(ㅋ)을 잡아야 하는 **마음**(心)처럼 급하니 **급할 급**

급외자 ㅋ - 고슴도치 머리 모양을 본떠서 '고슴도치 머리 계'
또 오른손의 손가락을 편 모양을 본떠서 '오른손 우' - 부수자

🔊 心(마음 심, 중심 심)

急求(급구), **急性**(급성), **急速**(급속), **急行**(급행)

盡
준3급 / 총14획 / 부수 皿

손(ㅋ)에 **부젓가락**(ㅗ)을 들고 **불**(灬) 있는 화로 **그릇**(皿)을 뒤적이면 꺼져 다하니 **다할 진**

🔊 불을 뒤적이면 산소가 들어가 금방 다 타고 꺼지지요.
🔊 灬(불 화 발), 皿(그릇 명), 부젓가락 - 불을 뒤적이는 젓가락 모양의 막대.

極盡(극진), **賣盡**(매진), **未盡**(미진), **脫盡**(탈진)

丑
준3급 / 총4획 / 부수 一

오른손(ㅋ)에 쥔 **고삐**(丨)에 매인 소처럼 추하니 **소 축, 추할 추**
또 소는 12**지지**(地支)의 둘째니 **둘째 지지 축**

🔊 丨('뚫을 곤'이지만 여기서는 소고삐로 봄), 丑은 주로 12지지에 쓰이고, '소'의 뜻으로는 소 우(牛)를 씁니다.

丑時(축시), **己丑年**(기축년)

253 군군군 사경 겸[君郡群 事庚 兼] - 君, ㅋ로 된 한자

DAY 17

君
준4급 / 총7획 / 부수 口

다스리며(尹) **입**(口)으로 명령하는 임금이니 **임금 군**
또 임금처럼 섬기는 남편이나 그대니 **남편 군, 그대 군**

급외자 尹 - 오른손(ㅋ)에 지휘봉(丿) 들고 다스리는 벼슬이니 '다스릴 윤, 벼슬 윤, 성 윤' - 2급

君臣(군신), **聖君**(성군), **君不見**(군불견)

郡
5급 / 총10획 / 부수 阝

임금(君)이 다스리는 **고을**(阝)이니 **고을 군**

🔊 阝(고을 읍 방)

郡民(군민), **郡守**(군수), **州郡**(주군)

群
준3급 / 총13획 / 부수 羊

임금(君)을 따르는 **양**(羊) 떼처럼 많은 무리니 **무리 군**

🔊 羊(양 양)

群島(군도), **群衆**(군중), **群鷄一鶴**(군계일학)

事
준5급 / 총8획 / 부수 亅

한(一) 입(口)이라도 더 먹이기 위해 손(⺕)에 고리(亅) 같은 도구도 들고 하는 일이니 **일 사**

또 일하며 섬기니 **섬길 사**

🔊 ⺕(고슴도치 머리 계, 오른손 우), 亅(갈고리 궐)

事故(사고), 事理(사리), 農事(농사), 事大(사대)

庚
4급 / 총8획 / 부수 广

집(广)에서 손(⺕)으로 사람(人)이 세어 보는 별이나 나이니
별 경, 나이 경, 일곱째 천간 경

🔊 广(집 엄), 人(사람 인)

庚伏(경복), 庚炎(경염), 庚辰(경진)

兼
3급 / 총10획 / 부수 八

(많이) 나뉜(八) 것을 한(一) 손(⺕)에 두 개(丨丨)씩 나누어(八) 잡아 겸하니
겸할 겸

급외자 秉 - 벼(禾)를 손(⺕)으로 잡으니 '잡을 병' - 2급

🔊 八(여덟 팔, 나눌 팔)

兼備(겸비), 兼業(겸업), 兼任(겸임), 兼職(겸직)

---

254 률필 건건[律筆 建健] - 聿, 建으로 된 한자

律
4급 / 총9획 / 부수 彳

행할(彳) 법을 붓(聿)으로 적은 법률이니 **법률 률**
또 법률처럼 지켜야 하는 음률이니 **음률 률**

급외자 聿 - 오른손(⺕)에 잡고 쓰는 붓을 본떠서 '붓 율' - 사범

🔊 彳('조금 걸을 척'으로, 여기서는 '어떤 일을 행하다' 뜻)

律法(율법), 戒律(계율), 二律背反(이율배반), 音律(음률)

筆
4급 / 총12획 / 부수 ⺮

대(⺮)로 붓대를 만든 붓(聿)으로 쓰는 글씨니 **붓 필, 글씨 필**

筆記(필기), 筆答(필답), 筆寫本(필사본), 大書特筆(대서특필)

建
4급 / 총9획 / 부수 廴

붓(聿)으로 길게 써 가며(廴) 계획을 세우니 **세울 건**

🔊 廴(길게 걸을 인)

建立(건립), 建物(건물), 建設(건설), 再建(재건)

健
준3급 / 총11획 / 부수 亻

사람(亻)이 자세를 똑바로 세울(建) 수 있으면 건강하니 **건강할 건**

🔊 어디가 아프면 자세가 바르지 못하니, 몸을 똑바로 세울 수 있으면 건강하지요.
健康(건강), 健勝(건승), 健全(건전), 强健(강건)

---

255 서주 화(획)획[書晝 畫劃] – 붓 율(聿)의 변형(圭)과 畫로 된 한자

書
5급 / 총10획 / 부수 日

붓(聿)으로 말하듯(曰) 쓰니 **쓸 서**
또 써 놓은 글이나 책이니 **글 서, 책 서**

🔊 曰(가로 왈, 말할 왈)
書記(서기), 書堂(서당), 良書(양서)

晝
5급 / 총11획 / 부수 日

붓(聿)으로 해(日) 하나(一)를 보고 그릴 수 있는 낮이니 **낮 주**

晝間(주간), 晝耕夜讀(주경야독), 晝夜不息(주야불식)

畫
준4급 / 총13획 / 부수 田

붓(聿)으로 밭(田)의 경계(凵)를 그린 그림이니 **그림 화**
또 그림 그리듯이 그으니 **그을 획**

[원] 畵 : 붓(聿)으로 밭(田) 하나(一)를 그린 그림이니 '그림 화'
또 그림 그리듯이 그으니 '그을 획'

🔊 田(밭 전), 凵('입 벌릴 감, 그릇 감'이지만 여기서는 경계로 봄)
畫家(화가), 畫室(화실)

劃
3급 / 총14획 / 부수 刂

그려서(畫) 칼(刂)로 나누듯이 긋고 계획하니 **그을 획, 계획할 획**

🔊 원래는 그림 화, 그을 획(畫)이었는데 칼로 긋고 계획한다는 데서 刂(칼 도 방)을 붙인 한자입니다.
劃一(획일), 區劃(구획), 計劃(계획), 企劃(기획), 劃順(획순)

DAY 17

DAY 17 확인문제

01~10 다음 漢字의 훈(뜻)과 음(소리)을 쓰세요.

01. 貢 (   )
02. 攻 (   )
03. 局 (   )
04. 刷 (   )
05. 閉 (   )

06. 閑 (   )
07. 邦 (   )
08. 又 (   )
09. 返 (   )
10. 督 (   )

11~16 다음 훈음에 맞는 漢字를 〈보기〉에서 찾아 쓰세요.

〈보기〉	嚴 巖 假 暇 倉 創 販 板 版 叔 淑

11. 겨를 가   (   )
12. 널빤지 판 (   )
13. 판목 판   (   )
14. 곳집 창   (   )
15. 엄할 엄   (   )
16. 바위 암   (   )

17~18 다음 문장 중 漢字로 표기된 단어의 독음을 쓰세요.

17. 출판사의 주요 업무는 도서 **企劃**과 편집 및 영업으로 나뉜다. (   )
18. 열차표는 토요일 오전이면 거의 다 **賣盡**된다.   (   )

19~20 다음 문장 중 (   )안의 단어를 漢字로 쓰시오.

19. 영희는 재색을 (**겸비**)하고 지혜가 출중하다. (   )
20. 화를 내는 것은 (**건강**)에 좋지 않다.   (   )

정답

01. 바칠 공   02. 칠 공   03. 판 국   04. 인쇄할 쇄   05. 닫을 폐
06. 한가할 한   07. 나라 방   08. 또 우   09. 돌아올 반   10. 감독할 독
11. 暇   12. 板   13. 版   14. 倉   15. 嚴
16. 巖   17. 기획   18. 매진   19. 兼備   20. 健康

DAY 18 — 256~270

256 소부귀 침침[掃婦歸 侵浸] - 帚, 彐으로 된 한자

掃
준3급 / 총11획 / 부수 扌

손(扌)에 비(帚) 들고 쓰니 **쓸 소**

급외자 帚 - 한쪽은 고슴도치 머리(크)처럼 펴지게 하고, 다른 한쪽은 덮어(冖) 수건(巾)같은 천으로 묶어 손잡이를 만든 비니 '비 추' - 배정 외

掃除(소제), 掃蕩(소탕), 一掃(일소), 淸掃(청소)

婦
4급 / 총11획 / 부수 女

여자(女) 중 비(帚) 들고 집일을 하는 아내나 며느리니 **아내 부, 며느리 부**

姑婦(고부), 夫婦有別(부부유별), 新婦(신부), 主婦(주부)

歸
준3급 / 총18획 / 부수 止

쌓이고(𠂤) 그쳐(止)있던 잡념을 비(帚)로 쓸어낸 듯 본심으로 돌아가니 **돌아갈 귀**

🔊 止(그칠 지), 𠂤 - 비스듬히(丿) 흙이 쌓여(阜) 있는 모양에서 '쌓일 퇴, 언덕 퇴'로, '쌓일 퇴, 언덕 퇴(堆)'의 원자인 㠯의 획 줄임.

歸家(귀가), 歸結(귀결), 歸路(귀로), 歸鄕(귀향)

侵

3급 / 총9획 / 부수 亻

사람(亻)이 비(彐)를 오른손(又)에 들고 조금씩 쓸어나가듯이 남의 땅을 침노하니 **침노할 침**

🔊 彐[비 추(帚)의 획 줄임], 又(오른손 우, 또 우)

侵攻(침공), 侵略(침략), 侵犯(침범), 侵害(침해)

浸

3급 / 총10획 / 부수 氵

물(氵)이 비(彐)를 오른손(又)에 들고 조금씩 쓸어나가듯이 점점 잠겨 적시니 **잠길 침, 적실 침**

浸水(침수), 酒浸(주침)

257　위위 행(항)위[偉圍 行衛] - 韋, 行으로 된 한자

偉
4급 / 총11획 / 부수 亻

보통 **사람(亻)**과 **달리(韋)** 크고 훌륭하니 **클 위, 훌륭할 위**

급외자 韋 - 위아래를 잘 다듬은 가죽을 본떠서 '가죽 위'
　　　또 서로 반대 방향으로 가는(어기는) 모양으로도 보아 '어길 위'

偉功(위공), 偉大(위대), 偉力(위력), 偉人(위인)

圍
3급 / 총12획 / 부수 囗

가죽(韋)으로 **둘레(囗)**를 에워싸니 **둘레 위, 에워쌀 위**

🔊 囗[에운담, 나라 국(國)의 약자]
周圍(주위), 包圍(포위), 圍立(위립)

行
5급 / 총6획 / 부수 行

사람이 다니는 사거리를 본떠서 **다닐 행**
또 다니며 일을 행하니 **행할 행**
또 (친척 사이에) 다니듯 가리는 항렬이니 **항렬 항**

🔊 항렬(行列) - 같은 혈족의 직계에서 갈라져 나간 계통 사이의 관계를 나타내는 말.
行人(행인), 行動(행동), 行爲(행위)

衛
3급 / 총15획 / 부수 行

서로 **어긋나게(韋)** 바꿔 **다니며(行)** 지키니 **지킬 위**

🔊 일정한 시간마다 서로 엇갈리게 다니며 지켜야 빈틈이 없지요.
衛兵(위병), 衛生(위생), 防衛(방위), 守衛(수위)

258　술술[述術] - 朮로 된 한자

述

3급 / 총9획 / 부수 辶

삽주뿌리(朮)가 뻗어 **가듯(辶)** 말하거나 글을 지으니 **말할 술, 지을 술**

🔊 述과 術의 구분 - 뜀 착, 갈 착(辶)은 한 방향으로 뛰거나 간다는 뜻이니 한 방향으로 말하는 말할 술, 지을 술(述), 다닐 행, 행할 행, 항렬 항(行)은 이리저리 다닌다는 뜻이니 여러 갈래로 뻗어 가는 재주와 기술을 말하여 재주 술, 기술 술(術)로 구분하세요.

論述(논술), 口述(구술), 陳述(진술), 著述(저술)

術

준3급 / 총11획 / 부수 行

삽주뿌리(朮)처럼 여러 갈래로 뻗어 **가는(行)** 재주와 기술이니 **재주 술, 기술 술**

급외자 朮 - 여러 갈래로 나뉘어 여는 차조를 본떠서 '차조 출'
　　　또 여러 갈래로 뻗어 가는 삽주뿌리를 본떠서 '삽주뿌리 출' - 사범

🔊 行(다닐 행, 행할 행, 항렬 항)
術法(술법), 術策(술책), 技術(기술), 奇術(기술)

259 죽마혁[竹馬革] - 竹, 馬, 革

竹
5급 / 총6획 / 부수 竹

댓잎을 본떠서 **대 죽**

🔊 부수로 쓰일 때는 내려 그은 획을 짧게 씁니다. 종이가 없었던 옛날에는 대쪽에 글을 썼기 때문에 책과 관련된 한자에 竹이 들어가지요.

竹刀(죽도), 竹馬故友(죽마고우)

馬
준5급 / 총10획 / 부수 馬

서 있는 말을 본떠서 **말 마, 성 마**

馬力(마력), 馬術(마술), 乘馬(승마), 走馬看山(주마간산)

革
준3급 / 총9획 / 부수 革

걸어 놓은 짐승 가죽의 **머리(卄)**와 **몸통(口)**과 **다리(一)**와 **꼬리(丨)**를 본떠서 **가죽 혁**
또 가죽으로 무엇을 만들려고 고치니(가공하니) **고칠 혁**

革帶(혁대), 皮革(피혁), 革命(혁명), 革新(혁신)

260 채채 고[採菜 孤] - 采로 된 한자와 孤

採
준3급 / 총11획 / 부수 扌

손(扌)으로 가려 **캐니(采) 가릴 채, 캘 채**

급외자 采 - 손톱(爫)으로 나무(木)를 가려 캐니 '가릴 채, 캘 채'
또 가려서 꾸민 풍채니 '풍채 채' - 2급

🔊 손으로 캔다는 데서 采에 손수 변(扌)을 붙여 만든 한자.

採用(채용), 採集(채집), 採擇(채택), 採取(채취)

菜
준3급 / 총12획 / 부수 艹

풀(艹)에서 골라 **캐는(采)** 나물이니 **나물 채**

🔊 ++(초 두)

菜蔬(채소), 菜食(채식), 山菜(산채), 野菜(야채)

孤
준3급 / 총8획 / 부수 子

자식(子)이 부모를 잃어 말라 버린 줄기에 **오이(瓜)**만 앙상하게 매달린 모양처럼 외로우니 **외로울 고**
또 외롭게 부모 없는 자식이니 **부모 없을 고**

급외자 爪 - 손톱 모양을 본떠서 '손톱 조' - 2급
瓜 - 넝쿨에 오이가 열린 모양을 본떠서 '오이 과' - 2급

🔊 子(아들 자, 첫째 지지 자, 자네 자, 접미사 자)
🔊 손톱 조(爪)가 부수로 쓰일 때는 내려 그은 세 획을 짧게 씁니다.

孤獨(고독), 孤兒(고아)

DAY 18

261 부유 쟁정정 [浮乳 爭淨靜] - 孚, 爭으로 된 한자

浮
준3급 / 총10획 / 부수 氵

물(氵) 위에 새 알 깔(孚) 때의 모양으로 뜨니 **뜰 부**

급외자 孚 - 새가 발톱(爫)으로 알(子)을 품어 굴리며 알 까게 기르니 '알 깔 부, 기를 부' - 1급
浮刻(부각), 浮力(부력), 浮上(부상)

乳
준3급 / 총8획 / 부수 乚

기를(孚) 때 꼭지(乚)로 먹이는 젖이니 **젖 유**

🔊 乚[새 을, 둘째 천간 을, 둘째 을, 굽을 을(乙)이 부수로 쓰일 때의 모양이지만 여기서는 꼭지로 봄]
乳兒(유아), 母乳(모유), 牛乳(우유)

爭

준4급 / 총8획 / 부수 爫

손톱(爫)도 세우고 오른손(彐)에 갈고리(亅) 같은 도구도 들고 다투니 **다툴 쟁**

약 争 - 사람(ク)이 오른손(彐)에 갈고리(亅) 같은 도구도 들고 다투니 '다툴 쟁'
🔊 彐(고슴도치 머리 계, 오른손 우), 亅(갈고리 궐)
爭取(쟁취), 競爭(경쟁), 論爭(논쟁), 戰爭(전쟁)

淨

준3급 / 총11획 / 부수 氵

물(氵)로 경쟁하듯(爭) 씻어 깨끗하니 **깨끗할 정**

淨潔(정결), 淨化(정화), 淸淨(청정)

靜
준3급 / 총16획 / 부수 靑

푸르게(靑), 즉 공정하게 경쟁하면(爭) 불평이 없어 고요하니 **고요할 정**

🔊 靑(푸를 청, 젊을 청)
冷靜(냉정), 動靜(동정), 安靜(안정), 鎭靜(진정)

262 수수애 원난 [受授愛 援暖] - 受, 爰으로 된 한자

受
4급 / 총8획 / 부수 又

위 손(爫)으로 덮어(冖) 아래 손(又)으로 받으니 **받을 수**

🔊 爫('손톱 조'지만 여기서는 손으로 봄), 冖(덮을 멱), 又(오른손 우, 또 우)
授受(수수), 受容(수용), 受精(수정), 甘受(감수)

授
4급 / 총11획 / 부수 扌

손(扌)으로 받도록(受) 주거나 가르치니 **줄 수, 가르칠 수**

🔊 扌(손 수 변)
授與(수여), 授乳(수유), 授業(수업), 敎授(교수)

愛
5급 / 총13획 / 부수 心

손톱(爫)처럼 덮어주며(冖) 마음(心)으로 서서히 다가가는(夊) 사랑이니 **사랑 애**
또 사랑하여 즐기고 아끼니 **즐길 애, 아낄 애**

🔊 夊(천천히 걸을 쇠, 뒤져 올 치)
愛人(애인), 愛讀(애독), 愛着(애착)

 援
3급 / 총12획 / 부수 扌

손(扌)으로 당겨(爰) 도우니 **도울 원, 당길 원**

급외자 爰 - 손(爫)으로 한(一) 명의 벗(友)을 이에 끌어당기니 '이에 원, 끌 원, 당길 원' - 사범

援軍(원군), 援助(원조), 援用(원용)

暖
준3급 / 총13획 / 부수 日

햇(日)빛을 끌어당긴(爰)듯 따뜻하니 **따뜻할 난**

暖氣(난기), 暖帶(난대), 暖流(난류), 暖陽(난양)

---

263   위란 칭균[爲亂 稱菌] - 爫, 禾로 된 한자

爲
4급 / 총12획 / 부수 爫

손톱(爫) 하나(丿)로라도 허리 구부리며(⺕) 불(灬)처럼 뜨겁게 일하고 위하니
할 위, 위할 위

🔊 丿('삐침 별'이지만 여기서는 '하나'로 봄), ⺕(구부리는 모양), 灬(불 화 발)
當爲(당위), 行爲(행위), 爲民(위민), 爲人設官(위인설관)

 亂
3급 / 총13획 / 부수 乚

손(爫)에 창(龴) 들고 성(冂)을 지키는 군인들이 **사사로운(厶)** 욕심으로 또(又)
새(乚) 떼처럼 떠들면 어지러우니 **어지러울 란**

🔊 爫('손톱 조'지만 여기서는 손으로 봄), 龴[창 모(矛)의 획 줄임], 冂(멀 경, 성 경), 厶(사사 사, 나 사),
又(오른손 우, 또 우), 乚(새 을, 둘째 천간 을, 둘째 을, 굽을 을(乙)이 부수로 쓰일 때의 모양)
亂動(난동), 昏亂(혼란), 混亂(혼란), 亂世(난세), 倭亂(왜란)

 稱
3급 / 총14획 / 부수 禾

벼(禾)를 손(爫)으로 땅(土)에서 들어(冂) 달며 무게를 일컬으니 **일컬을 칭**

🔊 冂('멀 경, 성 경'이지만 여기서는 들어 올리는 모양으로 봄)
稱頌(칭송), 稱號(칭호), 尊稱(존칭)

 菌
3급 / 총12획 / 부수 艹

풀(艹)처럼 창고(囗)의 벼(禾)가 썩은 곳에 생기는 버섯이나 세균이니
버섯 균, 세균 균

🔊 囗[에운담, 나라 국(國)의 약자]
無菌(무균), 殺菌(살균), 細菌(세균)

DAY 18

264 이 시치[以 始治] – 以와 台로 된 한자

以
준4급 / 총5획 / 부수 人

사사로운(厶) 욕심 때문에(까닭에) 사람(人)으로서(써)의 가치를 잃으니 써 이, 까닭 이

급외자 厶 – 팔로 사사로이 나에게 끌어당기는 모양에서 '사사 사, 나 사' – 부수자
🔊 써 – '그것을 가지고', '그것으로 인하여'의 뜻을 지닌 접속 부사.

以上(이상), 以前(이전), 以熱治熱(이열치열), 所以(소이)

始
5급 / 총8획 / 부수 女

여자(女)에게 별(台)처럼 새 생명이 잉태되는 처음이니 처음 시

급외자 台 – 사사로운(厶) 말(口)들처럼 무수히 뜬 별이니 '별 태'
　　　또 사사로운(厶) 말(口)들에도 나는 기쁘니 '나 이, 기쁠 이'
　　　또 '누각 대, 정자 대(臺)'의 약자 – 2급

始動(시동), 始作(시작), 始終一貫(시종일관)

治
4급 / 총8획 / 부수 氵

물(氵)을 기쁘게(台) 사용하도록 잘 다스리니 다스릴 치

🔊 수리시설이 미비했던 옛날에는 물로 인한 폐해가 많았으니, 치산치수(治山治水)가 지도자의 큰 임무였답니다.

治水(치수), 治安(치안), 根治(근치), 完治(완치)

265 공송송송[公松訟頌] – 公으로 된 한자

公
준4급 / 총4획 / 부수 八

나눔(八)에 사사로움(厶) 없이 공평하니 공평할 공
또 공평한 사람이 대중에게 통하고 귀공자니 대중 공, 귀공자 공

🔊 귀공자(貴公子) – ㉠ 귀한 집안의 남자. ㉡ 생김새나 몸가짐 등이 고상한 남자.
🔊 八(여덟 팔, 나눌 팔), 貴(귀할 귀)

公平無私(공평무사), 公開(공개), 愚公移山(우공이산)

松
4급 / 총8획 / 부수 木

나무(木) 중 귀공자(公)처럼 모양도 빼어나고 두루 쓰이는 소나무니 소나무 송

🔊 木(나무 목)

松林(송림), 松實(송실), 靑松(청송)

訟

3급 / 총11획 / 부수 言

말하여(言) 공평하게(公) 판정받으려고 송사하니 송사할 송

🔊 송사(訟事) – 판결을 법원에 요구하는 절차.
🔊 言(말씀 언), 事(일 사, 섬길 사)

使無訟(사무송), 爭訟(쟁송), 自責內訟(자책내송)

頌

3급 / 총13획 / 부수 頁

대중(公)들이 머리(頁) 들어 칭송하니 **칭송할 송**

🔊 頁(머리 혈)

頌歌(송가), 頌德(송덕), 稱頌(칭송)

266 분분분빈[分粉紛貧] - 分으로 된 한자

分

준5급 / 총4획 / 부수 刀

여덟(八) 번이나 칼(刀)질하여 나누니 **나눌 분**
또 나누어 놓은 단위나 신분이니 **단위 분, 단위 푼, 신분 분**
또 나누어 분별할 줄 아는 분수니 **분별할 분, 분수 분**

🔊 분수(分數) - 주어진 자기의 처지. 제 신분에 알맞은 한도.
🔊 八(여덟 팔, 나눌 팔), 數(셀 수, 두어 수, 자주 삭, 운수 수)

兩分(양분), 一分(일분), 分錢(푼전), 身分(신분), 分別(분별)

粉

3급 / 총10획 / 부수 米

쌀(米) 같은 곡식을 나눈(分) 가루니 **가루 분**

🔊 米(쌀 미)

粉末(분말), 粉食(분식), 粉筆(분필), 花粉(화분)

紛

3급 / 총10획 / 부수 糸

실(糸)을 나누어(分) 놓은 듯 헝클어져 어지러우니 **어지러울 분**

🔊 糸(실 사, 실 사 변), 실을 나눠 놓으면 헝클어져 어지럽지요.

紛亂(분란), 紛爭(분쟁), 內紛(내분)

貧

준4급 / 총11획 / 부수 貝

나눈(分) 재물(貝)이면 몫이 적어 가난하니 **가난할 빈**

🔗 貪(탐낼 탐) - 2급
🔊 조개(貝) 한 마리도 나누어(分) 먹을 정도로 가난하니 '가난할 빈(貧)'이라고도 합니다.

貧困(빈곤), 貧富(빈부), 貧弱(빈약), 淸貧(청빈)

DAY 18

267 거법 각[去法 脚] - 去로 된 한자

去
5급 / 총5획 / 부수 厶

어떤 땅(土)으로 사사로이(厶) 가니 **갈 거**
또 가서 제거하니 **제거할 거**

🔊 土(흙 토), 厶(사사 사, 나 사)
去年(거년), 去來(거래), 去就(거취), 除去(제거)

法
준4급 / 총8획 / 부수 氵

물(氵)이 흘러가듯(去) 순리에 맞아야 하는 법이니 **법 법**

立法(입법), 法遠拳近(법원권근)

脚
준3급 / 총11획 / 부수 月

몸(月)이 물러갈(却) 때 구부려 쓰는 다리니 **다리 각**

급외자 却 - 가서(去) 무릎 꿇려(卩) 물리치니 '물리칠 각' - 2급
🔊 月(달 월, 육 달 월)
橋脚(교각), 脚線美(각선미), 二人三脚(이인삼각)

268 육 참(삼)진[育 參珍] - 育과 參으로 된 한자

育
준5급 / 총8획 / 부수 月

머리(亠)부터 내(厶) 몸(月)처럼 기르니 **기를 육**

🔊 亠(머리 부분 두), 厶(사사 사, 나 사)
育林(육림), 育成(육성), 育兒(육아)

參
준4급 / 총11획 / 부수 厶

장식품(厽)을 사람(人)이 머리(彡)에 꽂고 행사에 참여하니 **참여할 참**
또 사람 인(人)에 사사 사(厶)와 삐침 별(丿)을 셋씩 썼으니 **석 삼**

🔊 厶('사사 사, 나 사'지만 여기서는 머리에 꽂은 장식품으로 봄), 彡(터럭 삼, 긴 머리 삼), '석 삼'으로는 변조하면 안 되는 계약서 등에 쓰입니다.
參加(참가), 參觀(참관), 參席(참석), 持參(지참)

**珍**
3급 / 총9획 / 부수 王(玉)

옥(王)을 사람(人)의 머리털(彡)처럼 작은 부분까지 정교하게 다듬은 보배니 **보배 진**

🔊 王(임금 왕, 으뜸 왕, 구슬 옥 변)
珍貴(진귀), 珍風景(진풍경)

224

269 지질치실옥 도도[至姪致室屋 到倒] - 至, 到로 된 한자

至
준4급 / 총6획 / 부수 至

하나(一)의 사사로운(厶) 땅(土)에 이르니 **이를 지**
또 이르러(至) 돌봄이 지극하니 **지극할 지**

🔊 厶(사사 사, 나 사), 土(흙 토)

至今(지금), 自初至終(자초지종), 至極(지극), 至毒(지독)

姪
3급 / 총9획 / 부수 女

딸(女)처럼 이르러(至) 보살펴야 하는 조카니 **조카 질**

姪女(질녀), 堂姪(당질), 叔姪(숙질)

致
준4급 / 총10획 / 부수 至

지극하게(至) 치며(攵) 지도하면 꿈을 이루고 목표에 이르니 **이룰 치, 이를 치**

🔊 攵(칠 복, = 攴)

致富(치부), 格物致知(격물치지)

室
준5급 / 총9획 / 부수 宀

집(宀) 중 이르러(至) 쉬는 집이나 방이니 **집 실, 방 실**
또 주로 집에서 살림하는 아내도 가리켜서 **아내 실**

🔊 宀(집 면)

室內(실내), 溫室(온실), 浴室(욕실), 小室(소실)

屋
준4급 / 총9획 / 부수 尸

몸(尸)이 이르러(至) 쉬는 집이니 **집 옥**

🔊 尸(주검 시, 몸 시)

屋上(옥상), 屋上加屋(옥상가옥), 洋屋(양옥)

到
준4급 / 총8획 / 부수 刂

무사히 목적지에 이르려고(至) 위험을 대비하여 칼(刂)을 가지고 이를 정도로 주도면밀하니 **이를 도, 주도면밀할 도**

🔊 주도면밀(周到綿密) - (주의가) 두루 이르러(미쳐) 자세하고 빈틈이 없음.
*周(두루 주, 둘레 주), 綿(솜 면, 자세할 면, 이어질 면), 密(빽빽할 밀, 비밀 밀)

到達(도달), 殺到(쇄도), 用意周到(용의주도)

倒

3급 / 총10획 / 부수 亻

사람(亻)에 이르는(至) 것이 칼(刂)이면 찔려 넘어지고 거꾸로 되니
넘어질 도, 거꾸로 도

🔊 刂(칼 도 방)

倒産(도산), 倒置(도치), 卒倒(졸도), 打倒(타도)

DAY 18

270 유후 향향[幼後 鄉響] - 幺, 鄉으로 된 한자

幼
준3급 / 총5획 / 부수 幺

아직 **작은(幺) 힘(力)**이라 어리니 **어릴 유**

급외자 幺 - 작고 어린 아기 모양을 본떠서 '작을 요, 어릴 요' - 배정 외

🔊 力(힘 력)

幼兒(유아), 長幼有序(장유유서)

後
5급 / 총9획 / 부수 彳

조금씩 걷고(彳) 조금(幺)씩 천천히 걸으면(夊) 뒤지고 늦으니 **뒤 후, 늦을 후**

🔊 彳(조금 걸을 척), 夊(천천히 걸을 쇠, 뒤져 올 치)

後繼(후계), 後光(후광), 背後(배후), 前後(전후)

鄉
4급 / 총13획 / 부수 阝

어린(彡) 시절 흰(白) 쌀밥을 숟가락(匕)으로 먹으며 살던 시골 고을(阝)이 고향이니 **시골 향, 고향 향**

卿(벼슬 경) - 2급

🔊 彡[작을 요, 어릴 요(幺)의 변형], 白(흰 백, 밝을 백, 깨끗할 백, 아뢸 백), 匕(비수 비, 숟가락 비), 阝(고을 읍 방)

故鄉(고향), 鄉愁(향수), 愛鄉(애향)

響
3급 / 총22획 / 부수 音

시골(鄉)에서 소리(音)치면 산이 울리니 **울릴 향**

🔊 音(소리 음)

反響(반향), 音響(음향), 交響曲(교향곡)

DAY 18 확인문제

01~10 다음 漢字의 훈(뜻)과 음(소리)을 쓰세요.

01. 衛 (　　　)
02. 術 (　　　)
03. 述 (　　　)
04. 採 (　　　)
05. 菜 (　　　)
06. 援 (　　　)
07. 暖 (　　　)
08. 侵 (　　　)
09. 浸 (　　　)
10. 菌 (　　　)

11~16 다음 훈음에 맞는 漢字를 〈보기〉에서 찾아 쓰세요.

〈보기〉	淨　靜　松　訟　粉　紛　姪　致　參　脚　授

11. 송사할 송　(　　)
12. 가루 분　　(　　)
13. 어지러울 분(　　)
14. 조카 질　　(　　)
15. 깨끗할 정　(　　)
16. 고요할 정　(　　)

17~18 다음 문장 중 漢字로 표기된 단어의 독음을 쓰세요.

17. 나는 종로 거리의 **珍風景**을 카메라에 담았다.　(　　　)
18. 봉건 세력이 **打倒**되면서 시민 계급은 힘을 얻었다. (　　　)

19~20 다음 문장 중 (　)안의 단어를 漢字로 쓰시오.

19. (**난세**)에 충신을 알 수 있다.　(　　　)
20. 인도의 시성 타고르는 한국을 동방의 등불이라며 (**칭송**)을 아끼지 않았다.
　(　　　)

정답

01. 지킬 위　　02. 재주 술　　03. 지을 술　　04. 캘 채　　05. 나물 채
06. 도울 원　　07. 따뜻할 난　08. 침노할 침　09. 적실 침　10. 버섯 균
11. 訟　　　　12. 粉　　　　13. 紛　　　　14. 姪　　　　15. 淨
16. 靜　　　　17. 진풍경　　　18. 타도　　　　19. 亂世　　　20. 稱頌

DAY 19 — 271~285

271 기기기 계단[幾機畿 繼斷] - 幾, 㡭로 된 한자

幾
준3급 / 총12획 / 부수 幺

(아직은 멀어서) **작고(幺) 작게(幺)** 보이는 **창(戈)**과 **사람(人)**이지만 몇이나 되는지 살피는 기미니 **몇 기, 기미 기**

- 기미(幾微·機微) – (앞일에 대한 다소 막연한 예상이나 짐작이 들게 하는) 몇 가지 작은 조짐. 낌새.
- 戈(창 과), 微(작을 미)

幾十(기십), 幾何(기하), 幾何級數(기하급수)

機
3급 / 총16획 / 부수 木

나무(木) 몇(幾) 개로 얽어 만든 베틀이니 **베틀 기**
또 베틀같이 짜인 기계나 기회니 **기계 기, 기회 기**

- 木(나무 목)

斷機之戒(단기지계), 機械(기계), 機會(기회), 契機(계기)

畿
3급 / 총15획 / 부수 田

서울에서 **얼마(𢆶)** 떨어지지 않은 **밭(田)** 같은 땅이 경기니 **경기 기**

- 경기(京畿) – 왕도(王都)의 둘레 500리(里) 이내의 땅.
- 𢆶[몇 기, 기미 기(幾)의 획 줄임], 田(밭 전), 京(서울 경), 王(임금 왕, 으뜸 왕, 구슬 옥 변), 都(도시 도, 모두 도)

畿湖(기호) – 우리나라의 서쪽 중앙부를 차지하고 있는 지역. 경기도와 황해도 남부, 충청남도 북부를 이르는 말.

繼
준3급 / 총20획 / 부수 糸

실(糸)로 **상자(匚)** 속이나 밖을 **조금(幺)**씩 이으니 **이을 계**

- 匚[상자 방(匚)의 변형]

繼續(계속), 繼承(계승), 繼走(계주), 後繼(후계)

斷
준3급 / 총18획 / 부수 斤

상자(匚)의 물건을 **조금(幺)**씩 꺼내어 **도끼(斤)**로 끊으니 **끊을 단**
또 끊듯이 무슨 일을 결단하니 **결단할 단**

- 斤(도끼 근, 저울 근)

斷念(단념), 斷食(단식), 決斷(결단), 勇斷(용단)

272 악(락·요)약[樂藥] - 樂으로 된 한자

樂
5급 / 총15획 / 부수 木

(악기의 대표인) 북(白)을 작고(幺) 작은(幺) 실로 나무(木) 받침대 위에 묶어 놓고 치며 풍류를 즐기며 좋아하니 **풍류 악, 즐길 락, 좋아할 요**

🔊 白('흰 백, 밝을 백, 깨끗할 백, 아뢸 백'이지만 여기서는 북의 모양으로 봄)
樂器(악기), 音樂(음악), 快樂(쾌락), 樂山樂水(요산요수)

藥
5급 / 총19획 / 부수 ⺾

풀(⺾) 중에 환자에게 좋은(樂) 약이니 **약 약**

🔊 옛날에는 대부분 풀에서 약을 구했지요.
藥局(약국), 藥水(약수), 藥效(약효), 藥草(약초)

273 계계[溪鷄] - 奚로 된 한자

溪
4급 / 총13획 / 부수 氵

물(氵)이라고 어찌(奚) 말할 수 없는 작은 시내니 **시내 계**

급외자 奚 - 손톱(爫)으로는 작고(幺) 큰(大) 일을 어찌할 수 없으니 '어찌 해'
또 손톱(爫)으로라도 작고(幺) 큰(大) 일을 해야 하는 종이니 '종 해' - 2급

溪谷(계곡), 淸溪(청계)

鷄
준3급 / 총21획 / 부수 鳥

(닭은 날지 못하니) 어찌(奚) 새(鳥)란 말인가에서 **닭 계**

🔊 鳥(새 조)
群鷄一鶴(군계일학), 養鷄(양계), 肉鷄(육계)

274 현자[絃慈] - 玄으로 된 한자

絃

3급 / 총11획 / 부수 糸

실(糸) 중 퉁기면 오묘한(玄) 소리를 내는 악기 줄이니 **악기 줄 현**

급외자 玄 - 머리(亠) 아래 작은(幺) 것이 검고 오묘하니 '검을 현, 오묘할 현, 성 현' - 2급
🔊 糸(실 사, 실 사 변)
絃歌(현가), 絃樂器(현악기), 管絃樂(관현악)

DAY 19

慈
준3급 / 총13획 / 부수 心

속이 **검게(玆)** 타도 변치 않는 **마음(心)**으로 사랑해 주는 어머니니
사랑 자, 어머니 자

급외자 玆 - 검은(玄) 빛 두 개가 겹쳐 더 검으니 '검을 자'
또 검으면 눈에 잘 보이니 지시 대명사로도 쓰여 '이 자' - 2급

🔊 心(마음 심, 중심 심), 玆[검을 자, 이 자(玆)의 약자]

慈悲(자비), 仁慈(인자), 慈堂(자당), 慈親(자친)

---

275 사삭(색) 련변[絲索 戀變] - 糸, 戀으로 된 한자

絲
4급 / 총12획 / 부수 糸

실타래의 실이 겹쳐진 모양을 본떠서 **실 사**

급외자 糸 - 실을 감아 놓은 실타래 모양을 본떠서 '실 사, 실 사 변' - 부수자

原絲(원사), 一絲不亂(일사불란), 鐵絲(철사)

索
3급 / 총10획 / 부수 糸

많이(十) 꼬아서(冖) 만든 **동아줄(糸)**이니 **동아줄 삭**
또 동아줄로 묶어 두었다가 잃으면 찾으니 **찾을 색**
또 누구를 찾아야 할 정도로 쓸쓸하니 **쓸쓸할 삭**

🔊 冖('덮을 멱'이지만 여기서는 꼬는 모양으로 봄)

索道(삭도), 索引(색인), 索出(색출), 檢索(검색), 索莫(삭막)

戀
3급 / 총23획 / 부수 心

실(絲)처럼 계속 **말(言)**과 **마음(心)**이 이어가며 사모하니 **사모할 련**

🔊 言(말씀 언), 心(마음 심, 중심 심)

戀慕(연모), 戀人(연인), 戀情(연정), 悲戀(비련)

變
4급 / 총23획 / 부수 言

실(絲)처럼 길게 **말하며(言) 치면(攵)** 변하니 **변할 변**

열 变 - 역시(亦) 세상 만물은 또(又)한 변하니 '변할 변'
   変 - 또(亦) 천천히(夂) 변하니 '변할 변'

🔊 攵(칠 복, = 攴), 亦(또 역), 又(오른손 우, 또 우)

變更(변경), 變動(변동), 變化(변화)

276 계계손[系係孫] - 系로 된 한자

系
3급 / 총7획 / 부수 糸

하나(ノ)의 실(糸)처럼 이어 매진 혈통이니 **이어 맬 계, 혈통 계**

- ノ('삐침 별'이지만 여기서는 하나로 봄), 糸(실 사, 실 사 변)

系列(계열), 系統(계통), 體系(체계), 母系(모계)

係
3급 / 총9획 / 부수 亻

사람(亻)들이 이어 매(系) 묶으니 **맬 계, 묶을 계**

因果關係(인과관계), 係員(계원), 係長(계장)

孫
5급 / 총10획 / 부수 子

아들(子)의 대를 이어 주는(系) 손자니 **손자 손, 성 손**

- 子(아들 자, 첫째 지지 자, 자네 자, 접미사 자)

孫子(손자), 代代孫孫(대대손손), 祖孫(조손)

277 근사기 철[斤斯祈 哲] - 斤으로 된 한자와 哲

斤
3급 / 총4획 / 부수 斤

도끼나 옛날 저울을 본떠서 **도끼 근, 저울 근**

- 옛날의 저울은 물건을 들어 올린 한쪽에 추를 달아 저울대를 평평하게 하여 무게를 달았지요.
- 근(斤) - 재래식 척관법으로 나타내는 저울로 다는 무게 단위. 1근은 보통 약 600g이 원칙이나 약재 같은 것은 375g으로 재지요.

斤量(근량), 千斤萬斤(천근만근)

斯
3급 / 총12획 / 부수 斤

그(其) 도끼(斤)가 바로 이 도끼라는 데서 **이 사**

- 其(그 기)

斯界(사계), 斯文(사문), 斯民(사민)

祈
3급 / 총9획 / 부수 示

신(示) 앞에 두 손을 도끼(斤) 날처럼 모으고 비니 **빌 기**

- 示(보일 시, 신 시)

祈求(기구), 祈願(기원), 祈雨祭(기우제)

哲
3급 / 총10획 / 부수 口

(옳고 그름을 분명히) 꺾어서(折) 말할(口) 정도로 사리에 밝으니 **밝을 철**

- 喆 - 2급
- 급외자 折 - 손(扌)에 도끼(斤) 들고 찍어 꺾으니 '꺾을 절' - 2급

哲學(철학), 明哲(명철), 明哲保身(명철보신), 賢哲(현철)

DAY 19

278 근질 병[近質 兵] - 斤으로 된 한자

近
5급 / 총8획 / 부수 辶

(저울에 물건을 달 때) 저울(斤)의 막대가 조금씩 움직이는(辶) 거리처럼 가깝고 비슷하니 **가까울 근, 비슷할 근**

- 辶(뛸 착, 갈 착), 저울에 물건을 달면 눈금을 가리키는 막대가 조금씩 좌우로 움직이지요.
- 遠近(원근), 接近(접근), 最近(최근), 親近(친근)

質
준4급 / 총15획 / 부수 貝

도끼(斤)나 저울(斤)로 재물(貝)을 나눌 때 드러나는 바탕이니 **바탕 질**

- 貝(조개 패, 재물 패), 재물을 나눌 때 본심, 즉 그 사람의 바탕이 드러나지요.
- 質量(질량), 質問(질문), 性質(성질)

兵
준4급 / 총7획 / 부수 八

언덕(丘) 밑에 여덟(八) 명씩 있는 군사니 **군사 병**

- 급외자 丘 - 도끼(斤)를 하나(一)씩 들고 적을 지키는 언덕이니 '언덕 구, 성 구' - 2급
- 지금도 군대의 작은 단위인 1개 분대는 약 8~9명으로 편성되지요.
- 兵士(병사), 將兵(장병), 千兵萬馬(천병만마)

279 궁인조 제제[弓引弔 弟第] - 弓, 弟로 된 한자

弓
4급 / 총3획 / 부수 弓

등이 굽은 활을 본떠서 **활 궁**

- 弓道(궁도), 洋弓(양궁), 傷弓之鳥(상궁지조)

引
4급 / 총4획 / 부수 弓

활(弓)시위에 화살(丨)을 걸고 잡아끄니 **끌 인**

- 丨('뚫을 곤'이지만 여기서는 화살로 봄)
- 引上(인상), 引受(인수), 我田引水(아전인수), 割引(할인)

弔
3급 / 총4획 / 부수 弓

(옛날 전쟁터에서 전우가 죽으면) 막대(丨)에 활(弓)을 걸고 조문했으니 **조문할 조**

- 丨('뚫을 곤'이지만 여기서는 막대로 봄), 조문(弔問) - 상주(喪主)된 사람을 위문함. *問(물을 문), 喪(초상날 상, 잃을 상)
- 弔文(조문), 弔詞·弔辭(조사), 謹弔(근조)

弟
6급 / 총7획 / 부수 弓

머리를 **가장귀(丫)**처럼 묶고 **활(弓)**과 **화살(丿)**을 가지고 노는 아이는 아우나 제자니 **아우 제, 제자 제**

🔊 丫 – 나무줄기가 갈라지게 묶은 모양(가장귀)을 본떠서 만든 상형 문자로 '가장귀 아, 가장귀지게 묶은 머리 아', 丿('삐침 별'이지만 여기서는 화살의 모양)

兄弟(형제), 妻弟(처제), 弟子(제자), 師弟(사제)

第
5급 / 총11획 / 부수 ⺮

대(⺮) 마디나 **아우(弚)**처럼 있는 차례니 **차례 제**

🔊 弚[아우 제(弟)의 변형]

第三者(제삼자), 第一(제일), 及第(급제) ↔ 落第(낙제)

---

280 홍강약 불불비[弘強弱 佛拂費] – 弓, 弗로 된 한자

弘
3급 / 총5획 / 부수 弓

활(弓)시위를 **내(厶)** 앞으로 당기면 넓게 커지니 **넓을 홍, 클 홍**

🔊 厶(사사 사, 나 사)

弘敎(홍교), 弘報(홍보), 弘益人間(홍익인간), 弘大(홍대)

強
5급 / 총12획 / 부수 弓

활(弓)처럼 당겨 **입(口)**으로 **벌레(虫)**가 무는 힘이 강하니 **강할 강**
또 강하게 밀어붙이는 억지니 **억지 강**

원 强 – 큰(弘) 벌레(虫)는 강하니 '강할 강'
🔊 虫(벌레 충)

強弱(강약), 強制(강제), 自強不息(자강불식), 強賣(강매)

弱
5급 / 총10획 / 부수 弓

한 번에 **활(弓)** 두 개에다 화살 **두 개(丿丿)**씩을 끼워 쏜 듯 힘이 약하니 **약할 약**

🔊 丿('삐침 별'이지만 여기서는 화살로 봄)

弱者(약자), 弱化(약화), 虛弱(허약), 弱肉強食(약육강식)

佛
4급 / 총7획 / 부수 亻

보통 **사람(亻)**이 **아닌(弗)** 듯 도를 깨친 부처니 **부처 불**
또 발음이 프랑스와 비슷하니 **프랑스 불**

급외자 弗 – 하나의 활(弓)로 동시에 두 개의 화살(ㅣㅣ)은 쏘지 않으니 '아닐 불'
또 한자가 미국 돈 달러($)와 비슷하니 '달러 불' – 2급
🔊 부처 – ㉠ 큰 도를 깨친 불교의 성자. ㉡ 화낼 줄 모르고 자비심이 두터운 사람을 비유하여 이르는 말.

佛敎(불교), 佛經(불경), 念佛(염불), 佛語(불어)

拂
3급 / 총8획 / 부수 扌

손(扌)으로 **아니라며(弗)** 떨치니 **떨칠 불**

先拂(선불), 完拂(완불), 支拂(지불)

DAY 19

費
준3급 / 총12획 / 부수 貝

귀하지 **않게**(弗) **재물**(貝)을 쓰니 **쓸 비**
또 쓰는 비용이니 **비용 비**

浪費(낭비), 消費(소비), 費用(비용), 旅費(여비)

---

281 지지 실의후의[知智 失矣候疑] - 知, 矢로 된 한자

知
준4급 / 총8획 / 부수 矢

(과녁을 맞히는) **화살**(矢)처럼 사실에 맞추어 **말할**(口) 정도로 아니 **알 지**

🔊 과녁을 맞히는 화살처럼 사실에 맞추어 말하면 아는 것이지요.
知覺(지각), 知己(지기), 知性(지성), 親知(친지)

智
준3급 / 총12획 / 부수 日

아는(知) 것을 응용하여 **해**(日)처럼 비추는 지혜니 **지혜 지**

🔊 지혜(智慧) - 사물의 이치를 빨리 깨닫고 정확하게 처리하는 정신적 능력. *慧(지혜 혜)
智略(지략), 奇智(기지), 銳智(예지), 衆智(중지)

失
5급 / 총5획 / 부수 大

화살 시(矢)의 위를 연장하여
(이미 쏘아 버린 화살을 나타내어 쏘아진 화살은 잃어버린 것이란 데서) **잃을 실**

급외자 矢 - 화살을 본떠서 '화살 시' - 2급
失格(실격), 失望(실망), 失業(실업), 喪失(상실)

矣
준3급 / 총7획 / 부수 矢

내(厶)가 쏜 **화살**(矢)이 목표에 다다랐다는 데서, 문장의 끝에 쓰여 완료를 나타내는 어조사니 **어조사 의**

鮮矣仁(선의인), 足且足矣(족차족의)

候
준3급 / 총10획 / 부수 亻

바람에 날릴까봐 **과녁**(侯)에 **화살**(丨)을 쏠 때는 기후를 염탐하니
기후 후, 염탐할 후

급외자 侯 - 사람(亻)이 만들어(⼯) 화살(矢)을 쏘는 과녁이니 '과녁 후'
또 과녁을 잘 맞힌 사람이 제후가 되었으니 '제후 후' - 2급
🔊 ⼯[장인 공, 만들 공, 연장 공(工)의 변형]
氣候(기후), 候鳥(후조), 候補(후보)

疑
3급 / 총14획 / 부수 疋

비수(匕)와 **화살**(矢)과 **창**(⽭)으로 무장하고 **점**(卜)치며 **사람**(人)이 의심하니
의심할 의

🔊 矢(화살 시), ⽭[창 모(矛)의 변형], 卜(점 복)
疑問(의문), 疑心(의심), 半信半疑(반신반의), 質疑(질의)

282 식시 대벌[式試 代伐] - 式으로 된 한자와 代伐

式
5급 / 총6획 / 부수 弋

주살(弋)을 만들(工) 때 따르는 법과 의식이니 **법 식, 의식 식**

- 의식(儀式) - 예식을 갖추는 법식.
- 工(장인 공, 만들 공, 연장 공), 儀(거동 의, 법도 의)

格式(격식), 正式(정식), 定式(정식), *定食(정식)

試
준4급 / 총13획 / 부수 言

말(言)이 법도(式)에 맞는지 시험하니 **시험할 시**

- 言(말씀 언)

試圖(시도), 試驗(시험), 應試(응시)

代
준5급 / 총5획 / 부수 亻

(전쟁터에서) 사람(亻)이 할 일을 주살(弋)이 대신하니 **대신할 대**

또 부모를 대신하여 이어가는 세대니 **세대 대**

또 물건을 대신하여 치르는 대금이니 **대금 대**

- 급외자 弋 - 주살을 본떠서 '주살 익' - 배정 외
- 戈 - 몸체가 구부러지고 손잡이 있는 창을 본떠서 '창 과' - 2급
- 화살이나 주살은 멀리 떨어져 있는 적을 향해 쏠 수도 있고 글이나 불을 묶어 보낼 수도 있으니 사람이 할 일을 대신하지요.

代價(대가), 代辯(대변), 代表(대표), 代代孫孫(대대손손), 代金(대금)

伐
4급 / 총6획 / 부수 亻

사람(亻)이 창(戈)으로 적을 치니 **칠 벌**

伐木(벌목), 伐草(벌초), 征伐(정벌), 討伐(토벌)

283 전잔 천천천[錢殘 踐賤淺] - 戔으로 된 한자

錢

준3급 / 총16획 / 부수 金

쇠(金)로 만들어 쌓아(戔) 두는 돈이니 **돈 전**

- 급외자 戔 - 창(戈)을 쌓아 놓고 무엇을 해치니 '쌓을 전, 해칠 잔' - 배정 외
- 金(쇠 금, 금 금, 돈 금, 성 김)

錢穀(전곡), 銅錢(동전), 紙錢(지전), 本錢(본전)

殘

3급 / 총12획 / 부수 歹

죽도록(歹) 잔인하게 해쳐도(戔) 남는 나머지니
잔인할 잔, 해칠 잔, 나머지 잔

- 잔인(殘忍) - 인정이 없고 모짊.
- 歹(뼈 부서질 알, 죽을 사 변), 忍(참을 인, 잔인할 인)

骨肉相殘(골육상잔), 殘金(잔금), 敗殘兵(패잔병)

踐
3급 / 총15획 / 부수 足

발(足)을 해치도록(戔) 많이 밟고 행하니 **밟을 천, 행할 천**

🔊 足[발 족, 넉넉할 족(足)의 변형]

踐歷(천력), 實踐(실천)

賤
3급 / 총15획 / 부수 貝

재물(貝)을 해치도록(戔) 낭비하면 천하여 업신여기니 **천할 천, 업신여길 천**

🔊 貝(조개 패, 재물 패)

賤民(천민), 貴賤(귀천), 賤待(천대), 賤視(천시)

淺
준3급 / 총11획 / 부수 氵

물(氵)속에 돌이나 흙이 쌓이면(戔) 얕으니 **얕을 천**

淺薄(천박), 深淺(심천)

284 혹역국 단탄전[或域國 單彈戰] – 或, 單으로 된 한자

或
준3급 / 총8획 / 부수 戈

창(戈) 들고 식구(口)와 땅(一)을 지키며 혹이라도 있을지 모르는 적의 침입에 대비하니 **혹 혹**

🔊 口('입 구, 구멍 구, 말할 구'지만 여기서는 '식구'의 뜻)

或間(혹간), 或時(혹시), 或如(혹여), 或者(혹자)

域
준3급 / 총11획 / 부수 土

땅(土)에서 혹(或) 있을지 모르는 분쟁을 막기 위하여 나눠 놓은 지경이니 **지경 역**

🔊 지경(地境) – ㉠ 나라나 지역 따위의 구간을 가르는 경계. ㉡ 일정한 테두리 안의 땅.
🔊 土(흙 토), 地(땅 지, 처지 지)

域內(역내), 區域(구역), 領域(영역), 異域(이역)

國
준5급 / 총11획 / 부수 囗

사방을 에워싸고(囗) 혹시(或)라도 쳐들어올 것을 지키는 나라니 **나라 국**

약 国, 囗

🔊 囗[에운담, 나라 국(國)의 약자]

國歌(국가), 國境(국경), 國利民福(국리민복), 母國(모국)

單
4급 / 총12획 / 부수 口

식구의 입들(口口)을 먹여 살리기 위해 밭(田)에서 많이(十) 일하는 혼자니 **홀 단**

🔊 口(입 구, 구멍 구, 말할 구), 田(밭 전), 十(열 십, 많을 십), 홀 – 낱. 하나.

單價(단가), 單獨(단독), 單數(단수)

彈
3급 / 총15획 / 부수 弓

활(弓)에서 화살처럼 총에서 하나(單)씩 튕겨 나가는 탄알이니 **튕길 탄, 탄알 탄**

🔊 弓(활 궁), 한자가 만들어지던 당시에는 화약이 없었으니 활의 구조로 탄알을 쏘았겠지요.

彈孔(탄공), 彈丸(탄환), 彈力(탄력)

戰
준4급 / 총16획 / 부수 戈

홀로(單) 창(戈) 들고 싸우니 **싸울 전**
또 싸우면 무서워 떠니 **무서워 떨 전**

🔊 戈(창 과)

戰亂(전란), 戰友(전우), 戰爭(전쟁), 山戰水戰(산전수전)

---

285 재 재철[栽 哉鐵] - 㦮, 哉로 된 한자

栽
준3급 / 총10획 / 부수 木

자른(㦮) 나무(木) 묘목을 심고 기르니 **심을 재, 기를 재**

급외자 㦮 - 많이(十) 창(戈)으로 찍어 끊으니 '끊을 재' - 어원 해설을 위해 가정해 본 한자로 실제 쓰이지는 않습니다.

🔊 木(나무 목)

盆栽(분재), 植栽(식재)

哉
준3급 / 총9획 / 부수 口

끊어서(㦮) 말할(口) 때 붙이는 어조사니 **어조사 재**
또 끊어서(㦮) 단정적으로 말하며(口) 비로소 일을 시작하니 **비로소 재**

🔊 비로소 - 어느 한 시점을 기준으로 그 전까지 이루어지지 아니하였던 사건이나 사태가 이루어지거나 변화하기 시작함을 나타내는 말.

哀哉(애재), 快哉(쾌재)

鐵
준4급 / 총21획 / 부수 金

쇠(金) 중에 비로소(哉) 왕(王)이 된 철이니 **쇠 철**

🔊 철은 쇠 중에 제일 많이 쓰이니 쇠 중의 왕인 셈이죠.

鐵鋼(철강), 鐵骨(철골), 鐵道(철도), 鐵則(철칙)

DAY 19

DAY 19 확인문제

01~10 다음 漢字의 훈(뜻)과 음(소리)을 쓰세요.

01. 畿 (   ) 06. 戀 (   )
02. 繼 (   ) 07. 變 (   )
03. 斷 (   ) 08. 斯 (   )
04. 鷄 (   ) 09. 祈 (   )
05. 絃 (   ) 10. 哲 (   )

11~16 다음 훈음에 맞는 漢字를 〈보기〉에서 찾아 쓰세요.

〈보기〉	幾 機 索 栽 係 拂 佛 弘 強 疑

11. 찾을 색 (   )   14. 떨칠 불 (   )
12. 심을 재 (   )   15. 몇 기 (   )
13. 맬 계 (   )   16. 베틀 기 (   )

17~18 다음 문장 중 漢字로 표기된 단어의 독음을 쓰세요.

17. 지식이 淺薄하여 선생님의 생각을 이해하지 못했다. (   )
18. 고무줄은 彈力이 세다. (   )

19~20 다음 문장 중 (   )안의 단어를 漢字로 쓰시오.

19. 천 마디 말보다 한 번의 (실천)이 더 중요하다. (   )
20. 직업에는 (귀천)이 없다. (   )

정답

01. 경기 기   02. 이을 계   03. 끊을 단   04. 닭 계   05. 악기 줄 현
06. 사모할 련 07. 변할 변   08. 이 사   09. 빌 기   10. 밝을 철
11. 索   12. 栽   13. 係   14. 拂   15. 幾
16. 機   17. 천박   18. 탄력   19. 實踐   20. 貴賤

DAY 20 — 286~300

286 편 장장[片 將獎] - 片과 將으로 된 한자

片
4급 / 총4획 / 부수 片

나무를 세로로 나눈 오른쪽 조각을 본떠서 **조각 편**

급외자 爿 - 나무를 세로로 나눈 왼쪽 조각을 본떠서 '나무 조각 장' - 배정 외

片紙·便紙(편지), 片肉(편육), 一片丹心(일편단심), 破片(파편)

將
4급 / 총11획 / 부수 寸

(전쟁터에 나가기 전에) 나무 조각(爿)에 고기(夕)를 차려 놓고 법도(寸)에 따라 제사 지내는 장수니 **장수 장**

또 장수는 장차 전쟁이 나면 나아가 싸워야 하니 **장차 장, 나아갈 장**

🔊 夕[달 월, 육 달 월(月)의 변형], 寸(마디 촌, 법도 촌), 장차(將次) - '앞으로'로, 미래의 어느 때를 나타내는 말.

將兵(장병), 將來(장래), 日就月將(일취월장)

獎
3급 / 총14획 / 부수 大

장차(將) 크게(大) 되도록 권면하니 **권면할 장**

🔊 권면(勸勉) - 알아듣도록 권하고 격려하여 힘쓰게 함. *勸(권할 권), 勉(힘쓸 면)

獎學金(장학금), 勸獎(권장)

287 상(장) 장장[狀 壯裝] - 狀과 壯으로 된 한자

狀
준3급 / 총8획 / 부수 犬

나무 조각(爿)에 개(犬)를 새긴 모양이니 **모양 상**

또 옛날에 이렇게 작성했던 문서니 **문서 장**

🔊 犬(개 견)

症狀(증상), 形狀(형상), 答狀(답장), 案內狀(안내장)

壯
준3급 / 총7획 / 부수 士

나무 조각(爿)이라도 들고 군사(士)가 싸우는 모양이 장하고 씩씩하니 **장할 장, 씩씩할 장**

🔊 士(선비 사, 군사 사, 칭호나 직업 이름에 붙이는 말 사), 장하다 - ㉠ 기상이나 인품이 훌륭하다. ㉡ 크고 성대하다.

壯士(장사), 壯元(장원), 壯談(장담), 雄壯(웅장)

裝
3급 / 총13획 / 부수 衣

장하게(壯) 옷(衣)으로 꾸미니 **꾸밀 장**

🔊 衣(옷 의)

裝備(장비), 裝置(장치), 變裝(변장), 包裝(포장)

288 유수조[悠修條] - 攸로 된 한자

悠
3급 / 총11획 / 부수 心

아득히(攸) 먼 옛날까지 마음(心)에 생각할 정도로 한가하니 **한가할 유**
또 아득하게(攸) 마음(心)에 느껴질 정도로 머니 **멀 유**

급외자 攵 - 이리(丿) 저리(一) 엇갈리게(乂) 치니 '칠 복'(=攴) - 부수자
　　　攸 - 사람(亻)이 지팡이(丨)로 땅을 치면서(攵) 사라져 아득하니 '아득할 유' - 1급

🔊 心(마음 심, 중심 심), 攴 - 점(卜)칠 때 오른손(又)으로 툭툭 치면서 점친다는 데서 '칠 복'

悠悠自適(유유자적), 悠久(유구), 悠遠(유원)

修
4급 / 총10획 / 부수 亻

아득히(攸) 흘러가는 깨끗한 물에 머리(彡) 감듯이 마음을 닦고 다스리니
닦을 수, 다스릴 수

🔊 彡(터럭 삼, 긴 머리 삼)

修女(수녀), 修道(수도), 修練(수련), 修身(수신)

條
3급 / 총11획 / 부수 木

아득히(攸) 나무(木)에서 뻗어 가는 가지니 **가지 조**
또 가지처럼 나눠진 조목이니 **조목 조**

🔊 木(나무 목)

條目(조목), 條件(조건), 條約(조약)

289 고산패교목[故散敗敎牧] - 攵으로 된 한자

故
4급 / 총9획 / 부수 攵

오래된(古) 일이지만 하나씩 짚으며(攵) 묻는 연고 있는 옛날이니 **연고 고, 옛 고**

🔊 오랠 고, 옛 고(古)는 단순히 시간상으로 옛날이고, 연고 고, 옛 고(故)는 연고 있는 옛날, 즉 사연 있는 옛날이라는 뜻입니다.
🔊 연고(緣故) - ㉠ 사유(事由). ㉡ 혈통·정분·법률 따위로 맺어진 관계. ㉢ 인연(因緣). *緣(인연 연)

故鄕(고향), 故意(고의) ↔ 過失(과실), 故事(고사)

散
4급 / 총12획 / 부수 攵

풀(++)이 난 땅(一)에 고기(月)를 놓고 치면(攵) 여러 조각으로 흩어지니 **흩어질 산**

🔊 一('한 일'이지만 여기서는 땅으로 봄), 月(달 월, 육 달 월)
散髮(산발), 散發(산발), 散在(산재)

敗
준4급 / 총11획 / 부수 攵

재물(貝) 때문에 치고(攵) 싸워서 패하니 **패할 패**

🔊 貝(조개 패, 재물 패)
敗亡(패망), 敗北(패배), 敗因(패인), 失敗(실패)

教
준5급 / 총11획 / 부수 攵

어질게(乂) 많이(丿) 자식(子)을 치며(攵) 가르치니 **가르칠 교**

🔊 耂(늙을 로 엄), 子(아들 자, 첫째 지지 자, 자네 자, 접미사 자)
教育(교육), 教材(교재), 說教(설교), 布教(포교)

牧
준3급 / 총8획 / 부수 牛

소(牛)를 치며(攵) 기르니 **칠 목, 기를 목**

🔗 枚(줄기 매, 낱 매) – 2급
🔊 牛(소 우 변)
牧童(목동), 牧夫(목부), 牧場(목장), 牧畜(목축)

---

290 하준 동종[夏俊 冬終] – 攵, 夂으로 된 한자

夏
5급 / 총10획 / 부수 夂

(너무 더워서) 하나(一)같이 스스로(自) 천천히 걸으려고(夂) 하는 여름이니 **여름 하**

급외자 夂 – 사람(夂)이 다리를 끌며(乀) 천천히 걸어 뒤져오니 '천천히 걸을 쇠, 뒤져 올 치' – 부수자
🔊 自(자기 자, 스스로 자, 부터 자)
夏服(하복), 夏節(하절), 夏至(하지), 春夏秋冬(춘하추동)

俊
3급 / 총9획 / 부수 亻

사람(亻)이 의젓하게 갈(夋) 정도로 실력이 뛰어나니 **뛰어날 준**

🔊 夋 – 믿음직스럽게(允) 천천히 의젓하게 걸어(夂) 가니 '의젓하게 걸을 준, 갈 준'
🔊 자신이 있으면 걸음걸이부터 의젓하지요.
俊傑(준걸), 峻德(준덕), 俊秀(준수), 俊才(준재)

冬
5급 / 총5획 / 부수 冫

(사철 중) 뒤에 와서(夂) 물이 어는(冫) 겨울이니 **겨울 동**

🔊 冫['얼음 빙(氷)'이 부수로 쓰일 때의 모양으로 '이 수 변']
冬至(동지), 嚴冬雪寒(엄동설한), 異常暖冬(이상난동)

DAY 20

終
준4급 / 총11획 / 부수 糸

(누에 같은 벌레가) **실(糸)** 뽑아 집 짓는 일은 **겨울(冬)**이 되기 전에 다하여 마치니
다할 종, 마칠 종

🔊 糸(실 사, 실 사 변)

終結(종결), 終日(종일), 終點(종점)

291 우우 래맥 강(항)[憂優 來麥 降] – 憂, 來로 된 한자와 降

憂
준3급 / 총15획 / 부수 心

머리(頁)에 걱정하는 **마음(心)**이 있어 **천천히 걸으며(夂)** 근심하니 **근심할 우**

🔊 頁(머리 혈), 心(마음 심, 중심 심), 夂(천천히 걸을 쇠, 뒤져 올 치)

憂慮(우려), 憂愁(우수), 憂患(우환)

優
3급 / 총17획 / 부수 亻

사람(亻)이 노력하며 **근심하면(憂)** 우수하니 **우수할 우**
또 **사람(亻)**이 **근심하며(憂)** 머뭇거리니 **머뭇거릴 우**
또 **사람(亻)**이 **근심하듯(憂)** 주어진 대본을 생각하며 연기하는 배우니 **배우 우**

優秀(우수), 優柔不斷(우유부단), 女優(여우)

來
준5급 / 총8획 / 부수 人

나무(木) 밑으로 두 **사람(人人)**이 오니 **올 래**

來日(내일), 去來(거래), 往來(왕래), 傳來(전래)

麥
준3급 / 총11획 / 부수 麥

(봄이) 오면(來) 천천히(夂) 거두는 보리니 **보리 맥**

🔊 보리는 가을에 심어 여름이 오기 전 늦은 봄에 거두지요.

麥類(맥류), 麥秀之嘆(맥수지탄), 麥酒(맥주)

降
준3급 / 총9획 / 부수 阝

언덕(阝)에서 **천천히 걸어(夂) 소(牛)**처럼 내려오니 **내릴 강**
또 내려와 몸을 낮추고 항복하니 **항복할 항**

🔊 阝(언덕 부 변), 夂(천천히 걸을 쇠, 뒤져 올 치), 牛[소 우(牛)의 변형]

降雨(강우), 降雪(강설), 降伏·降服(항복)

292 복복 부(복)리[腹複 復履] - 複과 復으로 된 한자

腹
3급 / 총13획 / 부수 月

몸(月)에서 거듭(复) 포개진 내장이 들어있는 배니 **배 복**

🔊 月(달 월, 육 달 월)

腹部(복부), 腹案(복안), 腹痛(복통), 空腹(공복)

複

3급 / 총14획 / 부수 衤

옷(衤)을 거듭(复) 입어 겹치니 **겹칠 복**

🔊 衤(옷 의 변)

複利(복리), 複寫(복사), 複線(복선), 複數(복수), 複雜(복잡)

復
4급 / 총12획 / 부수 彳

걸어서(彳) 다시 돌아오니(复) **다시 부, 돌아올 복**

🔊 彳(조금 걸을 척)

復舊(복구), 回復(회복), 復活(부활), 復興(부흥)

履

3급 / 총15획 / 부수 尸

몸(尸)이 가거나 돌아올(復) 때는 신는 신이니 **신 리**

또 신을 신고 밟으니 **밟을 리**

🔊 尸(주검 시, 몸 시)

履行(이행), 履歷書(이력서)

293 봉봉 총총[峰逢 總聰] - 夆, 悤으로 된 한자

峰
3급 / 총10획 / 부수 山

산(山)의 양 끝이 만나는(夆) 봉우리니 **봉우리 봉**

동 峯

급외자 夆 - 뒤져오더라도(夂) 예쁜(丰) 것을 이끌어 만나니 '이끌 봉, 만날 봉' - 배정 외

🔊 夂(천천히 걸을 쇠, 뒤져 올 치), 丰 : 풀이 무성한 모양에서 '풀 무성할 봉', 또 풀이 무성하면 예쁘니 '예쁠 봉'

雪峰(설봉), 連峰(연봉), 雲峰(운봉), 最高峰(최고봉)

逢
준3급 / 총11획 / 부수 辶

필요한 물건이나 사람을 이끌고(夆) 가서(辶) 만나니 **만날 봉**

🔊 辶(뛸 착, 갈 착)

逢變(봉변), 逢別(봉별), 逢着(봉착), 相逢(상봉)

DAY 20

總
준3급 / 총17획 / 부수 糸

실(糸)로 바쁘고(悤) 복잡한 것을 모두 모아 거느리니
모두 총, 모을 총, 거느릴 총

급외자 悤 - 끈(丿)으로 게으름(夂)을 에워싸(囗) 버린 듯 마음(心)이 바쁘거나 밝으니
'바쁠 총, 밝을 총' - 배정 외

總計(총계), 總論(총론), 總督(총독)

聰
3급 / 총17획 / 부수 耳

귀(耳) 밝아(悤) 말을 빨리 알아듣고 총명하니 **귀 밝을 총, 총명할 총**

耳(귀 이), 귀 밝을 총(聰)에 '총명하다'의 뜻도 있듯이, 귀머거리 롱(聾)에는 '어리석다, 어둡다'의 뜻도 있어요. 욕으로 쓰는 '농판'이라는 말도 무엇을 잘 알아듣지 못하는 사람이라는 데서 나왔습니다.

聰氣(총기), 聰明(총명)

---

294   조명도 오[鳥鳴島(嶋) 烏] - 鳥로 된 한자

鳥
준4급 / 총11획 / 부수 鳥

앉아있는 새의 옆모양을 본떠서 **새 조**

鳥類(조류), 鳥足之血(조족지혈), 一石二鳥(일석이조)

鳴
준3급 / 총14획 / 부수 鳥

입(口)으로 새(鳥)처럼 우니 **울 명**

悲鳴(비명), 自鳴鐘(자명종)

島
준4급 / 총10획 / 부수 山

(바다에서) 새(鳥)들이 사는 산(山)처럼 높은 섬이니 **섬 도**

 嶋 - (바다에서) 산(山)처럼 높아 새(鳥)들도 사는 섬이니 '섬 도'
 鳥[새 조(鳥)의 획 줄임]

群島(군도), 半島(반도), 列島(열도)

烏
준3급 / 총10획 / 부수 灬

(너무 검어 눈이 구분되지 않아) 새 조(鳥)에서 눈을 나타내는 일(一)을 빼서
까마귀 오
또 까마귀처럼 검으니 어찌 할까에서 **검을 오, 어찌 오**

一('한 일'이지만 여기서는 '눈'으로 봄)

烏飛梨落(오비이락), 烏竹(오죽), 烏石(오석)

295 을지 야지지타[乙之 也地池他] - 乙, 也로 된 한자

乙
4급 / 총1획 / 부수 乙

목과 가슴 사이가 굽은 새 모양을 본떠서 **새 을**
또 **십간(十干)**의 둘째 천간으로도 쓰여 **둘째 천간 을, 둘째 을**
또 새처럼 굽은 모양이니 **굽을 을**

🔊 부수로 쓰일 때는 변형된 모양(乚)으로도 쓰입니다.
甲男乙女(갑남을녀)

之
준3급 / 총4획 / 부수 丿

초목의 싹이 움터서 자라 나가는 모양을 본떠서 **갈 지**
또 가듯이 무엇에 속하는 '~의'니 **~의 지**
또 향하여 가듯이 향하여 가리키는 이것이니 **이 지**

之東之西(지동지서), 師弟之間(사제지간)

也
준3급 / 총3획 / 부수 乙

힘껏(力) 새(乚) 같은 힘이라도 또한 보태는 어조사니 **또한 야, 어조사 야**

🔊 力[힘 력(力)의 변형], 乚[乙(새 을, 둘째 천간 을, 둘째 을, 굽을 을)이 부수로 쓰일 때의 모양],
力(힘 력)
獨也靑靑(독야청청), 言則是也(언즉시야)

地
준5급 / 총6획 / 부수 土

흙(土) 또한(也) 온 누리에 깔린 땅이니 **땅 지**
또 어떤 땅 같은 처지니 **처지 지**

🔊 土(흙 토)
地表(지표), 驚天動地(경천동지), 易地思之(역지사지)

池
3급 / 총6획 / 부수 氵

물(氵) 또한(也) 넓게 고인 못이니 **못 지, 성 지**

乾電池(건전지), 電池(전지), 貯水池(저수지), 天池(천지)

他
준4급 / 총5획 / 부수 亻

사람(亻) 또한(也) 모두 다르고 남이니 **다를 타, 남 타**

他道(타도), 他鄕(타향), 依他(의타)

DAY 20

296　유유아 진[維唯雅 進] - 隹로 된 한자 1

維
3급 / 총14획 / 부수 糸

실(糸)로 엮어 새(隹)를 잡는 그물의 벼리니 **벼리 유**
또 벼리처럼 묶는 끈이니 **묶을 유, 끈 유**

🔊 벼리 - 그물코를 꿴 굵은 줄, 일이나 글의 뼈대가 되는 줄거리
🔊 유신(維新) - '새롭게 묶음'으로, 정치체제(政治體制)나 어떤 일이 새롭게 혁신되는 것을 말함.
維持(유지), 進退維谷(진퇴유곡)

唯
준3급 / 총11획 / 부수 口

입(口)으로 새(隹)가 지저귐은 뜻을 알 수 없는 오직 소리뿐이니 **오직 유**
또 입(口)으로 새(隹) 지저귀듯 대답하니 **대답할 유**

唯物(유물), 唯一(유일)

雅
3급 / 총12획 / 부수 隹

어금니(牙)를 가는 것처럼 내는 새(隹) 소리는 맑고 바르니 **맑을 아, 바를 아**

[급외자] 牙 - 코끼리 어금니를 본떠서 '어금니 아' - 2급
雅潔(아결), 雅量(아량), 優雅(우아), 淸雅(청아)

進
준4급 / 총12획 / 부수 辶

(앞으로만 나아가는) 새(隹)처럼 나아가니(辶) **나아갈 진**

[급외자] 隹 - 꼬리 짧은 새를 본떠서 '새 추' - 배정 외
🔊 새는 앞으로만 나아가지요.
進級(진급), 進度(진도), 前進(전진) ↔ 後退(후퇴)

297　추(퇴)수수웅 확응[推誰雖雄 確應] - 隹로 된 한자 2

推
준3급 / 총11획 / 부수 扌

(놓아주려고) 손(扌)으로 새(隹)를 미니 **밀 추, 밀 퇴**

🔊 '밀 퇴'로는 퇴고(推敲)에만 쓰입니다.
推算(추산), 推仰(추앙), 推定(추정), 推進(추진)

誰
준3급 / 총15획 / 부수 言

말(言)을 새(隹)처럼 하니 누가 알아들을까에서 **누구 수**

🔊 言(말씀 언)
誰某(수모), 誰何(수하)

246

雖
준3급 / 총17획 / 부수 隹

입(口)에 벌레(虫)를 문 새(隹)는 비록 작아도 새끼를 기르니 **비록 수**

🔊 口(입 구, 구멍 구, 말할 구), 虫(벌레 충)

雖然(수연)

雄
4급 / 총12획 / 부수 隹

열(十) 마리를 사사로이(厶) 거느린 새(隹)는 수컷이며 크니 **수컷 웅, 클 웅**

🔊 厶(사사 사, 나 사), 보통 수컷 한 마리에 암컷 열 마리의 비율로 짐승을 기르지요.

雄辯(웅변), 雄壯(웅장), 英雄(영웅)

確
3급 / 총15획 / 부수 石

돌(石)로 덮으면(冖) 새(隹)도 날지 못함이 굳게 확실하니 **굳을 확, 확실할 확**

🔊 石(돌 석), 冖(덮을 멱)

確固不動(확고부동), 確實(확실), 確答(확답), 正確(정확)

應
4급 / 총17획 / 부수 心

집(广)에서 사람(亻)이 키운 새(隹)가 주인을 따르듯 마음(心)에 응하니 **응할 응**

약 応 – 집(广)에 적응하는 마음(心)처럼 무엇에 응하니 '응할 응'

급외자 雁 – 바위(厂) 틈에 살며 사람(亻)처럼 예의 바른 새(隹)는 기러기니 '기러기 안' – 2급

🔊 广(집 엄), 心(마음 심, 중심 심), 대답하는 소리 '응'도 이 한자에서 유래되었지요.

應感(응감), 應擧(응거), 應急(응급), 應試(응시)

---

298 구준잡집 리[舊準雜集 離] – 隹로 된 한자 3

舊
4급 / 총18획 / 부수 臼

풀(艹)로 새(隹)들이 절구(臼) 같은 둥지를 만듦은 오래된 옛날부터니
오랠 구, 옛 구

약 旧 – 일(丨) 일(日)만 지나도 오래된 옛날이니 '오랠 구, 옛 구'

🔊 艹(초 두)

舊式(구식), 舊態依然(구태의연), 親舊(친구)

準
준3급 / 총13획 / 부수 氵

물(氵) 위에 새(隹) 열(十) 마리가 평평하게 법도에 준하여 날아가니
평평할 준, 법도 준, 준할 준

🔊 준하다 – 어떤 본보기에 비추어 그대로 좇다.
🔊 새들은 법도에 준하듯 일정한 대열을 이루며 날아가지요.

平準化(평준화), 基準(기준), 準決勝(준결승)

DAY 20

雜
3급 / 총18획 / 부수 隹

우두머리(亠) 아래 모인 **사람(人)**과 **사람(人)**들이 **나무(木)**에 여러 종류의 **새(隹)**들처럼 섞이니 **섞일 잡**

🔊 亠(머리 부분 두)

雜穀(잡곡), 雜技(잡기), 雜多(잡다), 雜務(잡무)

集
준4급 / 총12획 / 부수 隹

새(隹)가 **나무(木)** 위에 모이니 **모일 집**
또 여러 내용을 모아 놓은 책도 나타내어 **책 집**

集合(집합), 採集(채집), 文集(문집), 全集(전집)

離
3급 / 총19획 / 부수 隹

짐승(离)이나 **새(隹)**처럼 기약 없이 헤어지니 **헤어질 리**

급외자 禽 - 그물(人)로 씌워 잡는 짐승(离)은 날짐승이니 '날짐승 금' - 2급

🔊 离 - 머리 부분(亠)에 베인(乂) 듯 입 벌린 모양(凵)이 있는 짐승이 사사로이(厶) 성(冂) 같은 발자국을 남기고 떠나니 '짐승 리, 떠날 리'
*亠(머리 부분 두), 乂(벨 예, 다스릴 예, 어질 예), 凵(입 벌릴 감, 그릇 감), 厶(사사 사, 나 사), 冂(멀 경, 성 경)

離別(이별), 離散(이산), 會者定離(회자정리)

---

299 관권권환[觀權勸歡] - 雚으로 된 한자

觀
준4급 / 총25획 / 부수 見

황새(雚)처럼 목을 늘이고 **보니(見) 볼 관**

급외자 雚 - 풀(艹) 속에 여기저기 입(口口)을 넣어 먹이를 찾는 새(隹)는 황새니 '황새 관' - 배정 외

🔊 見(볼 견, 뵐 현)

觀光(관광), 觀覽(관람), 觀相(관상), 觀衆(관중)

權
4급 / 총22획 / 부수 木

나무(木)에 앉은 **황새(雚)**처럼 의젓해 보이는 권세니 **권세 권, 성 권**

🔊 木(나무 목)

權勢(권세), 權座(권좌), 債權(채권)

勸
준3급 / 총20획 / 부수 力

황새(雚)처럼 의젓하도록 **힘(力)**써 권하니 **권할 권**

유 勤(부지런할 근, 일 근) - 제목번호 063

勸告(권고), 勸獎(권장), 勸酒(권주), 勸學(권학)

歡
준3급 / 총22획 / 부수 欠

황새(蒦)가 하품(欠)하듯 입 벌리며 기뻐하니 **기뻐할 환**

🔊 欠(하품 흠, 모자랄 흠)

歡談(환담), 歡迎(환영) ↔ 歡送(환송), 哀歡(애환)

---

300 우습탁 비기[羽習濯 飛氣] - 羽로 된 한자와 飛氣

羽
3급 / 총6획 / 부수 羽

새의 양쪽 날개와 깃을 본떠서 **날개 우, 깃 우**

羽角(우각), 羽毛(우모), 羽化登仙(우화등선)

習
5급 / 총11획 / 부수 羽

아직 깃(羽)이 흰(白) 어린 새가 나는 법을 익히니 **익힐 습**

🔊 白(흰 백, 밝을 백, 깨끗할 백, 아뢸 백), 새는 종류에 관계없이 아주 어릴 때는 모두 깃이 흰색이고, 새도 처음부터 나는 것이 아니고 익혀서 낢을 생각하고 만든 한자.

習慣(습관), 習性(습성), 熟習難防(숙습난방), 因習(인습)

濯
준3급 / 총17획 / 부수 氵

물(氵)속에 날개(羽)를 넣고 새(隹)들도 몸을 씻으니 **씻을 탁**
또 씻듯이 옷을 빠니 **빨 탁**

濯足(탁족), 洗濯(세탁)

飛
준3급 / 총9획 / 부수 飛

새가 날개 치며 날아오르는(升) 모양을 본떠서 **날 비**
또 날면 높고 빠르니 **높을 비, 빠를 비**

🔊 升(되 승, 오를 승)

飛行(비행), 雄飛(웅비), 飛虎(비호)

氣
준5급 / 총10획 / 부수 气

기운(气)이 쌀(米)밥을 지을 때처럼 올라가는 기운이니 **기운 기**
또 이런 기운으로 이루어지는 대기니 **대기 기**

급외자 气 – 사람(⺁) 입에서 입김(一)이 나오는(乀) 기운이니 '기운 기' – 배정 외

🔊 米(쌀 미), 대기(大氣) – 공기를 달리 이르는 말.

氣力(기력), 感氣(감기), 氣象(기상)

DAY 20

DAY 20 확인문제

01~10 다음 漢字의 훈(뜻)과 음(소리)을 쓰세요.

01. 悠 (　　　)　　06. 逢 (　　　)
02. 條 (　　　)　　07. 複 (　　　)
03. 俊 (　　　)　　08. 聰 (　　　)
04. 憂 (　　　)　　09. 總 (　　　)
05. 優 (　　　)　　10. 鳴 (　　　)

11~16 다음 훈음에 맞는 漢字를 〈보기〉에서 찾아 쓰세요.

〈보기〉	將　獎　壯　裝　履　峰　池　他　雜　準　雖

11. 밟을 리 (　　)　　14. 봉우리 봉 (　　)
12. 권면할 장 (　　)　　15. 못 지 (　　)
13. 꾸밀 장 (　　)　　16. 섞일 잡 (　　)

17~18 다음 문장 중 漢字로 표기된 단어의 독음을 쓰세요.

17. 넓은 雅量으로 이해해 주시기 바랍니다. (　　　)
18. 이 옷은 물 洗濯이 가능합니다. (　　　)

19~20 다음 문장 중 (　)안의 단어를 漢字로 쓰시오.

19. 이 일에 필요한 것은 (정확)과 신속이다. (　　　)
20. 전쟁으로 생이별을 했던 형제의 (상봉)이 극적으로 이루어졌다. (　　　)

정답

01. 멀 유　　02. 조목 조　　03. 뛰어날 준　　04. 근심할 우　　05. 우수할 우
06. 만날 봉　　07. 겹칠 복　　08. 귀 밝을 총　　09. 거느릴 총　　10. 울 명
11. 履　　12. 獎　　13. 裝　　14. 峰　　15. 池
16. 雜　　17. 아량　　18. 세탁　　19. 正確　　20. 相逢

제3편
교과서 한자어 · 한자성어

제1장 교과서 한자어
제2장 한자성어

 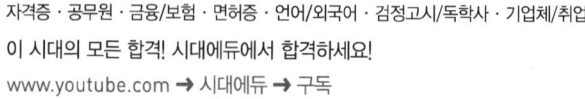 

CHAPTER 01 교과서 한자어

〈한자어 학습법〉
1. 외국어처럼 단어 따로 뜻 따로 외지 마세요.
2. 한자는 글자마다 뜻이 있는 뜻글자니, 글자대로 해석하면 뜻이 나옵니다.
3. 글자대로 해석해도 제대로 뜻이 나오지 않으면 상황에 맞게 의역해 보세요.

ㄱ

家畜 가축
집에서 기르는 짐승.
* 家(집 가, 전문가 가), 畜(기를 축)

簡單 간단
간략하고 단순함.
* 簡(편지 간, 간단할 간), 單(홑 단)

諫言 간언
(웃어른이나 임금께 옳지 못하거나 잘못된 일을 고치도록) 아뢰는 말.
* 諫(아뢸 간), 言(말씀 언)

葛藤 갈등
칡과 등나무 덩굴이 서로 얽히는 것과 같이, 개인이나 집단 사이에 목표나 이해관계가 달라 서로 적대시하거나 충돌함. 또는 그런 상태.
* 葛(칡 갈), 藤(등나무 등)

槪念 개념
(어떤 사물 현상에 대한) 일반적인 지식.
* 槪(대개 개), 念(생각 념)

凱旋 개선
싸움에서 이기고 돌아옴.
* 凱(개선할 개), 旋(돌 선)

慨歎 개탄
분하거나 못마땅하게 여겨 한탄함.
* 慨(슬플 개), 歎(탄식할 탄, 감탄할 탄)

坑道 갱도
(광산에서) 갱 안에 뚫어 놓은 길.
* 坑(구덩이 갱), 道(길 도)

乾燥 건조
말라서 습기가 없음.
* 乾(마를 건), 燥(마를 조)

檢閱 검열
(어떤 행위나 사업 따위를) 살펴 검사하는 일.
* 檢(검사할 검), 閱(검열할 열)

揭揚 게양
기(旗) 따위를 높이 걺.
* 揭(걸 게), 揚(날릴 양, 떨칠 양)

激勵 격려
용기나 의욕이 솟아나도록 북돋워 줌.
* 激(물 부딪칠 격), 勵(힘쓸 려)

隔差 격차
(빈부, 임금, 기술 수준 따위가 서로) 벌어져 다른 정도.
* 隔(막을 격, 사이 뜰 격), 差(어긋날 차)

結晶 결정
애써 노력하여 보람 있는 결과를 이루는 것을 비유적으로 이르는 말.
* 結(맺을 결), 晶(수정 정, 맑을 정)

缺乏 결핍
(있어야 할 것이) 없어지거나 모자람.
* 缺(이지러질 결), 乏(가난할 핍)

缺陷 결함	부족하거나 완전하지 못하여 흠이 되는 부분. * 陷(빠질 함)
謙遜 겸손	남을 존중하고 자기를 내세우지 않는 태도가 있음. * 謙(겸손할 겸), 遜(겸손할 손)
頃刻 경각	눈 깜빡할 사이. 또는 아주 짧은 시간. * 頃(잠깐 경, 즈음 경, 이랑 경), 刻(새길 각, 시각 각)
啓蒙 계몽	(지식수준이 낮거나 인습에 젖은 사람을) 가르쳐서 깨우침. * 啓(열 계), 蒙(어리석을 몽, 어릴 몽)
苦悶 고민	(마음속으로) 괴로워하고 애를 태움. * 苦(쓸 고, 괴로울 고), 悶(답답할 민, 번민할 민)
古墳 고분	옛날에 만들어진 무덤. * 古(오랠 고, 옛 고), 墳(무덤 분)
枯死 고사	(나무나 풀 따위가) 말라 죽음. * 枯(마를 고), 死(죽을 사)
雇傭 고용	삯을 받고 남의 일을 해 줌. * 雇(품 팔 고, 품팔이 고), 傭(품팔이 용)
鼓吹 고취	① 북을 치고 춤을 춤. ② 힘을 내도록 격려하여 용기를 북돋움. ③ 의견이나 사상 따위를 열렬히 주장하여 불어넣음. * 鼓(북 고, 두드릴 고), 吹(불 취)
攻擊 공격	① 나아가 적을 침. ② 남을 비난하거나 반대하여 나섬. ③ 운동 경기나 오락 따위에서 상대편을 이기기 위한 적극적인 행동. * 攻(칠 공), 擊(칠 격)
空欄 공란	(책, 서류, 공책 따위의 지면에 글자 없이) 비워 둔 칸이나 줄. * 空(빌 공, 하늘 공), 欄(난간 란, 테두리 란)
貢獻 공헌	힘을 써 이바지함. * 貢(바칠 공), 獻(바칠 헌)
恐慌 공황	근거 없는 두려움이나 공포로 갑자기 생기는 심리적 불안 상태. * 恐(두려울 공), 慌(다급할 황)
瓜年 과년	결혼하기에 적당한 여자의 나이. * 瓜(오이 과), 年(해 년, 나이 년)
誇張 과장	사실보다 지나치게 불려서 나타냄. * 誇(자랑할 과), 張(벌릴 장, 베풀 장)
寡占 과점	몇몇 기업이 어떤 상품 시장의 대부분을 지배하는 상태. * 寡(적을 과, 과부 과), 占(점칠 점, 점령할 점)
官僚 관료	직업적인 관리. 또는 그들의 집단. * 官(벼슬 관, 관리 관), 僚(동료 료, 관리 료)
寬容 관용	남의 잘못을 너그럽게 받아들이거나 용서함. 또는 그런 용서. * 寬(너그러울 관), 容(얼굴 용, 받아들일 용, 용서할 용)
官廳 관청	국가의 사무를 집행하는 국가 기관. 또는 그런 곳. * 廳(관청 청)

鑛物 광물	천연으로 나며 질이 고르고 화학적 조성(組成)이 일정한 물질. * 鑛(쇳돌 광), 物(물건 물)
狂人 광인	정신에 이상이 생겨 말과 행동이 보통 사람과 다른 사람. * 狂(미칠 광), 人(사람 인)
掛圖 괘도	걸어 놓고 보는 학습용 그림이나 지도. * 掛(걸 괘), 圖(그림 도)
傀儡 괴뢰	① 꼭두각시(꼭두각시놀음에 나오는 여러 가지 인형). ② 남이 부추기는 대로 따라 움직이는 사람을 비유적으로 이르는 말. * 傀(꼭두각시 괴), 儡(꼭두각시 뢰)
巧妙 교묘	① 솜씨나 재주 따위가 재치 있게 약삭빠르고 묘함. ② 짜임새나 생김새 따위가 아기자기하고 묘함. * 巧(교묘할 교), 妙(묘할 묘)
絞首 교수	사형수의 목을 옭아매어 죽임. * 絞(목맬 교), 首(머리 수, 우두머리 수)
郊外 교외	도시의 주변 지역. * 郊(들 교), 外(밖 외)
矯正 교정	틀어지거나 잘못된 것을 바로잡음. * 矯(바로잡을 교), 正(바를 정)
膠着 교착	① 아주 단단히 달라붙음. ② 어떤 상태가 굳어 조금도 변동이나 진전이 없이 그대로 임. * 膠(아교 교), 着(붙을 착)
交替 교체	사람이나 사물을 다른 사람이나 사물로 바꿈. * 交(사귈 교, 오고갈 교), 替(바꿀 체)
教鞭 교편	교사가 수업이나 강의를 할 때 필요한 사항을 가리키기 위하여 사용하는 가느다란 막대기. * 教(가르칠 교), 鞭(채찍 편)
交換 교환	서로 바꿈. * 換(바꿀 환)
狡猾 교활	간사하고 꾀가 많음. * 狡(교활할 교), 猾(교활할 활)
丘陵 구릉	언덕(땅이 비탈지고 조금 높은 곳). * 丘(언덕 구), 陵(임금 무덤 릉, 큰 언덕 릉)
驅使 구사	① 사람이나 동물을 함부로 몰아쳐 부림. ② 말이나 수사법, 기교, 수단 따위를 능숙하게 마음대로 부려 씀. * 驅(몰 구, 달릴 구), 使(하여금 사, 부릴 사)
拘束 구속	'잡아 묶음'으로, 행동이나 의사의 자유를 제한하거나 속박함. * 拘(잡을 구), 束(묶을 속)
屈伏 굴복	'굽히고 엎드림'으로, 힘이 모자라서 복종함. * 屈(굽을 굴), 伏(엎드릴 복)
宮闕 궁궐	임금이 거처하는 집. * 宮(집 궁), 闕(대궐 궐)
宮殿 궁전	궁궐(임금이 거처하는 집). * 殿(큰 집 전)

倦怠 권태	(어떤 일이나 상태에 시들해져서 생기는) 게으름이나 싫증. * 倦(게으를 권), 怠(게으를 태)
軌道 궤도	① 수레가 지나간 바큇자국이 난 길. ② 일이 발전하는 본격적인 방향과 단계. * 軌(길 궤, 법 궤), 道(길 도)
鬼神 귀신	사람이 죽은 뒤에 남는다는 넋. * 鬼(귀신 귀), 神(귀신 신)
閨房 규방	부녀자가 거처하는 방. * 閨(안방 규), 房(방 방)
根幹 근간	① 뿌리와 줄기를 아울러 이르는 말. ② 사물의 바탕이나 중심이 되는 중요한 것. * 根(뿌리 근), 幹(줄기 간)
根據 근거	① 근본이 되는 거점. ② 어떤 일이나 의논, 의견에 그 근본이 됨. 또는 그런 까닭. * 據(의지할 거)
近隣 근린	① 가까운 이웃. ② 근처(가까운 곳). * 近(가까울 근), 隣(이웃 린)
筋肉 근육	힘줄과 살을 통틀어 이르는 말. * 筋(힘줄 근), 肉(고기 육)
錦繡 금수	수를 놓은 비단. * 錦(비단 금), 繡(수 수, 수놓을 수)
禽獸 금수	'날짐승과 길짐승'으로, 모든 짐승을 이르는 말. * 禽(날짐승 금), 獸(짐승 수)
琴瑟 금슬	① 거문고와 비파를 아울러 이르는 말. ② '금실(부부간의 사랑)'의 원말. * 琴(거문고 금), 瑟(비파 슬, 거문고 슬)
金融 금융	금전을 융통하는 일. * 金(쇠 금, 금 금, 돈 금), 融(녹을 융, 화할 융)
急騰 급등	(물가나 시세 따위가) 갑자기 오름. * 急(급할 급), 騰(오를 등)
肯定 긍정	그러하다고 생각하여 옳다고 인정함. * 肯(즐길 긍, 긍정할 긍), 定(바를 정)
矜持 긍지	자신의 능력을 믿음으로써 가지는 당당함. * 矜(자랑할 긍, 가엾이 여길 긍), 持(가질 지)
祈禱 기도	어떠한 절대적 존재에게 빎. 또는 그런 의식. * 祈(빌 기), 禱(빌 도)
岐路 기로	갈림길. * 岐(갈림길 기), 路(길 로)
欺瞞 기만	남을 속여 넘김. * 欺(속일 기), 瞞(속일 만)
起訴 기소	'소송을 일으킴'으로, 검사가 어떤 사건에 대하여 법원에 심판을 요구하는 일. * 起(일어날 기), 訴(소송할 소)
飢餓 기아	굶주림(먹을 것이 없어 배를 곯는 것). * 飢(주릴 기), 餓(주릴 아)

氣壓	기압	대기의 압력. * 氣(기운 기, 공기 기, 대기 기), 壓(누를 압)
忌憚	기탄	어렵게 여겨 꺼림. * 忌(꺼릴 기), 憚(꺼릴 탄)
嗜好	기호	즐기고 좋아함. * 嗜(즐길 기, 좋아할 기), 好(좋을 호)
緊張	긴장	① 마음을 조이고 정신을 바짝 차림. ② 정세나 분위기가 평온하지 않은 상태. * 緊(급할 긴, 긴요할 긴), 張(벌릴 장, 베풀 장)

ㄴ

懶怠	나태	(행동, 성격 따위가) 느리고 게으름. * 懶(게으를 라), 怠(게으를 태)
拉致	납치	강제 수단을 써서 억지로 데리고 감. * 拉(끌고 갈 납), 致(이룰 치, 이를 치)
朗誦	낭송	크게 소리를 내어 글을 읽거나 욈. * 朗(밝을 랑), 誦(욀 송)
來賓	내빈	(모임에 초대를 받고) 온 손님. * 來(올 래), 賓(손님 빈)
冷却	냉각	① 식어서 차게 됨. 또는 식혀서 차게 함. ② (애정, 정열, 흥분 따위의 기분이) 가라앉음. 또는 가라앉힘. * 冷(찰 랭), 却(물리칠 각)
奴隸	노예	자유를 구속당하고 남에게 부림을 받는 사람. * 奴(종 노), 隸(종 예, 붙을 예)
老翁	노옹	늙은 남자. * 老(늙을 로), 翁(늙은이 옹)
祿俸	녹봉	옛날, 나라에서 벼슬아치들에게 주던 곡식·돈 따위를 일컫는 말. * 祿(봉급 록), 俸(녹 봉)
濃度	농도	진함과 묽음의 정도. * 濃(짙을 농), 度(법도 도, 정도 도, 헤아릴 탁)
雷電	뇌전	천둥과 번개를 아울러 이르는 말. * 雷(우레 뢰), 電(번개 전, 전기 전)
樓閣	누각	사방을 바라볼 수 있도록 문과 벽이 없이 다락처럼 높이 지은 집. * 樓(누각 루), 閣(누각 각, 내각 각)
陋名	누명	사실이 아닌 일로 이름을 더럽히는 억울한 평판. * 陋(더러울 루), 名(이름 명)
淚腺	누선	눈물샘(눈물을 분비하는 샘). * 淚(눈물 루), 腺(샘 선)
漏電	누전	전기가 전깃줄 밖으로 새어 흐름. 또는 그 전류. * 漏(샐 루), 電(번개 전, 전기 전)

ㄷ

多汗症	다한증	땀이 지나치게 많이 나는 증상. * 多(많을 다), 汗(땀 한), 症(병세 증)
檀君	단군	우리 민족의 시조로 받드는 태초의 임금. * 檀(박달나무 단), 君(임금 군)
鍛鍊	단련	① 쇠붙이를 불에 달군 후 두드려서 단단하게 함. ② 몸과 마음을 굳세게 함. ③ 어떤 일을 반복하여 익숙하게 됨. 또는 그렇게 함. * 鍛(쇠 불릴 단, 단련할 단), 鍊(단련할 련)
膽囊	담낭	쓸개(간에서 분비되는 쓸개즙을 일시적으로 저장·농축하는 주머니). * 膽(쓸개 담), 囊(주머니 낭)
踏査	답사	현장에 가서 직접 보고 조사함. * 踏(밟을 답), 査(조사할 사)
臺本	대본	① 연극의 상연이나 영화 제작에 있어서 기본이 되는 글. ② 어떤 일을 도모하여 미리 짜 놓은 계획. * 臺(누각 대, 정자 대), 本(근본 본, 뿌리 본)
對酌	대작	마주 대하고 술을 마심. * 對(상대할 대, 대답할 대), 酌(술 따를 작, 참작할 작)
垈地	대지	집터로서의 땅. * 垈(집터 대), 地(땅 지, 처지 지)
圖鑑	도감	그림이나 사진을 모아 실물 대신 볼 수 있도록 엮은 책. * 圖(그림 도), 鑑(거울 감, 볼 감)
陶工	도공	옹기장이(옹기 만드는 일을 업으로 하는 사람). * 陶(질그릇 도, 즐길 도), 工(장인 공, 만들 공, 연장 공)
塗褙	도배	종이로 벽 따위를 바르는 일. * 塗(진흙 도, 칠할 도), 褙(포개어 붙일 배)
跳躍	도약	① 몸을 위로 솟구치는 일. ② 더 높은 단계로 발전함. * 跳(뛸 도), 躍(뛸 약)
稻作	도작	벼농사. * 稻(벼 도), 作(지을 작)
渡河	도하	강이나 내를 건넘. * 渡(건널 도), 河(내 하, 강 하)
敦篤	돈독	도탑고 성실함. * 敦(도타울 돈), 篤(도타울 독)
頓悟	돈오	갑자기 깨달음. * 頓(조아릴 돈, 정돈할 돈, 갑자기 돈), 悟(깨달을 오)
洞窟	동굴	자연적으로 생긴 깊고 넓은 큰 굴. * 洞(고을 동, 굴 동), 窟(굴 굴)
棟梁	동량	① 마룻대와 들보. ② 기둥이 될 만한 인물. * 棟(마룻대 동), 梁(들보 량)

凍死 동사	얼어 죽음. * 凍(얼 동), 死(죽을 사)
鈍角 둔각	90도보다는 크고 180도보다는 작은 각. * 鈍(무딜 둔), 角(뿔 각, 모날 각)
屯田 둔전	변경이나 군사 요지에 주둔한 군대의 군량을 마련하기 위하여 설치한 토지. * 屯(묻힐 둔, 진칠 둔), 田(밭 전)

ㅁ

摩擦 마찰	① 두 물체가 서로 닿아 비벼짐. 또는 그렇게 함. ② 이해나 의견이 서로 다른 사람이나 집단이 충돌함. * 摩(문지를 마, 어루만질 마), 擦(비빌 찰)
幕 막	① 겨우 비바람을 막을 정도로 임시로 지은 집. ② 칸을 막거나 어떤 곳을 가리기도 하는, 천으로 된 물건. * 幕(장막 막)
灣 만	바다가 육지 속으로 파고들어 와 있는 곳. * 灣(물굽이 만)
埋藏 매장	① 묻어서 감춤. ② 지하자원 따위가 땅속에 묻히어 있음. * 埋(묻을 매), 藏(감출 장, 곳간 장)
媒體 매체	어떤 작용을 한쪽에서 다른 쪽으로 전달하는 물체. 또는 그런 수단. * 媒(중매할 매, 매개할 매), 體(몸 체)
脈絡 맥락	① 혈관이 서로 이어져 있는 계통. ② 서로 이어져 있는 관계나 연관. * 脈(혈관 맥, 줄기 맥), 絡(이을 락)
猛獸 맹수	(주로 육식을 하는) 사나운 짐승. * 猛(사나울 맹), 獸(짐승 수)
萌芽 맹아	① 움(풀이나 나무에 새로 돋아 나오는 싹). ② 사물의 시초가 되는 것. * 萌(싹 맹), 芽(싹 아)
免疫 면역	① 자극 따위에 반응하지 않고 무감각해지는 상태. ② 몸속에 들어온 병원(病原) 미생물에 대항하는 항체를 생산하여 독소를 중화하거나 죽여서 다음에는 그 병에 걸리지 않도록 된 상태. 또는 그런 작용. * 免(면할 면), 疫(염병 역)
綿織 면직	목화솜으로 짠 피륙. * 綿(솜 면), 織(짤 직)
滅亡 멸망	망하여 없어짐. * 滅(멸할 멸), 亡(망할 망)
蔑視 멸시	업신여기거나 하찮게 여겨 깔봄. * 蔑(업신여길 멸), 視(볼 시)
冥府 명부	명도(冥途 – 사람이 죽은 뒤에 간다는 영혼의 세계). * 冥(어두울 명, 저승 명, 아득할 명), 府(관청 부, 마을 부, 창고 부)
名詞 명사	사물의 이름을 나타내는 품사. * 名(이름 명, 이름날 명), 詞(말씀 사)

名譽	명예	① 세상에서 훌륭하다고 인정되는 이름이나 자랑. 또는 그런 존엄이나 품위. ② 어떤 사람의 공로나 권위를 높이 기리어 특별히 수여하는 칭호. * 譽(기릴 예)
模倣	모방	다른 것을 본뜨거나 본받음. * 模(본보기 모, 본뜰 모, 모호할 모), 倣(본뜰 방)
矛盾	모순	어떤 사실의 앞뒤, 또는 두 사실이 이치상 어긋나서 서로 맞지 않음을 이르는 말. * 矛(창 모), 盾(방패 순)
茅屋	모옥	띠나 이엉 따위로 지붕을 인 초라한 집. * 茅(띠 모), 屋(집 옥)
謀議	모의	(어떤 일을) 꾀하고 의논함. * 謀(꾀할 모), 議(의논할 의)
冒險	모험	위험을 무릅쓰고 어떠한 일을 함. 또는 그 일. * 冒(무릅쓸 모), 險(험할 험)
沐浴	목욕	온몸을 씻는 일. * 沐(목욕할 목), 浴(목욕할 욕)
沒入	몰입	깊이 파고들거나 빠짐. * 沒(빠질 몰, 다할 몰, 없을 몰), 入(들 입)
蒙昧	몽매	어리석고 사리에 어두움. * 蒙(어리석을 몽, 어릴 몽), 昧(어두울 매)
苗木	묘목	옮겨 심는 어린나무. * 苗(싹 묘), 木(나무 목)
描寫	묘사	(어떤 대상이나 사물, 현상 따위를) 언어로 서술하거나 그림을 그려서 표현함. * 描(그릴 묘), 寫(베낄 사)
無影	무영	그림자가 없음. * 無(없을 무), 影(그림자 영)
舞踊	무용	음악에 맞추어 율동적인 동작으로 감정과 의지를 표현함. 또는 그런 예술. * 舞(춤출 무), 踊(뛸 용)
美貌	미모	아름다운 얼굴 모습. * 美(아름다울 미), 貌(모양 모)
微分	미분	어떤 함수의 미분 계수를 구하는 일. * 微(작을 미), 分(나눌 분)
迷信	미신	비과학적이고 종교적으로 망령되다고 판단되는 신앙. * 迷(헷갈릴 미), 信(믿을 신)
未畢	미필	아직 끝내지 못함. * 未(아닐 미, 아직 ~ 않을 미), 畢(마칠 필)
民譚	민담	예로부터 민간에 전해 내려오는 이야기. * 民(백성 민), 譚(이야기 담)

ㅂ

博物館 박물관
고고학적 자료, 역사적 유물, 예술품, 그 밖의 학술 자료를 수집·보존·진열하고 일반에게 전시하여 학술 연구와 사회 교육에 기여할 목적으로 만든 시설.
* 博(넓을 박), 物(물건 물), 館(객사 관)

伴侶 반려
짝이 되는 동무.
* 伴(짝 반), 侶(짝 려)

發掘 발굴
세상에 널리 알려지지 않거나 뛰어난 것을 찾아 밝혀냄.
* 發(쏠 발), 掘(팔 굴)

拔萃 발췌
(책, 글 따위에서 필요하거나 중요한 부분을) 가려 뽑아냄. 또는 그런 내용.
* 拔(뽑을 발), 萃(뽑을 췌)

防禦 방어
상대편의 공격을 막음.
* 防(막을 방), 禦(막을 어)

賠償 배상
남의 권리를 침해한 사람이 그 손해를 물어 주는 일.
* 賠(배상할 배), 償(갚을 상)

俳優 배우
연극이나 영화 따위에 등장하는 인물로 분장하여 연기를 하는 사람.
* 俳(광대 배), 優(우수할 우, 배우 우, 머뭇거릴 우)

排斥 배척
따돌리거나 거부하여 밀어 내침.
* 排(물리칠 배), 斥(물리칠 척)

白鹿潭 백록담
제주특별자치도 한라산 봉우리에 있는 화구호.
* 白(흰 백), 鹿(사슴 록), 潭(못 담)

白眉 백미
'흰 눈썹'으로, 여럿 가운데에서 가장 뛰어난 사람이나 훌륭한 물건을 비유적으로 이르는 말.
* 중국 촉한(蜀漢) 때 마씨(馬氏) 다섯 형제가 모두 재주가 있었는데 그중에서도 눈썹 속에 흰 털이 난 마량(馬良)이 가장 뛰어났다는 데서 유래.
* 眉(눈썹 미)

伯父 백부
큰아버지(둘 이상의 아버지의 형 가운데 맏이가 되는 형을 이르는 말).
* 伯(맏 백), 父(아비 부)

煩惱 번뇌
마음이 시달려서 괴로워함. 또는 그런 괴로움.
* 煩(번거로울 번), 惱(괴로워할 뇌)

飜譯 번역
어떤 언어로 된 글을 다른 언어의 글로 옮김.
* 飜(뒤집을 번, 번역할 번), 譯(번역할 역)

氾濫 범람
① 큰물이 흘러넘침. ② 바람직하지 못한 것들이 마구 쏟아져 돌아다님.
* 氾(넘칠 범), 濫(넘칠 람)

僻地 벽지
외따로 뚝 떨어져 있는 궁벽한 땅.
* 僻(후미질 벽), 地(땅 지, 처지 지)

辨別 변별
사물의 옳고 그름이나 좋고 나쁨을 가림.
* 辨(분별할 변), 別(나눌 별, 다를 별)

病棟 병동
병원 안의 건물 한 채 한 채를 이르는 말.
* 病(병들 병), 棟(마룻대 동)

竝列 병렬
나란히 늘어섬. 또는 나란히 늘어놓음.
* 竝(나란히 설 병), 列(벌일 렬)

輔國	보국	충성을 다하여 나랏일을 도움. * 輔(도울 보), 國(나라 국)
保護	보호	위험이나 곤란 따위가 미치지 아니하도록 잘 보살펴 돌봄. * 保(지킬 보), 護(보호할 호)
覆蓋	복개	덮거나 씌움. * 覆(덮을 복, 뒤집을 복), 蓋(덮을 개, 대개 개)
福祉	복지	행복한 삶. * 福(복 복), 祉(복 지)
封建	봉건	천자가 토지를 나누어 주고 제후를 봉하여 나라를 세우게 하던 일. * 封(봉할 봉), 建(세울 건)
蜂蜜	봉밀	꿀(꿀벌이 꽃에서 빨아들여 벌집 속에 모아 두는, 달콤하고 끈끈한 액체). * 蜂(벌 봉), 蜜(꿀 밀)
訃告	부고	사람의 죽음을 알림. 또는 그런 글. * 訃(부고 부), 告(알릴 고)
附錄	부록	본문 끝에 덧붙이는 기록. * 附(붙을 부, 가까이 할 부), 錄(기록할 록)
附屬	부속	주된 사물이나 기관에 딸려서 붙음. 또는 그렇게 딸려 붙은 사물. * 屬(속할 속)
赴任	부임	임명이나 발령을 받아 근무할 곳으로 감. * 赴(다다를 부, 알릴 부), 任(맡을 임, 맡길 임)
分娩	분만	해산(解産 – 아이를 낳음). * 分(나눌 분), 娩(해산할 만), 解(해부할 해, 풀 해), 産(낳을 산, 생산할 산)
奮發	분발	마음과 힘을 다하여 떨쳐 일어남. * 奮(떨칠 분, 힘쓸 분), 發(쏠 발, 일어날 발)
分析	분석	(얽혀 있거나 복잡한 것을) 풀어서 개별적인 요소나 성질로 나눔. * 分(나눌 분), 析(쪼갤 석)
分裂	분열	찢어져 나뉨. * 裂(찢을 렬, 벌릴 렬)
崩壞	붕괴	무너지고 깨어짐. * 崩(무너질 붕), 壞(무너질 괴)
鼻腔	비강	코안(콧구멍에서 목젖 윗부분에 이르는 빈 곳). * 鼻(코 비), 腔(속 빌 강)
碑銘	비명	비석에 새긴 글. * 碑(비석 비), 銘(새길 명)
誹謗	비방	남을 비웃고 헐뜯어서 말함. * 誹(헐뜯을 비), 謗(헐뜯을 방)
卑俗語	비속어	속어(俗語 – 통속적으로 쓰는 저속한 말). * 卑(낮을 비), 俗(저속할 속, 속세 속), 語(말씀 어)
比喩	비유	직접 설명하지 아니하고 다른 비슷한 현상이나 사물에 빗대어서 설명하는 일. * 比(견줄 비), 喩(비유할 유, 깨우칠 유)

比率 비율	다른 수나 양에 대한 어떤 수나 양의 비(比). * 率(비율 률, 거느릴 솔, 솔직할 솔)
頻度 빈도	같은 현상이나 일이 반복되는 도수(度數). * 頻(자주 빈), 度(법도 도, 정도 도, 헤아릴 탁)

ㅅ

祠堂 사당	조상의 신주(神主)를 모셔 놓은 집. * 祠(사당 사), 堂(집 당)
沙漠 사막	강수량이 적어서 식물이 보이지 않거나 적고, 인간의 활동도 제약되는 모래땅. * 沙(모래 사), 漠(사막 막)
赦免 사면	죄를 용서하여 형벌을 면제함. * 赦(용서할 사), 免(면할 면)
斜陽 사양	① 석양(夕陽 - 저녁때의 햇빛). ② 새로운 것에 밀려 점점 몰락해 감을 비유적으로 이르는 말. * 斜(비낄 사), 陽(볕 양)
似而非 사이비	겉으로는 비슷하나 속은 완전히 다름. 또는 그런 것. * 似(같을 사), 而(말 이을 이), 非(아닐 비)
辭典 사전	어떤 범위 안에서 쓰이는 낱말을 모아서 일정한 순서로 배열하여 싣고 그 각각의 발음, 의미, 어원, 용법 따위를 해설한 책. * 辭(말씀 사, 글 사, 물러날 사), 典(책 전)
蛇足 사족	화사첨족(畫蛇添足 - '뱀을 다 그리고 나서 있지도 아니한 발을 덧붙여 그림'으로, 쓸데없는 군짓을 하여 도리어 잘못되게 함을 이르는 말). * 蛇(뱀 사), 足(발 족), 畫(그림 화), 添(더할 첨)
四肢 사지	사람의 두 팔과 두 다리를 통틀어 이르는 말. * 四(넉 사), 肢(사지 지)
寺刹 사찰	절(승려가 불상을 모시고 불도를 닦으며 교법을 펴는 집). * 寺(절 사), 刹(절 찰)
奢侈 사치	필요 이상의 돈이나 물건을 쓰거나 분수에 지나친 생활을 함. * 奢(사치할 사), 侈(사치할 치)
朔望月 삭망월	태음월(보름달이 된 때부터 다음 보름달이 될 때까지의 시간). * 朔(초하루 삭, 달 삭), 望(보름 망, 바랄 망), 月(달 월)
山岳 산악	높고 험준하게 솟은 산들. * 山(산 산), 岳(큰 산 악)
撒布 살포	① 액체, 가루 따위를 흩어 뿌림. ② 금품, 전단 따위를 여러 사람에게 나누어 줌. * 撒(뿌릴 살), 布(베 포, 펼 포)
三綱 삼강	(유교의 도덕에서 기본이 되는) 세 가지 강령. 임금과 신하, 부모와 자식, 남편과 아내 사이에 마땅히 지켜야 할 도리로 군위신강, 부위자강, 부위부강을 이름. * 三(석 삼), 綱(벼리 강)
森林 삼림	나무가 많이 우거진 숲. * 森(나무 빽빽할 삼), 林(수풀 림)
揷畵 삽화	(서적 · 신문 · 잡지 따위에서, 내용을 보충하거나 기사의 이해를 돕기 위하여) 끼워 넣는 그림. * 揷(꽂을 삽, 끼울 삽), 畵(그림 화)

上位圈	상위권	높은 위치나 지위에 속하는 범위. * 上(위 상), 位(자리 위), 圈(우리 권)
象徵	상징	추상적인 개념이나 사물을 구체적인 사물로 나타냄. 또는 그렇게 나타낸 표지(標識)·기호·물건 따위. * 象(코끼리 상, 모양 상), 徵(부를 징)
相互	상호	상대가 되는 이쪽과 저쪽 모두. * 相(서로 상), 互(서로 호)
狀況	상황	일이 되어 가는 과정이나 형편. * 狀(모습 상, 문서 장), 況(상황 황, 하물며 황)
生殖	생식	낳아서 불림. * 生(날 생), 殖(번식할 식)
敍述	서술	사건이나 생각 따위를 차례대로 말하거나 적음. * 敍(펼 서, 차례 서, 베풀 서), 述(말할 술, 지을 술)
誓約	서약	맹세하고 약속함. * 誓(맹세할 서), 約(묶을 약)
書札	서찰	편지(便紙 – 안부, 소식, 용무 따위를 적어 보내는 글). * 書(쓸 서, 글 서), 札(편지 찰, 패 찰, 돈 찰)
書翰	서한	편지(便紙). * 翰(붓 한, 글 한)
徐行	서행	(사람이나 차가) 천천히 감. * 徐(천천히 할 서), 行(다닐 행, 행할 행)
船舶	선박	배. * 船(배 선), 舶(큰 배 박)
禪宗	선종	문자에 의존하지 않고, 오로지 좌선(坐禪)을 닦아 자신이 본래 갖추고 있는 부처의 성품을 체득하는 깨달음에 이르려는 종파. * 禪(고요할 선), 宗(종가 종, 으뜸 종, 마루 종)
旋回	선회	둘레를 빙글빙글 돎. * 旋(돌 선), 回(돌 회)
纖維	섬유	대단히 길고 가늘며 연하게 굽힐 수 있는 천연 또는 인조의 선상(線狀) 물체. * 纖(가늘 섬), 維(벼리 유, 묶을 유, 끈 유), 線(줄 선), 狀(모양 상, 문서 상)
攝取	섭취	좋은 요소를 받아들임. * 攝(끌어 잡을 섭, 다스릴 섭), 取(취할 취, 가질 취)
紹介	소개	둘 사이에서 양편의 일이 진행되게 주선함. * 紹(이을 소, 소개할 소), 介(끼일 개)
疎外	소외	개인이 그가 속해 있는 사회와의 관계에서 통합되지 못하거나 거리가 있는 상태. * 疎(드물 소, 트일 소), 外(밖 외)
疏遠	소원	지내는 사이가 두텁지 아니하고 거리가 있어서 서먹서먹함. * 疏(트일 소, 성길 소), 遠(멀 원)
所謂	소위	이른바(세상에서 말하는 바). * 所(장소 소, 바 소), 謂(이를 위)

騷音	소음	불규칙하게 뒤섞여 불쾌하고 시끄러운 소리. * 騷(시끄러울 소), 音(소리 음)
垂簾	수렴	발을 드리움. 또는 그 발. * 垂(드리울 수), 簾(발 렴)
收斂	수렴	① 돈이나 물건 따위를 거두어들임. ② 의견이나 사상 따위가 여럿으로 나뉘어 있는 것을 하나로 모아 정리함. * 收(거둘 수), 斂(거둘 렴)
狩獵	수렵	사냥(총이나 활 또는 길들인 매나 올가미 따위로 산이나 들의 짐승을 잡는 일). * 狩(사냥할 수), 獵(사냥할 렵)
受賂	수뢰	뇌물을 받음. * 受(받을 수), 賂(뇌물 뢰)
睡眠	수면	① 잠을 자는 일. ② 활동을 쉬는 상태를 비유적으로 이르는 말. * 睡(잘 수), 眠(잠잘 면)
受侮	수모	모욕을 받음. * 侮(업신여길 모)
搜査	수사	찾아서 조사함. * 搜(찾을 수), 査(조사할 사)
需要	수요	(어떤 재화나 용역을 일정한 가격으로) 사려고 하는 욕구. * 需(구할 수, 쓸 수), 要(중요할 요)
羞恥	수치	다른 사람들을 볼 낯이 없거나 스스로 떳떳하지 못함. 또는 그런 일. * 羞(맛있는 음식 수, 부끄러울 수), 恥(부끄러울 치)
隨筆	수필	(일정한 형식을 따르지 않고 인생이나 자연 또는 일상생활에서의 느낌이나 체험을) 생각나는 대로 쓴 산문 형식의 글. * 隨(따를 수), 筆(붓 필)
瞬間	순간	① 아주 짧은 동안. ② 어떤 일이 일어난 바로 그때. * 瞬(눈 깜작일 순), 間(사이 간)
純粹	순수	① 전혀 다른 것의 섞임이 없음. ② 사사로운 욕심이나 못된 생각이 없음. * 純(순수할 순), 粹(순수할 수)
脣音	순음	양순음(두 입술 사이에서 나는 소리). * 脣(입술 순), 音(소리 음)
殉葬	순장	한 집단의 지배층 계급에 속하는 사람이 죽었을 때 그 사람의 뒤를 따라 강제로 혹은 자진하여 산 사람을 함께 묻던 일. 또는 그런 장례법. * 殉(따라죽을 순), 葬(장사지낼 장)
濕度	습도	(공기 가운데) 수증기가 들어 있는 정도. * 濕(젖을 습), 度(법도 도, 정도 도)
昇華	승화	① 어떤 현상이 더 높은 상태로 발전하는 일. ② 고체에 열을 가하면 액체가 되는 일이 없이 곧바로 기체로 변하는 현상. * 昇(오를 승), 華(화려할 화, 빛날 화)
信賴	신뢰	믿고 의지함. * 信(믿을 신), 賴(힘입을 뢰, 의지할 뢰)

慎重 신중	매우 조심스러움. * 愼(삼갈 신), 重(무거울 중, 귀중할 중, 거듭 중)
信託 신탁	① 믿고 맡김. ② (일정한 목적에 따라 재산의 관리와 처분을 남에게) 맡기는 일. * 託(부탁할 탁, 맡길 탁)
審議 심의	심사하고 토의함. * 審(살필 심), 議(의논할 의)

ㅇ

惡魔 악마	불의나 암흑, 또는 사람을 악으로 유혹하고 멸망하게 하는 것을 비유적으로 이르는 말. * 惡(악할 악), 魔(마귀 마)
惡臭 악취	나쁜 냄새. * 臭(냄새 취)
安寧 안녕	(아무 탈 없이) 편안함. * 安(편안할 안), 寧(편안할 녕)
哀悼 애도	(사람의 죽음을) 슬퍼함. * 哀(슬플 애), 悼(슬퍼할 도)
厄運 액운	액을 당할 운수. * 厄(재앙 액), 運(옮길 운, 움직일 운, 운수 운)
輿論 여론	사회 대중의 공통된 의견. * 輿(가마 여, 무리 여), 論(논할 론)
旅程 여정	여행의 과정이나 일정. * 旅(나그네 려), 程(법 정, 정도 정, 길 정)
役割 역할	(자기가 마땅히 하여야 할) 맡은 바 직책이나 임무. * 役(부릴 역), 割(벨 할, 나눌 할)
年齡 연령	나이(사람이나 동·식물 따위가 세상에 나서 살아온 햇수). * 年(해 년, 나이 년), 齡(나이 령)
憐憫 연민	불쌍하고 가련하게 여김. * 憐(불쌍히 여길 련), 憫(불쌍히 여길 민)
燃燒 연소	물질이 산소와 화합할 때에, 많은 빛과 열을 내는 현상. * 燃(불탈 연), 燒(불사를 소)
鹽酸 염산	무색투명하고 부식성이 강한 염화수소수용액. * 鹽(소금 염), 酸(실 산)
厭世 염세	세상을 괴롭고 귀찮은 것으로 여겨 비관함. * 厭(싫을 염), 世(세대 세, 세상 세)
永訣 영결	죽은 사람과 산 사람이 서로 영원히 헤어짐. * 永(길 영, 오랠 영), 訣(이별할 결, 비결 결)
令孃 영양	영애(令愛 - 윗사람의 딸을 높여 이르는 말). * 令(하여금 령, 명령할 령, 좋을 령), 孃(아가씨 양)

零下	영하	섭씨온도계에서, 눈금이 0℃ 이하의 온도. * 零(떨어질 령, 제로 령), 下(아래 하, 내릴 하)
靈魂	영혼	① 죽은 사람의 넋. ② 육체에 깃들어 마음의 작용을 맡고 생명을 부여한다고 여겨지는 비물질적 실체. * 靈(신령스러울 령, 신령 령), 魂(넋 혼)
預金	예금	일정한 계약에 의하여 은행이나 우체국 따위에 돈을 맡기는 일. 또는 그 돈. * 預(미리 예, 맡길 예), 金(쇠 금, 금 금, 돈 금)
誤謬	오류	그릇되어 이치에 맞지 않는 일. * 誤(그릇될 오), 謬(그릇될 류)
傲慢	오만	태도나 행동이 건방지거나 거만함. 또는 그 태도나 행동. * 傲(거만할 오), 慢(게으를 만)
汚染	오염	더럽게 물듦. 또는 더럽게 물들게 함. * 汚(더러울 오), 染(물들일 염)
沃土	옥토	(농작물이 잘 자랄 수 있는) 영양분이 풍부한 좋은 땅. '기름진 땅'으로 순화. * 沃(기름질 옥), 土(흙 토)
緩和	완화	(긴장된 상태나 급박한 것을) 느슨하게 함. * 緩(느릴 완), 和(화할 화)
歪曲	왜곡	사실과 다르게 해석하거나 그릇되게 함. * 歪(비뚤 왜), 曲(굽을 곡, 노래 곡)
倭亂	왜란	왜인이 일으킨 난리. 임진왜란(1592부터 1598까지 2차에 걸쳐서 우리나라를 침입한 일본과의 싸움). * 倭(왜국 왜), 亂(어지러울 란)
畏敬	외경	경외(敬畏 - 공경하면서 두려워함). * 畏(두려워할 외), 敬(공경할 경)
尿道	요도	오줌을 방광으로부터 몸 밖으로 배출하기 위한 관. * 尿(오줌 뇨), 道(길 도)
搖籃	요람	① 젖먹이를 태우고 흔들어 놀게 하거나 잠재우는 물건. ② 사물의 발생지나 근원지를 비유적으로 이르는 말. * 搖(흔들 요), 籃(바구니 람)
要塞	요새	군사적으로 중요한 곳에 튼튼하게 만들어 놓은 방어 시설. 또는 그런 시설을 한 곳. * 要(중요할 요), 塞(변방 새)
夭折	요절	젊은 나이에 죽음. * 夭(젊을 요, 예쁠 요, 일찍 죽을 요), 折(꺾을 절)
腰痛	요통	허리와 엉덩이 부위가 아픈 증상. * 腰(허리 요), 痛(아플 통)
溶解	용해	녹거나 녹이는 일. * 溶(녹일 용), 解(풀 해)
優劣	우열	나음과 못함. * 優(우수할 우), 劣(못날 렬)
右翼	우익	새나 비행기 따위의 오른쪽 날개. * 右(오른쪽 우), 翼(날개 익)

寓話 우화	인격화한 동식물이나 기타 사물을 주인공으로 하여 그들의 행동 속에 풍자와 교훈의 뜻을 나타내는 이야기. * 寓(붙어살 우), 話(말씀 화, 이야기 화)
運搬 운반	물건 따위를 옮겨 나름. * 運(옮길 운), 搬(옮길 반)
鬱蒼 울창	나무가 빽빽하게 우거지고 푸름. * 鬱(답답할 울, 울창할 울), 蒼(푸를 창)
月蝕 월식	달이 지구의 그림자에 가려 일부나 전부가 가려짐. 또는 그런 현상. * 月(달 월), 蝕(좀먹을 식)
緯度 위도	지구 위의 위치를 나타내는 좌표축 중에서 가로로 된 것. 적도를 중심으로 하여 남북으로 평행하게 그은 선. * 緯(씨실 위), 度(법도 도, 정도 도)
慰勞 위로	따뜻한 말이나 행동으로 괴로움을 덜어 주거나 슬픔을 달래 줌. * 慰(위로할 위), 勞(수고할 로, 일할 로)
僞造 위조	어떤 물건을 속일 목적으로 꾸며 진짜처럼 만듦. * 僞(거짓 위), 造(지을 조)
威脅 위협	힘으로 으르고 협박함. * 威(위엄 위), 脅(위협할 협)
紐帶 유대	'끈과 띠'로, 둘 이상을 서로 연결하거나 결합하게 하는 것. 또는 그런 관계. * 紐(끈 유), 帶(찰 대, 띠 대)
遺蹟 유적	남아 있는 자취. * 遺(남길 유, 잊을 유), 蹟(자취 적)
幼稚 유치	① 나이가 어림. ② 수준이 낮거나 미숙함. * 幼(어릴 유), 稚(어릴 치)
誘惑 유혹	꾀어서 정신을 혼미하게 하거나 좋지 아니한 길로 이끎. * 誘(꾈 유), 惑(미혹할 혹)
輪郭 윤곽	① 일이나 사건의 대체적인 줄거리. ② 사물의 테두리나 대강의 모습. * 輪(바퀴 륜), 郭(성곽 곽, 성 곽)
隆盛 융성	기운차게 일어나거나 대단히 번성함. * 隆(높을 륭, 성할 륭), 盛(성할 성)
淫亂 음란	음탕하고 난잡함. * 淫(음란할 음), 亂(어지러울 란)
音韻 음운	말의 뜻을 구별하여 주는 소리의 가장 작은 단위. * 音(소리 음), 韻(운치 운, 운 운)
凝固 응고	액체 따위가 엉겨서 딱딱하게 굳어짐. * 凝(엉길 응), 固(굳을 고, 진실로 고)
裏面 이면	① 물체의 뒤쪽 면. ② 겉으로 나타나거나 눈에 보이지 않는 부분. * 裏(속 리), 面(얼굴 면)
利潤 이윤	(장사 따위를 하여) 남은 돈. * 利(이로울 리, 날카로울 리), 潤(젖을 윤, 윤택할 윤)

匿名性	익명성	어떤 행위를 한 사람이 누구인지 드러나지 않는 특성. * 匿(숨을 닉), 名(이름 명), 性(성품 성, 바탕 성)
翌日	익일	어느 날 뒤에 오는 날. '다음 날', '이튿날'로 순화. * 翌(다음날 익), 日(해 일, 날 일)
咽喉	인후	'목구멍'을 전문적으로 이르는 말. * 咽(목구멍 인), 喉(목구멍 후)
賃金	임금	근로자가 노동의 대가로 사용자에게 받는 보수. * 賃(품삯 임), 金(쇠 금, 금 금, 돈 금)
姙娠	임신	아이나 새끼를 뱀. * 姙(아이 밸 임), 娠(아이 밸 신)
粒子	입자	물질을 구성하는 미세한 크기의 물체. * 粒(낟알 립), 子(아들 자, 접미사 자)

ㅈ

自愧	자괴	스스로 부끄러워함. * 自(자기 자, 스스로 자), 愧(부끄러워할 괴)
磁力	자력	자기력(자석이나 전류끼리, 또는 자석과 전류가 서로 끌어당기거나 밀어냄으로써 서로에게 미치는 힘). * 磁(자석 자), 力(힘 력)
諮問	자문	(어떤 일을 좀 더 효율적이고 바르게 처리하려고 그 방면의 전문가나, 전문가들로 이루어진 기구에) 의견을 물음. * 諮(물을 자), 問(물을 문)
潛水	잠수	물속으로 잠겨 들어감. 또는 그런 일. * 潛(잠길 잠), 水(물 수)
暫時	잠시	짧은 시간. * 暫(잠시 잠), 時(때 시)
障碍	장애	① 어떤 사물의 진행을 가로막아 거치적거리게 하거나 충분한 기능을 하지 못하게 함. 또는 그런 일. ② 신체 기관이 본래의 제 기능을 하지 못하거나 정신 능력에 결함이 있는 상태. * 障(막을 장), 碍(막을 애, 거리낄 애)
莊園	장원	① 중국에서, 한(漢)나라 이후 근대까지 존속한 궁정·귀족·관료의 사유지. ② 유럽의 중세기에 귀족이나 사원에 딸린 넓은 토지. * 莊(장엄할 장, 별장 장), 園(동산 원)
匠人	장인	손으로 물건을 만드는 일을 업으로 하는 사람. * 匠(장인 장), 人(사람 인)
災殃	재앙	뜻하지 아니하게 생긴 불행한 변고. 또는 천재지변으로 인한 불행한 사고. * 災(재앙 재), 殃(재앙 앙)
裁判	재판	옳고 그름을 따져 판단함. * 裁(마를 재, 결단할 재), 判(판단할 판)
顚倒	전도	① 엎어져 넘어지거나 넘어뜨림. ② (차례, 위치, 이치, 가치관 따위가 뒤바뀌어) 원래와 달리 거꾸로 됨. 또는 그렇게 만듦. * 顚(넘어질 전), 倒(넘어질 도)

絶叫	절규	(있는 힘을 다하여) 절절하고 애타게 부르짖음. * 絶(끊을 절, 죽을 절, 가장 절), 叫(부르짖을 규)
店鋪	점포	물건을 늘어놓고 파는 곳. 가게. 상점. * 店(가게 점), 鋪(펼 포, 가게 포)
情緒	정서	사람의 마음에 일어나는 여러 가지 감정. 또는 감정을 불러일으키는 기분이나 분위기. * 情(뜻 정), 緖(실마리 서)
提携	제휴	행동을 함께하기 위하여 서로 붙들어 도와줌. * 提(끌 제), 携(끌 휴)
彫刻	조각	재료를 새기거나 깎아서 입체 형상을 만듦. 또는 그런 미술 분야. * 彫(새길 조), 刻(새길 각, 시각 각)
調劑	조제	여러 가지 약품을 적절히 조합하여 약을 지음. 또는 그런 일. * 調(고를 조, 어울릴 조), 劑(약 지을 제)
族閥	족벌	① 큰 세력을 가진 가문의 일족. ② 씨족의 사회적 신분이나 지위. * 族(겨레 족), 閥(문벌 벌)
拙稿	졸고	① 내용이 보잘것없는 원고. ② 자기나 자기와 관련된 사람의 원고를 겸손하게 이르는 말. * 拙(못날 졸), 稿(볏짚 고, 원고 고)
宗廟	종묘	조선 시대에, 역대 임금과 왕비의 위패를 모시던 왕실의 사당. * 宗(종가 종, 으뜸 종, 마루 종), 廟(사당 묘)
縱橫	종횡	① 세로와 가로를 아울러 이르는 말. ② 거침없이 마구 오가거나 이리저리 다님. * 縱(세로 종), 橫(가로 횡)
週末	주말	한 주일의 끝 무렵. 주로 토요일부터 일요일까지를 이름. * 週(주일 주, 돌 주), 末(끝 말)
鑄造	주조	녹인 쇠붙이를 거푸집에 부어 물건을 만듦. * 鑄(쇠 부어 만들 주), 造(지을 조)
主軸	주축	전체 가운데서 중심이 되어 영향을 미치는 존재나 세력. * 主(주인 주), 軸(굴대 축)
遵法	준법	법률이나 규칙을 좇아 지킴. * 遵(좇을 준), 法(법 법)
中庸	중용	지나치거나 모자라지 아니하고 한쪽으로 치우치지도 아니한, 떳떳하며 변함이 없는 상태나 정도. * 中(가운데 중, 맞힐 중), 庸(떳떳할 용)
蒸散	증산	식물체 안의 수분이 수증기가 되어 공기 중으로 나옴. 또는 그런 현상. * 蒸(찔 증), 散(흩어질 산)
贈與	증여	물품 따위를 선물로 줌. * 贈(줄 증), 與(줄 여, 더불 여)
憎惡	증오	아주 사무치게 미워함. 또는 그런 마음. * 憎(미워할 증), 惡(악할 악, 미워할 오)
脂肪	지방	지방산과 글리세롤이 결합한 유기 화합물. * 脂(기름 지), 肪(기름 방)

한자어	한글	뜻풀이
地獄	지옥	① 〈기독교〉 큰 죄를 짓고 죽은 사람들이 구원을 받지 못하고 끝없이 벌을 받는다는 곳. ② 아주 괴롭거나 더없이 참담한 광경, 또는 그런 형편을 비유적으로 이르는 말. * 地(땅 지, 처지 지), 獄(감옥 옥)
地震	지진	(오랫동안 누적된 변형 에너지가 갑자기 방출되면서) 땅이 흔들리는 일. * 震(벼락 진, 진동할 진)
遲滯	지체	때를 늦추거나 질질 끎. * 遲(더딜 지), 滯(막힐 체)
智慧	지혜	사물의 이치를 빨리 깨닫고 사물을 정확하게 처리하는 정신적 능력. * 智(지혜 지), 慧(지혜 혜)
振動	진동	① 흔들려 움직임. ② 냄새 따위가 아주 심하게 나는 상태. * 振(떨칠 진, 진동할 진), 動(움직일 동)
診療	진료	의사가 환자를 진찰하고 치료하는 일. * 診(진찰할 진), 療(병 고칠 료)
塵土	진토	티끌과 흙을 통틀어 이르는 말. * 塵(티끌 진), 土(흙 토)
振幅	진폭	진동하고 있는 물체가 정지 또는 평형 위치에서 최대 변위까지 이동하는 거리. * 振(떨칠 진, 진동할 진), 幅(넓이 폭)
疾病	질병	몸의 온갖 병. * 疾(병 질, 빠를 질), 病(병 병)
窒息	질식	숨통이 막히거나 산소가 부족하여 숨을 쉴 수 없게 됨. * 窒(막을 질), 息(쉴 식, 숨 쉴 식)
懲罰	징벌	옳지 아니한 일을 하거나 죄를 지은 데 대하여 벌을 줌. 또는 그 벌. * 懲(징계할 징), 罰(벌할 벌)

ㅊ

한자어	한글	뜻풀이
錯雜	착잡	갈피를 잡을 수 없이 뒤섞여 어수선함. * 錯(섞일 착), 雜(섞일 잡)
燦爛	찬란	빛이 번쩍거리거나 수많은 불빛이 빛나는 상태. * 燦(빛날 찬), 爛(빛날 란, 무르익을 란)
慘狀	참상	비참하고 끔찍한 상태나 상황. * 慘(참혹할 참), 狀(모양 상, 문서 장)
蒼空	창공	맑고 푸른 하늘. * 蒼(푸를 창), 空(빌 공, 하늘 공)
滄海	창해	넓고 큰 바다. * 滄(큰 바다 창, 찰 창), 海(바다 해)
遷都	천도	도읍을 옮김. * 遷(옮길 천), 都(도읍 도, 모두 도)
天賦	천부	하늘이 줌. 또는 태어날 때부터 지님. * 天(하늘 천), 賦(세금 거둘 부, 줄 부)

尖端	첨단	① 물체의 뾰족한 끝. ② (시대사조, 학문, 유행 따위의) 맨 앞장. * 尖(뾰족할 첨), 端(끝 단, 바를 단, 실마리 단)
添削	첨삭	[시문(詩文)이나 답안 따위의 내용 일부를] 보태거나 삭제하여 고침. * 添(더할 첨), 削(깎을 삭)
捷徑	첩경	지름길(멀리 돌지 않고 가깝게 질러 통하는 길). * 捷(이길 첩, 빠를 첩), 徑(지름길 경)
淸廉	청렴	(성품과 행실이) 높고 맑으며, 탐욕이 없음. * 淸(맑을 청), 廉(청렴할 렴)
締結	체결	계약이나 조약 따위를 공식적으로 맺음. * 締(맺을 체), 結(맺을 결)
遞增	체증	수량이 차례로 점차 늘어남. * 遞(갈마들 체, 전할 체), 增(불을 증)
抄錄	초록	(필요한 부분만을) 뽑아서 적음. 또는 그런 기록. * 抄(뽑을 초), 錄(기록할 록)
招聘	초빙	(예를 갖추어) 불러 맞아들임. * 招(부를 초), 聘(부를 빙, 장가들 빙)
肖像	초상	① 사진, 그림 따위에 나타낸 사람의 얼굴이나 모습. ② 비춰지거나 생각되는 모습. * 肖(작을 초, 닮을 초), 像(형상 상)
超越	초월	(어떠한 한계나 표준을) 뛰어넘음. * 超(넘을 초), 越(넘을 월)
叢書	총서	① 일정한 형식과 체재로, 계속해서 출판되어 한 질을 이루는 책들. ② 통일하지 않고 가지가지의 책들을 모음. 또는 그 책. * 叢(모일 총, 떨기 총), 書(쓸 서, 글 서, 책 서)
醜聞	추문	추잡하고 좋지 못한 소문. * 醜(추할 추), 聞(들을 문)
趨勢	추세	① 어떤 현상이 일정한 방향으로 나아가는 경향. ② 어떤 세력이나 세력 있는 사람을 붙좇아서 따름. * 趨(달릴 추), 勢(형세 세, 권세 세)
推薦	추천	어떤 조건에 적합한 대상을 책임지고 소개함. * 推(밀 추), 薦(천거할 천, 드릴 천)
抽出	추출	(전체 속에서 어떤 물건, 생각, 요소 따위를) 뽑아냄. * 抽(뽑을 추), 出(날 출)
蹴球	축구	주로 발로 공을 차서 상대편의 골에 공을 많이 넣는 것으로 승부를 겨루는 경기. * 蹴(찰 축), 球(공 구)
縮尺	축척	지도에서의 거리와 지표에서의 실제 거리와의 비율. * 縮(줄일 축), 尺(자 척)
衝突	충돌	서로 맞부딪치거나 맞섬. * 衝(부딪칠 충, 찌를 충), 突(갑자기 돌, 부딪칠 돌)
醉氣	취기	술에 취하여 얼근하여진 기운. * 醉(취할 취), 氣(기운 기)

趣味 취미	'재미를 느끼는 맛'으로, (마음에 끌려 일정한 방향으로 쏠리는) 흥미. * 趣(재미 취, 취미 취), 味(맛 미)
炊事 취사	끼니로 먹을 음식 따위를 만드는 일. '밥 짓기', '부엌일'로 순화. * 炊(불 땔 취, 밥 지을 취), 事(일 사)
勅書 칙서	임금이 특정인에게 훈계하거나 알릴 내용을 적은 글이나 문서. * 勅(칙서 칙), 書(글 서)
親戚 친척	친족과 외척을 아울러 이르는 말. * 親(어버이 친, 친할 친), 戚(겨레 척)
鍼灸 침구	침과 뜸을 아울러 이르는 말. * 鍼(침 침), 灸(구을 구, 뜸뜰 구)
沈默 침묵	아무 말도 없이 잠잠히 있음. 또는 그런 상태. * 沈(잠길 침), 默(잠잠할 묵)
稱讚 칭찬	좋은 점이나 착하고 훌륭한 일을 높이 평가함. 또는 그런 말. * 稱(일컬을 칭), 讚(기릴 찬)

ㅌ

墮落 타락	올바른 길에서 벗어나 잘못된 길로 빠지는 일. * 墮(떨어질 타), 落(떨어질 락)
琢磨 탁마	① 옥이나 돌 따위를 쪼고 갊. ② 학문이나 덕행 따위를 닦음을 비유적으로 이르는 말. * 琢(쫄 탁, 다듬을 탁), 磨(갈 마)
誕生 탄생	① 사람이 태어남. ② 조직, 제도, 사업체 따위가 새로 생김. * 誕(태어날 탄), 生(날 생)
奪取 탈취	빼앗아 가짐. * 奪(빼앗을 탈), 取(취할 취, 가질 취)
耽溺 탐닉	어떤 일을 몹시 즐겨서 거기에 빠짐. * 耽(즐길 탐), 溺(빠질 닉)
貪慾 탐욕	지나치게 탐하는 욕심. * 貪(탐낼 탐), 慾(욕심 욕)
胎氣 태기	아이를 밴 기미. * 胎(아이 밸 태), 氣(기운 기)
太陽曆 태양력	지구가 태양의 둘레를 한 바퀴 도는 데 걸리는 시간을 1년으로 정한 역법. * 太(클 태), 陽(볕 양), 曆(책력 력)
颱風 태풍	북태평양 서남부에서 발생하여 아시아 대륙 동부로 불어오는, 폭풍우를 수반한 맹렬한 열대 저기압. * 颱(태풍 태), 風(바람 풍)
兎鼈歌 토별가	판소리 열두 마당의 하나. 토끼와 자라의 행동을 통하여 인간을 풍자한 내용. '수궁가'의 다른 이름. * 兎(토끼 토), 鼈(자라 별), 歌(노래 가)
堆積 퇴적	많이 덮쳐져 쌓임. 또는 많이 덮쳐 쌓음. * 堆(쌓일 퇴), 積(쌓을 적)

透明 투명	물 따위가 속까지 환히 비치도록 맑음. * 透(통할 투), 明(밝을 명)
特殊 특수	특별히 다름. 평균적인 것을 넘음. '뛰어남'으로 순화. * 特(특별할 특), 殊(다를 수)

ㅍ

罷市 파시	중국에서, 도시의 상인이 일제히 가게를 닫고 매매를 중지하는 일. * 罷(파할 파, 마칠 파), 市(저자 시, 시내 시)
把握 파악	① 손으로 잡아 쥠. ② 어떤 대상의 내용이나 본질을 확실하게 이해하여 앎. * 把(잡을 파), 握(잡을 악, 쥘 악)
播種 파종	곡식이나 채소 따위를 키우기 위하여 논밭에 씨를 뿌림. '씨뿌리기', '씨 뿌림'으로 순화. * 播(뿌릴 파, 퍼뜨릴 파), 種(씨앗 종, 종류 종)
覇權 패권	어떤 분야에서 우두머리나 으뜸의 자리를 차지하여 누리는 권리와 힘. * 覇(으뜸 패, 두목 패), 權(권세 권)
偏西風 편서풍	남북 양반구에 존재하는 것으로, 서에서 동으로 부는 띠 모양의 바람. * 偏(치우칠 편), 西(서쪽 서), 風(바람 풍)
編輯 편집	일정한 방침 아래 여러 가지 재료를 모아 신문, 잡지, 책 따위를 만드는 일. 또는 영화 필름이나 녹음테이프, 문서 따위를 하나의 작품으로 완성하는 일. * 編(엮을 편), 輯(모을 집)
平衡 평형	한쪽으로 기울지 않고 안정되어 있음. * 平(평평할 평), 衡(저울대 형)
廢鑛 폐광	광산에서 광물을 캐내는 일을 중지함. 또는 그 광산. * 廢(폐할 폐), 鑛(쇳돌 광)
幣帛 폐백	신부가 처음으로 시부모를 뵐 때 큰절을 하고 올리는 물건. * 幣(돈 폐, 폐백 폐), 帛(비단 백)
弊社 폐사	말하는 이가 자기 회사를 낮추어 이르는 말. * 弊(해질 폐, 폐단 폐, 나쁠 폐), 社(모일 사)
抛棄 포기	① 하려던 일을 도중에 그만두어 버림. ② 자기의 권리나 자격, 물건 따위를 내던져 버림. * 抛(던질 포), 棄(버릴 기)
葡萄糖 포도당	생물체 내에서 중요한 역할을 하는 단당류(單糖類). * 葡(포도 포), 萄(포도 도), 糖(사탕 당·탕)
捕虜 포로	① 사로잡은 적. ② 어떤 사람이나 일에 마음이 쏠리거나 매이어 꼼짝 못하는 상태를 비유적으로 이르는 말. * 捕(잡을 포), 虜(사로잡을 로)
飽和 포화	더 이상의 양을 수용할 수 없이 가득 참. * 飽(배부를 포), 和(화목할 화, 화할 화)
標準語 표준어	한 나라에서 공용어로 쓰는 규범으로서의 언어. * 標(표할 표, 표 표), 準(평평할 준, 법도 준, 준할 준), 語(말씀 어)

ㅎ

瑕疵 하자	'옥의 얼룩진 흔적'으로, '흠'을 이르는 말. * 瑕(티 하, 허물 하), 疵(흠 자)
虐待 학대	몹시 괴롭히거나 가혹하게 대우함. 또는 그런 대우. * 虐(사나울 학, 학대할 학), 待(기다릴 대, 대접할 대)
旱魃 한발	① 가뭄을 맡고 있다는 귀신. ② 심한 가뭄. * 旱(가물 한), 魃(가물 귀신 발)
函數 함수	두 개의 변수 x, y 사이에서, x가 일정한 범위 내에서 값이 변하는 데 따라서 y의 값이 종속적으로 정해질 때, x에 대하여 y를 이르는 말. * 函(함 함, 갑옷 함), 數(셀 수, 두어 수)
含蓄 함축	① 겉으로 드러내지 아니하고 속에 간직함. ② 말이나 글이 많은 뜻을 담고 있음. * 含(머금을 함), 蓄(쌓을 축)
巷說 항설	거리에서 떠도는 말. * 巷(거리 항), 說(말씀 설)
亢星 항성	이십팔수의 둘째 별자리에 있는 별들. * 亢(목 항, 높을 항), 星(별 성)
解夢 해몽	꿈에 나타난 일을 풀어서 좋고 나쁨을 판단함. * 解(해부할 해, 풀 해), 夢(꿈 몽)
解剖 해부	① 생물체의 일부나 전부를 갈라 헤쳐 조사함. ② 사물의 조리를 자세히 분석하여 연구함. * 剖(쪼갤 부)
核 핵	① 사물이나 현상의 중심. ② 핵무기(원자 폭탄이나 수소 폭탄 따위의 핵반응으로 생기는 힘을 이용한 무기). * 核(씨 핵, 알맹이 핵)
許諾 허락	청하는 일을 하도록 들어줌. * 許(허락할 허), 諾(허락할 낙, 대답할 낙)
穴居 혈거	동굴 속에서 삶. 또는 그런 동굴. * 穴(구멍 혈), 居(살 거)
螢雪 형설	고생하면서도 부지런하고 꾸준하게 학문을 닦음을 가리키는 말. * 螢(반딧불 형), 雪(눈 설)
胡亂 호란	호인(胡人)들이 일으킨 난리. 병자호란(인조 14년(1636)에 청나라가 침입한 난리). * 胡(오랑캐 호), 亂(어지러울 란)
酷寒 혹한	몹시 심한 추위. * 酷(심할 혹, 독할 혹), 寒(찰 한)
魂魄 혼백	넋(사람의 몸에 있으면서 몸을 거느리고 정신을 다스리는 비물질적인 것). * 魂(넋 혼), 魄(넋 백)
混濁 혼탁	① 불순물이 섞이어 깨끗하지 못하고 흐림. ② 정치, 도덕 따위 사회적 현상이 어지럽고 깨끗하지 못함. * 混(섞을 혼), 濁(흐릴 탁)
忽然 홀연	뜻하지 아니하게 갑자기. * 忽(문득 홀, 소홀할 홀), 然(그러할 연)

洪水 홍수	① 큰물(비가 많이 와서 강이나 개천에 갑자기 크게 불은 물). ② 사람이나 사물이 많이 쏟아져 나옴을 비유적으로 이르는 말. * 洪(넓을 홍, 홍수 홍), 水(물 수)
華燭 화촉	빛깔을 들인 밀초. 흔히 혼례 의식에 씀. * 華(화려할 화, 빛날 화), 燭(촛불 촉)
擴大 확대	(모양이나 규모 따위를) 더 크게 함. * 擴(넓힐 확), 大(클 대)
還穀 환곡	조선 시대에, 곡식을 사창(社倉)에 저장하였다가 백성들에게 봄에 꾸어 주고 가을에 이자를 붙여 거두던 일. 또는 그 곡식. * 還(돌아올 환), 穀(곡식 곡)
幻想 환상	(현실적인 기초나 가능성이 없는) 헛된 생각이나 공상. * 幻(허깨비 환), 想(생각할 상)
闊葉 활엽	넓고 큰 잎사귀. * 闊(넓을 활, 트일 활), 葉(잎 엽)
回顧 회고	① 뒤를 돌아다봄. ② 지나간 일을 돌이켜 생각함. * 回(돌 회), 顧(돌아볼 고)
膾炙 회자	'회와 구운 고기'로, 사람의 입에 자주 오르내림을 이르는 말. * 膾(회 회), 炙(고기 구울 자)
獲得 획득	얻어 내거나 얻어 가짐. * 獲(얻을 획), 得(얻을 득)
嚆矢 효시	① 우는살(예전에, 전쟁 개시신호로 썼던 화살). ② 어떤 사물이나 현상이 시작되어 나온 맨 처음을 비유적으로 이르는 말. * 嚆(울 효), 矢(화살 시)
勳章 훈장	나라와 사회에 크게 공헌한 사람에게 국가 원수가 수여하는 휘장. * 勳(공 훈), 章(글 장)
毀損 훼손	① 체면이나 명예를 손상함. ② 헐거나 깨뜨려 못 쓰게 만듦. * 毀(헐 훼), 損(덜 손, 잊을 손)
休憩 휴게	어떤 일을 하다가 잠깐 동안 쉼. * 休(쉴 휴), 憩(쉴 게)
戱曲 희곡	등장인물들의 행동이나 대화를 기본 수단으로 하여 표현하는 예술 작품. * 戱(놀 희, 희롱할 희), 曲(굽을 곡, 노래 곡)
戱弄 희롱	① 말이나 행동으로 실없이 놀림. ② 손아귀에 넣고 제멋대로 가지고 놂. ③ 서로 즐기며 놀리거나 놂. * 弄(희롱할 롱)
犧牲 희생	① 다른 사람이나 어떤 목적을 위하여 자신의 목숨, 재산, 명예, 이익 따위를 바치거나 버림. ② 사고나 자연 재해 따위로 애석하게 목숨을 잃음. * 犧(희생 희), 牲(희생 생)
稀少 희소	(매우) 드물고 적음. * 稀(드물 희), 少(적을 소, 젊을 소)

CHAPTER 02 한자성어

〈한자 성어 3박자 학습법〉
1박자 : 쓰인 글자대로 해석해 보면서 뜻을 생각해 보세요.
2박자 : 어느 상황에 쓰이는지 생각해 보고 실제 생활에 많이 활용하세요.
3박자 : 상황에 맞게 글자를 바꾸거나 새로 만들어 써 보세요.

刻骨難忘 (각골난망)
刻(새길 **각**), 骨(뼈 **골**), 難(어려울 **난**), 忘(잊을 **망**)

'뼈에 새겨져 잊기 어려움'으로, 입은 은혜에 대한 고마운 마음이 뼈에까지 새겨져 잊히지 아니함.

格物致知 (격물치지)
格(헤아릴 **격**), 物(물건 **물**), 致(이를 **치**), 知(알 **지**)

'사물의 이치를 헤아리면 앎에 이름'으로, 사물의 이치를 헤아려 자기의 지식을 확고하게 함.

結草報恩 (결초보은)
結(맺을 **결**), 草(풀 **초**), 報(갚을 **보**), 恩(은혜 **은**)

'풀을 묶어 은혜를 갚음'으로, ㉠ 죽어 혼이 되더라도 입은 은혜를 잊지 않고 갚음. ㉡ 무슨 짓을 하여서든지 잊지 않고 은혜에 보답함.

🔊 유언을 어기고 아버지의 첩을 따라 죽지 않게 하였더니, 그 첩의 아버지 혼령이 적군의 앞길에 풀을 묶어 적을 넘어뜨려 공을 세울 수 있도록 하였다는 데서 유래.

傾國之色 (경국지색)
傾(기울 **경**), 國(나라 **국**), 之(~의 **지**), 色(여색 **색**)

'나라도 기울게 할 정도의 여색'으로, 임금이 빠져 나라가 기울어도 모를 만한 미인, 즉 매우 아름다운 여자를 이르는 말.

孤立無援 (고립무원)
孤(외로울 **고**), 立(설 **립**), 無(없을 **무**), 援(도울 **원**)

'고립되어 도움 받을 데가 없음'으로, 의지할 곳 없이 외톨이가 되어 도와주는 사람이 없음.

姑息之計 (고식지계)
姑(잠깐 **고**), 息(쉴 **식**), 之(~의 **지**), 計(꾀 **계**)

'잠깐 쉼의 꾀'로, 항구적으로 대책을 세워 처리하지 못하고 우선 당장 편한 것만을 택하는 꾀나 방법.

苦肉之策 (고육지책)
苦(쓸 **고**), 肉(고기 **육**), 之(갈 **지**), 策(꾀 **책**)

'자기의 살을 괴롭게 하는 꾀'라는 뜻으로, 어쩔 수가 없어서 자신을 희생시키면서까지 내는 꾀.

苦盡甘來 (고진감래)

苦(괴로울 고), 盡(다할 진), 甘(기쁠 감), 來(올 래)

'괴로움이 다하면 기쁨이 옴'으로, 고생 끝에 즐거움이 온다는 말.
[반] 興盡悲來(흥진비래)

過猶不及 (과유불급)

過(지나칠 과), 猶(같을 유), 不(아닐 불·부), 及(미칠 급)

'(정도를) 지나침(過)은 미치지 못함(不及)과 같음'으로, 중용(中庸)이 중요함을 이르는 말.
🔊 中(가운데 중, 맞힐 중), 庸(떳떳할 용, 어리석을 용), 중용(中庸) – 지나치거나 모자라지 아니하고 한쪽으로 치우치지도 아니한, 떳떳하며 변함이 없는 상태나 정도.

群盲評象 (군맹평상)

群(무리 군), 盲(소경 맹), 評(평할 평), 象(코끼리 상)

'여러 맹인들이 코끼리를 평한다'는 뜻으로, 사물을 전체적으로 보지 못하고 일부분만 보고 잘못 판단함을 비유함.

窮餘一策 (궁여일책)

窮(다할 궁), 餘(남을 여), 一(한 일), 策(꾀 책)

막다른 처지에서 짜내는 한 가지 계책.

金科玉條 (금과옥조)

金(금 금), 科(과목 과), 玉(구슬 옥), 條(조목 조)

'금 같은 과목, 옥 같은 조목'으로, 아주 귀중한 법칙이나 규범을 이르는 말.

金石盟約 (금석맹약)

金(쇠 금), 石(돌 석), 盟(맹세 맹), 約(맺을 약)

쇠나 돌같이 굳게 맹세하여 맺은 약속.

氣高萬丈 (기고만장)

氣(기운 기), 高(높을 고), 萬(일만 만), 丈(길이 장)

'기운 높이가 만장(萬丈)으로', ㉠ 펄펄 뛸 만큼 크게 성이 남. ㉡ 일이 뜻대로 되어 씩씩한 기운이 대단하게 뻗침.

奇想天外 (기상천외)

奇(기특할 기), 想(생각 상), 天(하늘 천), 外(바깥 외)

보통 사람으로는 짐작도 할 수 없을 만큼 생각이 기발하고 엉뚱함.

大器晚成 (대기만성)

大(큰 대), 器(그릇 기), 晚(늦을 만), 成(이룰 성)

'큰 그릇은 늦게 이루어짐'으로, ㉠ 크게 될 인물은 오랜 공적을 쌓아 늦게 이루어짐. ㉡ 만년(晚年)이 되어 성공함을 이르는 말.

東奔西走	東(동쪽 **동**), 奔(달릴 **분**), 西(서쪽 **서**), 走(달릴 **주**)
동분서주	'동쪽으로 달리고 서쪽으로 달림'으로, 사방으로 이리저리 바쁘게 돌아다님.

得意揚揚	得(얻을 **득**), 意(뜻 **의**), 揚(날릴 **양**, 높일 **양**)
득의양양	뜻하는 바를 얻어(이루어) 우쭐거리며 뽐냄.

燈火可親	燈(등불 **등**), 火(불 **화**), 可(가히 **가**), 親(친할 **친**)
등화가친	'등잔불과 가히 친함'으로, 가을밤은 시원하고 상쾌하므로 등불을 가까이 하여 글 읽기에 좋음을 이르는 말.

萬事亨通	萬(일만 **만**), 事(일 **사**), 亨(형통할 **형**), 通(통할 **통**)
만사형통	모든 일이 뜻한 대로 순탄하게 잘 이루어짐.

晩時之歎	晩(늦을 **만**), 時(때 **시**), 之(갈 **지**), 歎(탄식할 **탄**)
만시지탄	때늦은 한탄.

明若觀火	明(밝을 **명**), 若(같을 **약**), 觀(볼 **관**), 火(불 **화**)
명약관화	'밝기가 불을 보는 것 같음'으로, 의심할 여지없이 명백함.

目不識丁	目(볼 **목**), 不(아닐 **불·부**), 識(알 **식**), 丁(고무래 **정**)
목불식정	'고무래를 보고도 고무래 정(丁) 자를 모름'으로, 글자를 전혀 모름, 또는 그러한 사람을 이르는 말. ㈜ 낫 놓고 기역자도 모른다.

博學多識	博(넓을 **박**), 學(배울 **학**), 多(많을 **다**), 識(알 **식**)
박학다식	널리 배우고 많이 앎.

背恩忘德	背(등질 **배**), 恩(은혜 **은**), 忘(잊을 **망**), 德(덕 **덕**)
배은망덕	'은혜를 등지고 은덕을 잊음'으로, 남에게 받은 덕을 잊고 배반함.

負重致遠 (부중치원)

負(질 **부**), 重(무거울 **중**), 致(이를 **치**), 遠(멀 **원**)

무거운 짐을 지고 먼 곳까지 간다는 뜻으로, 중요한 직책을 맡음을 이름.

不恥下問 (불치하문)

不(아닐 **불·부**), 恥(부끄러울 **치**), 下(아래 **하**), 問(물을 **문**)

(지위·학식·나이 따위가 자기보다) 아래인 사람에게 묻는 것을 부끄럽게 여기지 아니함.

氷姿玉質 (빙자옥질)

氷(얼음 **빙**), 姿(모습 **자**), 玉(구슬 **옥**), 質(바탕 **질**)

'얼음같이 맑고 고운 모습과 옥 같은 자질'이라는 뜻으로, 매화를 상징하는 말.

捨生取義 (사생취의)

捨(버릴 **사**), 生(살 **생**), 取(취할 **취**), 義(옳을 **의**)

'삶(생명)을 버리고 옳음을 취함'으로, 비록 목숨을 버릴지언정 옳은 일을 함.

事必歸正 (사필귀정)

事(일 **사**), 必(반드시 **필**), 歸(돌아올 **귀**), 正(바를 **정**)

'일은 반드시 바른 데로 돌아옴'으로, 모든 일은 결과적으로 반드시 바른 길로 돌아오기 마련임.

三人成虎 (삼인성호)

三(석 **삼**), 人(사람 **인**), 成(이룰 **성**), 虎(범 **호**)

'세 사람이면 범도 이룸'으로, (세 사람이 똑같이 시장에 범이 나타났다고 한다면 믿게 된다는 데서), 근거 없는 말도 여러 사람이 하면 믿게 됨을 이르는 말.

上通下達 (상통하달)

上(위 **상**), 通(통할 **통**), 下(아래 **하**), 達(이를 **달**)

'위로 통하고 아래로 이름'으로, 위아래로 명령이나 의사가 잘 통함.

先病者醫 (선병자의)

先(먼저 **선**), 病(병 **병**), 者(놈 **자**), 醫(의원 **의**)

'먼저 병을 앓아본 사람이 의원'으로, 경험 있는 사람이 남을 인도할 수 있다는 말.

雪上加霜 (설상가상)

雪(눈 **설**), 上(위 **상**), 加(더할 **가**), 霜(서리 **상**)

'눈 위에 서리가 덮임'으로, 불행한 일이 연거푸 일어남을 이르는 말. 속 엎친 데 덮친 격.
🔊 눈이 오면 구름층이 내려와 날씨는 따뜻한데 그러지 않고 서리까지 내리니 더 춥다는 데서 유래.

說往說來 설왕설래	說(말씀 **설**), 往(갈 **왕**), 來(올 **래**) '말이 가고 옴'으로, 무슨 일의 시비(是非)를 따지느라 말로 옥신각신함. 🔊 是(옳을 시, 이 시, be동사 시), 非(어긋날 비, 아닐 비, 나무랄 비)
小貪大失 소탐대실	小(작을 **소**), 貪(탐낼 **탐**), 大(큰 **대**), 失(잃을 **실**) 작은 것을 탐내다가 큰 것을 잃음. 㑞 멧돼지 잡으려다 집돼지 잃는다.
束手無策 속수무책	束(묶을 **속**), 手(손 **수**), 無(없을 **무**), 策(꾀 **책**) '손이 묶여 꾀가 없음'으로, 손이 묶인 듯이 어찌할 도리가 없어 꼼짝 못함을 이르는 말.
送舊迎新 송구영신	送(보낼 **송**), 舊(오랠 **구**), 迎(맞이할 **영**), 新(새로울 **신**) '묵은 것을 보내고 새로운 것을 맞이함'으로, ㉠ 묵은해를 보내고 새해를 맞이함. ㉡ 구관(舊官)을 보내고 신관(新官)을 맞이함을 이르는 말. 🔊 官(관청 관, 벼슬 관)
識字憂患 식자우환	識(알 **식**), 字(글자 **자**), 憂(근심 **우**), 患(근심 **환**) '글자를 잘 아는 것이 오히려 근심이 됨'으로, ㉠ 알기는 알아도 똑바로 잘 알지 못하기 때문에 그 지식이 오히려 걱정거리가 됨. ㉡ 도리를 알고 있는 것이 오히려 불리하게 됨. ㉢ 차라리 모르는 편이 나을 때를 이르는 말. 㑞 아는 것이 병.
深思熟考 심사숙고	深(깊을 **심**), 思(생각할 **사**), 熟(익을 **숙**), 考(생각할 **고**) 깊이 생각하고 익도록(많이) 생각함.
惡戰苦鬪 악전고투	惡(악할 **악**), 戰(싸울 **전**), 苦(괴로울 **고**), 鬪(싸울 **투**) '악한 싸움 괴로운 싸움'으로, ㉠ 강력한 적을 만나 괴롭게 싸움. ㉡ 곤란한 상태에서 괴로워하면서도 노력을 계속함을 이르는 말. 🔊 악전(惡戰) – 매우 어려운 조건을 무릅쓰고 힘을 다하여 싸움.
如履薄氷 여리박빙	如(같을 **여**), 履(밟을 **리**), 薄(엷을 **박**), 氷(얼음 **빙**) 살얼음을 밟는 것과 같다는 뜻으로, 아주 위험한 짓을 함을 비유.
易地思之 역지사지	易(바꿀 **역**), 地(처지 **지**), 思(생각할 **사**), 之(이 **지**) '처지를 바꾸어 생각함'으로, 상대방의 처지에서 생각해봄.

緣木求魚 (연목구어)	緣(인연 **연**), 木(나무 **목**), 求(구할 **구**), 魚(물고기 **어**) '나무에 인연하여 물고기를 구함(잡음)'으로, ㉠ 목적이나 수단이 일치하지 않아 성공이 불가능함. ㉡ 허술한 계책으로 큰일을 도모함을 이르는 말.
炎凉世態 (염량세태)	炎(불꽃 **염**), 凉(서늘할 **량**), 世(인간 **세**), 態(모습 **태**) '따뜻하면 붙고 서늘하면 버리는 세상의 태도'라는 뜻으로, 세력이 있을 때는 좇고 세력이 없어지면 버리는 세상의 인심을 비유함.
烏飛梨落 (오비이락)	烏(까마귀 **오**), 飛(날 **비**), 梨(배 **이**), 落(떨어질 **락**) '까마귀 날자 배 떨어짐'으로, 아무런 관계도 없이 한 일이 공교롭게 다른 일과 때가 일치해 혐의를 받게 됨을 이르는 말.
愚公移山 (우공이산)	愚(어리석을 **우**), 公(귀공자 **공**), 移(옮길 **이**), 山(산 **산**) '우공(愚公)이 산을 옮김'으로, 어리석은 일처럼 보이지만 한 가지 일을 끝까지 밀고 나가면 언젠가는 목적을 달성할 수 있다는 말. ◁ 愚公이 산을 옮기려하자 그 어리석음을 비웃으니, 愚公이 "이 일은 내가 죽더라도 자자손손(子子孫孫) 이어질 것이나 산은 커지지 않을 것이니 어찌 이루지 못 하리오?"라고 질책하였다는 데서 유래.
優柔不斷 (우유부단)	優(넉넉할 **우**), 柔(부드러울 **유**), 不(아닐 **부**), 斷(끊을 **단**) '마음이 여려 우물쭈물하고 결단을 내리지 못함'을 뜻함.
雨後靑山 (우후청산)	雨(비 **우**), 後(뒤 **후**), 靑(푸를 **청**), 山(산 **산**) '비 내린 뒤의 푸른 산'으로, 비 온 뒤의 산은 한층 맑고 푸르러 보임.
流芳百世 (유방백세)	流(흐를 **류**), 芳(꽃다울 **방**), 百(일백 **백**), 世(세대 **세**) '향기가 백 대에 걸쳐 흐름'으로, 훌륭한 명성이나 공적이 후세에 길이 전해짐.
以卵投石 (이란투석)	以(써 **이**), 卵(알 **란**), 投(던질 **투**), 石(돌 **석**) '계란으로써 돌에 던짐'으로, 약한 것으로 강한 것을 당해내려는 어리석음을 이르는 말.
忍之爲德 (인지위덕)	忍(참을 **인**), 之(이 **지**), 爲(할 **위**), 德(덕 **덕**) 참는 것이 덕이 됨.

一罰百戒 (일벌백계)

一(한 **일**), 罰(벌줄 **벌**), 百(일백 **백**), 戒(경계할 **계**)

'한 사람을 벌하여 백 사람을 경계함'으로, 한 사람을 벌줌으로써 여러 사람의 경각심을 불러일으킴.

一絲不亂 (일사불란)

一(한 **일**), 絲(실 **사**), 不(아닐 **불·부**), 亂(어지러울 **란**)

'한 오리 실도 엉키지 아니함'으로, 질서나 체계가 정연하여 조금도 어지러운 데가 없음.

日就月將 (일취월장)

日(날 **일**), 就(나아갈 **취**), 月(달 **월**), 將(나아갈 **장**)

'날로 나아가고 달로 나아감'으로, 학업이나 사업이 날이 가고 달이 갈수록 진보함.

臨機應變 (임기응변)

臨(임할 **림**), 機(기회 **기**), 應(응할 **응**), 變(변할 **변**)

'기회에 임하고 변화에 응함'으로, 그때그때의 형편에 따라 융통성 있게 처리함.

臨戰無退 (임전무퇴)

臨(임할 **림**), 戰(싸울 **전**), 無(없을 **무**), 退(물러날 **퇴**)

전쟁에 임하면(나가면) 물러섬이 없음.
🔊 삼국 통일의 원동력이 된 화랑(花郎)의 세속오계(世俗五戒) 중 하나.

自强不息 (자강불식)

自(스스로 **자**), 强(강할 **강**), 不(아닐 **불·부**), 息(쉴 **식**)

스스로 힘쓰며 쉬지 않음.

自力更生 (자력갱생)

自(자기 **자**), 力(힘 **력**), 更(다시 **갱**), 生(살 **생**)

'자기 힘으로 다시 살아남'으로, 자기의 어려웠던 환경을 딛고 다시 재기함.

積小成大 (적소성대)

積(쌓일 **적**), 小(작을 **소**), 成(이룰 **성**), 大(큰 **대**)

작은 것이 쌓여 큰 것을 이룸.

絶世佳人 (절세가인)

絶(가장 **절**), 世(세상 **세**), 佳(아름다울 **가**), 人(사람 **인**)

세상에서 가장 아름다운 사람.

頂門一鍼 — 정문일침
頂(정수리 **정**), 門(문 **문**), 一(한 **일**), 鍼(침 **침**, = 針)

'정수리에 한번 침을 놓음'으로, 상대방의 급소를 찌르는 간절하고 매서운 충고를 이르는 말.

正正堂堂 — 정정당당
正(바를 **정**), 堂(집 **당**, 당당할 **당**)

'바르고 당당함'으로, 태도나 수단이 공정하고 떳떳함.

朝令暮改 — 조령모개
朝(아침 **조**), 令(명령할 **령**), 暮(저물 **모**), 改(고칠 **개**)

'아침에 명령하고 저녁에 고침(바꿈)'으로, 법령을 자꾸 고쳐서 갈피잡기가 어려움을 이르는 말.

走馬看山 — 주마간산
走(달릴 **주**), 馬(말 **마**), 看(볼 **간**), 山(산 **산**)

'달리는 말 위에서 산을 봄'으로, 바쁘게 대충 보며 지나감을 말함.
속 수박 겉핥기.

衆口難防 — 중구난방
衆(무리 **중**), 口(입 **구**), 難(어려울 **난**), 防(막을 **방**)

(마구 지껄이는) 여러 사람들의 입은 막기 어려움.

知己之友 — 지기지우
知(알 **지**), 己(자기 **기**), 之(~의 **지**), 友(벗 **우**)

자기를 알아주는 친구.

指呼之間 — 지호지간
指(손가락 **지**), 呼(부를 **호**), 之(~의 **지**), 間(사이 **간**)

'손짓하여 부를 만한 사이'로, 가까운 거리를 이르는 말.

進退兩難 — 진퇴양난
進(나아갈 **진**), 退(물러날 **퇴**), 兩(두 **량**), 難(어려울 **난**)

'나아가기도 물러나기도 둘 다 어려움'으로, 꼼짝할 수 없는 궁지에 몰린 경우를 이르는 말.

天高馬肥 — 천고마비
天(하늘 **천**), 高(높을 **고**), 馬(말 **마**), 肥(살찔 **비**)

'하늘이 높고 말이 살찜'으로, 가을이 썩 좋은 계절임을 이르는 말.

天壤之差 천양지차	天(하늘 **천**), 壤(땅 **양**), 之(~의 **지**), 差(다를 **차**) '하늘과 땅 차이'로, 아주 엄청난 차이를 이르는 말.
千篇一律 천편일률	千(일천 **천**), 篇(책 **편**), 一(한 **일**), 律(법률 **률**) '많은 책이 하나의 법률'로, [여러 시문(詩文)의 격조가 변화 없이 비슷비슷하다는 데서] 여러 사물이 거의 비슷비슷하여 특색이 없음을 이르는 말.
草綠同色 초록동색	草(풀 **초**), 綠(푸를 **록**), 同(같을 **동**), 色(빛 **색**) '풀색과 녹색은 같은 색'으로, 처지가 같은 사람들끼리 한패가 되는 경우를 비유하여 이르는 말. ㈜ 가재는 게 편.
初志一貫 초지일관	初(처음 **초**), 志(뜻 **지**), 一(한 **일**), 貫(꿸 **관**) 처음 품은 뜻(계획)을 한결같이 뚫고(밀고) 나감.
快刀亂麻 쾌도난마	快(쾌할 **쾌**), 刀(칼 **도**), 亂(어지러울 **난**), 麻(삼 **마**) 헝클어진 삼을 잘 드는 칼로 자른다는 뜻으로, 복잡하게 얽힌 사물이나 비꼬인 문제를 솜씨 있고 바르게 처리함을 비유.
卓上空論 탁상공론	卓(탁자 **탁**), 上(위 **상**), 空(빌 **공**), 論(논할 **론**) '탁상(책상) 위의 빈(헛된) 의논'으로, 전혀 실현성 없는 허황한 이론이나 논의를 이르는 말.
抱腹絶倒 포복절도	抱(안을 **포**), 腹(배 **복**), 絶(끊을 **절**), 倒(넘어질 **도**) '배를 안고 끊어지고 넘어짐'으로, 몸을 가누지 못할 정도로 웃는 모습을 이르는 말.
風樹之歎 풍수지탄	風(바람 **풍**), 樹(나무 **수**), 之(~의 **지**), 歎(탄식할 **탄**) '바람에 흔들리는 나무를 보고 하는 탄식'으로, 부모에게 효도를 다하려고 생각할 때에는 이미 돌아가셔서 그 뜻을 이룰 수 없음을 이르는 말. ◀ "수욕정이풍부지(樹欲靜而風不止) 자욕양이친부대(子欲養而親不待) – 나무는 고요하고자 하나 바람이 그쳐주지 않고, 자식은 봉양하고자 하나 어버이는 기다려 주지 않는다"는 말에서 유래.
下學上達 하학상달	下(아래 **하**), 學(배울 **학**), 上(위 **상**), 達(통달할 **달**) '아래부터 배워서 위에 이름'으로, 쉬운 것을 깨쳐 어려운 이치에 통함.

虛張聲勢 허장성세	虛(헛될 **허**), 張(넓힐 **장**), 聲(소리 **성**), 勢(기세 **세**) '헛되이 소리와 세력만 키움'으로, 실력이 없으면서도 허세로만 떠벌림.
賢母良妻 현모양처	賢(어질 **현**), 母(어미 **모**), 良(어질 **량**), 妻(아내 **처**) (자식에게는) 어진 어머니이면서 (남편에게는) 착한 아내.
兄友弟恭 형우제공	兄(형 **형**), 友(벗 **우**), 弟(아우 **제**), 恭(공손할 **공**) 형은 아우를 사랑하고 동생은 형을 공경한다는 뜻으로, 형제간에 서로 우애 깊음을 뜻함.
弘益人間 홍익인간	弘(클 **홍**), 益(더할 **익**), 人(사람 **인**), 間(사이 **간**) 널리 인간세계를 이롭게 한다는 뜻으로, 우리나라 건국 시조로 여겨지는 단군의 건국이념.
花容月態 화용월태	花(꽃 **화**), 容(얼굴 **용**), 月(달 **월**), 態(모습 **태**) 꽃다운 얼굴과 달 같은 여인의 고운 자태.
會者定離 회자정리	會(모일 **회**), 者(놈 **자**), 定(정할 **정**), 離(헤어질 **리**) '만남에는 이별이 정해져 있음'으로, 인간의 힘으로는 어찌 할 수 없는 이별의 아쉬움을 이르는 말.
厚顔無恥 후안무치	厚(두터울 **후**), 顔(얼굴 **안**), 無(없을 **무**), 恥(부끄러울 **치**) 두꺼운 낯가죽이라 (뻔뻔하여) 부끄러움을 모름.
興盡悲來 흥진비래	興(흥겨울 **흥**), 盡(다할 **진**), 悲(슬플 **비**), 來(올 **래**) '즐거운 일이 다하면 슬픈 일이 옴'으로, 세상일은 순환되는 것임을 이르는 말.
喜怒哀樂 희로애락	喜(기쁠 **희**), 怒(성낼 **로**), 哀(슬플 **애**), 樂(즐길 **락**) 기쁨과 성냄과 슬픔과 즐거움.

제4편
최신 기출문제 5회분

최신 기출문제 5회분

정답 및 해설

자격증 · 공무원 · 금융/보험 · 면허증 · 언어/외국어 · 검정고시/독학사 · 기업체/취업
이 시대의 모든 합격! 시대에듀에서 합격하세요!
www.youtube.com ➜ 시대에듀 ➜ 구독

제117회 한자실력급수 [3급] 문제지

시험시간 60분

객관식 01~30번

※ [　] 안의 한자와 음이 같은 한자는?

01 [涯] ① 哀　② 敢　③ 眼　④ 仰
02 [講] ① 局　② 變　③ 康　④ 航
03 [泳] ① 恭　② 營　③ 硬　④ 朋
04 [項] ① 邦　② 盲　③ 紅　④ 恒
05 [卜] ① 圍　② 點　③ 伏　④ 瓦

※ [　] 안의 한자와 뜻이 비슷하거나 같은 한자는?

06 [範] ① 孔　② 模　③ 堅　④ 哲
07 [避] ① 述　② 逢　③ 迎　④ 逃

※ [　] 안의 한자와 뜻이 반대되거나 상대되는 한자는?

08 [薄] ① 厚　② 値　③ 宴　④ 導
09 [負] ① 響　② 劍　③ 勝　④ 敗

※ 〈보기〉의 단어들과 가장 관련이 깊은 한자는?

10 | 〈보기〉 | 연설 | 청산유수 | 설득 |
① 讓　② 誰　③ 證　④ 辯

11 | 〈보기〉 | 기원 | 신 | 제물 |
① 慈　② 祀　③ 熟　④ 推

12 | 〈보기〉 | 송이 | 영지 | 표고 |
① 淑　② 卓　③ 拳　④ 菌

※ [　] 안의 단어를 한자로 알맞게 쓴 것은?

13 그녀는 일찍이 남다른 안목으로 새로운 시장을 [개척]하였다.
① 個拓　② 開尺　③ 個尺　④ 開拓

14 장례식이 끝난 뒤 변호사는 유언자가 직접 [서명]하고 날인한 유언장을 공개하였다.
① 署名　② 序名　③ 署命　④ 序命

15 그는 작년에 박사과정을 [수료]했다.
① 修料　② 收了　③ 修了　④ 收料

※ 주어진 뜻에 알맞은 한자어는?

16 변경이나 군사 요지에 주둔한 군대의 군량을 마련하기 위하여 설치한 토지.
① 屯田　② 僞造　③ 尖端　④ 稻作

17 상대편의 공격으로부터 스스로를 지킴.
① 埋藏　② 虐待　③ 抄錄　④ 防禦

18 강이나 내를 건넘.
① 招聘　② 渡河　③ 耽溺　④ 休憩

19 집터로서의 땅.
① 貢獻　② 透明　③ 垈地　④ 檀君

20 공경하면서 두려워함.
① 畏敬　② 絶叫　③ 琴瑟　④ 奮發

21 큰 세력을 가진 가문의 일족.
① 族閥　② 締結　③ 罷市　④ 錯雜

22 땅이 비탈지고 조금 높은 곳.
① 象徵　② 丘陵　③ 肖像　④ 赴任

23 분하거나 못마땅하게 여겨 한탄함.
① 撒布　② 酷寒　③ 慨歎　④ 倦怠

24 진동하고 있는 물체의 정지 또는 평형 위치에서 진동의 좌우 최대 변위까지의 거리.
① 碑銘　② 淫亂　③ 利潤　④ 振幅

25 갑자기 깨달음.
① 絞首　② 頓悟　③ 凝固　④ 斜陽

※ [ ] 안에 들어갈 한자어로 알맞은 것은?

26 아무런 [ ]가 없는 물건만이 제값을 받을 수 있다.
　① 瑕疵　② 粒子　③ 禽獸　④ 鼓吹

27 그는 교대를 졸업한 뒤 어느 시골 초등학교에서 [ ]생활을 시작했다.
　① 葛藤　② 亢星　③ 慘狀　④ 敎鞭

28 경영 개혁안을 초안하여 전문가에게 [ ]했다.
　① 啓蒙　② 金融　③ 諮問　④ 矛盾

29 탈놀이에는 잡귀나 [ ]을 물리치는 의식이 반영되어 있다.
　① 衝突　② 災殃　③ 比率　④ 毁損

30 아이는 멀리 뛰기 위해 힘차게 [ ]했다.
　① 誤謬　② 跳躍　③ 簡單　④ 永訣

주관식 01~70번

※ 다음 한자의 훈과 음을 쓰시오.

주01 梨 (　　) 주02 肺 (　　)

주03 貫 (　　) 주04 契 (　　)

주05 吏 (　　) 주06 姦 (　　)

주07 役 (　　) 주08 係 (　　)

주09 宣 (　　) 주10 妾 (　　)

※ 다음 훈과 음에 맞는 한자를 <보기>에서 찾아 쓰시오.

| <보기> | 督 祥 覺 稱 貿 |
| | 複 揮 照 確 暇 |

주11 굳을 확　(　　)

주12 깨달을 각　(　　)

주13 휘두를 휘　(　　)

주14 겨를 가　(　　)

주15 무역할 무　(　　)

※ 다음 한자어의 독음을 쓰시오.

주16 悔改 (　　)　주17 基礎 (　　)
주18 輪讀 (　　)　주19 提唱 (　　)
주20 態度 (　　)　주21 版權 (　　)
주22 陳列 (　　)　주23 庶民 (　　)
주24 麻衣 (　　)　주25 弘報 (　　)
주26 架空 (　　)　주27 起爆 (　　)
주28 俊傑 (　　)　주29 雅量 (　　)
주30 弔旗 (　　)　주31 苟且 (　　)
주32 咸池 (　　)

※ <보기>의 뜻을 참고하여 ○ 안에 공통으로 들어갈 한자를 쓰시오.

주33 (1) ○用　(2) ○職　(　　)

| <보기> | (1) 한 가지를 여러 가지 목적으로 씀. |
| | (2) 자기의 본디 직무 외에 다른 직무를 겸함. |

주34 (1) ○兵　(2) 學○　(　　)

| <보기> | (1) 군대를 파견함. |
| | (2) 학문에서의 주장을 달리하는 갈래. |

주35 (1) 距○　(2) ○散　(　　)

| <보기> | (1) 두 개의 물건이나 장소 따위가 공간적으로 떨어진 길이. |
| | (2) 헤어져 흩어짐. |

※ ○ 안에 공통으로 들어갈 한자를 <보기>에서 찾아 쓰시오.

| <보기> | 鎭　慕　塔　澤　譜　緣 |

주36 鐵○　佛○　多寶○　(　　)

주37 ○痛　重○　○火　(　　)

주38 樂○　族○　畫○　(　　)

※ 문장에서 잘못 쓴 한자를 바르게 고쳐 쓰시오.
(단, 음이 같은 한자로 고칠 것)

주39 완성된 **原苦**를 출판사로 보냈다.
(→)

주40 시민들은 그의 연설에 **冷擔**한 반응을 보였다.
(→)

※ [ ] 안의 단어를 한자로 쓰시오.

주41 마라톤을 완주한 후 나는 내 힘으로 무언가를 이루었다는 [희열]을 느꼈다. ( )

주42 현대 사회는 [급격]하게 바뀌고 있다. ( )

주43 그는 고통을 [인내]하며 영광의 오늘을 기다려 왔다. ( )

주44 그의 각종 무술 및 [격투기]에 능한 스포츠맨이다. ( )

주45 지원자들은 다음 주까지 자필 [이력서]를 제출해야 한다. ( )

※ [ ] 안 한자어의 독음을 쓰시오

주46 수영이나 달리기 같은 유산소 운동은 지방 [**燃燒**]에 효과적이다. ( )

주47 그 사건 이후로 두 사람의 사이는 매우 [**疏遠**]하게 되었다. ( )

주48 우리에게는 아무 [**忌憚**]할 것도, 주저할 것도 없다. ( )

주49 자의적 해석에 의한 신문 기사는 진실을 [**歪曲**]할 우려가 있다. ( )

주50 유괴범이 어린이를 [**拉致**]하여 몸값을 요구하였다. ( )

주51 지난여름에는 이곳의 하천이 [**氾濫**]하여 주변의 농경지와 집들이 모두 물에 잠겼다. ( )

주52 방심하고 일을 잘못하다간 큰 낭패를 보기가 [**捷徑**]이니 조심해야 한다. ( )

주53 고구려 장수왕 때에 국내성에서 평양으로 [**遷都**]하였다. ( )

주54 경찰이 추적하자 범인들은 차량을 [**奪取**]하여 도주했다. ( )

주55 태풍 때문에 여러 척의 [**船舶**]이 부두에 대피 중이다. ( )

주56 이 글은 완벽해서 더 이상의 [**蛇足**]은 붙일 필요가 없다. ( )

주57 주제를 정한 후에 그와 관련된 자료들을 여러 신문에서 [**拔萃**]할 계획이다. ( )

주58 탐험대가 들어간 [**洞窟**] 천장에는 박쥐들이 우글우글 매달려 있었다. ( )

주59 그들은 충성을 [**誓約**]하고 축배를 들었다. ( )

주60 이곳은 직장 및 항문 질환을 전문적으로 [**診療**]하는 병원이다. ( )

주61 시인 생활 50년의 [**伴侶**]였던 이 만년필에는 내 첫사랑의 추억이 담겨 있다. ( )

주62 윤동주는 이름을 날리기도 전에 [**夭折**]했지만 그의 작품은 영원히 남을 것이다. ( )

주63 그 [**俳優**]는 자신이 맡은 인물에 몰입하면 평소와는 전혀 다른 사람이 된다. ( )

주64 마지막 발표자가 발표를 [**遲滯**]하여 전체 토론 시간이 줄어들었다. ( )

주65 남을 무턱대고 [**誹謗**]하여 자신에게 득이 될 것은 없다. ( )

※ 한자성어의 설명을 읽고 ○ 안에 들어갈 한자를 차례대로 쓰시오.

주66 ○行逆○ (,)

| [도행역시] | 차례나 순서를 바꾸어서 행함. |

주67 ○骨○忘 (,)

| [각골난망] | 남에게 입은 은혜가 뼈에 새길 만큼 커서 잊히지 아니함. |

주68 千○一○　　　(　　　,　　　)

| [천려일실] | 슬기로운 사람이라도 여러 가지 생각 가운데에는 잘못되는 것이 있을 수 있음을 이르는 말. |

주69 萬事○○　　　(　　　,　　　)

| [만사형통] | 모든 것이 뜻대로 잘됨. |

주70 心○一○　　　(　　　,　　　)

| [심기일전] | 어떤 동기가 있어 이제까지 가졌던 마음가짐을 버리고 완전히 달라짐. |

- 수고하셨습니다 -

제118회 한자실력급수 [3급] 문제지

시험시간 60분

객관식 01~30번

※ [ ] 안의 한자와 음이 같은 한자는?

01 [浦] ① 譜 ② 負 ③ 包 ④ 孤
02 [介] ① 皆 ② 系 ③ 亥 ④ 昏
03 [置] ① 價 ② 治 ③ 就 ④ 池
04 [被] ① 肥 ② 派 ③ 泰 ④ 避
05 [返] ① 販 ② 般 ③ 繁 ④ 晩

※ [ ] 안의 한자와 뜻이 비슷하거나 같은 한자는?

06 [願] ① 妾 ② 提 ③ 祈 ④ 値
07 [態] ① 額 ② 亭 ③ 慾 ④ 樣

※ [ ] 안의 한자와 뜻이 반대되거나 상대되는 한자는?

08 [吸] ① 輸 ② 呼 ③ 架 ④ 咸
09 [姪] ① 叔 ② 吏 ③ 珍 ④ 贊

※ 〈보기〉의 단어들과 가장 관련이 깊은 한자는?

10 〈보기〉 갯벌 인력 밀물
① 項 ② 潮 ③ 裕 ④ 圍

11 〈보기〉 제방 집 성벽
① 督 ② 奔 ③ 築 ④ 栗

12 〈보기〉 군대 전쟁 대오
① 暇 ② 祀 ③ 供 ④ 陣

※ [ ] 안의 단어를 한자로 알맞게 쓴 것은?

13 얼굴 근육이 [경직]되는지 눈이 쌈빡쌈빡하여 거북살스럽다.
① 境直 ② 硬直 ③ 經直 ④ 競直

14 이번 사건은 담당 검사의 [지휘]로 일사불란하게 처리되었다.
① 指揮 ② 支揮 ③ 止揮 ④ 知揮

15 퓨즈는 [아연], 주석, 납 또는 이들을 주성분으로 한 합금으로 만들어진다.
① 雅鉛 ② 亞研 ③ 雅研 ④ 亞鉛

※ 주어진 뜻에 알맞은 한자어는?

16 동굴 속에서 삶. 또는 그런 동굴.
① 穴居 ② 羞恥 ③ 疾病 ④ 錯雜

17 무너지고 깨어짐.
① 坑道 ② 微分 ③ 頃刻 ④ 崩壞

18 말의 뜻을 구별하여 주는 소리의 가장 작은 단위.
① 近鄰 ② 絶叫 ③ 萌芽 ④ 音韻

19 자기가 마땅히 하여야 할 맡은 바 직책이나 임무.
① 沐浴 ② 役割 ③ 陶工 ④ 綿織

20 여러 사람의 입에서 입으로 옮겨지는 말.
① 戲弄 ② 巷說 ③ 炊事 ④ 祿俸

21 옳지 아니한 일을 하거나 죄를 지은 데 대하여 벌을 줌.
① 尖端 ② 雷電 ③ 懲罰 ④ 冷却

22 사방을 바라볼 수 있도록 문과 벽이 없이 다락처럼 높이 지은 집.
① 樓閣 ② 肯定 ③ 狩獵 ④ 埋藏

23 사람이 죽은 뒤에 간다는 영혼의 세계.
① 耽溺 ② 冥府 ③ 欺瞞 ④ 貢獻

24 문자에 의존하지 않고, 오로지 좌선을 닦아 자신이 본래 갖추고 있는 부처의 성품을 체득하는 깨달음에 이르려는 종파.
① 保護 ② 傲慢 ③ 禪宗 ④ 趣味

25 차례, 위치, 이치, 가치관 따위가 뒤바뀌어 원래와 달리 거꾸로 됨.
　① 蹴球　② 頻度　③ 顚倒　④ 拔萃

※ [ ] 안에 들어갈 한자어로 알맞은 것은?

26 그 작가는 주로 사료에 [ ]한 역사 소설을 쓴다.
　① 根據　② 拙稿　③ 威脅　④ 診療

27 세계 어딜 가든지 한국인으로서의 [ ]와 자부심을 잃지 말자.
　① 名詞　② 自愧　③ 矜持　④ 攝取

28 봄에는 황사 때문에 호흡기 [ ]를 겪는 사람들이 많다.
　① 慰勞　② 昇華　③ 緩和　④ 障碍

29 그는 [ ]도 통하지 않는 말을 주절주절 지껄였다.
　① 敍述　② 脈絡　③ 瞬間　④ 葛藤

30 허가받은 사람이 아니면 함부로 약을 [ ]해서는 안 된다.
　① 調劑　② 趨勢　③ 錦繡　④ 伴侶

주관식 01~70번

※ 다음 한자의 훈과 음을 쓰시오.

주01 豚 (　　)　주02 周 (　　)
주03 輩 (　　)　주04 髮 (　　)
주05 姑 (　　)　주06 齊 (　　)
주07 戀 (　　)　주08 耐 (　　)
주09 娘 (　　)　주10 賤 (　　)

※ 다음 훈과 음에 맞는 한자를 〈보기〉에서 찾아 쓰시오.

〈보기〉	沿　胞　擔　租　礎 聰　批　冠　緣　妥

주11 귀밝을 총 (　　)
주12 멜 담 (　　)

주13 갓 관　　(　　)
주14 물따라내려갈 연 (　　)
주15 인연 연　(　　)

※ 다음 한자어의 독음을 쓰시오.

주16 改憲 (　　)　주17 光澤 (　　)
주18 博覽會 (　　)　주19 便宜 (　　)
주20 菜蔬 (　　)　주21 憂慮 (　　)
주22 殘香 (　　)　주23 驛前 (　　)
주24 講師 (　　)　주25 固執 (　　)
주26 企劃 (　　)　주27 鹿角 (　　)
주28 補償 (　　)　주29 爆彈 (　　)
주30 粉乳 (　　)　주31 履歷 (　　)
주32 頭腦 (　　)

※ 〈보기〉의 뜻을 참고하여 ○ 안에 공통으로 들어갈 한자를 쓰시오.

주33 ⑴ 抗○　　⑵ ○否　　(　　)

〈보기〉	⑴ 순종하지 아니하고 맞서서 반항함. ⑵ 요구나 제의 따위를 받아들이지 않고 물리침.

주34 ⑴ ○服　　⑵ 遠○　　(　　)

〈보기〉	⑴ 남의 나라나 이민족 따위를 정벌하여 복종시킴. ⑵ 먼 곳으로 싸우러 나감.

주35 ⑴ 校○　　⑵ ○正　　(　　)

〈보기〉	⑴ 남의 문장 또는 출판물의 잘못된 글자나 글귀 따위를 바르게 고침. ⑵ 글자나 글 따위의 잘못을 고쳐서 바로 잡음.

※ ○ 안에 공통으로 들어갈 한자를 〈보기〉에서 찾아 쓰시오.

〈보기〉	帶　複　械　盟　嶺　壁

주36 ○畫　　巖○　　○報　　(　　)

주37 ○式　重○　○寫　(　　)
주38 連○　○分數　聲○　(　　)

※ 문장에서 잘못 쓴 한자를 바르게 고쳐 쓰시오. (단, 음이 같은 한자로 고칠 것)

주39 지하철 운행이 1시간 동안 **然着**되어 시민들이 큰 불편을 겪었다. (　　→　　)

주40 두 대학은 올해 전국 대학 축구 선수권 대회 우승을 놓고 **格突**하게 되었다. (　　→　　)

※ [　] 안의 단어를 한자로 쓰시오.

주41 그는 평생 돈만을 위해 살다가 [흉측]스럽게 늙어 갔다. (　　)

주42 포로 몇 명이 대열에서 [일탈]하여 달아났다. (　　)

주43 그녀는 전국 학생 독후감 공모에 [응모]하여 최우수상을 받았다. (　　)

주44 사원들의 복지와 [관련]된 예산을 차츰 늘릴 계획이다. (　　)

주45 걷기 운동을 하면 심장 기능이 활발해지고 [폐활량]도 늘어난다. (　　)

※ [　] 안 한자어의 독음을 쓰시오

주46 그 화백은 주로 풍경과 [肖像]을 그린다. (　　)

주47 산성비는 토양을 산성화시키는 것은 물론 식물을 [枯死]시켜 생태계를 파괴한다. (　　)

주48 경영 합리화라는 명분에 떼밀려 노동자의 권익이 [犧牲]되는 일은 없어야 할 것이다. (　　)

주49 각 정당 간의 갈등으로 내년 예산의 국회 [審議]는 어려운 고비를 맞았다. (　　)

주50 높은 산에서는 [氣壓]이 낮아서 호흡이 힘들어진다. (　　)

주51 김 장관은 경제 부처의 [官僚] 대부분이 현실 경제를 제대로 파악하지 못하고 있다고 비판했다. (　　)

주52 계곡의 상류 어디선가 [猛獸]가 포효하고 있었다. (　　)

주53 모유 속 단백질에는 [免疫] 물질이 많이 들어 있다. (　　)

주54 나는 앞날을 위해 더욱 [奮發]해야겠다고 다짐했다. (　　)

주55 그는 가발 산업이 이미 [斜陽]길에 접어들었다는 사실을 알고도 친구와 함께 가발 사업에 뛰어들었다. (　　)

주56 기계에서 기술적인 [缺陷]이 발견되었다. (　　)

주57 두 사람의 실력 [隔差]가 크게 벌어졌다. (　　)

주58 [零下]의 날씨에도 많은 낚시꾼들이 몰려왔다. (　　)

주59 그는 두근거리는 마음을 진정시키며 두통의 [書札]을 펼쳐 보았다. (　　)

주60 피아노를 치고 있는 그녀는 자신의 연주에 깊이 [沒入]해 있는 것처럼 보였다. (　　)

주61 경비행기가 저공으로 [旋回]하며 착륙을 시도했다. (　　)

주62 이 제품은 포도씨에서 [抽出]한 기름을 주성분으로 사용했다. (　　)

주63 링컨은 [奴隷] 제도가 국가의 근본이념에 반하는 잘못된 제도라고 주장했다. (　　)

주64 독수리 한 마리가 [蒼空]을 누비고 있다. (　　)

주65 그 잡지사에서는 연말 [附錄]으로 가계부를 마련하였다. (　　)

※ 한자성어의 설명을 읽고 ○ 안에 들어갈 한자를 차례대로 쓰시오.

주66 時○○루　(　　,　　)

| [시기상조] | 어떤 일을 하기에 아직 때가 이름. |

주67 惡○苦○　　（　　　，　　　）

[악전고투]	매우 어려운 조건을 무릅쓰고 힘을 다하여 고생스럽게 싸움.

주68 快刀○○　　（　　　，　　　）

[쾌도난마]	잘 드는 칼로 마구 헝클어진 삼 가닥을 자른다는 뜻으로, 어지럽게 뒤얽힌 사물을 강력한 힘으로 명쾌하게 처리함을 이르는 말.

주69 ○○百世　　（　　　，　　　）

[유방백세]	꽃다운 이름이 후세에 길이 전함.

주70 ○思○考　　（　　　，　　　）

[심사숙고]	깊이 잘 생각함.

- 수고하셨습니다 -

제119회 한자실력급수 [3급] 문제지

시험시간 60분

객관식 01~30번

※ [　] 안의 한자와 음이 같은 한자는?

01 [績] ① 築　② 策　③ 籍　④ 債
02 [栗] ① 律　② 維　③ 束　④ 輸
03 [府] ① 組　② 周　③ 吹　④ 副
04 [驛] ① 已　② 惜　③ 域　④ 刷
05 [際] ① 資　② 栽　③ 著　④ 齊

※ [　] 안의 한자와 뜻이 비슷하거나 같은 한자는?

06 [慕] ① 恕　② 戀　③ 愚　④ 怨
07 [雜] ① 混　② 渴　③ 港　④ 涉

※ [　] 안의 한자와 뜻이 반대되거나 상대되는 한자는?

08 [合] ① 囚　② 離　③ 述　④ 雅
09 [返] ① 吏　② 邊　③ 援　④ 往

※ 〈보기〉의 단어들과 가장 관련이 깊은 한자는?

10 | 〈보기〉 | 공무 | 행정 | 관리 |
① 底　② 斯　③ 署　④ 超

11 | 〈보기〉 | 콩팥 | 대장 | 위장 |
① 池　② 宜　③ 貸　④ 腹

12 | 〈보기〉 | 소금 | 밀 | 설탕 |
① 粉　② 覺　③ 索　④ 斤

※ [　] 안의 단어를 한자로 알맞게 쓴 것은?

13 [숙면]을 하고 나니 피로가 풀렸다.
① 淑眠　② 熟眠　③ 宿眠　④ 叔眠

14 연예계의 스타는 스타 제조 시스템이 만들어 낸 하나의 [허상]에 불과할 수 있다.
① 虛像　② 虛狀　③ 虛償　④ 虛祥

15 그들 부부는 신혼여행에서부터 엇갈리기 시작하더니 지금은 거의 [파경] 상태이다.
① 波鏡　② 破傾　③ 破鏡　④ 波傾

※ 주어진 뜻에 알맞은 한자어는?

16 천자가 나라의 토지를 나누어 주고 제후를 봉하여 나라를 세우게 하던 일.
① 絞首　② 封建　③ 漏電　④ 驅使

17 눈 깜빡할 사이. 또는 아주 짧은 시간.
① 頃刻　② 琴瑟　③ 岐路　④ 尖端

18 두려움이나 공포로 갑자기 생기는 심리적 불안 상태.
① 飢餓　② 恐慌　③ 雇傭　④ 相互

19 어떤 대상이나 사물, 현상 따위를 언어로 서술하거나 그림을 그려서 표현함.
① 祿俸　② 炊事　③ 鍛鍊　④ 描寫

20 조상의 신주를 모셔 놓은 집.
① 受侮　② 鬼神　③ 祠堂　④ 蔑視

21 학문이나 덕행 따위를 닦음을 비유적으로 이르는 말.
① 誕生　② 衝突　③ 琢磨　④ 中庸

22 임금이 거처하는 집.
① 冒險　② 沐浴　③ 苗木　④ 宮闕

23 남아 있는 자취.
① 輔國　② 蜂蜜　③ 官廳　④ 遺蹟

24 사람이나 사물을 다른 사람이나 사물로 대신함.
① 交替　② 赴任　③ 鼻腔　④ 赦免

25 사람의 마음을 홀려 제정신을 차리지 못하게 하고 불도 수행을 방해하여 악한 길로 유혹하는 나쁜 귀신.
① 贈與　② 惡魔　③ 緯度　④ 撒布

※ [ ] 안에 들어갈 한자어로 알맞은 것은?

26 이번 대회에서 성화를 점화하게 된 주인공은 여자 [ ] 선수이다.
① 哀悼 ② 搜査 ③ 純粹 ④ 蹴球

27 운동회 날 운동장에는 만국기가 [ ]되어 펄럭였다.
① 分裂 ② 揭揚 ③ 永訣 ④ 鹽酸

28 가을을 인생에다 [ ]하면 중년기쯤에 해당된다.
① 厭世 ② 誤謬 ③ 比喩 ④ 醉氣

29 그는 [ ]을 하고 부모님께 죄를 빌었다.
① 屈伏 ② 魂魄 ③ 運搬 ④ 鬱蒼

30 그녀가 성경 구절을 [ ]하는 것을 우리는 조용히 듣고 있었다.
① 年齡 ② 徐行 ③ 優劣 ④ 朗誦

주관식 01~70번

※ 다음 한자의 훈과 음을 쓰시오.

주01 妨 (　　　) 주02 憲 (　　　)
주03 恥 (　　　) 주04 吐 (　　　)
주05 侵 (　　　) 주06 丈 (　　　)
주07 歎 (　　　) 주08 淡 (　　　)
주09 蓮 (　　　) 주10 嶺 (　　　)

※ 다음 훈과 음에 맞는 한자[正字]를 〈보기〉에서 찾아 쓰시오.

| 〈보기〉 | 劍 畓 巡 鉛 輪 |
| | 兼 胃 毒 濯 糧 |

주11 순행할 순 (　　　)
주12 밥통 위 (　　　)
주13 양식 량 (　　　)
주14 바퀴 륜 (　　　)
주15 칼 검 (　　　)

※ 다음 한자어의 독음을 쓰시오.

주16 文鎭 (　　　) 주17 京畿 (　　　)
주18 朝廷 (　　　) 주19 念慮 (　　　)
주20 殘忍 (　　　) 주21 結付 (　　　)
주22 環境 (　　　) 주23 降臨 (　　　)
주24 爆發 (　　　) 주25 諸般 (　　　)
주26 寄稿 (　　　) 주27 條理 (　　　)
주28 恩澤 (　　　) 주29 享樂 (　　　)
주30 項羽 (　　　) 주31 征伐 (　　　)
주32 堤防 (　　　)

※ 〈보기〉의 뜻을 참고하여 ○ 안에 공통으로 들어갈 한자를 쓰시오.

주33 (1) ○完　　(2) ○助　　(　　　)

| 〈보기〉 | (1) 모자라거나 부족한 것을 보충하여 완전하게 함.
(2) 보태어 도움. |

주34 (1) ○告　　(2) ○害　　(　　　)

| 〈보기〉 | (1) 민사 소송에서, 소송을 당한 측의 당사자.
(2) 생명이나 신체, 재산, 명예 따위에 손해를 입음. |

주35 (1) ○想　　(2) ○盟　　(　　　)

| 〈보기〉 | (1) 하나의 관념이 다른 관념을 불러일으키는 현상.
(2) 공동의 목적을 가진 단체나 국가가 서로 돕고 행동을 함께 할 것을 약속함. |

※ ○ 안에 공통으로 들어갈 한자를 〈보기〉에서 찾아 쓰시오.

| 〈보기〉 | 庶 銳 評 賊 供 傑 |

주36 人○　○出　英○　(　　　)
주37 ○利　精○　○敏　(　　　)
주38 ○給　提○　○覽　(　　　)

※ 문장에서 잘못 쓴 한자를 바르게 고쳐 쓰시오.
(단, 음이 같은 한자로 고칠 것)

주39 평소에 곧바른 慈勢를 유지해야 허리에 무리가 가지 않는다. (→)

주40 그의 당당한 태도에는 자신의 직업에 대한 自富心이 깃들어 있었다. (→)

※ [ ] 안의 단어를 한자로 쓰시오.

주41 홍문관은 본래 학술을 [담당]하던 기관이었다. ( )

주42 외국 유학 떠나는 아들 뒤치송에 [여가]가 없다. ( )

주43 밖에는 어스름이 깔리고, [휘장]이 나부끼고 있는 천막 입구에는 붉은 색등이 켜져 있었다. ( )

주44 그는 자기 자신이 [결백]하다는 것에 한치의 양보가 없었다. ( )

주45 그는 [약관] 나이에 공학 박사 학위를 취득했다. ( )

※ [ ] 안 한자어의 독음을 쓰시오.

주46 사타이어가 바닥에 [摩擦]한 자국이 길에 선명히 남았다. ( )

주47 누이동생은 어려서부터 [舞踊]을 좋아했다. ( )

주48 불이 나면 연기에 [窒息]할 수도 있다. ( )

주49 아버지는 은퇴 후 [趣味] 생활을 즐기면서 한가하게 지내고 계신다. ( )

주50 그해에는 [倭亂]이 일어나 온 마을이 황폐해졌다. ( )

주51 주인이 죽으면 노예가 함께 [殉葬]을 당하기도 하였다. ( )

주52 그는 [傲慢]스럽게 책상 위에 두 다리를 떡 올려 놓고 있었다. ( )

주53 그녀는 일상이 너무나 [倦怠]로워 견딜 수가 없다고 하소연했다. ( )

주54 우리 기업은 매년 [僻地] 학교에 시설 지원금을 보내준다. ( )

주55 이 지방에서는 보기 드문, [所謂] 귀부인 두 여자가 병원 문을 밀고 들어섰다. ( )

주56 [翌日] 오전 열 시에 만나기로 하자. ( )

주57 흥부의 삼간 [茅屋]의 지붕 위에 커다란 박들이 얹혀 있다. ( )

주58 엄격히 말해서 어디까지나 그의 마술은 눈속임이었으며 [巧妙]한 눈가림이었다. ( )

주59 대학 시절부터 연인이었던 그들은 지난 5월에 [華燭]을 밝혔다. ( )

주60 교수님께 제출했다가 돌려받은 보고서가 빨간 펜으로 [添削]되어 있었다. ( )

주61 그의 희언은 너무 [幼稚]하여 도저히 참고 들어 줄 수 없었다. ( )

주62 대표팀은 아시아에서 4강에 들어 세계 대회 진출권을 [獲得]했다. ( )

주63 소금은 물에 잘 [溶解]되는 성질을 갖고 있다. ( )

주64 나는 서너 평 안팎의 작은 [店鋪]의 사장이다. ( )

주65 땅꾼이 [威脅]하자 뱀은 쌍갈진 혓바닥을 날름거리며 뒤로 물러섰다. ( )

※ 한자성어의 설명을 읽고 ○ 안에 들어갈 한자를 차례대로 쓰시오.

주66 ○學多○ (,)

| [박학다식] | 학식이 넓고 아는 것이 많음. |

주67 ○○之間 (,)

| [빙탄지간] | 얼음과 숯의 사이라는 뜻으로, 서로 맞지 않아 화합하지 못하는 관계를 이르는 말. |

주68 門前○○　　　(　　　,　　　)

[문전박대]	집으로 들이지 않고 문 앞에서 내쫓을 정도로 야박하게 대함.

주69 ○涼世○　　　(　　　,　　　)

[염량세태]	세력이 있을 때는 아첨하여 따르고, 세력이 없어지면 푸대접하는 세상인심을 비유적으로 이르는 말.

주70 輕○○動　　　(　　　,　　　)

[경거망동]	경솔하여 생각 없이 망령되게 행동함.

- 수고하셨습니다 -

제120회 한자실력급수 [3급] 문제지

시험시간 60분

객관식 01~30번

※ [ ] 안의 한자와 음이 같은 한자는?

01 [丈] ① 裝 ② 謹 ③ 麻 ④ 貸
02 [祥] ① 司 ② 像 ③ 姻 ④ 援
03 [係] ① 償 ② 熟 ③ 契 ④ 岸
04 [逃] ① 抵 ② 額 ③ 餓 ④ 盜
05 [胃] ① 築 ② 委 ③ 測 ④ 濯

※ [ ] 안의 한자와 뜻이 비슷하거나 같은 한자는?

06 [願] ① 鬪 ② 態 ③ 版 ④ 祈
07 [確] ① 固 ② 肺 ③ 咸 ④ 港

※ [ ] 안의 한자와 뜻이 반대되거나 상대되는 한자는?

08 [捨] ① 絃 ② 取 ③ 險 ④ 昏
09 [攻] ① 弘 ② 丸 ③ 守 ④ 揮

※ 〈보기〉의 단어들과 가장 관련이 깊은 한자는?

10 | 〈보기〉 | 벼 | 농촌 | 곡식 |
① 畓 ② 誌 ③ 亞 ④ 旬

11 | 〈보기〉 | 빨래 | 물 | 세제 |
① 署 ② 濯 ③ 宜 ④ 織

12 | 〈보기〉 | 연설 | 설득 | 청산유수 |
① 舟 ② 肥 ③ 辯 ④ 潮

※ [ ] 안의 단어를 한자로 알맞게 쓴 것은?

13 아무런 [계획]없이 무작정 길을 떠났다.
① 計劃 ② 界劃 ③ 癸劃 ④ 溪劃

14 역사를 바로 쓰는 것은 나라를 올바로 세우는 데 [초석]이 된다.
① 草石 ② 礎席 ③ 礎石 ④ 草席

15 개는 인간보다 후각이 발달했기 때문에 냄새에 [예민]한 편이다.
① 藝敏 ② 銳民 ③ 藝民 ④ 銳敏

※ 주어진 뜻에 알맞은 한자어는?

16 허리가 아픈 증세를 통틀어 이르는 말.
① 懶怠 ② 恐慌 ③ 腰痛 ④ 狂人

17 기체 또는 고체가 액체 속에서 녹아 같은 액체로 되는 현상.
① 忌憚 ② 欺瞞 ③ 奴隷 ④ 溶解

18 기름이 상온에서 고체를 이룬 것.
① 稻作 ② 脂肪 ③ 鈍角 ④ 家畜

19 더할 수 없는 양에 이르러 가득 찬 상태.
① 飽和 ② 渡河 ③ 特殊 ④ 彫刻

20 가뭄. 오래도록 비가 내리지 않는 상태.
① 敦篤 ② 旱魃 ③ 白眉 ④ 翌日

21 현실적인 기초나 가능성이 없는 헛된 생각이나 공상.
① 幻想 ② 遷都 ③ 堆積 ④ 敎鞭

22 지나간 일을 돌이켜 생각함.
① 沙漠 ② 回顧 ③ 枯死 ④ 丘陵

23 임금에게 바치거나 제사 때 신에게 바치는 물건. 또는 그런 일.
① 閨房 ② 巧妙 ③ 雇傭 ④ 幣帛

24 필요 이상의 돈이나 물건을 쓰거나 분수에 지나친 생활을 함.
① 保護 ② 近鄰 ③ 奢侈 ④ 郊外

25 결혼하기에 적당한 여자의 나이.
① 鍛鍊 ② 瓜年 ③ 急騰 ④ 螢雪

※ [ ] 안에 들어갈 한자어로 알맞은 것은?

26 그 영화의 [　]을/를 읽어보고 싶다.
　　① 嗜好　② 臺本　③ 屯田　④ 驅使

27 식물 [　]을/를 보면 처음 보는 꽃들도 많이 있다.
　　① 拘束　② 隔差　③ 圖鑑　④ 諫言

28 사람들은 보통 은행에 [　]을/를 했다가 돈이 필요할 때 찾아 쓴다.
　　① 激勵　② 脈絡　③ 透明　④ 預金

29 두 선수의 실력은 [　]을/를 가리기가 어렵다.
　　① 優劣　② 絞首　③ 埋藏　④ 名譽

30 그는 외화를 [　]하기 위해 외국으로 진출했다.
　　① 函數　② 混濁　③ 獲得　④ 戲弄

―――― 주관식 01~70번 ――――

※ 다음 한자의 훈과 음을 쓰시오.

주01 硬 (　　　)　주02 管 (　　　)
주03 避 (　　　)　주04 譜 (　　　)
주05 豚 (　　　)　주06 宴 (　　　)
주07 粉 (　　　)　주08 府 (　　　)
주09 圍 (　　　)　주10 儀 (　　　)

※ 다음 훈과 음에 맞는 한자[正字]를 〈보기〉에서 찾아 쓰시오.

〈보기〉	壞	環	索	籍	逸
	超	秩	疑	側	蔬

주11 편안 일 (　　　)
주12 나물 소 (　　　)
주13 찾을 색 (　　　)
주14 의심 의 (　　　)
주15 차례 질 (　　　)

※ 다음 한자어의 독음을 쓰시오.

주16 實踐 (　　) 주17 亨通 (　　)
주18 悔改 (　　) 주19 罪囚 (　　)
주20 京畿 (　　) 주21 架設 (　　)
주22 批判 (　　) 주23 歎息 (　　)
주24 追慕 (　　) 주25 於此彼 (　　)
주26 萬般 (　　) 주27 巡察 (　　)
주28 配役 (　　) 주29 恥辱 (　　)
주30 卜債 (　　) 주31 德澤 (　　)
주32 吐露 (　　)

※ 〈보기〉의 뜻을 참고하여 ○ 안에 공통으로 들어갈 한자를 쓰시오.

주33 (1) ○當　(2) ○協　(　　　)

〈보기〉	(1) 일의 이치로 보아 옳음.
	(2) 어떤 일을 서로 양보하여 협의함.

주34 (1) ○勉　(2) 出○　(　　　)

〈보기〉	(1) 부지런히 일하며 힘씀.
	(2) 일터로 근무하러 나가거나 나옴.

주35 (1) 抗○　(2) ○否　(　　　)

〈보기〉	(1) 순종하지 아니하고 맞서서 반항함.
	(2) 요구나 제의 따위를 받아들이지 않고 물리침.

※ ○ 안에 공통으로 들어갈 한자를 〈보기〉에서 찾아 쓰시오.

〈보기〉	歸	條	覺	婚	墨	倒

주36 ○置　打○　○産　(　　　)
주37 ○目　約○　法○　(　　　)
주38 ○悟　感○　味○　(　　　)

※ 문장에서 잘못 쓴 한자를 바르게 고쳐 쓰시오.
(단, 음이 같은 한자로 고칠 것)

주39 이 예식의 주례로서 두 사람의 성혼을 엄숙히 **鮮布**합니다. （　→　）

주40 **地下資員**이 풍부한 나라에서는 광공업이 발달하기 마련이다. （　→　）

※ [ ] 안의 단어를 한자로 쓰시오.

주41 그는 원고를 써 주기로 하고 출판사에서 돈을 [선불]로 받았다. （　）

주42 그 문제는 아직 [고려] 중이다. （　）

주43 이 가게에는 [다양]한 모양의 찻잔들이 진열되어 있다. （　）

주44 [논술]은 초등학교 때부터 꾸준히 지도를 해야 한다. （　）

주45 그는 공무원을 [사칭]한 죄로 구속되었다. （　）

※ [ ] 안 한자어의 독음을 쓰시오.

주46 사춘기에는 외모에 대한 [苦悶]을 많이 하게 된다. （　）

주47 그 영화의 내용은 애국심을 [鼓吹]시키는 데 초점이 맞추어져 있다. （　）

주48 이광수는 농촌 [啓蒙]을 주제로 한 소설을 많이 썼다. （　）

주49 학교 앞에서는 반드시 [徐行] 운전해야 한다. （　）

주50 요즘들어 집값이 하락하는 [趨勢]를 보이고 있다. （　）

주51 제품에 [瑕疵]가 있으면 바로 반품하거나 교환할 수 있습니다. （　）

주52 그는 교육계에서 큰 공을 세워 정부로부터 [勳章]을 받았다. （　）

주53 일본은 만주국을 점령하고 [傀儡] 정권을 수립했다. （　）

주54 [凱旋] 행진곡이 울려 퍼졌다. （　）

주55 [坑道]가 무너져 사람이 다치는 경우도 있다. （　）

주56 도자기에는 [陶工]들의 장인정신이 깃들어 있다. （　）

주57 이 [宮殿]은 로코코 양식의 대표적인 건물로 손꼽힌다. （　）

주58 요즘은 [茅屋]을 거의 볼 수 없다. （　）

주59 식목일에 [苗木]을 심었다. （　）

주60 로마제국도 결국은 [滅亡]하였다. （　）

주61 [蜂蜜]의 성분은 대부분 당분이며 먹거나 약으로 쓰인다. （　）

주62 1592년에 임진[倭亂]이 일어났다. （　）

주63 지난해 그는 뜻하지 않게 [厄運]을 만나 고생을 많이 했다. （　）

주64 [貪慾]은 자신뿐만 아니라 다른 사람까지도 불행하게 한다. （　）

주65 학자는 꾸준히 학문을 [琢磨]해야 한다. （　）

※ 한자성어의 설명을 읽고 ○ 안에 들어갈 한자를 차례대로 쓰시오.

주66 ○賞必○ （　,　）

| [신상필벌] | 상벌을 규정대로 분명하게 하는 경우를 이름. |

주67 ○○之智 （　,　）

| [노마지지] | 아무리 하찮은 것일지라도 저마다 장기나 장점을 지니고 있다는 뜻. 또는 경험을 쌓은 사람이 갖춘 지혜를 이름. |

주68 如履○○ （　,　）

| [여리박빙] | 매우 위험하고 위태로운 상황 또는 위태로운 일을 조심조심해야 함을 뜻함. |

주69 ○機應○　　　(　　　,　　　)

[임기응변]	그때그때의 사정을 보아 알맞고 적당하게 일을 처리함을 이름.

주70 天○○分　　　(　　　,　　　)

[천생연분]	하늘이 이어 준 연분.

- 수고하셨습니다 -

제121회 한자실력급수 [3급] 문제지

시험시간 60분

객관식 01~30번

※ [ ] 안의 한자와 음이 같은 한자는?

01 [頌] ① 訟 ② 銳 ③ 資 ④ 訂
02 [寄] ① 潮 ② 技 ③ 塔 ④ 劃
03 [響] ① 版 ② 委 ③ 享 ④ 敏
04 [餓] ① 黨 ② 距 ③ 組 ④ 雅
05 [企] ① 幾 ② 暇 ③ 苟 ④ 娘

※ [ ] 안의 한자와 뜻이 비슷하거나 같은 한자는?

06 [詐] ① 慮 ② 欺 ③ 梨 ④ 博
07 [危] ① 範 ② 涯 ③ 險 ④ 胃

※ [ ] 안의 한자와 뜻이 반대되거나 상대되는 한자는?

08 [任] ① 免 ② 卜 ③ 雜 ④ 署
09 [貴] ① 誌 ② 礎 ③ 絃 ④ 賤

※ 〈보기〉의 단어들과 가장 관련이 깊은 한자는?

10 〈보기〉 혼례   배필   시집
   ① 延 ② 姻 ③ 貿 ④ 譜

11 〈보기〉 수레   자전거   자동차
   ① 芳 ② 株 ③ 覺 ④ 輪

12 〈보기〉 화약   지뢰   폭죽
   ① 恕 ② 爆 ③ 周 ④ 壤

※ [ ] 안의 단어를 한자로 알맞게 쓴 것은?

13 우리는 배를 타기 위해 [항구]에 도착했다.
   ① 港句 ② 港九 ③ 港區 ④ 港口

14 자유로운 [질의]를 막는다면 회의 분위기는 폐쇄적으로 흐를 수밖에 없다.
   ① 質疑 ② 質宜 ③ 質依 ④ 質醫

15 그 미술품의 가치를 [평가] 하는 일은 쉽지 않다.
   ① 評加 ② 評可 ③ 評價 ④ 評假

※ 주어진 뜻에 알맞은 한자어는?

16 사건이나 생각 따위를 차례대로 말하거나 적음.
   ① 敍述 ② 攻擊 ③ 振動 ④ 矯正

17 서로 바꿈.
   ① 寬容 ② 發掘 ③ 塗褙 ④ 交換

18 나란히 늘어섬. 또는 나란히 늘어놓음.
   ① 煩惱 ② 飜譯 ③ 竝列 ④ 棟梁

19 아직 끝내지 못함.
   ① 福祉 ② 未畢 ③ 模倣 ④ 睡眠

20 남을 존중하고 자기를 내세우지 않는 태도가 있음.
   ① 要塞 ② 隨筆 ③ 謙遜 ④ 慰勞

21 전체 가운데서 중심이 되어 영향을 미치는 존재나 세력.
   ① 障碍 ② 主軸 ③ 情緒 ④ 週末

22 사회 대중의 공통된 의견.
   ① 輿論 ② 編輯 ③ 解剖 ④ 胡亂

23 물속으로 잠겨 들어감. 또는 그런 일.
   ① 磁力 ② 潛水 ③ 推薦 ④ 賃金

24 친족과 외척을 아울러 이르는 말.
   ① 颱風 ② 覇權 ③ 親戚 ④ 廢鑛

25 책, 서류, 공책 따위의 지면에 글자 없이 비워 둔 칸이나 줄.
   ① 捕虜 ② 稱讚 ③ 匠人 ④ 空欄

※ [ ] 안에 들어갈 한자어로 알맞은 것은?

26 그 사람은 평소에도 [ ]이 심한 편이다.
　① 狡猾　② 瞬間　③ 誇張　④ 森林

27 그가 결백하다면 [ ]은/는 곧 벗겨질 것이다.
　① 乾燥　② 踏査　③ 祈禱　④ 陋名

28 번역가인 어머니의 책상 위에는 항상 [ ]이/가 여러 권 놓여 있다.
　① 辭典　② 檢閱　③ 疎外　④ 騷音

29 그는 우리의 제의를 흔쾌히 [ ]했다.
　① 缺乏　② 許諾　③ 美貌　④ 縮尺

30 바둑판은 [ ](으)로 각각 19줄이다.
　① 縱橫　② 惡臭　③ 狀況　④ 緩和

주관식 01~70번

※ 다음 한자의 훈과 음을 쓰시오.

주01 傾(　　) 주02 較(　　)

주03 畓(　　) 주04 梅(　　)

주05 奔(　　) 주06 岸(　　)

주07 羽(　　) 주08 悠(　　)

주09 底(　　) 주10 症(　　)

※ 다음 훈과 음에 맞는 한자[正字]를 〈보기〉에서 찾아 쓰시오.

〈보기〉	債　劍　契　丸　恭
	昏　毒　映　鮮　嶺

주11 고울 선 (　　)

주12 알　환 (　　)

주13 저물 혼 (　　)

주14 빚　채 (　　)

주15 비칠 영 (　　)

※ 다음 한자어의 독음을 쓰시오.

주16 擇一(　　) 주17 書籍(　　)

주18 整理(　　) 주19 宣言(　　)

주20 雄辯(　　) 주21 補充(　　)

주22 愚直(　　) 주23 丈母(　　)

주24 郵便(　　) 주25 刊行(　　)

주26 滿了(　　) 주27 淡白(　　)

주28 木蓮(　　) 주29 江邊(　　)

주30 應募(　　) 주31 妨害(　　)

주32 憲法(　　)

※ 〈보기〉의 뜻을 참고하여 ○ 안에 공통으로 들어갈 한자를 쓰시오.

주33 (1) 思 ○　(2) 探 ○　(　　)

〈보기〉	(1) 어떤 것에 대하여 깊이 생각하고 이치를 따짐. (2) 사라지거나 드러나지 않은 사물이나 현상 따위를 자세히 살펴 찾음.

주34 (1) ○ 息　(2) 恨 ○　(　　)

〈보기〉	(1) 한탄하여 한숨을 쉼. 또는 그 한숨. (2) 원통하거나 뉘우치는 일이 있을 때 한숨을 쉬며 탄식함. 또는 그 한숨.

주35 (1) ○ 點　(2) 色 ○　(　　)

〈보기〉	(1) 미처 생각이 미치지 못한, 모순되는 점이나 틈. (2) 색채를 식별하는 감각이 불완전하여 빛깔을 가리지 못하거나 다른 빛깔로 잘못 보는 상태. 또는 그런 증상의 사람.

※ ○ 안에 공통으로 들어갈 한자를 〈보기〉에서 찾아 쓰시오.

〈보기〉	澤　償　輩　紀　麻　付

주36 ○念　○元　世○　(　　)

주37 貸○　結○　送○　(　　)

주38 德○　恩○　光○　(　　)

※ 문장에서 잘못 쓴 한자를 바르게 고쳐 쓰시오. (단, 음이 같은 한자로 고칠 것)

주39 저 **野久** 선수는 순발력이 뛰어나다. (→)

주40 남에게 드러내기 위해 이웃을 돕는 것은 참된 의미의 **慈仙**이라고 볼 수 없다. (→)

※ [ ] 안의 단어를 한자로 쓰시오.

주41 이 비행기는 공기의 [**저항**]을 적게 받도록 고안되었다. ( )

주42 [**항목**]을 나눈 뒤 갑, 을, 병, 정으로 순서를 매겼다. ( )

주43 [**권투**] 선수들은 복근이 단련되어 있다. ( )

주44 그는 일에 대한 불만을 직접 [**토로**]하지 않고 우회적으로 표현한다. ( )

주45 예전에는 고을 사또가 양곡을 풀어서 빈민들을 [**구제**]하기도 했다. ( )

※ [ ] 안 한자어의 독음을 쓰시오.

주46 그는 국제 정세를 잘 [**把握**]하고 있다. ( )

주47 그때 상황이 불리했음에도 나의 꿈을 끝까지 [**抛棄**]하지 않았다. ( )

주48 이육사의 "광야"는 [**超越**]에의 의지를 보여준다. ( )

주49 이 물건은 [**稀少**]한 편이라 값이 꽤 나갈 것 같다. ( )

주50 그 노래는 오늘날까지 많은 사람들 사이에 널리 [**膾炙**]되고 있다. ( )

주51 추 하나를 더 올려놓자 저울대는 [**平衡**]을 유지했다. ( )

주52 진로 선택은 [**愼重**]을 기해야 한다. ( )

주53 그 이야기는 우리 고향에 전해 오는 대표적인 [**民譚**]이다. ( )

주54 한글은 우리 민족이 세운 [**燦爛**]한 문화의 금자탑이다. ( )

주55 [**宗廟**] 제례 중 아헌례와 종헌례의 끝부분에 태평소를 불면 분위기는 더욱 근엄해진다. ( )

주56 홍길동전은 국문 소설의 [**嚆矢**]이다. ( )

주57 [**裁判**]이 끝나자 모두 법정에서 퇴정하였다. ( )

주58 친구와 공부를 하다가 [**暫時**] 바람을 쐬러 함께 나갔다. ( )

주59 그는 황무지를 [**沃土**]로 일구었다. ( )

주60 장마철에는 [**濕度**]가 높아서 빨래가 잘 마르지 않는다. ( )

주61 그 책에 한국의 현대사가 [**含蓄**]되어 있다고 해도 과언이 아니다. ( )

주62 남의 의견을 무조건 [**排斥**]하는 태도는 바람직하지 않다. ( )

주63 이 지역은 지하수 [**汚染**]이 심각한 상태이다. ( )

주64 그들은 만날수록 서로를 [**信賴**]하게 되었다. ( )

주65 나는 비행시간을 계산에 넣고 [**旅程**]을 짰다. ( )

※ 한자성어의 설명을 읽고 ○ 안에 들어갈 한자를 차례대로 쓰시오.

주66 ○顔無○ (,)

| [후안무치] | 뻔뻔스러워 부끄러움이 없음. |

주67 大○○成 (,)

| [대기만성] | 큰 그릇을 만드는 데는 시간이 오래 걸린다는 뜻으로, 크게 될 사람은 늦게 이루어짐을 이르는 말. |

주68 ○○者 黑　　　(　　　,　　　)

| [근묵자흑] | 먹을 가까이하는 사람은 검어진다는 뜻으로, 나쁜 사람과 가까이 지내면 나쁜 버릇에 물들기 쉬움을 비유적으로 이르는 말. |

주69 ○興○使　　　(　　　,　　　)

| [함흥차사] | 심부름을 가서 오지 아니하거나 늦게 온 사람을 이르는 말. |

주70 天高○○　　　(　　　,　　　)

| [천고마비] | 하늘이 높고 말이 살찐다는 뜻으로, 하늘이 맑아 높푸르게 보이고 온갖 곡식이 익는 가을철을 이르는 말. |

- 수고하셨습니다 -

제117회 한자실력급수 [3급] 정답 및 해설

객관식 01~30번

01	①	06	②	11	②	16	①	21	①	26	①
02	③	07	④	12	④	17	④	22	②	27	④
03	②	08	①	13	④	18	②	23	③	28	③
04	④	09	③	14	①	19	③	24	④	29	②
05	③	10	④	15	③	20	①	25	②	30	②

* 학습의 편의를 위하여 꼭 필요한 부분만 해설하였습니다.

※ [01~05] [　] 안의 한자와 음이 같은 한자는?

01 [涯(물가 애, 끝 애)]
　❶ 哀(슬플 애)
　② 敢(감히 감, 용감할 감)
　③ 眼(눈 안)
　④ 仰(우러를 앙)

02 [講(익힐 강, 강의할 강)]
　① 局(판 국, 부분 국)
　② 變(변할 변)
　❸ 康(편안할 강, 성씨 강)
　④ 航(배 항, 건널 항)

03 [泳(헤엄칠 영)]
　① 恭(공손할 공)
　❷ 營(다스릴 영, 경영할 영)
　③ 硬(굳을 경)
　④ 朋(벗 붕, 무리 붕)

04 [項(목 항)]
　① 邦(나라 방)
　② 盲(눈멀 맹, 시각장애인 맹, 무지할 맹)
　③ 紅(붉을 홍)
　❹ 恒(항상 항)

05 [卜(점 복)]
　① 圍(둘레 위, 에워쌀 위)
　② 點(점 점)
　❸ 伏(엎드릴 복)
　④ 瓦(기와 와, 질그릇 와, 실패 와)

※ [06~07] [　] 안의 한자와 뜻이 비슷하거나 같은 한자는?

06 [範(법 범, 본보기 범)]
　① 孔(구멍 공, 공자 공, 성 공)
　❷ 模(본뜰 모, 법 모, 모호할 모)
　③ 堅(굳을 견, 강할 견)
　④ 哲(밝을 철)

07 [避(피할 피)]
　① 述(말할 술, 지을 술)
　② 逢(만날 봉)
　③ 迎(맞이할 영)
　❹ 逃(달아날 도)

※ [08~09] [　] 안의 한자와 뜻이 반대되거나 상대되는 한자는?

08 [薄(엷을 박)]
　❶ 厚(두터울 후)
　② 値(값 치)
　③ 宴(잔치 연)
　④ 導(인도할 도)

09 [負(질 부, 패할 부, 빚질 부)]
　① 響(울릴 향)
　② 劍(칼 검)
　❸ 勝(이길 승, 나을 승)
　④ 敗(패할 패)

※ [10~12] 〈보기〉의 단어들과 가장 관련이 깊은 한자는?

10 ① 讓(사양할 양, 겸손할 양)
    ② 誰(누구 수)
    ③ 證(증명할 증)
    ❹ 辯(말 잘할 변)

11 ① 慈(사랑 자, 어머니 자)
    ❷ 祀(제사 사)
    ③ 熟(익을 숙, 익숙할 숙)
    ④ 推(밀 추, 밀 퇴)

12 ① 淑(맑을 숙)
    ② 卓(높을 탁, 뛰어날 탁, 탁자 탁, 성 탁)
    ③ 拳(주먹 권)
    ❹ 菌(버섯 균, 세균 균)

※ [13~15] [ ] 안의 단어를 한자로 알맞게 쓴 것은?

13 ❹
    풀이 開拓(개척) - 開(열 개, 시작할 개), 拓(넓힐 척, 박을 탁)

14 ❶
    풀이 署名(서명) - 署(관청 서, 서명할 서), 名(이름 명, 이름날 명)

15 ❸
    풀이 修了(수료) - 修(닦을 수, 다스릴 수), 了(마칠 료)

※ [16~25] 주어진 뜻에 알맞은 한자어는?

16 ❶
    풀이 屯(묻힐 둔, 진칠 둔), 田(밭 전)

17 ❹
    풀이 防(둑 방, 막을 방), 禦(막을 어)

18 ❷
    풀이 渡(건널 도), 河(내 하, 강 하, 성 하)

19 ❸
    풀이 垈(집터 대, 터 대), 地(땅 지, 처지 지)

20 ❶
    풀이 畏(두려워할 외), 敬(공경할 경)

21 ❶
    풀이 族(겨레 족), 閥(문벌 벌)

22 ❷
    풀이 丘(언덕 구, 성 구), 陵(임금 무덤 릉, 언덕 릉)

23 ❸
    풀이 慨(슬퍼할 개), 歎(탄식할 탄, 감탄할 탄)

24 ❹
    풀이 振(떨칠 진, 떨 진), 幅(넓이 폭)

25 ❷
    풀이 頓(조아릴 돈, 정돈할 돈), 悟(깨달을 오)

※ [26~30] [ ] 안에 들어갈 한자어로 알맞은 것은?

26 ❶ 瑕疵(하자) - 옥의 얼룩진 흔적이라는 뜻으로, '흠'을 이르는 말.
    풀이
    ② 粒子(입자) - 물질을 구성하는 미세한 크기의 물체.
    ③ 禽獸(금수) - ㉠ 모든 짐승을 이르는 말 ㉡ 행실이 아주 더럽고 나쁜 사람을 비유적으로 이르는 말.
    ④ 鼓吹(고취) - ㉠ 힘을 내도록 격려하여 용기를 북돋움. ㉡ 의견이나 사상 따위를 열렬히 주장하여 불어넣음.

27 ❹ 敎鞭(교편) - 교사가 수업이나 강의를 할 때 필요한 사항을 가리키기 위하여 사용하는 가느다란 막대기.
    풀이
    ① 葛藤(갈등) - 개인이나 집단 사이에 목표나 이해관계가 달라 서로 적대시하거나 충돌함.
    ② 亢星(항성) - 이십팔수의 둘째 별자리에 있는 별들.
    ③ 慘狀(참상) - 비참하고 끔찍한 상태나 상황.

28 ❸ 諮問(자문) – 어떤 일을 좀 더 효율적이고 바르게 처리하려고 그 방면의 전문가나, 전문가들로 이루어진 기구에 의견을 물음.

　풀이
　① 啓蒙(계몽) – 지식수준이 낮거나 인습에 젖은 사람을 가르쳐서 깨우침.
　② 金融(금융) – 금전을 융통하는 일. 특히 이자를 붙여서 자금을 대차하는 일과 그 수급 관계를 이름.
　④ 矛盾(모순) – 어떤 사실의 앞뒤, 또는 두 사실이 이치상 어긋나서 서로 맞지 않음을 이르는 말.

29 ❷ 災殃(재앙) – 뜻하지 아니하게 생긴 불행한 변고. 또는 천재지변으로 인한 불행한 사고.

　풀이
　① 衝突(충돌) – 서로 맞부딪치거나 맞섬.
　③ 比率(비율) – 다른 수나 양에 대한 어떤 수나 양의 비(比).
　④ 毁損(훼손) – 체면이나 명예를 손상함.

30 ❷ 跳躍(도약) – 몸을 위로 솟구치는 일.

　풀이
　① 誤謬(오류) – 그릇되어 이치에 맞지 않는 일.
　③ 簡單(간단) – ㉠ 단순하고 간략함. ㉡ 간편하고 단출함. ㉢ 단순하고 손쉬움.
　④ 永訣(영결) – 죽은 사람과 산 사람이 서로 영원히 헤어짐.

주01	배 리	주15	貿	주29	아량	주43	忍耐	주57	발췌
주02	허파 폐	주16	회개	주30	조기	주44	格鬪技	주58	동굴
주03	꿸 관	주17	기초	주31	구차	주45	履歷書	주59	서약
주04	맺을 계	주18	윤독	주32	함지	주46	연소	주60	진료
주05	아전 리	주19	제창	주33	兼	주47	소원	주61	반려
주06	간사할 간	주20	태도	주34	派	주48	기탄	주62	요절
주07	부릴 역	주21	판권	주35	離	주49	왜곡	주63	배우
주08	맬 계	주22	진열	주36	塔	주50	납치	주64	지체
주09	베풀 선	주23	서민	주37	鎭	주51	범람	주65	비방
주10	첩 첩	주24	마의	주38	譜	주52	첩경	주66	倒, 施
주11	確	주25	홍보	주39	苦 → 稿	주53	천도	주67	刻, 難
주12	覺	주26	가공	주40	擔 → 淡	주54	탈취	주68	慮, 失
주13	揮	주27	기폭	주41	喜悅	주55	선박	주69	亨, 通
주14	暇	주28	준걸	주42	急激	주56	사족	주70	機, 轉

* 학습의 편의를 위하여 꼭 필요한 부분만 해설하였습니다.

※ [주01~10] 해설 생략

※ [주11~15] 다음 훈과 음에 맞는 한자를 〈보기〉에서 찾아 쓰시오.

督	감독할 독	複	겹칠 복
祥	상서로울 상, 조짐 상	揮	휘두를 휘, 지휘할 휘, 흩어질 휘
覺	깨달을 각	照	비칠 조
稱	일컬을 칭	確	굳을 확, 확실할 확
貿	무역할 무, 바꿀 무	暇	겨를 가, 한가할 가

※ [주16~32] 다음 한자어의 독음을 쓰시오.

주16 **정답** 회개
　　풀이 悔(뉘우칠 회), 改(고칠 개)

주17 **정답** 기초
　　풀이 基(터 기, 기초 기), 礎(주춧돌 초, 기초 초)

주18 **정답** 윤독
　　풀이 輪(바퀴 륜, 둥글 륜, 돌 륜), 讀(읽을 독, 구절 두)

주19 **정답** 제창
　　풀이 提(끌 제, 내놓을 제), 唱(노래 부를 창)

주20 **정답** 태도
　　풀이 態(모양 태, 태도 태), 度(법도 도, 정도 도, 헤아릴 탁)

주21 **정답** 판권
　　풀이 版(인쇄할 판, 판목 판), 權(권세 권, 성 권)

주22 **정답** 진열
　　풀이 陳(늘어놓을 진, 묵을 진, 성 진), 列(벌일 렬, 줄 렬)

주23 **정답** 서민
　　풀이 庶(여러 서, 백성 서, 첩의 아들 서), 民(백성 민)

주24 **정답** 마의
　　풀이 麻(삼 마, 마약 마), 衣(옷 의)

주25 **정답** 홍보
　　풀이 弘(넓을 홍, 클 홍), 報(알릴 보, 갚을 보)

주26 **정답** 가공
　　풀이 架(꾸밀 가, 시렁 가), 空(빌 공, 하늘 공)

주27 **정답** 기폭
　　풀이 起(일어날 기, 시작할 기), 爆(터질 폭)

주28 정답 준걸
풀이 俊(뛰어날 준), 傑(뛰어날 걸, 호걸 걸)

주29 정답 아량
풀이 雅(맑을 아, 바를 아), 量(헤아릴 량, 용량 량)

주30 정답 조기
풀이 弔(조문할 조), 旗(기 기)

주31 정답 구차
풀이 苟(구차할 구, 진실로 구), 且(또 차, 구차할 차)

주32 정답 함지
풀이 咸(다 함, 성 함), 池(못 지, 성 지)

※ [주33~35] 〈보기〉의 뜻을 참고하여 ○ 안에 공통으로 들어갈 한자를 쓰시오.

주33 兼(겸할 겸) – 겸용, 겸직

주34 派(물갈래 파, 파벌 파) – 파병, 학파

주35 離(헤어질 리) – 거리, 이산

※ [주36~38] ○ 안에 공통으로 들어갈 한자를 〈보기〉에서 찾아 쓰시오.

주36 塔(탑 탑) – 철탑, 불탑, 다보탑

주37 鎭(누를 진, 진압할 진) – 진통, 중진, 진화

주38 譜(족보 보, 악보 보) – 악보, 족보, 화보

※ [주39~40] 문장에서 잘못 쓴 한자를 바르게 고쳐 쓰시오. (단, 음이 같은 한자로 고칠 것)

주39 苦(쓸 고, 괴로울 고) → 稿(볏짚 고, 원고 고)

주40 擔(멜 담, 맡을 담) → 淡(맑을 담, 깨끗할 담)

※ [주41~45] [ ] 안의 단어를 한자로 쓰시오.

주41 정답 喜悅
풀이 희열 – 기쁨과 즐거움.
+ 喜(기쁠 희), 悅(기쁠 열)

주42 정답 急激
풀이 급격 – 변화의 움직임 따위가 급하고 격렬함.
+ 急(급할 급), 激(격할 격, 부딪칠 격)

주43 정답 忍耐
풀이 인내 – 괴로움이나 어려움을 참고 견딤.
+ 忍(참을 인, 잔인할 인), 耐(참을 내, 견딜 내)

주44 정답 格鬪技
풀이 격투기 – 두 사람이 맞서 격투를 벌여 승패를 가리는 경기.
+ 格(격식 격, 헤아릴 격), 鬪(싸울 투), 技(재주 기)

주45 정답 履歷書
풀이 이력서 – 이력을 적은 문서.
+ 履(신 리, 밟을 리), 歷(지낼 력, 겪을 력), 書(쓸 서, 글 서, 책 서)

※ [주46~65] [ ] 안 한자어의 독음을 쓰시오.

주46 정답 연소
풀이 燃燒 – 물질이 산소와 화합할 때에, 많은 빛과 열을 내는 현상.
+ 燃(불탈 연, 태울 연), 燒(불사를 소)

주47 정답 소원
풀이 疏遠 – 지내는 사이가 두텁지 아니하고 거리가 있어서 서먹서먹함.
+ 疏(트일 소, 성길 소), 遠(멀 원)

주48 정답 기탄
풀이 忌憚 – 어렵게 여겨 꺼림.
+ 忌(꺼릴 기), 憚(꺼릴 탄)

주49 정답 왜곡
풀이 歪曲 – 사실과 다르게 해석하거나 그릇되게 함.
+ 歪(비뚤 왜, 기울 외, 어긋날 왜), 曲(굽을 곡, 노래 곡)

주50 정답 납치
풀이 拉致 – 강제 수단을 써서 억지로 데리고 감.
+ 拉(꺾을 랍, 끌고 갈 랍), 致(이룰 치, 이를 치)

주51 정답 범람
풀이 氾濫 – 큰물이 흘러넘침.
+ 氾(넘칠 범), 濫(넘칠 람)

주52 **정답** 첩경
풀이 捷徑 – 멀리 돌지 않고 가깝게 질러 통하는 길.
+ 捷(이길 첩), 徑(지름길 경)

주53 **정답** 천도
풀이 遷都 – 도읍을 옮김.
+ 遷(옮길 천), 都(도읍 도, 모두 도)

주54 **정답** 탈취
풀이 奪取 – 빼앗아 가짐.
+ 奪(빼앗을 탈), 取(취할 취, 가질 취)

주55 **정답** 선박
풀이 船舶 – 사람이나 짐 따위를 싣고 물 위로 떠다니도록 나무나 쇠 따위로 만든 물건. 모양과 쓰임에 따라 보트, 나룻배, 기선(汽船), 군함(軍艦), 화물선, 여객선, 유조선 따위로 나눈다.
+ 船(배 선), 舶(큰 배 박)

주56 **정답** 사족
풀이 蛇足 – 쓸데없는 군짓을 하여 도리어 잘못되게 함을 이르는 말.
+ 蛇(뱀 사), 足(발 족, 넉넉할 족)

주57 **정답** 발췌
풀이 拔萃 – 책, 글 따위에서 필요하거나 중요한 부분을 가려 뽑아냄. 또는 그런 내용.
+ 拔(뺄 발, 뽑을 발), 萃(모을 췌)

주58 **정답** 동굴
풀이 洞窟 – 자연적으로 생긴 깊고 넓은 큰 굴.
+ 洞(골 동, 마을 동, 동굴 동, 밝을 통), 窟(굴 굴)

주59 **정답** 서약
풀이 誓約 – 맹세하고 약속함.
+ 誓(맹세할 서), 約(맺을 약, 약속할 약)

주60 **정답** 진료
풀이 診療 – 의사가 환자를 진찰하고 치료하는 일.
+ 診(진찰할 진), 療(병 고칠 료)

주61 **정답** 반려
풀이 伴侶 – 짝이 되는 동무.
+ 伴(짝 반, 따를 반), 侶(짝 려)

주62 **정답** 요절
풀이 夭折 – 젊은 나이에 죽음.
+ 夭(젊을 요, 예쁠 요, 일찍 죽을 요), 折(꺾을 절)

주63 **정답** 배우
풀이 俳優 – 연극이나 영화 따위에 등장하는 인물로 분장하여 연기를 하는 사람.
+ 俳(배우 배, 광대 배), 優(우수할 우, 머뭇거릴 우, 배우 우)

주64 **정답** 지체
풀이 遲滯 – 때를 늦추거나 질질 끎.
+ 遲(더딜 지, 늦을 지), 滯(막힐 체, 머무를 체)

주65 **정답** 비방
풀이 誹謗 – 남을 비웃고 헐뜯어서 말함.
+ 誹(헐뜯을 비), 謗(헐뜯을 방)

※ [주66~70] 한자성어의 설명을 읽고 ○ 안에 들어갈 한자를 차례대로 쓰시오.

주66 **정답** 倒, 施
풀이 倒行逆施(도행역시)
+ 倒(넘어질 도, 거꾸로 도), 行(다닐 행, 행할 행, 항렬 항), 逆(거스를 역, 배반할 역), 施(행할 시, 베풀 시)

주67 **정답** 刻, 難
풀이 刻骨難忘(각골난망)
+ 刻(새길 각, 시각 각), 骨(뼈 골), 難(어려울 난, 비난할 난), 忘(잊을 망)

주68 **정답** 慮, 失
풀이 千慮一失(천려일실)
+ 千(일천 천, 많을 천), 慮(생각할 려, 염려할 려), 一(한 일), 失(잃을 실)

주69 **정답** 亨, 通
풀이 萬事亨通(만사형통)
+ 萬(일만 만, 많을 만), 事(일 사, 섬길 사), 亨(형통할 형), 通(통할 통)

주70 **정답** 機, 轉
풀이 心機一轉(심기일전)
+ 心(마음 심, 중심 심), 機(베틀 기, 기계 기, 기회 기), 一(한 일), 轉(구를 전)

제118회 한자실력급수 [3급] 정답 및 해설

객관식 01~30번

01	③	06	③	11	③	16	①	21	③	26	①
02	①	07	④	12	④	17	④	22	①	27	③
03	②	08	②	13	②	18	④	23	②	28	④
04	④	09	①	14	①	19	②	24	③	29	②
05	②	10	②	15	④	20	②	25	③	30	①

* 학습의 편의를 위하여 꼭 필요한 부분만 해설하였습니다.

※ [01~05] [　] 안의 한자와 음이 같은 한자는?

01　[浦(물가 포)]
　　① 譜(족보 보, 악보 보)
　　② 負(질 부, 패할 부, 빚질 부)
　　❸ 包(쌀 포)
　　④ 孤(외로울 고, 부모 없을 고)

02　[介(끼일 개)]
　　❶ 皆(다 개)
　　② 系(이어 맬 계, 혈통 계)
　　③ 亥(돼지 해, 열두째 지지 해)
　　④ 昏(저물 혼)

03　[置(둘 치)]
　　① 價(값 가, 가치 가)
　　❷ 治(다스릴 치)
　　③ 就(나아갈 취, 이룰 취)
　　④ 池(못 지, 성 지)

04　[被(입을 피, 당할 피)]
　　① 肥(살찔 비, 기름질 비, 거름 비)
　　② 派(물갈래 파, 파벌 파)
　　③ 泰(클 태, 편안할 태)
　　❹ 避(피할 피)

05　[返(돌이킬 반, 돌아올 반)]
　　① 販(팔 판, 장사할 판)
　　❷ 般(옮길 반, 일반 반)
　　③ 繁(번성할 번)
　　④ 晩(늦을 만)

※ [06~07] [　] 안의 한자와 뜻이 비슷하거나 같은 한자는?

06　[願(원할 원)]
　　① 妾(첩 첩)
　　② 提(끌 제, 내놓을 제)
　　❸ 祈(빌 기)
　　④ 値(값 치)

07　[態(모양 태, 태도 태)]
　　① 額(이마 액, 액수 액, 현판 액)
　　② 亭(정자 정)
　　③ 慾(욕심 욕)
　　❹ 樣(모양 양)

※ [08~09] [　] 안의 한자와 뜻이 반대되거나 상대되는 한자는?

08　[吸(숨 들이쉴 흡, 마실 흡)]
　　① 輸(보낼 수, 나를 수)
　　❷ 呼(부를 호)
　　③ 架(꾸밀 가, 시렁 가)
　　④ 咸(다 함, 성 함)

09　[姪(조카 질)]
　　❶ 叔(작은아버지 숙, 아저씨 숙, 콩 숙)
　　② 吏(아전 리)
　　③ 珍(보배 진)
　　④ 贊(도울 찬, 찬성할 찬)

※ [10~12] 〈보기〉의 단어들과 가장 관련이 깊은 한자는?

10 ① 項(목 항)
    ❷ 潮(조수 조)
    ③ 裕(넉넉할 유)
    ④ 圍(둘레 위, 에워쌀 위)

11 ① 督(감독할 독)
    ② 奔(달릴 분, 달아날 분)
    ❸ 築(쌓을 축, 지을 축)
    ④ 栗(밤 률)

12 ① 暇(겨를 가, 한가할 가)
    ② 祀(제사 사)
    ③ 供(줄 공, 이바지할 공)
    ❹ 陣(줄 진, 진 칠 진)

※ [13~15] [   ] 안의 단어를 한자로 알맞게 쓴 것은?

13 ❷
    풀이 硬直(경직) - 硬(굳을 경), 直(곧을 직, 바를 직)

14 ❶
    풀이 指揮(지휘) - 指(손가락 지, 가리킬 지), 揮(휘두를 휘, 지휘할 휘, 흩어질 휘)

15 ❹
    풀이 亞鉛(아연) - 亞(버금 아, 다음 아), 鉛(납 연)

※ [16~25] 주어진 뜻에 알맞은 한자어는?

16 ❶
    풀이 穴(구멍 혈, 굴 혈), 居(살 거, 앉을 거)

17 ❹
    풀이 崩(무너질 붕), 壞(무너질 괴)

18 ❹
    풀이 音(소리 음), 韻(운 운, 운치 운)

19 ❷
    풀이 役(부릴 역), 割(벨 할)

20 ❷
    풀이 巷(거리 항), 說(말씀 설, 달랠 세, 기쁠 열)

21 ❸
    풀이 懲(징계할 징), 罰(벌할 벌)

22 ❶
    풀이 樓(누각 루), 閣(누각 각, 내각 각)

23 ❷
    풀이 冥(어두울 명, 저승 명, 아득할 명), 府(관청 부, 마을 부, 창고 부)

24 ❸
    풀이 禪(선 선), 宗(종가 종, 으뜸 종, 마루 종)

25 ❸
    풀이 顚(이마 전, 꼭대기 전, 넘어질 전), 倒(넘어질 도, 거꾸로 도)

※ [26~30] [   ] 안에 들어갈 한자어로 알맞은 것은?

26 ❶ 根據(근거) - 근본이 되는 거점.
    풀이
    ② 拙稿(졸고) - 내용이 보잘것없는 원고.
    ③ 威脅(위협) - 힘으로 으르고 협박함.
    ④ 診療(진료) - 의사가 환자를 진찰하고 치료하는 일.

27 ❸ 矜持(긍지) - 자신의 능력을 믿음으로써 가지는 당당함.
    풀이
    ① 名詞(명사) - 사물의 이름을 나타내는 품사.
    ② 自愧(자괴) - 스스로 부끄러워함.
    ④ 攝取(섭취) - 좋은 요소를 받아들임.

28 ❹ 障碍(장애) - 신체 기관이 본래의 제 기능을 하지 못하거나 정신 능력이 원활하지 못한 상태.
    풀이
    ① 慰勞(위로) - 따뜻한 말이나 행동으로 괴로움을 덜어 주거나 슬픔을 달래 줌.
    ② 昇華(승화) - 어떤 현상이 더 높은 상태로 발전하는 일.
    ③ 緩和(완화) - 긴장된 상태나 급박한 것을 느슨하게 함.

29 ❷ 脈絡(맥락) – 사물 따위가 서로 이어져 있는 관계나 연관.

   풀이
   ① 敍述(서술) – 사건이나 생각 따위를 차례대로 말하거나 적음.
   ③ 瞬間(순간) – 아주 짧은 동안.
   ④ 葛藤(갈등) – 개인이나 집단 사이에 목표나 이해관계가 달라 서로 적대시하거나 충돌함. 또는 그런 상태.

30 ❶ 調劑(조제) – 여러 가지 약품을 적절히 조합하여 약을 지음.

   풀이
   ② 趨勢(추세) – 어떤 현상이 일정한 방향으로 나아가는 경향.
   ③ 錦繡(금수) – ㉠ 수를 놓은 비단. 또는 아름답고 화려한 옷이나 직물. ㉡ 아름다운 시문(詩文)을 비유적으로 이르는 말.
   ④ 伴侶(반려) – 짝이 되는 동무.

주01	돼지 돈	주15	緣	주29	폭탄	주43	應募	주57	격차
주02	두루 주	주16	개헌	주30	분유	주44	關聯	주58	영하
주03	무리 배	주17	광택	주31	이력	주45	肺活量	주59	서찰
주04	터럭 발	주18	박람회	주32	두뇌	주46	초상	주60	몰입
주05	시어미 고	주19	편의	주33	拒	주47	고사	주61	선회
주06	가지런할 제	주20	채소	주34	征	주48	희생	주62	추출
주07	사모할 련	주21	우려	주35	訂	주49	심의	주63	노예
주08	견딜 내	주22	잔향	주36	壁	주50	기압	주64	창공
주09	아가씨 낭	주23	역전	주37	複	주51	관료	주65	부록
주10	천할 천	주24	강사	주38	帶	주52	맹수	주66	機, 尙
주11	聰	주25	고집	주39	然 → 延	주53	면역	주67	戰, 鬪
주12	擔	주26	기획	주40	格 → 激	주54	분발	주68	亂, 麻
주13	冠	주27	녹각	주41	凶/兇測	주55	사양	주69	流, 芳
주14	沿	주28	보상	주42	逸脫	주56	결함	주70	深, 熟

* 학습의 편의를 위하여 꼭 필요한 부분만 해설하였습니다.

※ [주01~10] 해설 생략

※ [주11~15] 다음 훈과 음에 맞는 한자를 〈보기〉에서 찾아 쓰시오.

沿	물 따라갈 연, 따를 연	聰	귀 밝을 총, 총명할 총
胞	태보 포, 세포 포	批	비평할 비
擔	멜 담, 맡을 담	冠	갓 관
租	세금 조, 세낼 조	緣	인연 연
礎	주춧돌 초, 기초 초	妥	평온할 타, 온당할 타

※ [주16~32] 다음 한자어의 독음을 쓰시오.

주16 **정답** 개헌
  풀이 改(고칠 개), 憲(법 헌)

주17 **정답** 광택
  풀이 光(빛 광, 경치 광), 澤(연못 택, 은혜 택)

주18 **정답** 박람회
  풀이 博(넓을 박), 覽(볼 람), 會(모일 회)

주19 **정답** 편의
  풀이 便(편할 편, 똥오줌 변), 宜(마땅할 의)

주20 **정답** 채소
  풀이 菜(나물 채), 蔬(나물 소, 채소 소)

주21 **정답** 우려
  풀이 憂(근심할 우), 慮(생각할 려, 염려할 려)

주22 **정답** 잔향
  풀이 殘(잔인할 잔, 해칠 잔, 나머지 잔), 香(향기 향)

주23 **정답** 역전
  풀이 驛(역 역), 前(앞 전)

주24 **정답** 강사
  풀이 講(익힐 강, 강의할 강), 師(스승 사, 전문가 사, 군사 사)

주25 **정답** 고집
  풀이 固(굳을 고, 진실로 고), 執(잡을 집, 집행할 집)

주26 **정답** 기획
  풀이 企(바랄 기, 꾀할 기), 劃(그을 획, 계획할 획)

주27 **정답** 녹각
  풀이 鹿(사슴 록), 角(뿔 각, 모날 각, 겨룰 각)

주28 **정답** 보상
  풀이 補(기울 보, 보충할 보), 償(갚을 상, 보답할 상)

주29 정답 폭탄
풀이 爆(터질 폭), 彈(튕길 탄, 탄알 탄)

주30 정답 분유
풀이 粉(가루 분), 乳(젖 유)

주31 정답 이력
풀이 履(신 리, 밟을 리), 歷(지낼 력, 겪을 력)

주32 정답 두뇌
풀이 頭(머리 두, 우두머리 두), 腦(뇌 뇌)

※ [주33~35] 〈보기〉의 뜻을 참고하여 ○ 안에 공통으로 들어갈 한자를 쓰시오.

주33 拒(막을 거, 물리칠 거) – 항거, 거부

주34 征(칠 정) – 정복, 원정

주35 訂(바로잡을 정) – 교정, 정정

※ [주36~38] ○ 안에 공통으로 들어갈 한자를 〈보기〉에서 찾아 쓰시오.

주36 壁(벽 벽) – 벽화, 암벽, 벽보

주37 複(겹칠 복) – 복식, 중복, 복사

주38 帶(찰 대, 띠 대) – 연대, 대분수, 성대

※ [주39~40] 문장에서 잘못 쓴 한자를 바르게 고쳐 쓰시오. (단, 음이 같은 한자로 고칠 것)

주39 然(그러할 연) → 延(끌 연, 늘일 연, 성씨 연)

주40 格(격식 격, 헤아릴 격) → 激(격할 격, 부딪칠 격)

※ [주41~45] [ ] 안의 단어를 한자로 쓰시오.

주41 정답 凶/兇測
풀이 흉측 – 몹시 흉악함.
+ 凶(흉할 흉, 흉년 흉)/兇(흉할 흉), 測(헤아릴 측)

주42 정답 逸脫
풀이 일탈 – ㉠ 정하여진 영역 또는 본디의 목적이나 길, 사상, 규범, 조직 따위로부터 빠져 벗어남. ㉡ 사회적인 규범으로부터 벗어나는 일.
+ 逸(숨을 일, 뛰어날 일, 편안할 일), 脫(벗을 탈)

주43 정답 應募
풀이 응모 – 모집에 응하거나 지원함.
+ 應(응할 응), 募(모을 모)

주44 정답 關聯
풀이 관련 – 둘 이상의 사람, 사물, 현상 따위가 서로 관계를 맺어 매여 있음. 또는 그 관계.
+ 關(빗장 관, 관계 관), 聯(잇닿을 련, 이을 련)

주45 정답 肺活量
풀이 폐활량 – 허파 속에 최대한도로 공기를 빨아들여 다시 배출하는 공기의 양.
+ 肺(허파 폐), 活(살 활), 量(헤아릴 량, 용량 량)

※ [주46~65] [ ] 안 한자어의 독음을 쓰시오.

주46 정답 초상
풀이 肖像 – ㉠ 사진, 그림 따위에 나타낸 사람의 얼굴이나 모습. ㉡ 비춰지거나 생각되는 모습.
+ 肖(작을 소, 닮을 초), 像(모양 상, 본뜰 상)

주47 정답 고사
풀이 枯死 – 나무나 풀 따위가 말라 죽음.
+ 枯(마를 고, 죽을 고), 死(죽을 사)

주48 정답 희생
풀이 犧牲 – 다른 사람이나 어떤 목적을 위하여 자신의 목숨, 재산, 명예, 이익 따위를 바치거나 버림.
+ 犧(희생 희), 牲(희생 생)

주49 정답 심의
풀이 審議 – 심사하고 토의함.
+ 審(살필 심), 議(의논할 의)

주50 정답 기압
풀이 氣壓 – 대기의 압력.
+ 氣(기운 기, 대기 기), 壓(누를 압)

주51 정답 관료
풀이 官僚 – 직업적인 관리. 또는 그들의 집단. 특히, 정치에 영향력이 있는 고급 관리를 이름.
+ 官(관청 관, 벼슬 관), 僚(동료 료)

주52 **정답** 맹수
풀이 猛獸 – 주로 육식을 하는 사나운 짐승. 사자나 범 따위를 이름.
+ 猛(날랠 맹, 사나울 맹), 獸(짐승 수)

주53 **정답** 면역
풀이 免疫 – ㉠ 반복되는 자극 따위에 반응하지 않고 무감각해지는 상태를 비유적으로 이르는 말. ㉡ 몸속에 들어온 병원(病原) 미생물에 대항하는 항체를 생산하여 독소를 중화하거나 병원 미생물을 죽여서 다음에는 그 병에 걸리지 않도록 된 상태.
+ 免(면할 면), 疫(염병 역, 전염병 역)

주54 **정답** 분발
풀이 奮發 – 마음과 힘을 다하여 떨쳐 일어남.
+ 奮(떨칠 분, 힘쓸 분), 發(쏠 발, 일어날 발)

주55 **정답** 사양
풀이 斜陽 – 새로운 것에 밀려 점점 몰락해 감을 비유적으로 이르는 말.
+ 斜(비낄 사, 기울 사), 陽(볕 양, 드러날 양)

주56 **정답** 결함
풀이 缺陷 – 부족하거나 완전하지 못하여 흠이 되는 부분.
+ 缺(이지러질 결, 빠질 결), 陷(함정 함, 빠질 함)

주57 **정답** 격차
풀이 隔差 – 빈부, 임금, 기술 수준 따위가 서로 벌어져 다른 정도.
+ 隔(막을 격, 사이 뜰 격), 差(부릴 채, 다를 차, 어긋날 치)

주58 **정답** 영하
풀이 零下 – 섭씨온도계에서, 눈금이 0℃ 이하의 온도.
+ 零(떨어질 령, 영 령), 下(아래 하, 내릴 하)

주59 **정답** 서찰
풀이 書札 – 안부, 소식, 용무 따위를 적어 보내는 글.
+ 書(쓸 서, 글 서, 책 서), 札(편지 찰, 패 찰, 돈 찰)

주60 **정답** 몰입
풀이 沒入 – 깊이 파고들거나 빠짐.
+ 沒(빠질 몰, 다할 몰, 없을 몰), 入(들 입)

주61 **정답** 선회
풀이 旋回 – 항공기가 곡선을 그리듯 진로를 바꿈.
+ 旋(돌 선), 回(돌 회, 돌아올 회, 횟수 회)

주62 **정답** 추출
풀이 抽出 – 전체 속에서 어떤 물건, 생각, 요소 따위를 뽑아냄.
+ 抽(뽑을 추), 出(날 출, 나갈 출)

주63 **정답** 노예
풀이 奴隷 – 남의 소유물로 되어 부림을 당하는 사람. 모든 권리와 생산 수단을 빼앗기고, 물건처럼 사고팔리던 노예제 사회의 피지배 계급.
+ 奴(종 노, 남을 흉하게 부르는 접미사 노), 隷[종례(예), 붙을 예]

주64 **정답** 창공
풀이 蒼空 – 맑고 푸른 하늘.
+ 蒼(푸를 창), 空(빌 공, 하늘 공)

주65 **정답** 부록
풀이 附錄 – ㉠ 본문 끝에 덧붙이는 기록. ㉡ 신문, 잡지 따위의 본지에 덧붙인 지면이나 따로 내는 책자.
+ 附(붙을 부, 가까이할 부), 錄(기록할 록)

※ [주66~70] 한자성어의 설명을 읽고 ○ 안에 들어갈 한자를 차례대로 쓰시오.

주66 **정답** 機, 尙
풀이 時機尙早(시기상조)
+ 時(때 시), 機(베틀 기, 기계 기, 기회 기), 尙(오히려 상, 높을 상, 숭상할 상), 早(일찍 조)

주67 **정답** 戰, 鬪
풀이 惡戰苦鬪(악전고투)
+ 惡(악할 악, 미워할 오), 戰(싸울 전, 무서워 떨 전), 苦(쓸 고, 괴로울 고), 鬪(싸울 투)

주68 **정답** 亂, 麻

　　풀이 快刀亂麻(쾌도난마)

　　　+ 快(쾌할 쾌), 刀(칼 도), 亂(어지러울 난), 麻(삼 마, 마약 마)

주69 **정답** 流, 芳

　　풀이 流芳百世

　　　+ 流(흐를 류, 번져나갈 류), 芳(꽃다울 방), 百(일백 백, 많을 백), 世(세대 세, 세상 세)

주70 **정답** 深, 熟

　　풀이 深思熟考

　　　+ 深(깊을 심), 思(생각할 사), 熟(익을 숙, 익숙할 숙), 考(생각할 고)

제119회 한자실력급수 [3급] 정답 및 해설

객관식 01~30번

01	③	06	②	11	④	16	②	21	③	26	④
02	①	07	①	12	①	17	①	22	④	27	②
03	④	08	②	13	②	18	②	23	④	28	③
04	③	09	④	14	①	19	④	24	①	29	①
05	④	10	③	15	③	20	③	25	②	30	④

* 학습의 편의를 위하여 꼭 필요한 부분만 해설하였습니다.

※ [01~05] [ ] 안의 한자와 음이 같은 한자는?

01 [績 (길쌈할 적)]
　① 築 (쌓을 축, 지을 축)
　② 策 (채찍 책, 꾀 책)
　❸ 籍 (서적 적, 문서 적)
　④ 債 (빚 채)

02 [栗 (밤 률)]
　❶ 律 (법률 률, 음률 률)
　② 維 (벼리 유, 묶을 유, 끈 유)
　③ 束 (묶을 속)
　④ 輸 (보낼 수, 나를 수)

03 [府 (관청 부, 마을 부, 창고 부)]
　① 組 (짤 조)
　② 周 (두루 주, 둘레 주)
　③ 吹 (불 취)
　❹ 副 (버금 부, 예비 부)

04 [驛 (역 역)]
　① 已 (이미 이, 따름 이)
　② 惜 (아낄 석, 가엾을 석)
　❸ 域 (지경 역)
　④ 刷 (닦을 쇄, 인쇄할 쇄)

05 [際 (즈음 제, 때 제, 경계 제, 사귈 제)]
　① 資 (재물 자, 신분 자)
　② 栽 (심을 재, 기를 재)
　③ 著 (글 지을 저, 나타날 저, 붙을 착, 입을 착)
　❹ 齊 (가지런할 제)

※ [06~07] [ ] 안의 한자와 뜻이 비슷하거나 같은 한자는?

06 [慕 (사모할 모)]
　① 恕 (용서할 서)
　❷ 戀 (사모할 련)
　③ 愚 (어리석을 우)
　④ 怨 (원망할 원)

07 [雜 (섞일 잡)]
　❶ 混 (섞을 혼)
　② 渴 (목마를 갈)
　③ 港 (항구 항)
　④ 涉 (건널 섭, 간섭할 섭, 섭렵할 섭)

※ [08~09] [ ] 안의 한자와 뜻이 반대되거나 상대되는 한자는?

08 [合 (합할 합, 맞을 합, 홉 홉)]
　① 囚 (가둘 수, 죄인 수)
　❷ 離 (헤어질 리)
　③ 述 (말할 술, 지을 술)
　④ 雅 (맑을 아, 바를 아)

09 [返 (돌이킬 반, 돌아올 반)]
　① 吏 (아전 리)
　② 邊 (끝 변, 가 변)
　③ 援 (도울 원, 당길 원)
　❹ 往 (갈 왕)

※ [10~12] 〈보기〉의 단어들과 가장 관련이 깊은 한자는?

10 ① 底 (밑 저)
    ② 斯 (이 사)
    ❸ 署 (관청 서, 서명할 서)
    ④ 超 (뛰어넘을 초)

11 ① 池 (못 지, 성 지)
    ② 宜 (마땅할 의)
    ③ 貸 (빌릴 대)
    ❹ 腹 (배 복)

12 ❶ 粉 (가루 분)
    ② 覺 (깨달을 각)
    ③ 索 (동아줄 삭, 찾을 색, 쓸쓸할 삭)
    ④ 斤 (도끼 근, 저울 근)

※ [13~15] [ ] 안의 단어를 한자로 알맞게 쓴 것은?

13 ❷
    풀이 熟眠(숙면) – 熟(익을 숙, 익숙할 숙), 眠(잠잘 면)

14 ❶
    풀이 虛像(허상) – 虛(빌 허, 헛될 허), 像(형상 상)

15 ❸
    풀이 破鏡(파경) – 破(깨뜨릴 파, 파할 파), 鏡(거울 경)

※ [16~25] 주어진 뜻에 알맞은 한자어는?

16 ❷
    풀이 封建(봉건) – 封(봉할 봉), 建(세울 건)

17 ❶
    풀이 頃刻(경각) – 頃(잠깐 경, 즈음 경, 이랑 경), 刻(새길 각, 시각 각)

18 ❷
    풀이 恐慌(공황) – 恐(두려울 공), 慌(다급할 황)

19 ❹
    풀이 描寫(묘사) – 描(그릴 묘), 寫(베낄 사)

20 ❸
    풀이 祠堂(사당) – 祠(사당 사), 堂(집 당)

21 ❸
    풀이 琢磨(탁마) – 琢(쫄 탁, 다듬을 탁), 磨(갈 마)

22 ❹
    풀이 宮闕(궁궐) – 宮(집 궁, 궁궐 궁), 闕(대궐 궐)

23 ❹
    풀이 遺蹟(유적) – 遺(남길 유), 蹟(자취 적)

24 ❶
    풀이 交替(교체) – 交(사귈 교, 오고 갈 교), 替(바꿀 체)

25 ❷
    풀이 惡魔(악마) – 惡(악할 악, 미워할 오), 魔(마귀 마)

※ [26~30] [ ] 안에 들어갈 한자어로 알맞은 것은?

26 ❹ 蹴球(축구) – 공을 차서 겨루는 경기.
    풀이
    ① 哀悼(애도) – 사람의 죽음을 슬퍼함.
    ② 搜査(수사) – 범죄 사실을 조사함.
    ③ 純粹(순수) – 섞이지 아니하고 깨끗함.

27 ❷ 揭揚(게양) – 기나 깃발 등을 높이 달아 올림.
    풀이
    ① 分裂(분열) – 나뉘어 갈라짐.
    ③ 永訣(영결) – 영원한 이별, 곧 죽음을 뜻함.
    ④ 鹽酸(염산) – 염소와 수소가 결합된 산.

28 ❸ 比喩(비유) – 다른 사물에 빗대어 표현함.
    풀이
    ① 厭世(염세) – 세상을 비관하고 싫어함.
    ② 誤謬(오류) – 잘못이나 그릇됨.
    ④ 醉氣(취기) – 술에 취한 기운.

29 ❶ 屈伏(굴복) – 꺾여서 복종함.
    풀이
    ② 魂魄(혼백) – 영혼과 육체.
    ③ 運搬(운반) – 물건을 옮김.
    ④ 鬱蒼(울창) – 나무가 무성함.

323

30 ❹ 朗誦(낭송) - 글이나 시를 소리 내어 읽음.

풀이

① 年齡(연령) - 사람의 나이.
② 徐行(서행) - 천천히 감.
③ 優劣(우열) - 뛰어남과 못함.

주관식 01~70번

주01	방해할 방	주15	劍	주29	향략	주43	揮帳	주57	모옥
주02	법 헌	주16	문진	주30	항우	주44	潔白	주58	교묘
주03	부끄러울 치	주17	경기	주31	정벌	주45	弱冠	주59	화촉
주04	토할 토	주18	조정	주32	제방	주46	마찰	주60	첨삭
주05	침노할 침	주19	염려	주33	補	주47	무용	주61	유치
주06	어른 장, 존칭 장, 길이 장	주20	잔인	주34	被	주48	질식	주62	획득
주07	탄식할 탄	주21	결부	주35	聯	주49	취미	주63	용해
주08	맑을 담	주22	환경	주36	傑	주50	왜란	주64	점포
주09	연꽃 련	주23	강림	주37	銳	주51	순장	주65	위협
주10	고개 령	주24	폭발	주38	供	주52	오만	주66	博, 識
주11	巡	주25	제반	주39	慈 → 姿	주53	권태	주67	氷, 炭
주12	胃	주26	기고	주40	富 → 負	주54	벽지	주68	薄, 待
주13	糧	주27	조리	주41	擔當	주55	소위	주69	炎, 態
주14	輪	주28	은택	주42	餘暇	주56	익일	주70	擧, 妄

* 학습의 편의를 위하여 꼭 필요한 부분만 해설하였습니다.

※ [주01~10] 해설 생략

※ [주11~15] 다음 훈과 음에 맞는 한자를 〈보기〉에서 찾아 쓰시오.

劍	칼 검	兼	겸할 겸
畓	논 답	胃	밥통 위
巡	순행할 순, 돌 순	毒	독 독, 독할 독
鉛	납 연	濯	씻을 탁, 빨 탁
輪	바퀴 륜, 둥글 륜, 돌 륜	糧	양식 량

※ [주16~32] 다음 한자어의 독음을 쓰시오.

주16 정답 文鎭(문진)
풀이 文(무늬 문, 글월 문), 鎭(누를 진, 진합할 진)

주17 정답 京畿(경기)
풀이 京(서울 경), 畿(경기 기)

주18 정답 朝廷(조정)
풀이 朝(아침 조, 조정 조, 뵐 조), 廷(조정 정, 관청 정)

주19 정답 念慮(염려)
풀이 念(생각할 념), 慮(생각할 려)

주20 정답 殘忍(잔인)
풀이 殘(잔인할 잔, 해칠 잔, 나머지 잔), 忍(참을 인, 잔인할 인)

주21 정답 結付(결부)
풀이 結(맺을 결), 付(줄 부, 부탁할 부)

주22 정답 環境(환경)
풀이 環(고리 환, 두를 환), 境(지경 경, 형편 경)

주23 정답 降臨(강림)
풀이 降(내릴 강, 항복할 항), 臨(임할 림)

주24 정답 爆發(폭발)
풀이 爆(터질 폭), 發(쏠 발, 일어날 발)

주25 정답 諸般(제반)
풀이 諸(모든 제, 여러 제, 성 제), 般(옮길 반, 일반 반)

325

주26 정답 寄稿(기고)
풀이 寄(붙어살 기, 부칠 기), 稿(볏짚 고, 원고 고)

주27 정답 條理(조리)
풀이 條(가지 조, 조목 조), 理(이치 리, 다스릴 리)

주28 정답 恩澤(은택)
풀이 恩(은혜 은), 澤(연못 택, 은혜 택)

주29 정답 享樂(향락)
풀이 享(누릴 향), 樂(풍류 악, 즐길 락, 좋아할 요)

주30 정답 項羽(항우)
풀이 項(목 항), 羽(날개 우, 깃 우)

주31 정답 征伐(정벌)
풀이 征(칠 정), 伐(칠 벌)

주32 정답 堤防(제방)
풀이 堤(둑 제), 防(둑 방, 막을 방)

※ [주33~35] 〈보기〉의 뜻을 참고하여 ○ 안에 공통으로 들어갈 한자를 쓰시오.

주33 補(기울 보, 보충할 보) - 보완, 보조

주34 被(입을 피, 당할 피) - 피고, 피해

주35 聯(잇닿을 련, 이을 련) - 연상, 연맹

※ [주36~38] ○ 안에 공통으로 들어갈 한자를 〈보기〉에서 찾아 쓰시오.

주36 傑(뛰어날 걸, 호걸 걸) - 인걸, 걸출, 영걸

주37 銳(날카로울 예) - 예리, 정예, 민예

주38 供(줄 공, 이바지할 공) - 공급, 제공, 관람

※ [주39~40] 문장에서 잘못 쓴 한자를 바르게 고쳐 쓰시오. (단, 음이 같은 한자로 고칠 것)

주39 慈(사랑 자, 어머니 자) → 姿(맵시 자)

주40 富(넉넉할 부, 부자 부) → 負(질 부, 패할 부, 빚질 부)

※ [주41~45] [ ] 안의 단어를 한자로 쓰시오.

주41 정답 擔當
풀이 담당 - 맡아서 책임을 짐.
+ 擔(멜 담, 맡을 담), 當(마땅할 당, 당할 당)

주42 정답 餘暇
풀이 여가 - 일을 마치고 남는 시간.
+ 餘(남을 여), 暇(겨를 가, 한가할 가)

주43 정답 揮帳
풀이 휘장 - 천막의 발이나 막이 되는 장막.
+ 揮(휘두를 휘, 지휘할 휘, 흩어질 휘), 帳(장막 장, 장부 장)

주44 정답 潔白
풀이 결백 - 마음이나 행실이 깨끗하고 부끄러움이 없음.
+ 潔(깨끗할 결), 白(흰 백, 밝을 백, 깨끗할 백, 아뢸 백)

주45 정답 弱冠
풀이 약관 - 스무 살 전후의 젊은 나이.
+ 弱(약할 약), 冠(갓 관, 관례 관)

※ [주46~65] [ ] 안 한자어의 독음을 쓰시오.

주46 정답 마찰
풀이 摩擦 - 물체와 물체가 맞닿아 생기는 저항.
+ 摩(문지를 마, 어루만질 마), 擦(비빌 찰)

주47 정답 무용
풀이 舞踊 - 춤을 춤.
+ 舞(춤출 무), 踊(뛸 용)

주48 정답 질식
풀이 窒息 - 숨이 막혀 숨을 쉬지 못함.
+ 窒(막힐 질), 息(쉴 식, 소식 식, 숨 쉴 식, 자식 식)

주49 정답 취미
풀이 趣味 - 즐거움을 느끼며 좋아하는 일.
+ 趣(재미 취, 취미 취), 味(맛 미)

주50 정답 왜란
풀이 倭亂 - 일본이 일으킨 난리.
+ 倭(왜국 왜), 亂(어지러울 란)

주51 정답 순장
풀이 殉葬 - 주인을 따라 무덤에 함께 묻힘.
+ 殉(따라 죽을 순), 葬(장사지낼 장)

주52 정답 오만
풀이 傲慢 - 거만하고 방자함.
+ 傲(거만할 오), 慢(게으를 만)

주53 정답 권태
풀이 倦怠 - 흥미를 잃고 싫증 남.
+ 倦(게으를 권), 怠(게으를 태)

주54 정답 벽지
풀이 僻地 - 외지고 깊숙한 곳.
+ 僻(후미질 벽), 地(땅 지, 처지 지)

주55 정답 소위
풀이 所謂 - 이르는 바.
+ 所(장소 소, 바 소), 謂(이를 위)

주56 정답 익일
풀이 翌日 - 다음 날.
+ 翌(다음날 익), 日(해 일, 날 일)

주57 정답 모옥
풀이 茅屋 - 띠풀로 지붕을 인 집.
+ 茅(띠 모), 屋(집 옥)

주58 정답 교묘
풀이 巧妙 - 솜씨가 뛰어나고 묘함.
+ 巧(교묘할 교, 공교할 교), 妙(묘할 묘)

주59 정답 화촉
풀이 華燭 - 빛깔을 들인 밀초. 흔히 혼례 의식에 씀.
+ 華(화려할 화, 빛날 화), 燭(촛불 촉)

주60 정답 첨삭
풀이 添削 - 답안이나 글 따위의 내용 일부를 덧붙이거나 삭제하여 고침.
+ 添(더할 첨), 削(깎을 삭)

주61 정답 유치
풀이 幼稚 - ㉠ 나이가 어림. ㉡ 수준이 낮거나 미숙함.
+ 幼(어릴 유), 稚(어릴 치)

주62 정답 획득
풀이 獲得 - 얻어 가짐.
+ 獲(얻을 획), 得(얻을 득)

주63 정답 용해
풀이 溶解 - 녹거나 녹이는 일.
+ 溶(녹을 용), 解(풀 해)

주64 정답 점포
풀이 店鋪 - 물건을 파는 가게.
+ 店(가게 점), 鋪(펼 포, 가게 포)

주65 정답 위협
풀이 威脅 - 힘으로 으르고 겁줌.
+ 威(위엄 위), 脅(위협할 협)

※ [주66~70] 한자성어의 설명을 읽고 ○ 안에 들어갈 한자를 차례대로 쓰시오.

주66 정답 博, 識
풀이 博學多識(박학다식)
+ 博(넓을 박), 學(배울 학), 多(많을 다), 識(알 식, 기록할 지)

주67 정답 氷, 炭
풀이 氷炭之間(빙탄지간)
+ 氷(얼음 빙), 炭(숯 탄, 석탄 탄), 之(갈 지, ~의 지, 이 지), 間(사이 간)

주68 정답 薄, 待
풀이 門前薄待(문전박대)
+ 門(문 문), 前(앞 전), 薄(엷을 박), 待(대접할 대, 기다릴 대)

주69 정답 炎, 態
풀이 炎凉世態(염량세태)
+ 炎(불꽃 염, 더울 염, 염증 염), 凉(서늘할 량), 世(세대 세, 세상 세), 態(모양 태, 태도 태)

주70 정답 擧, 妄
풀이 輕擧妄動(경거망동)
+ 輕(가벼울 경), 擧(들 거, 일으킬 거), 妄(망령될 망), 動(움직일 동)

제120회 한자실력급수 [3급] 정답 및 해설

객관식 01~30번

01	①	06	④	11	②	16	③	21	①	26	②
02	②	07	①	12	③	17	④	22	②	27	③
03	③	08	②	13	①	18	②	23	④	28	④
04	④	09	③	14	③	19	①	24	③	29	①
05	②	10	①	15	④	20	②	25	②	30	③

* 학습의 편의를 위하여 꼭 필요한 부분만 해설하였습니다.

※ [1~5] [　] 안의 한자와 음이 같은 한자는?

01 　[丈 (어른 장, 존칭 장, 길이 장)]
　　❶ 裝 (꾸밀 장)
　　② 謹 (삼갈 근)
　　③ 麻 (삼 마, 마약 마)
　　④ 貸 (빌릴 대)

02 　[祥 (상서로울 상, 조짐 상)]
　　① 司 (맡을 사, 벼슬 사)
　　❷ 像 (형상 상)
　　③ 姻 (혼인할 인)
　　④ 援 (도울 원, 당길 원)

03 　[係 (이어 맬 계, 혈통 계)]
　　① 償 (갚을 상, 보답할 상)
　　② 熟 (익을 숙, 익숙할 숙)
　　❸ 契 (맺을 계)
　　④ 岸 (언덕 안)

04 　[逃 (달아날 도)]
　　① 抵 (거스를 저, 막을 저, 당할 저)
　　② 額 (이마 액, 액수 액, 현판 액)
　　③ 餓 (굶주릴 아)
　　❹ 盜 (도둑 도, 훔칠 도)

05 　[胃 (밥통 위)]
　　① 築 (쌓을 축, 지을 축)
　　❷ 委 (맡길 위, 의지할 위)
　　③ 測 (헤아릴 측)
　　④ 濯 (씻을 탁, 빨 탁)

※ [6~7] [　] 안의 한자와 뜻이 비슷하거나 같은 한자는?

06 　[願 (원할 원)]
　　① 鬪 (싸울 투)
　　② 態 (모양 태, 태도 태)
　　③ 版 (인쇄할 판, 판목 판)
　　❹ 祈 (빌 기)

07 　[確 (굳을 확, 확실할 확)]
　　❶ 固 (굳을 고, 진실로 고)
　　② 肺 (허파 폐)
　　③ 咸 (다 함, 성 함)
　　④ 港 (항구 항)

※ [8~9] [　] 안의 한자와 뜻이 반대되거나 상대되는 한자는?

08 　[捨 (버릴 사)]
　　① 絃 (악기 줄 현)
　　❷ 取 (취할 취, 가질 취)
　　③ 險 (험할 험)
　　④ 昏 (저물 혼)

09 　[攻 (칠 공, 닦을 공)]
　　① 弘 (넓을 홍, 클 홍)
　　② 丸 (둥글 환, 알 환)
　　❸ 守 (지킬 수)
　　④ 揮 (휘두를 휘, 지휘할 휘, 흩어질 휘)

328

※ [10~12]〈보기〉의 단어들과 가장 관련이 깊은 한자는?

10 ❶ 畓 (논 답)
② 誌 (기록할지, 책 지)
③ 亞 (버금 아, 다음 아)
④ 旬 (열흘 순)

11 ① 署 (관청 서, 서명할 서)
❷ 濯 (씻을 탁, 빨 탁)
③ 宜 (마땅할 의)
④ 織 (짤 직)

12 ① 舟 (배 주)
② 肥 (살찔 비, 기름질 비, 거름 비)
❸ 辯 (말 잘할 변)
④ 潮 (조수 조)

※ [13~15] [ ] 안의 단어를 한자로 알맞게 쓴 것은?

13 ❶
풀이 計劃(계획) - 計(셀 계, 꾀할 계), 劃(그을 획, 계획할 획)

14 ❸
풀이 礎石(초석) - 礎(주춧돌 초, 기초 초), 石(돌 석, 성 석)

15 ❹
풀이 銳敏(예민) - 銳(날카로울 예), 敏(민첩할 민)

※ [16~25] 주어진 뜻에 알맞은 한자어는?

16 ❸
풀이 腰痛(요통) - 腰(허리 요), 痛(아플 통)

17 ❹
풀이 溶解(용해) - 溶(녹을 용), 解(풀 해)

18 ❷
풀이 脂肪(지방) - 脂(기름 지), 肪(기름 방)

19 ❶
풀이 飽和(포화) - 飽(배부를 포), 和(화목할 화, 화할 화)

20 ❷
풀이 旱魃(한발) - 旱(가물 한), 魃(가물 귀신 발)

21 ❶
풀이 幻想(환상) - 幻(허깨비 환), 想(생각할 상)

22 ❷
풀이 回顧(회고) - 回(돌 회, 돌아올 회, 횟수 회), 顧(돌아볼 고)

23 ❹
풀이 幣帛(폐백) - 幣(돈 폐, 폐백 폐), 帛(비단 백)

24 ❸
풀이 奢侈(사치) - 奢(사치할 사), 侈(사치할 치)

25 ❷
풀이 瓜年(과년) - 瓜(오이 과), 年(해 년, 나이 년)

※ [26~30] [ ] 안에 들어갈 한자어로 알맞은 것은?

26 ❷ 臺本(대본) - 연극·영화에서 배우와 연출자가 보는 대사·지문 기록.
풀이
① 嗜好(기호) - 즐겨 좋아함.
③ 屯田(둔전) - 군사 방어를 위한 개간 농지.
④ 驅使(구사) - ㉠ 사람이나 동물을 함부로 몰아쳐 부림. ㉡ 말이나 수사법, 기교, 수단 따위를 능숙하게 마음대로 부려 씀.

27 ❸ 圖鑑(도감) - 그림이나 사진을 모아 실물 대신 볼 수 있도록 엮은 책.
풀이
① 拘束(구속) - 행동이나 의사의 자유를 제한하거나 속박함.
② 隔差(격차) - 빈부, 임금, 기술 수준 따위가 서로 벌어져 다른 정도.
④ 諫言(간언) - 웃어른이나 임금에게 옳지 못하거나 잘못된 일을 고치도록 하는 말.

28 ❹ 預金(예금) - 일정한 계약에 의하여 은행이나 우체국 따위에 돈을 맡기는 일. 또는 그 돈.
풀이
① 激勵(격려) - 용기나 의욕이 솟아나도록 북돋워 줌.

② 脈絡(맥락) - 사물 따위가 서로 이어져 있는 관계나 연관.
③ 透明(투명) - 물 따위가 속까지 환히 비치도록 맑음.

29 ❶ 優劣(우열) - 뛰어남과 못함.
풀이
② 絞首(교수) - 사형수의 목을 옭아매어 죽임.
③ 埋藏(매장) - 땅속에 묻어서 감춤.
④ 名譽(명예) - ㉠ 세상에서 훌륭하다고 인정되는 이름이나 자랑. 또는 그런 존엄이나 품위. ㉡ 어떤 사람의 공로나 권위를 높이 기리어 특별히 수여하는 칭호.

30 ❸ 獲得(획득) - 얻어 내거나 얻어 가짐.
풀이
① 函數(함수) - 어떤 규칙(식)에 따라 변수 값을 넣으면 일정한 결과가 나오는 대응 관계.
② 混濁(혼탁) - ㉠ 불순물이 섞이어 깨끗하지 못하고 흐림. ㉡ 정치, 도덕 따위 사회적 현상이 어지럽고 깨끗하지 못함.
④ 戱弄(희롱) - ㉠ 말이나 행동으로 실없이 놀림. ㉡ 손아귀에 넣고 제멋대로 가지고 놂. ㉢ 서로 즐기며 놀리거나 놂.

주관식 01~70번

주01	굳을 경	주15	秩	주29	치욕	주43	多樣	주57	궁전
주02	대롱 관	주16	실천	주30	복채	주44	論述	주58	모옥
주03	피할 피	주17	형통	주31	덕택	주45	詐稱	주59	묘목
주04	족보 보	주18	회개	주32	토로	주46	고민	주60	멸망
주05	돼지 돈	주19	죄수	주33	妥	주47	고취	주61	봉밀
주06	잔치 연	주20	경기	주34	勤	주48	계몽	주62	왜란
주07	가루 분	주21	가설	주35	拒	주49	서행	주63	액운
주08	관청 부	주22	비판	주36	倒	주50	추세	주64	탐욕
주09	둘레 위, 에울 위	주23	탄식	주37	條	주51	하자	주65	탁마
주10	거동 의	주24	추모	주38	覺	주52	훈장	주66	信, 罰
주11	逸	주25	어차피	주39	鮮 → 宣	주53	괴뢰	주67	老, 馬
주12	蔬	주26	만반	주40	員 → 源	주54	개선	주68	薄, 氷
주13	索	주27	순찰	주41	先拂	주55	갱도	주69	臨, 變
주14	疑	주28	배역	주42	考慮	주56	도공	주70	生, 緣

* 학습의 편의를 위하여 꼭 필요한 부분만 해설하였습니다.

※ [주01~10] 해설 생략

※ [주11~15] 다음 훈과 음에 맞는 한자를 〈보기〉에서 찾아 쓰시오.

壞	흙 양, 땅 양	超	뛰어넘을 초
環	고리 환, 두를 환	秩	차례 질
索	동아줄 삭, 찾을 색, 쓸쓸할 삭	疑	의심할 의
籍	서적 적, 문서 적	側	곁 측
逸	숨을 일, 뛰어날 일, 편안할 일	蔬	나물 소, 채소 소

※ [주16~32] 다음 한자어의 독음을 쓰시오.

주16 정답 實踐(실천)
풀이 實(열매 실, 실제 실), 踐(밟을 천, 행할 천)

주17 정답 亨通(형통)
풀이 亨(형통할 형), 通(통할 통)

주18 정답 悔改(회개)
풀이 悔(뉘우칠 회), 改(고칠 개)

주19 정답 罪囚(죄수)
풀이 罪(허물 죄), 囚(가둘 수, 죄인 수)

주20 정답 京畿(경기)
풀이 京(서울 경), 畿(경기 기)

주21 정답 架設(가설)
풀이 架(꾸밀 가, 시렁 가), 設(세울 설, 베풀 설)

주22 정답 批判(비판)
풀이 批(비평할 비), 判(판단할 판)

주23 정답 歎息(탄식)
풀이 歎(탄식할 탄, 감탄할 탄), 息(쉴 식, 소식 식, 숨 쉴 식, 자식 식)

주24 정답 追慕(추모)
풀이 追(쫓을 추, 따를 추), 慕(그리워할 모)

주25 정답 於此彼(어차피)
풀이 於(어조사 어), 此(이 차), 彼(저 피)

주26 정답 萬般(만반)
풀이 萬(일만 만, 많을 만), 般(옮길 반, 일반 반)

주27 정답 巡察(순찰)
풀이 巡(순행할 순, 돌 순), 察(살필 찰)

주28 정답 配役(배역)
　　풀이 配(나눌 배, 짝 배), 役(부릴 역)

주29 정답 恥辱(치욕)
　　풀이 恥(부끄러울 치), 辱(욕될 욕, 욕 욕)

주30 정답 卜債(복채)
　　풀이 卜(점 복), 債(빚 채)

주31 정답 德澤(덕택)
　　풀이 德(덕 덕, 클 덕), 澤(연못 택, 은혜 택)

주32 정답 吐露(토로)
　　풀이 吐(토할 토), 露(이슬 로, 드러날 로)

※ [주33~35] 〈보기〉의 뜻을 참고하여 ○ 안에 공통으로 들어갈 한자를 쓰시오.

주33 妥(평온할 타, 온당할 타) - 타당, 타협

주34 勤(부지런할 근) - 근면, 출근

주35 拒(막을 거, 물리칠 거) - 항거, 거부

※ [주36~38] ○ 안에 공통으로 들어갈 한자를 〈보기〉에서 찾아 쓰시오.

주36 倒(넘어질 도) - 전도, 타도, 도산

주37 條(가지 조, 조목 조) - 조목, 약조, 법조

주38 覺(깨달을 각) - 각오, 감각, 미각

※ [주39~40] 문장에서 잘못 쓴 한자를 바르게 고쳐 쓰시오. (단, 음이 같은 한자로 고칠 것)

주39 鮮(고울 선, 깨끗할 선, 싱싱할 선) → 宣(펼 선, 베풀 선, 성 선)

주40 員(관원 원, 인원 원) → 源(근원 원)

※ [주41~45] [ ] 안의 단어를 한자로 쓰시오.

주41 정답 先拂
　　풀이 선불 - 돈을 먼저 지불함.
　　+ 先(먼저 선), 拂(떨칠 불)

주42 정답 考慮
　　풀이 고려 - 생각하고 헤아려 살핌.
　　+ 考(살필 고, 생각할 고), 慮(생각할 려, 염려할 려)

주43 정답 多樣
　　풀이 다양 - 여러 가지 모양과 양상.
　　+ 多(많을 다), 樣(모양 양)

주44 정답 論述
　　풀이 논술 - 자신의 주장이나 근거를 논리적으로 서술함.
　　+ 論(논할 론, 평할 론), 述(말할 술, 지을 술)

주45 정답 詐稱
　　풀이 사칭 - 거짓으로 속여 칭함.
　　+ 詐(속일 사), 稱(일컬을 칭)

※ [주46~65] [ ] 안 한자어의 독음을 쓰시오.

주46 정답 고민
　　풀이 苦悶 - 괴로워하고 애를 태움.
　　+ 苦(쓸 고, 괴로울 고), 悶(답답할 민, 번민할 민)

주47 정답 고취
　　풀이 鼓吹 - 힘을 내도록 격려하여 용기를 북돋움.
　　+ 鼓(북 고, 두드릴 고), 吹(불 취)

주48 정답 계몽
　　풀이 啓蒙 - 가르쳐서 깨우침.
　　+ 啓(열 계), 蒙(어리석을 몽, 어릴 몽)

주49 정답 서행
　　풀이 徐行 - 천천히 감.
　　+ 徐(천천히 할 서), 行(다닐 행, 행할 행)

주50 정답 추세
　　풀이 趨勢 - 어떤 일이나 현상이 변화하는 과정에서 일정한 방향성을 주도하는 힘.
　　+ 趨(달릴 추), 勢(형세 세, 권세 세)

주51 정답 하자
　　풀이 瑕疵 - '옥의 얼룩진 흔적'으로, '흠'을 이르는 말.
　　+ 瑕(티 하, 허물 하), 疵(흠 자)

주52 정답 훈장
　　풀이 勳章 - 나라와 사회에 크게 공헌한 사람에게 국가 원수가 수여하는 휘장.
　　+ 勳(공 훈), 章(글 장)

주53 **정답** 괴뢰
  풀이 傀儡 - ㉠ 꼭두각시. ㉡ 남이 부추기는 대로 따라 움직이는 사람을 비유적으로 이르는 말.
  + 傀(꼭두각시 괴), 儡(꼭두각시 뢰)

주54 **정답** 개선
  풀이 凱旋 - 전쟁에서 이기고 돌아옴.
  + 凱(개선할 개), 旋(돌 선)

주55 **정답** 갱도
  풀이 坑道 - (광산에서) 갱 안에 뚫어 놓은 길.
  + 坑(구덩이 갱), 道(길 도)

주56 **정답** 도공
  풀이 陶工 - 도자기를 만드는 장인.
  + 陶(질그릇 도, 즐길 도), 工(장인 공, 만들 공, 연장 공)

주57 **정답** 궁전
  풀이 宮殿 - 임금이 거처하는 큰 집.
  + 宮(집 궁, 궁궐 궁), 殿(큰 집 전)

주58 **정답** 모옥
  풀이 茅屋 - 띠풀로 지붕을 인 초라한 집.
  + 茅(띠 모), 屋(집 옥)

주59 **정답** 묘목
  풀이 苗木 - 옮겨 심는 어린나무.
  + 苗(싹 묘), 木(나무 목)

주60 **정답** 멸망
  풀이 滅亡 - 국가나 민족 등이 망하여 없어짐.
  + 滅(멸할 멸), 亡(망할 망)

주61 **정답** 봉밀
  풀이 蜂蜜 - 꿀.
  + 蜂(벌 봉), 蜜(꿀 밀)

주62 **정답** 왜란
  풀이 倭亂 - 일본이 일으킨 난리. 임진왜란.
  + 倭(왜국 왜), 亂(어지러울 란)

주63 **정답** 액운
  풀이 厄運 - 액과 재앙이 되는 운수.
  + 厄(재앙 액), 運(옮길 운, 움직일 운, 운수 운)

주64 **정답** 탐욕
  풀이 貪慾 - 지나치게 탐하는 욕심.
  + 貪(탐할 탐), 慾(욕심 욕)

주65 **정답** 탁마
  풀이 琢磨 - ㉠ 옥이나 돌 따위를 쪼고 갊. ㉡ 학문이나 덕행 따위를 닦음을 비유적으로 이르는 말.
  + 琢(쫄 탁, 다듬을 탁), 磨(갈 마)

※ [주66~70] 한자성어의 설명을 읽고 ○ 안에 들어갈 한자를 차례대로 쓰시오.

주66 **정답** 信, 罰
  풀이 信賞必罰(신상필벌)
  + 信(믿을 신, 소식 신), 賞(상줄 상, 구경할 상), 必(반드시 필), 罰(벌할 벌)

주67 **정답** 老, 馬
  풀이 老馬之智(노마지지)
  + 老(늙을 로), 馬(말 마), 之(갈 지, ~의 지, 이 지), 智(지혜 지)

주68 **정답** 薄, 氷
  풀이 如履薄氷(여리박빙)
  + 如(같을 여), 履(밟을 리), 薄(엷을 박), 氷(얼음 빙)

주69 **정답** 臨, 變
  풀이 臨機應變(임기응변)
  + 臨(임할 림), 機(베틀 기, 기계 기, 기회 기), 應(응할 응), 變(변할 변)

주70 **정답** 生, 緣
  풀이 天生緣分(천생연분)
  + 天(하늘 천), 生(날 생, 살 생), 緣(인연 연), 分(나눌 분, 단위 분/푼, 신분 분, 분별할 분, 분수 분)

제121회 한자실력급수 [3급] 정답 및 해설

객관식 01~30번

01	①	06	②	11	④	16	①	21	②	26	③
02	②	07	③	12	②	17	④	22	①	27	④
03	③	08	①	13	④	18	③	23	②	28	①
04	④	09	④	14	①	19	②	24	③	29	②
05	①	10	②	15	③	20	③	25	④	30	①

* 학습의 편의를 위하여 꼭 필요한 부분만 해설하였습니다.

※ [01~05] [　] 안의 한자와 음이 같은 한자는?

01　[頌 (칭송할 송)]
　　❶ 訟 (송사할 송)
　　② 銳 (날카로울 예)
　　③ 資 (재물 자, 신분 자)
　　④ 訂 (바로잡을 정)

02　[寄 (붙어살 기, 부칠 기)]
　　① 潮 (조수 조)
　　❷ 技 (재주 기)
　　③ 塔 (탑 탑)
　　④ 劃 (그을 획, 계획할 획)

03　[響 (울릴 향)]
　　① 版 (인쇄할 판, 판목 판)
　　② 委 (맡길 위, 의지할 위)
　　❸ 享 (누릴 향)
　　④ 敏 (민첩할 민)

04　[餓 (굶주릴 아)]
　　① 黨 (무리 당)
　　② 距 (떨어질 거, 거리 거)
　　③ 組 (짤 조)
　　❹ 雅 (맑을 아, 바를 아)

05　[企 (바랄 기, 꾀할 기)]
　　❶ 畿 (경기 기)
　　② 暇 (겨를 가, 한가할 가)
　　③ 苟 (구차할 구, 진실로 구)
　　④ 娘 (아가씨 낭)

※ [06~07] [　] 안의 한자와 뜻이 비슷하거나 같은 한자는?

06　[詐 (속일 사)]
　　① 慮 (생각할 려, 염려할 려)
　　❷ 欺 (속일 기)
　　③ 梨 (배 리)
　　④ 博 (넓을 박)

07　[危 (위험할 위)]
　　① 範 (법 범, 본보기 범)
　　② 涯 (물가 애, 끝 애)
　　❸ 險 (험할 험)
　　④ 胃 (밥통 위)

※ [8~9] [　] 안의 한자와 뜻이 반대되거나 상대되는 한자는?

08　[任 (맡을 임, 성 임)]
　　❶ 免 (면할 면)
　　② 卜 (점 복)
　　③ 雜 (섞일 잡)
　　④ 署 (관청 서, 서명할 서)

09　[貴 (귀할 귀)]
　　① 誌 (기록할 지, 책 지)
　　② 礎 (주춧돌 초, 기초 초)
　　③ 絃 (악기 줄 현)
　　❹ 賤 (천할 천, 업신여길 천)

334

※ [10~12] 〈보기〉의 단어들과 가장 관련이 깊은 한자는?

10 ① 延 (끌 연, 늘일 연, 성씨 연)
    ❷ 姻 (혼인할 인)
    ③ 貿 (무역할 무, 바꿀 무)
    ④ 譜 (족보 보, 악보 보)

11 ① 芳 (꽃다울 방)
    ② 株 (그루터기 주, 그루 주, 주식 주)
    ③ 覺 (깨달을 각)
    ❹ 輪 (바퀴 륜, 둥글 륜, 돌 륜)

12 ① 恕 (용서할 서)
    ❷ 爆 (터질 폭)
    ③ 周 (두루 주, 둘레 주, 성 주)
    ④ 壤 (흙 양, 땅 양)

※ [13~15] [ ] 안의 단어를 한자로 알맞게 쓴 것은?

13 ❹
    풀이 港口(항구) - 港(항구 항), 口(입 구, 구멍 구, 말할 구)

14 ❶
    풀이 質疑(질의) - 質(바탕 질, 본질 질), 疑(의심할 의)

15 ❸
    풀이 評價(평가) - 評(평할 평), 價(값 가, 가치 가)

※ [16~25] 주어진 뜻에 알맞은 한자어는?

16 ❶
    풀이 敍述(서술) - 敍(펼 서, 차례 서, 베풀 서), 述(말할 술, 지을 술)

17 ❹
    풀이 交換(교환) - 交(사귈 교, 오고 갈 교), 換(바꿀 환)

18 ❸
    풀이 竝列(병렬) - 竝(나란히 설 병), 列(벌일 렬, 줄 렬)

19 ❷
    풀이 未畢(미필) - 未(아닐 미, 아직 ~않을 미), 畢(마칠 필)

20 ❸
    풀이 謙遜(겸손) - 謙(겸손할 겸), 遜(겸손할 손, 뒤떨어질 손)

21 ❷
    풀이 主軸(주축) - 主(주인 주), 軸(굴대 축)

22 ❶
    풀이 輿論(여론) - 輿(수레 여, 가마 여, 무리 여), 論(논할 론, 평할 론)

23 ❷
    풀이 潛水(잠수) - 潛(잠길 잠), 水(물 수)

24 ❸
    풀이 親戚(친척) - 親(어버이 친, 친할 친), 戚(겨레 척)

25 ❹
    풀이 空欄(공란) - 空(빌 공, 하늘 공), 欄(난간 란, 테두리 란)

※ [26~30] [ ] 안에 들어갈 한자어로 알맞은 것은?

26 ❸ 誇張(과장) - 사실보다 지나치게 불려서 나타냄.
    풀이
    ① 狡猾(교활) - 간사하고 꾀가 많음.
    ② 瞬間(순간) - 매우 짧은 시간.
    ④ 森林(삼림) - 나무가 무성한 숲.

27 ❹ 陋名(누명) - 사실이 아닌 일로 이름을 더럽히는 억울한 평판.
    풀이
    ① 乾燥(건조) - 말라서 습기가 없음.
    ② 踏査(답사) - 현장에 가서 직접 보고 조사함.
    ③ 祈禱(기도) - 인간보다 능력이 뛰어나다고 생각하는 어떠한 절대적 존재에게 빎. 또는 그런 의식.

335

28 ❶ 辭典(사전) - 낱말을 모아 풀이한 책.
    풀이
    ② 檢閱(검열) - 어떤 행위나 사업 따위를 살펴 조사하는 일.
    ③ 疎外(소외) - 어떤 사람이나 집단이 공동체나 관계에서 떨어져 나가 외롭게 되는 상태.
    ④ 騷音(소음) - 불쾌하고 시끄러운 소리.

29 ❷ 許諾(허락) - 청하는 일을 하도록 들어줌.
    풀이
    ① 缺乏(결핍) - 없어지거나 모자람.
    ③ 美貌(미모) - 아름다운 얼굴.
    ④ 縮尺(축척) - 지도에서의 거리와 지표에서의 실제 거리와의 비율.

30 ❶ 縱橫(종횡) - ㉠ 세로와 가로를 아울러 이르는 말. ㉡ 거침없이 마구 오가거나 이리저리 다님.
    풀이
    ② 惡臭(악취) - 고약한 냄새.
    ③ 狀況(상황) - 일이 되어 가는 과정이나 형편.
    ④ 緩和(완화) - 긴장된 상태나 급박한 것을 느슨하게 함.

주관식 01~70번

주01	기울 경	주15	映	주29	강변	주43	拳鬪	주57	재판
주02	견줄 교	주16	택일	주30	응모	주44	吐露	주58	잠시
주03	논 답	주17	서적	주31	방해	주45	救濟	주59	옥토
주04	매화 매	주18	정리	주32	헌법	주46	파악	주60	습도
주05	달릴 분	주19	선언	주33	索	주47	포기	주61	함축
주06	언덕 안	주20	웅변	주34	歎	주48	초월	주62	배척
주07	깃 우	주21	보충	주35	盲	주49	희소	주63	오염
주08	멸 유	주22	우직	주36	紀	주50	회자	주64	신뢰
주09	밑 저	주23	장모	주37	付	주51	평형	주65	여정
주10	증세 증	주24	우편	주38	澤	주52	신중	주66	厚, 恥
주11	鮮	주25	간행	주39	久→球	주53	민담	주67	器, 晩
주12	丸	주26	만료	주40	仙→善	주54	찬란	주68	近, 墨
주13	昏	주27	담백	주41	抵抗	주55	종묘	주69	咸, 差
주14	債	주28	목련	주42	項目	주56	효시	주70	馬, 肥

* 학습의 편의를 위하여 꼭 필요한 부분만 해설하였습니다.

※ [주01~10] 해설 생략

※ [주11~15] 다음 훈과 음에 맞는 한자를 〈보기〉에서 찾아 쓰시오.

債	빚 채	昏	저물 혼
劍	칼 검	毒	독할 독, 독 독
契	맺을 계, 부족 이름 글	映	비칠 영
丸	둥글 환, 알 환	鮮	고울 선, 깨끗할 선, 싱싱할 선
恭	공손할 공	嶺	고개 령, 재 령

※ [주16~32] 다음 한자어의 독음을 쓰시오.

주16 정답 擇一(택일)
풀이 擇(가릴 택), 一(한 일)

주17 정답 書籍(서적)
풀이 書(쓸 서, 글 서, 책 서), 籍(서적 적, 문서 적)

주18 정답 整理(정리)
풀이 整(가지런할 정), 理(이치 리, 다스릴 리)

주19 정답 宣言(선언)
풀이 宣(펼 선, 베풀 선, 성 선), 言(말씀 언)

주20 정답 雄辯(웅변)
풀이 雄(수컷 웅, 클 웅), 辯(말 잘할 변)

주21 정답 補充(보충)
풀이 補(기울 보, 보충할 보), 充(가득 찰 충, 채울 충)

주22 정답 愚直(우직)
풀이 愚(어리석을 우), 直(곧을 직, 바를 직)

주23 정답 丈母(장모)
풀이 丈(어른 장, 존칭 장, 길이 장), 母(어미 모)

주24 정답 郵便(우편)
풀이 郵(우편 우), 便(편할 편, 똥오줌 변)

주25 정답 刊行(간행)
풀이 刊(책 펴낼 간), 行(다닐 행, 행할 행, 항렬 항)

주26 정답 滿了(만료)
풀이 滿(찰 만), 了(마칠 료)

주27 정답 淡白(담백)
풀이 淡(맑을 담, 깨끗할 담), 白(흰 백, 밝을 백, 깨끗할 백, 아뢸 백)

337

주28 **정답** 木蓮(목련)
풀이 木(나무 목), 蓮(연꽃 련)

주29 **정답** 江邊(강변)
풀이 江(강 강), 邊(끝 변, 가 변)

주30 **정답** 應募(응모)
풀이 應(응할 응), 募(모을 모)

주31 **정답** 妨害(방해)
풀이 妨(방해할 방), 害(해칠 해, 방해할 해)

주32 **정답** 憲法(헌법)
풀이 憲(법 헌), 法(법 법)

※ [주33~35] 〈보기〉의 뜻을 참고하여 ○ 안에 공통으로 들어갈 한자를 쓰시오.

주33 索(찾을 색, 동아줄 삭, 쓸쓸할 삭) - 사색, 탐색

주34 歎(탄식할 탄, 감탄할 탄) - 탄식, 한탄

주35 盲(눈멀 맹, 시각장애인 맹, 무지할 맹) - 맹점, 색맹

※ [주36~38] ○ 안에 공통으로 들어갈 한자를〈보기〉에서 찾아 쓰시오.

주36 紀(벼리 기, 질서 기, 해 기, 기록할 기) - 기념, 기원, 세기

주37 付(줄 부, 부탁할 부) - 대부, 결부, 송부

주38 澤(연못 택, 은혜 택) - 덕택, 은택, 광택

※ [주39~40] 문장에서 잘못 쓴 한자를 바르게 고쳐 쓰시오. (단, 음이 같은 한자로 고칠 것)

주39 久(오랠 구) → 球(둥글 구, 공 구)

주40 仙(신선 선) → 善(착할 선, 좋을 선, 잘할 선)

※ [주41~45] [ ] 안의 단어를 한자로 쓰시오.

주41 **정답** 抵抗
풀이 저항 - 외부의 압력이나 침해에 맞서 막아냄.
+ 抵(거스를 저, 막을 저, 당할 저), 抗(항거할 항)

주42 **정답** 項目
풀이 항목 - 하나의 일을 구성하고 있는 낱낱의 부분이나 갈래.
+ 項(목 항), 目(눈 목, 볼 목, 항목 목)

주43 **정답** 拳鬪
풀이 권투 - 주먹으로 겨루는 운동.
+ 拳(주먹 권), 鬪(싸울 투)

주44 **정답** 吐露
풀이 토로 - 마음에 있는 것을 죄다 드러내서 말함.
+ 吐(토할 토), 露(이슬 로, 드러낼 로)

주45 **정답** 救濟
풀이 구제 - 어려움이나 재난에 빠진 사람을 도움.
+ 救(구원할 구, 도울 구), 濟(건널 제, 구제할 제)

※ [주46~65] [ ] 안 한자어의 독음을 쓰시오.

주46 **정답** 파악
풀이 把握 - ㉠ 어떤 대상의 내용이나 성질을 충분히 이해하여 확실하게 앎. ㉡ 손에 꽉 잡아 쥠.
+ 把(잡을 파), 握(잡을 악, 쥘 악)

주47 **정답** 포기
풀이 拋棄 - ㉠ 하려던 일을 도중에 그만두어 버림. ㉡ 자기의 권리나 자격, 물건 따위를 내던져 버림.
+ 拋(던질 포), 棄(버릴 기)

주48 **정답** 초월
풀이 超越 - 일정한 한계나 범위를 뛰어넘음.
+ 超(뛰어넘을 초), 越(넘을 월, 월나라 월)

주49 **정답** 희소
풀이 稀少 - 매우 드물고 적음.
+ 稀(드물 희), 少(적을 소, 젊을 소)

주50 **정답** 회자
풀이 膾炙 - '회와 구운 고기'로, 칭찬을 받으며 사람의 입에 자주 오르내림을 이르는 말.
+ 膾(회 회), 炙(고기 구울 자)

주51 **정답** 평형
풀이 平衡 - 한쪽으로 기울지 않고 안정되어 있음.
+ 平(평평할 평), 衡(저울대 형)

주52 **정답** 신중
풀이 愼重 - 가볍게 행동하지 않고 조심스러움.
+ 愼(삼갈 신, 성 신), 重(무거울 중, 귀중할 중, 거듭 중)

주53 **정답** 민담
풀이 民譚 - 예로부터 민간에 전해 내려오는 이야기.
+ 民(백성 민), 譚(이야기 담)

주54 **정답** 찬란
풀이 燦爛 - ㉠ 훌륭하고 화려함. ㉡ 다채롭고 번쩍여서 눈부시고 아름다움.
+ 燦(빛날 찬), 爛(빛날 란, 무르익을 란)

주55 **정답** 종묘
풀이 宗廟 - 조상의 신위를 모신 사당.
+ 宗(종가 종, 으뜸 종, 마루 종), 廟(사당 묘)

주56 **정답** 효시
풀이 嚆矢 - 어떤 사물이나 현상이 시작되어 나온 맨 처음을 비유적으로 이르는 말.
+ 嚆(울 효), 矢(화살 시)

주57 **정답** 재판
풀이 裁判 - 옳고 그름을 따져 판단함.
+ 裁(재단할 재, 헤아릴 재, 결단할 재), 判(판단할 판)

주58 **정답** 잠시
풀이 暫時 - 짧은 시간.
+ 暫(잠시 잠), 時(때 시)

주59 **정답** 옥토
풀이 沃土 - 농작물이 잘 자랄 수 있는 영양분이 풍부한 좋은 땅.
+ 沃(기름질 옥), 土(흙 토)

주60 **정답** 습도
풀이 濕度 - 공기 중의 수증기가 들어 있는 정도.
+ 濕(젖을 습), 度(법도 도, 정도 도)

주61 **정답** 함축
풀이 含蓄 - ㉠ 겉으로 드러내지 않고 속에 간직함. ㉡ 말이나 글이 많은 뜻을 담고 있음. ㉢ 표현의 의미를 한 가지로 나타내지 않고 문맥을 통하여 여러 가지 뜻을 암시하거나 내포하는 일.
+ 含(머금을 함), 蓄(모을 축, 저축할 축)

주62 **정답** 배척
풀이 排斥 - 따돌리거나 거부하여 밀어 내침.
+ 排(물리칠 배), 斥(물리칠 척)

주63 **정답** 오염
풀이 汚染 - 더럽게 물듦. 또는 더럽게 물들게 함.
+ 汚(더러울 오), 染(물들일 염)

주64 **정답** 신뢰
풀이 信賴 - 굳게 믿고 의지함.
+ 信(믿을 신), 賴(힘입을 뢰, 의지할 뢰)

주65 **정답** 여정
풀이 旅程 - 여행의 과정이나 일정.
+ 旅(나그네 려), 程(법 정, 정도 정, 길 정)

※ [주66~70] 한자성어의 설명을 읽고 ○ 안에 들어갈 한자를 차례대로 쓰시오.

주66 **정답** 厚, 恥
풀이 厚顔無恥(후안무치)
+ 厚(두터울 후), 顔(얼굴 안), 無(없을 무), 恥(부끄러울 치)

주67 **정답** 器, 晩
풀이 大器晩成(대기만성)
+ 大(큰 대), 器(그릇 기), 晩(늦을 만), 成(이룰 성)

주68 **정답** 近, 墨
풀이 近墨者黑(근묵자흑)

주69 **정답** 咸, 差
풀이 咸興差使(함흥차사)

주70 **정답** 馬, 肥
풀이 天高馬肥(천고마비)
+ 天(하늘 천), 高(높을 고), 馬(말 마), 肥(살찔 비)

배우기만 하고 생각하지 않으면 얻는 것이 없고, 생각만 하고 배우지 않으면 위태롭다.

공자

합격의 공식 시대에듀 | www.sdedu.co.kr

부록

한자 찾아보기

 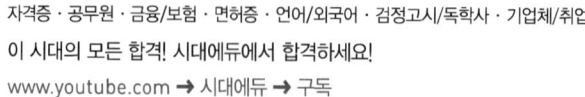 

한자 찾아보기

뒤 번호는 제목번호임

ㄱ	가 佳 044	강 康 185	검 檢 092
	가 街 044	강 講 208	검 劍 092
	가 可 122	강 鋼 225	격 格 007
	가 歌 122	강 江 241	격 激 215
	가 價 163	강 强 280	견 犬 087
	가 家 191	강 降 291	견 見 097
	가 加 214	개 個 026	견 堅 240
	가 架 214	개 改 114	결 決 171
	가 假 244	개 介 134	결 缺 171
	가 暇 244	개 皆 220	결 結 042
	각 各 007	개 開 246	결 潔 212
	각 覺 069	객 客 007	겸 兼 253
	각 角 173	갱 更 151	경 更 151
	각 刻 197	거 擧 070	경 競 094
	각 脚 267	거 車 080	경 敬 105
	간 干 030	거 巨 239	경 警 105
	간 刊 032	거 拒 239	경 驚 105
	간 姦 110	거 距 239	경 境 129
	간 間 246	거 居 243	경 鏡 129
	간 看 247	거 去 267	경 硬 151
	갈 渴 103	건 巾 200	경 傾 165
	감 甘 166	건 件 033	경 經 190
	감 減 124	건 乾 155	경 輕 190
	감 感 124	건 建 254	경 京 199
	감 監 240	건 健 254	경 景 199
	감 敢 242	걸 傑 100	경 耕 207
	갑 甲 132	검 儉 092	경 慶 221

343

경 庚 253	공 公 265	구 口 147
계 界 134	공 共 061	구 區 152
계 計 024	공 供 061	구 具 160
계 戒 066	공 恭 061	구 求 185
계 械 066	공 空 083	구 救 185
계 季 141	공 孔 112	구 球 185
계 契 212	공 工 241	구 構 208
계 階 220	공 功 241	구 舊 298
계 癸 234	공 攻 242	국 局 243
계 系 276	공 貢 241	국 國 284
계 係 276	과 果 017	군 軍 081
계 繼 271	과 課 017	군 君 253
계 溪 273	과 科 143	군 郡 253
계 鷄 273	과 過 179	군 群 253
고 古 026	관 貫 162	궁 宮 036
고 姑 026	관 慣 162	궁 窮 058
고 枯 026	관 冠 096	궁 弓 279
고 苦 026	관 官 202	권 券 213
고 固 026	관 管 202	권 卷 213
고 告 033	관 關 246	권 拳 213
고 考 048	관 觀 299	권 勸 299
고 庫 080	광 廣 064	권 權 299
고 高 197	광 光 093	귀 貴 163
고 稿 197	교 交 068	귀 歸 256
고 孤 260	교 校 068	규 規 097
고 故 289	교 較 068	균 均 106
곡 告 033	교 橋 204	균 菌 263
곡 谷 013	교 教 289	극 克 093
곡 穀 181	구 九 002	극 極 105
곡 曲 235	구 究 083	근 謹 063
곤 坤 133	구 久 085	근 勤 063
곤 困 149	구 句 105	근 根 224
골 骨 235	구 苟 105	근 斤 277

344

근 近 278	낙 樂 272	**ㄷ** 다 多 006
글 契 212	난 難 063	다 茶 020
금 禁 018	난 暖 262	단 團 082
금 今 090	난 卵 119	단 壇 153
금 金 225	난 亂 263	단 但 154
급 給 091	남 南 032	단 丹 167
급 及 142	남 男 134	단 段 182
급 級 142	납 納 169	단 短 233
급 急 252	낭 娘 226	단 端 238
기 技 024	낭 郎 226	단 斷 271
기 企 073	내 乃 142	단 單 284
기 己 114	내 內 169	달 達 144
기 紀 114	내 耐 238	담 談 014
기 記 114	내 來 291	담 淡 014
기 起 074	냉 冷 118	담 擔 095
기 器 088	냥 兩 167	답 答 091
기 旣 100	녀 女 108	답 畓 134
기 奇 122	년 年 031	당 堂 170
기 寄 122	념 念 090	당 當 170
기 其 166	노 奴 109	당 黨 170
기 期 166	노 怒 109	대 待 057
기 欺 166	노 努 109	대 大 086
기 基 166	노 路 007	대 對 130
기 旗 216	노 露 186	대 貸 163
기 幾 271	노 勞 014	대 隊 191
기 機 271	노 老 048	대 帶 200
기 畿 271	녹 錄 192	대 代 282
기 祈 277	녹 綠 192	댁 宅 031
기 氣 300	녹 鹿 221	덕 德 027
길 吉 042	논 論 177	도 都 049
김 金 225	농 農 236	도 度 064
ㄴ 나 羅 229	뇌 腦 189	도 徒 074
낙 落 007	능 能 217	도 道 157

345

도 導 157	란 卵 119	로 露 186
도 圖 193	란 丹 167	록 綠 192
도 刀 209	란 亂 263	록 錄 192
도 逃 221	람 覽 240	록 鹿 221
도 盜 230	랑 浪 226	론 論 177
도 到 269	랑 郞 226	료 了 112
도 倒 269	래 來 291	료 料 143
도 島 294	랭 冷 118	룡 龍 127
도 嶋 294	략 略 007	류 柳 119
독 毒 052	량 量 135	류 留 119
독 讀 228	량 糧 135	류 類 165
독 獨 231	량 兩 167	류 流 188
독 督 250	량 涼 199	륙 六 002
돈 豚 191	량 良 226	륙 陸 045
돌 突 083	려 旅 216	륜 倫 177
동 東 079	려 慮 227	륜 輪 177
동 童 127	력 歷 141	률 栗 172
동 動 135	력 力 214	률 律 254
동 同 168	련 練 079	리 里 135
동 洞 168	련 連 080	리 理 135
동 銅 168	련 蓮 080	리 利 141
동 冬 290	련 聯 158	리 梨 141
두 讀 228	련 戀 275	리 李 141
두 斗 143	렬 列 219	리 吏 150
두 豆 233	렬 烈 219	리 履 292
두 頭 233	령 令 118	리 離 298
득 得 154	령 領 118	림 臨 240
등 等 057	령 嶺 118	림 林 018
등 登 234	례 例 219	립 立 125
등 燈 234	례 禮 235	ㅁ 마 麻 018
ㄹ 라 羅 229	로 勞 014	마 馬 259
락 落 007	로 老 048	막 莫 101
락 樂 272	로 路 007	만 晩 099

346

만 萬 137	목 目 003	반 般 181
만 滿 167	목 木 016	반 班 210
말 末 019	목 睦 045	반 反 249
망 亡 195	목 牧 289	반 飯 226
망 妄 195	묘 妙 023	반 返 249
망 忘 195	묘 墓 101	발 髮 088
망 忙 195	묘 卯 119	발 發 234
망 望 195	무 武 073	방 方 215
매 妹 019	무 無 100	방 妨 215
매 每 111	무 舞 100	방 訪 215
매 梅 111	무 務 113	방 防 215
매 買 228	무 貿 119	방 放 215
매 賣 228	무 戊 123	방 邦 247
맥 麥 291	무 茂 123	방 芳 215
맹 盟 004	묵 墨 072	방 房 215
맹 孟 112	문 文 067	배 杯 022
맹 盲 195	문 門 246	배 配 114
면 眠 040	문 問 246	배 倍 125
면 免 099	문 聞 246	배 北 222
면 勉 099	물 勿 106	배 背 222
면 面 157	물 物 106	배 輩 223
명 明 004	미 未 019	배 拜 247
명 名 006	미 味 019	백 白 028
명 銘 006	미 米 139	백 百 028
명 命 118	미 美 145	번 繁 111
명 鳴 294	미 尾 243	번 番 139
모 募 101	민 民 040	벌 罰 229
모 慕 101	민 敏 111	벌 伐 282
모 暮 101	밀 密 084	범 犯 116
모 模 101	ㅂ 박 朴 071	범 範 116
모 母 111	박 博 175	범 凡 178
모 某 166	박 薄 175	법 法 267
모 毛 247	반 半 021	벽 壁 130

찾아보기 (뒤의 숫자는 제목번호)

347

변 辯 130	부 夫 086	사 祀 009
변 邊 156	부 扶 086	사 士 041
변 變 275	부 部 125	사 仕 041
변 便 151	부 富 136	사 寺 057
별 別 210	부 副 136	사 射 058
병 丙 169	부 負 161	사 謝 058
병 病 169	부 婦 256	사 寫 069
병 兵 278	부 浮 261	사 詐 089
보 保 017	북 北 222	사 巳 114
보 步 073	분 奔 065	사 司 122
보 報 117	분 分 266	사 思 134
보 普 126	분 粉 266	사 私 140
보 譜 126	분 紛 266	사 舍 148
보 寶 162	불 不 022	사 捨 148
보 補 174	불 佛 280	사 史 150
보 布 200	불 拂 280	사 使 150
복 卜 071	붕 朋 004	사 師 202
복 伏 088	비 否 022	사 死 219
복 服 117	비 祕 084	사 食 226
복 福 136	비 肥 115	사 事 253
복 腹 292	비 鼻 156	사 絲 275
복 復 292	비 備 173	사 斯 277
복 複 292	비 比 220	삭 數 110
본 本 016	비 批 220	삭 索 275
봉 奉 008	비 非 223	산 山 011
봉 峰 293	비 悲 223	산 産 047
봉 逢 293	비 費 280	산 算 066
부 復 292	비 飛 300	산 散 289
부 不 022	빈 貧 266	살 殺 182
부 否 022	빙 氷 012	삼 三 001
부 付 056	ㅅ 사 四 001	삼 參 268
부 府 056	사 査 005	상 床 016
부 父 067	사 社 009	상 相 016

348

상 想 016	선 選 062	소 所 245
상 上 074	선 鮮 138	소 掃 256
상 傷 107	선 善 145	속 俗 013
상 祥 144	선 宣 154	속 束 037
상 尙 170	선 船 180	속 速 037
상 常 170	설 舌 148	속 續 228
상 賞 170	설 設 181	손 損 161
상 償 170	설 雪 186	손 孫 276
상 霜 186	설 說 098	송 送 021
상 象 191	섭 涉 073	송 松 265
상 像 191	성 性 047	송 訟 265
상 商 193	성 姓 047	송 頌 265
상 喪 205	성 省 023	쇄 殺 182
상 狀 287	성 星 047	쇄 刷 243
색 索 275	성 聖 050	수 水 012
색 色 115	성 成 124	수 樹 042
생 生 047	성 城 124	수 守 056
생 省 023	성 誠 124	수 壽 056
서 暑 049	성 盛 124	수 數 110
서 庶 064	성 聲 158	수 愁 140
서 恕 109	세 洗 033	수 秀 142
서 序 113	세 勢 046	수 收 143
서 西 183	세 世 065	수 囚 149
서 署 229	세 稅 098	수 首 157
서 書 255	세 說 098	수 須 164
석 夕 006	세 歲 123	수 輸 190
석 石 035	세 細 134	수 手 247
석 昔 060	소 小 022	수 受 262
석 惜 060	소 少 023	수 授 262
석 席 064	소 消 022	수 修 288
선 仙 011	소 素 052	수 誰 297
선 線 029	소 蔬 188	수 雖 297
선 先 033	소 笑 204	수 宿 028

찾아보기 (뒤의 숫자는 제목번호)

349

숙 宿 028	신 辛 130	애 愛 262
숙 熟 046	신 申 133	액 額 165
숙 叔 250	신 神 133	야 野 113
숙 淑 250	신 信 196	야 夜 193
순 旬 103	신 臣 239	야 也 295
순 順 164	신 辰 236	야 若 026
순 巡 189	실 實 162	약 若 026
순 純 203	실 室 269	약 略 007
술 戌 123	실 失 281	약 約 104
술 術 258	심 心 084	약 藥 272
술 述 258	심 深 095	약 弱 280
숭 崇 009	심 甚 166	양 量 135
습 拾 091	십 拾 091	양 糧 135
습 習 300	십 十 002	양 兩 167
승 承 112	씨 氏 038	양 凉 199
승 勝 213	ㅇ 아 兒 093	양 良 226
승 乘 222	아 我 146	양 揚 107
시 示 009	아 餓 146	양 陽 107
시 時 057	아 雅 296	양 羊 144
시 詩 057	아 亞 203	양 洋 144
시 是 077	악 惡 203	양 樣 144
시 視 097	악 樂 272	양 養 145
시 市 201	안 岸 032	양 讓 208
시 施 216	안 眼 040	양 壤 208
시 始 264	안 安 108	어 魚 138
시 試 282	안 案 108	어 漁 138
식 植 027	안 顔 165	어 語 196
식 息 156	암 暗 128	어 於 216
식 識 159	암 巖 242	억 億 128
식 食 226	앙 仰 120	억 憶 128
식 式 282	앙 央 171	언 言 196
신 身 058	애 涯 044	엄 嚴 242
신 新 127	애 哀 205	업 業 130

여 旅 216	열 說 098	완 完 096
여 慮 227	열 悅 098	**왈** 曰 003
여 余 020	열 熱 046	**왕** 王 050
여 餘 020	**염** 念 090	왕 往 051
여 與 070	염 炎 014	**외** 外 071
여 女 108	**엽** 葉 065	**요** 了 112
여 汝 108	**영** 令 118	요 料 143
여 如 109	영 領 118	요 樂 272
역 歷 141	영 嶺 118	요 要 172
역 力 214	영 永 012	요 謠 196
역 亦 015	영 泳 012	**욕** 浴 013
역 易 106	영 榮 014	욕 欲 013
역 驛 131	영 營 014	욕 慾 013
역 役 182	영 迎 120	욕 辱 236
역 逆 203	영 映 171	**용** 龍 127
역 域 284	영 英 171	용 容 013
연 年 031	**예** 例 219	용 用 173
연 練 079	예 禮 235	용 勇 176
연 連 080	예 藝 046	**우** 牛 030
연 蓮 080	예 銳 098	우 右 034
연 聯 158	**오** 惡 203	우 于 030
연 戀 275	오 五 001	우 宇 036
연 硏 035	오 吾 021	우 郵 059
연 延 075	오 悟 021	우 尤 087
연 然 088	오 午 030	우 遇 137
연 宴 108	오 誤 086	우 愚 137
연 演 132	오 於 216	우 雨 186
연 沿 180	오 烏 294	우 又 248
연 鉛 180	**옥** 玉 050	우 友 248
연 煙 183	옥 屋 269	우 憂 291
연 緣 192	**온** 溫 149	우 優 291
열 列 219	**와** 瓦 239	우 羽 300
열 烈 219	와 臥 240	**운** 運 081

351

운 云 187	유 遺 163	의 醫 184
운 雲 187	유 酉 184	의 依 205
웅 雄 297	유 猶 184	의 衣 205
원 原 029	유 遊 216	의 矣 281
원 源 029	유 儒 238	의 疑 281
원 願 029	유 乳 261	이 里 135
원 元 096	유 幼 270	이 理 135
원 院 096	유 悠 288	이 利 141
원 怨 116	유 維 296	이 梨 141
원 員 161	유 唯 296	이 李 141
원 圓 161	육 六 002	이 吏 150
원 遠 206	육 陸 045	이 履 292
원 園 206	육 肉 169	이 離 298
원 援 262	육 育 268	이 易 106
월 月 003	윤 倫 177	이 二 001
위 危 116	윤 輪 177	이 移 006
위 威 123	율 栗 172	이 異 062
위 位 125	율 律 254	이 已 114
위 胃 134	은 恩 149	이 耳 158
위 委 141	은 銀 225	이 而 238
위 偉 257	을 乙 295	이 以 264
위 圍 257	음 吟 090	익 益 230
위 衛 257	음 音 128	인 人 085
위 爲 263	음 陰 187	인 仁 085
유 柳 119	음 飮 226	인 印 120
유 留 119	읍 邑 115	인 寅 132
유 類 165	읍 泣 125	인 因 149
유 流 188	응 應 297	인 姻 149
유 裕 013	의 宜 005	인 忍 209
유 有 034	의 意 128	인 認 209
유 柔 113	의 義 146	인 引 279
유 由 132	의 議 146	일 一 001
유 油 132	의 儀 146	일 日 003

일 逸 099	재 在 034	절 絶 115
임 臨 240	재 才 055	절 節 117
임 林 018	재 材 055	절 切 210
임 壬 050	재 財 055	점 占 072
임 任 050	재 災 189	점 點 072
입 立 125	재 再 208	점 店 072
입 入 085	재 哉 285	접 接 110
ㅈ 자 字 036	재 栽 285	정 情 053
자 者 048	쟁 爭 261	정 精 053
자 姿 102	저 低 039	정 貞 071
자 資 102	저 抵 039	정 廷 075
자 子 112	저 底 039	정 庭 075
자 自 156	저 著 049	정 正 076
자 姉 201	저 貯 161	정 征 076
자 姊 201	적 赤 015	정 政 076
자 慈 274	적 積 054	정 整 076
작 作 089	적 績 054	정 定 076
작 昨 089	적 籍 060	정 丁 121
잔 殘 283	적 的 104	정 訂 121
잡 雜 298	적 賊 161	정 頂 164
장 狀 287	적 敵 194	정 亭 198
장 丈 087	적 適 194	정 停 198
장 場 107	전 專 082	정 井 207
장 腸 107	전 傳 082	정 淨 261
장 章 129	전 轉 082	정 靜 261
장 障 129	전 全 085	제 祭 010
장 長 237	전 田 132	제 際 010
장 張 237	전 前 157	제 除 020
장 帳 237	전 電 186	제 諸 049
장 將 286	전 典 235	제 堤 077
장 獎 286	전 展 243	제 提 077
장 壯 287	전 錢 283	제 題 077
장 裝 287	전 戰 284	제 齊 139

찾아보기 (뒤의 숫자는 제목번호)

제 濟 139	좌 座 043	지 誌 041
제 帝 200	죄 罪 223	지 持 057
제 制 206	주 朱 019	지 止 073
제 製 206	주 株 019	지 指 217
제 弟 279	주 宙 036	지 至 269
제 第 279	주 主 050	지 知 281
조 祖 005	주 住 051	지 智 281
조 租 005	주 柱 051	지 地 295
조 組 005	주 注 051	지 池 295
조 早 025	주 走 074	지 之 295
조 造 033	주 舟 167	직 直 027
조 操 152	주 周 173	직 織 159
조 朝 155	주 酒 184	직 職 159
조 潮 155	주 州 188	진 陳 079
조 調 173	주 晝 255	진 陣 080
조 照 211	죽 竹 259	진 眞 217
조 助 214	준 俊 290	진 鎭 217
조 兆 221	준 準 298	진 辰 236
조 弔 279	중 重 135	진 盡 252
조 條 288	중 中 150	진 珍 268
조 鳥 294	중 衆 230	진 進 296
족 足 078	즉 卽 117	질 秩 140
족 族 216	즉 則 160	질 姪 269
존 存 034	증 症 076	질 質 278
존 尊 184	증 曾 232	집 執 131
졸 卒 193	증 增 232	집 集 298
종 宗 009	증 證 234	ㅊ 차 車 080
종 從 071	지 識 159	차 且 003
종 鐘 127	지 只 021	차 茶 020
종 種 135	지 支 024	차 借 060
종 終 290	지 枝 024	차 次 102
좌 左 034	지 紙 038	차 差 145
좌 坐 043	지 志 041	차 此 221

착 著 049	청 淸 053	치 恥 158
착 着 145	청 請 053	치 置 229
찬 贊 033	체 切 210	치 治 264
찰 察 010	체 體 235	치 致 269
참 參 268	초 草 025	칙 則 160
창 昌 004	초 礎 078	친 親 127
창 唱 004	초 初 210	칠 七 002
창 窓 083	초 招 211	침 針 024
창 倉 245	초 超 211	침 侵 256
창 創 245	촌 寸 056	침 浸 256
채 債 054	촌 村 056	칭 稱 263
채 採 260	총 總 293	ㅋ 쾌 快 171
채 菜 260	총 聰 293	ㅌ 타 妥 110
책 策 037	최 最 248	타 打 121
책 責 054	추 秋 140	타 他 295
책 冊 177	추 追 202	탁 度 064
처 妻 110	추 推 297	탁 拓 035
처 處 227	축 祝 094	탁 卓 025
척 拓 035	축 築 178	탁 濯 300
척 尺 243	축 丑 252	탄 炭 034
천 泉 029	춘 春 008	탄 歎 063
천 千 030	출 出 011	탄 彈 284
천 天 086	충 充 094	탈 脫 098
천 川 188	충 忠 150	탐 探 095
천 賤 283	충 蟲 231	탑 塔 091
천 踐 283	취 吹 102	태 泰 008
천 淺 283	취 就 199	태 太 087
철 哲 277	취 取 248	태 態 217
철 鐵 285	측 側 160	택 宅 031
첩 妾 110	측 測 160	택 擇 131
청 聽 027	층 層 232	택 澤 131
청 靑 052	치 値 027	토 土 043
청 晴 053	치 齒 073	토 吐 043

찾아보기 (뒤의 숫자는 제목번호)

토 討 056	포 暴 062	항 恒 154
통 洞 168	폭 暴 062	항 項 164
통 統 094	폭 爆 062	항 抗 179
통 通 176	표 票 172	항 航 179
통 痛 176	표 表 205	항 行 257
퇴 推 297	푼 分 266	해 海 111
퇴 退 224	품 品 147	해 解 173
투 投 182	풍 風 178	해 亥 197
투 鬪 233	풍 豊 235	해 害 212
특 特 057	피 避 130	행 幸 131
ㅍ 파 派 040	피 皮 251	행 行 257
파 波 251	피 彼 251	향 香 140
파 破 251	피 疲 251	향 向 167
판 判 021	피 被 251	향 享 198
판 板 249	필 必 084	향 鄕 270
판 版 249	필 匹 093	향 響 270
판 販 249	필 筆 254	허 許 031
팔 八 002	ㅎ 하 下 074	허 虛 227
패 貝 160	하 河 122	헌 憲 212
패 敗 289	하 何 122	험 險 092
편 便 151	하 賀 214	험 驗 092
편 篇 245	하 夏 290	혁 革 259
편 片 286	학 學 069	현 見 097
평 平 032	한 漢 063	현 現 097
평 評 032	한 韓 155	현 賢 240
폐 肺 201	한 寒 207	현 絃 274
폐 閉 246	한 恨 224	혈 血 230
포 包 104	한 限 224	협 協 214
포 抱 104	한 閑 246	형 兄 094
포 胞 104	함 咸 124	형 亨 198
포 捕 174	합 合 091	형 形 207
포 浦 174	항 降 291	형 刑 207
포 布 200	항 港 061	혜 惠 082

호 湖 026	회 會 232
호 乎 032	획 畫 255
호 呼 032	획 劃 255
호 好 108	효 孝 048
호 虎 227	효 效 068
호 號 227	후 厚 112
호 戶 245	후 後 270
혹 或 284	후 候 281
혼 昏 038	훈 訓 188
혼 婚 038	휘 揮 081
혼 混 220	휴 休 016
합 合 091	흉 凶 067
홍 紅 241	흉 胸 067
홍 弘 280	흑 黑 072
화 火 014	흡 吸 142
화 華 059	흥 興 070
화 和 140	희 喜 042
화 話 148	희 希 200
화 化 218	
화 貨 218	
화 花 218	
화 畫 255	
화 畵 255	
확 確 297	
환 丸 131	
환 患 150	
환 環 218	
환 歡 299	
활 活 148	
황 皇 028	
황 黃 064	
회 悔 111	
회 回 147	

찾아보기 (뒤의 숫자는 제목번호)

MEMO — I wish you the best of luck!

MEMO

I wish you the best of luck!

자격증 / 공무원 / 취업까지 BEST 온라인 강의 제공 www.SDEDU.co.kr

"오늘 당신의 노력은 아름다운 꽃의 물이 될 것입니다."

그러나, 이 꽃을 볼 때 사람들은 이 꽃의 아름다움과 향기만을 사랑하고 칭찬하였지, 이 꽃을 그렇게 아름답게 어여쁘게 만들어 주는 병 속의 물은 조금도 생각지 않는 것이 보통입니다.

만일 이 꽃병 속에 들어 있는 물을 죄다 쏟아 버리고 빈 병에다 이 꽃을 꽂아 보십시오. 아무리 아름답고 어여쁜 꽃이기로서니 단 한 송이의 꽃을 피울 수 있으며, 단 한 번이라도 꽃 향기를 날릴 수 있겠는가?

우리는 여기서 아무리 본바탕이 좋고 아름다운 꽃이라도 보이지 않는 물의 숨은 힘이 없으면 도저히 그 빛과 향기를 자랑할 수 없는 것을 알았습니다.

– 방정환의 우리 뒤에 숨은 힘 중

合格의 공식 시대에듀

成事不說, 遂事不諫, 旣往不咎.
"이미 이루어진 일이니 말하지 않으며,
이미 끝난 일이니 충고하지 않으며,
이미 지나간 일이니 책망하지 않는 것이다."

- ≪논어≫, 〈팔일(八佾)〉 -

2026 진흥회 한자자격시험 3급 한 권으로 끝내기

개정10판1쇄 발행	2026년 01월 05일(인쇄 2025년 09월 26일)
초 판 발 행	2015년 10월 05일(인쇄 2015년 08월 07일)
발 행 인	박영일
책 임 편 집	이해욱
편 저	박정서·박원길
편 집 진 행	신명숙
표지디자인	김지수
편집디자인	유가영·임창규
발 행 처	(주)시대고시기획
출 판 등 록	제10-1521호
주 소	서울시 마포구 큰우물로 75 [도화동 538 성지 B/D] 9F
전 화	1600-3600
팩 스	02-701-8823
홈 페 이 지	www.sdedu.co.kr
I S B N	979-11-383-8483-4(13710)
정 가	21,000원

※ 저자와의 협의에 의해 인지를 생략합니다.
※ 이 책은 저작권법에 의해 보호를 받는 저작물이므로 동영상 제작 및 무단전재와 복제를 금합니다.
※ 잘못된 책은 구입하신 서점에서 바꾸어 드립니다.

시대에듀와 함께하는
상공회의소 한자

상공회의소 한자 1급 2주 격파 + 실전모의고사 5회분

- 스피드 합격! 2주 필승 전략
- 1~9급 배정한자 수록
- 실전모의고사 5회분 제공 (교재 3회 + CBT 2회)
- ALL DAY 쪽지시험 PDF 제공
- 시험 직전 막판 뒤집기! '빅데이터 합격한자' 소책자 제공

상공회의소 한자 2급 2주 격파 + 실전모의고사 5회분

- 스피드 합격! 2주 필승 전략
- 2~9급 배정한자 수록
- 실전모의고사 5회분 제공 (교재 3회 + CBT 2회)
- ALL DAY 쪽지시험 PDF 제공
- 시험 직전 막판 뒤집기! '빅데이터 합격한자' 소책자 제공

상공회의소 한자 3급 2주 격파 + 실전모의고사 5회분

- 스피드 합격! 2주 필승 전략
- 3~9급 배정한자 수록
- 실전모의고사 5회분 제공 (교재 3회 + CBT 2회)
- ALL DAY 쪽지시험 PDF 제공
- 시험 직전 막판 뒤집기! '빅데이터 합격한자' 소책자 제공

※ 도서의 이미지는 변동될 수 있습니다.

시대에듀와 함께하는
어문회 한자

어문회 한자능력검정시험 2·3급 한 권으로 끝내기

어문회 2·3급을 '한자 3박자 연상 학습법'으로 쉽고 확실하게!
- 해당 급수 배정한자 모두 수록
- '생생한 어원 풀이'로 2·3급 한자 마스터!
- 다양한 출제 유형에 맞춰 정리한 '한자 응용하기'
- 출제 경향 완벽 분석! '최신 기출 동형 모의고사' 제공
- 시험장까지 들고 가는 〈빅데이터 합격 한자〉 소책자 제공

어문회 한자능력검정시험 4·5·6급 한 권으로 끝내기

어문회 4·5·6급을 '한자 3박자 연상 학습법'으로 쉽고 재미있게!
- 해당 급수 배정한자 모두 수록
- 생생한 '어원 풀이'로 4·5·6급 한자 마스터!
- 다양한 출제 유형에 맞춰 정리한 '한자 응용하기'
- 출제 경향 완벽 분석! '실전 모의고사 3회분' 제공
- 시험장까지 들고 가는 〈빅데이터 합격 한자〉 소책자 제공

어문회 한자능력검정시험 7·8급 한 권으로 끝내기

어문회 7·8급을 '한자 3박자 연상 학습법'으로 쉽고 재미있게!
- 해당 급수 배정한자 모두 수록
- 한국어문회 기출문제 정식 계약! '공식 기출문제 5회분' 수록
- 시험에 반드시 출제되는 '출제 유형별 한자' 수록
- 무료 부가 자료 5종 – 소책자, 한자 어원 풀이 MP3, 한자 브로마이드 / 빈출 한자 카드, 한자 쓰기 노트 PDF, 답안지 PDF 제공

※ 도서의 이미지는 변동될 수 있습니다.

시대에듀와 함께하는
진흥회 한자

진흥회 한자자격시험 2급 한 권으로 끝내기

진흥회 2급을 '한자 3박자 연상 학습법'으로 쉽고 확실하게!

- 한자자격시험 2급 선정한자 2,300자 수록
- 생생한 어원 풀이로 2급 한자 마스터!
- 다양한 출제 유형에 맞춰 정리한 '한자 응용하기'
- 출제 경향 완벽 분석! '최신 기출 모의고사' 5회분 제공
- 저자가 직접 출제한 '실전 모의고사' 1회분 제공
- 빈출 한자만 모았다! '빅데이터 합격 한자 750'

진흥회 한자자격시험 3급 한 권으로 끝내기

진흥회 3급을 '한자 3박자 연상 학습법'으로 쉽고 확실하게!

- 한자자격시험 3급 선정한자 1,800자 수록
- 생생한 어원 풀이로 3급 한자 마스터!
- 다양한 시험 유형에 맞춰 정리한 '한자 응용하기'
- 출제 경향 완벽 분석! '최신 기출 모의고사' 5회분 제공
- 빈출 한자만 모았다! '빅데이터 합격 한자 450'

※ 도서의 이미지는 변동될 수 있습니다.

시대에듀와 함께하는
한자암기박사 시리즈

읽으면 저절로 외워지는 기적의 암기공식!

한자암기박사 1

일본어 한자암기박사 1
상용한자 기본학습

중국어 한자암기박사 1
기초학습

한자암기박사 2

일본어 한자암기박사 2
상용한자 심화학습

중국어 한자암기박사 2
심화학습

- 20여 년간 사랑받고 검증된 '한자 3박자 연상 학습법'으로 읽으면서 익히는 한자 완전학습!
- 부수/획수/필순/활용 어휘 등 사전이 필요 없는 상세한 해설과 한자 응용!

※ 도서의 이미지는 변동될 수 있습니다.